I0490030

Revista de Direito, Estado e Telecomunicações
(The Law, State and Telecommunications Review)

ii

Universidade de Brasília
Faculdade de Direito
Núcleo de Direito Setorial e Regulatório
Grupo de Estudos em Direito das Telecomunicações

Universidade de Brasília
Faculdade de Direito
Núcleo de Direito Setorial e Regulatório
Campus Universitário Darcy Ribeiro
Asa Norte
Brasília, DF
Caixa Postal 04413

Ficha catalográfica elaborada pela Biblioteca Central da UnB

R454   Revista de Direito, Estado e Telecomunicações = The Law, State and
        Telecommunications Review / Grupo de Estudos em
        Direito das Telecomunicações. – v.8, n.1 – (2016) –
        Brasília: Universidade de Brasília, 2016.
        v. 8

        ISSN 1984-9729 (Versão impressa)
        ISSN 1984-8161 (Versão eletrônica)

        1. Direito - Periódicos. 2. Telecomunicações. I. Grupo
        de Estudos em Direito das Telecomunicações. II. Título:
        Law, State and Telecommunications.

                                              CDU 347.83

Conselho Editorial

Prof. Dr. Márcio Iorio Aranha
(Presidente)

Coordenador Executivo

André Moura Gomes

Sumário
Table of Contents

Regulação de vento em polpa, política pública a ver navios

Regulation at full steam ahead, public policy waiting in vain

Resumo

O presente artigo figura como introdução à *Revista de Direito, Estado e Telecomunicações* do *Grupo de Estudos em Direito das Telecomunicações* da Universidade de Brasília, abordando sinteticamente os principais acontecimentos do setor no Brasil, bem como normas e julgados relativos ao ano de 2015, para registro das principais discussões político-jurídicas do setor de telecomunicações brasileiro referentes ao ano anterior ao da publicação.

Abstract

The article introduces this issue of the Law, State, and Telecommunications Review by way of presenting its contents. Statutes and the administrative regulation of 2015 pertaining to telecommunications are referred to in detail. It also addresses the main political and juridical discussions on the Brazilian telecommunications sector that took place the year before the publication of the journal's current volume.

Apresentação

Em consonância com o propósito inaugural da *Revista de Direito, Estado e Telecomunicações*, apresenta-se o oitavo volume da publicação segundo o formato que se segue, mantendo-se a perspectiva de consolidação da revista como um instrumento de pesquisa jurídica setorial.

Para tanto, a presente introdução vai além da identificação das temáticas constantes da publicação e dá sequência ao registro histórico do arcabouço normativo setorial e do correspondente contexto socioeconômico e político das telecomunicações no Brasil. O artigo introdutório também registra as principais discussões jurídico-regulatórias que marcaram o ano de 2015.

Neste número, conta-se com artigo do ex-Ministro das Comunicações, Juarez Quadros do Nascimento, escrito a convite do Conselho Editorial, sobre o momento vivido no Brasil de reforma do modelo regulatório. O ex-ministro é figura conhecida do setor de telecomunicações brasileiro, tendo atuado longamente no Sistema Telebrás (TELEPARÁ, TELEACRE, TELEBRÁS), bem como em funções de direção no Ministério das Comunicações antes de assumir a pasta em 2002. Seu depoimento é um registro importante para o aceno de rumos vivenciado pelo País entre a segunda metade de 2015 e a primeira metade de 2016.

Seguem-se artigos selecionados no sistema de revisão cega por pares, inaugurando-se este número com o artigo de David López Jiménez, Andrés Redchuk e Leonel Alejandro Vargas intitulado *"The Self-Regulation of Electronic Commerce: An Appraisal in Accordance to the Chilean Law of Unfair Competition"*, que analisa os instrumentos de autorregulação existentes na propaganda do comércio eletrônico vis-à-vis o marco regulatório antitruste chileno instituído a partir da Lei 20.168, de 2007.

Em artigo sobre o papel da análise jurídica aplicada à regulação dos serviços de telecomunicações no Brasil, Marcus Faro de Castro e Daniele Kleiner Fontes demonstram como a vertente da Análise Jurídica da Política Econômica (AJPE) pode iluminar aspectos relevantes da política econômica e da regulação, identificando funcionalidades jurídicas na coordenação política e no redesenho do mercado regulado de serviços de telecomunicações.

O artigo que se segue escrito por Marcelo Barros da Cunha e intitulado "Responsividade do Sistema Sancionatório da Radiodifusão Brasileira" avalia a responsibilidade do sistema sancionatório aplicável aos concessionários, permissionários e autorizatários de serviços de radiodifusão no Brasil, concluindo pela inadequação do sistema sancionatório em alterar o comportamento dos regulados na radiodifusão no Brasil.

A regulação de riscos na proteção de infraestruturas críticas é, por sua vez, o enfoque de Egon C. Guterres no artigo sobre os novos ventos do fenômeno regulatório, defendendo que a peculiaridade dos Programas de Proteção de Infraestruturas Críticas no Brasil decorre sobremaneira das demandas originadas de compromissos assumidos para a realização de grandes eventos desportivos internacionais.

Os dois artigos que se seguem analisam aspectos da regulação da internet em nível da ICANN e da subpolítica supranacional do setor. Trata-se dos artigos de José Flávio Bianchi, sobre "Internet e Regulação: a ICANN à luz da teoria da regulação", e de Bruna Pinotti Garcia, sobre a "Supolítica Reflexiva no Contexto da Mundialização Informativa aplicada à Regulação Supranacional da Internet".

Finalmente, uma das práticas mais comentadas internacionalmente – o *zero rating* – foi abordada em batimento com o princípio da neutralidade de rede previsto no Marco Civil da Internet brasileiro no artigo de André Erhardt sobre "A prática do Zero Rating e o Princípio da Neutralidade de Rede previsto na Lei 12.965/14: reflexões sobre o fenômeno da inclusão digital e o desenvolvimento de novas tecnologias", bem como o tema do *big data* foi abordado por Victor

Cravo no seu artigo sobre os desafios da regulação do *big data* e o conceito de modernidade.

Segue-se, na última seção da revista, a reunião das normas e seleção de julgados jurisdicionais e administrativos do setor de telecomunicações do ano de 2015 organizados por temas e referenciados a tabelas informativas. Ao final, foi inserido um exaustivo índice alfabético e remissivo das normas e julgados do setor no ano de 2015. Cada tema presente em dita seção contém referências a normas de todos os níveis e a atos administrativos correlatos.

O setor de telecomunicações no ano de 2015*

O segundo mandato da presidente Dilma Roussef preocupado com o escândalo de corrupção da Petrobrás, o persistente déficit na balança comercial, a desvalorização da moeda, a evidência de fragilidade econômica, a urgência de ajustes fiscais e o processo de impeachment deixou pouco espaço para questões prementes do setor de telecomunicações, tais como preço, qualidade e universalização.

Até mesmo o tardio esforço de regulamentação do Marco Civil da Internet (Lei 12.965, de 2014) restou esmorecido em 2015 em meio à substituição do Ministro das Comunicações pelo ex-presidente do Partido dos Trabalhadores, Antonio Berzoini, com uma agenda setorial de difícil apreensão, embora insuflada pela base partidária rumo à implementação da reforma da mídia muito em virtude do renovado sentimento petista de que operadoras de radiodifusão teriam deliberadamente procurado minar a campanha de reeleição de 2014. O discurso de posse do novo ministro, entretanto, demonstrou pouco interesse em dita reforma, algo, aliás, muito bem caracterizado por Murilo César Ramos na metáfora do *feitiço do tempo*, em que a militância petista renova, a cada final de período eleitoral, a necessidade de um marco regulatório para os meios de comunicação, esmaecendo-se dito esforço quando os préstimos da simbiose Estado-mídia sentem-se presentes no exercício do governo de plantão. Não por acaso, a questão premente do novo modelo de serviços de telecomunicações ou, mais especificamente, o destino das concessões de Serviço Telefônico Fixo Comutado foi postergado para 2016 com a prorrogação da consulta pública pertinente até 15 de janeiro de 2016 e o adiamento da votação do novo Plano Geral de Metas de Universalização anteriormente pautado para 16 de dezembro de 2015.

---

*O capítulo do setor de telecomunicações no ano de 2015 foi elaborado por Márcio Iorio Aranha.

Lei Geral das Antenas (Lei 13.116/2015)

O contexto de crise política não impediu que a inércia institucional trabalhasse a favor da aprovação da lei mais demandada pelas empresas de telecomunicações nos últimos anos: a Lei Geral das Antenas (Lei 13.116, de 20 de abril de 2015), que ratificou a exclusiva competência da União sobre a regulamentação e a fiscalização de aspectos técnicos das redes e dos serviços de telecomunicações, inclusive sobre seleção de tecnologia, topologia das redes e qualidade dos serviços prestados, bem como afirmou a obrigatoriedade do compartilhamento de infraestrutura da capacidade excedente da infraestrutura de suporte, exceto justificado motivo técnico e respeitado o patrimônio urbanístico, histórico, cultural, turístico e paisagístico.

É bem verdade que julgamentos do Supremo Tribunal Federal estavam finalmente colocando uma pá de cal sobre o assunto ao reconhecer, de um lado, a inconstitucionalidade de disciplina estadual sobre as condições de cobrança do valor da assinatura básica por invasão de competência da União (ADI 2.615/SC, julgada em 11 de março de 2015) e de disciplina estadual para cobrança de taxa de uso e ocupação de solo e espaço aéreo de instalações de equipamentos necessários à prestação de serviço público de telecomunicações por invasão de competência legislativa da União (Agravo Regimental no RE 811620/MG), enquanto, de outro lado, afirmava a constitucionalidade de disciplina municipal para cobrança de taxa de licença para instalação e de verificação da permanência das condições técnicas iniciais dos equipamentos destinados à energia elétrica e ao fornecimento de serviços de telecomunicações (Embargos de Declaração recebidos como Agravo Regimental no RE 456534/RS).

Transparência dos Bens Reversíveis

Enquanto isso, a novela dos bens reversíveis continuou na pauta setorial por força do acompanhamento pelo TCU das ações de controle de tais bens pela ANATEL, acrescentando, em Acórdão TCU 3311, de 9 de dezembro de 2015, a determinação à agência reguladora de que disponibilizasse em seu sítio eletrônico, no prazo de 210 dias da ciência do acórdão, todas as relações de bens reversíveis de 2009 a 2014, contendo todos os dados classificados como sendo de caráter público, em formato de arquivo aberto, não-proprietário, estruturado e legível por máquina. Ao mesmo tempo em que o TCU e a ANATEL incrementavam os mecanismos de acompanhamento e controle dos bens reversíveis das concessões de Serviço Telefônico Fixo Comutado (STFC), era cogitado, em diversos eventos do setor, inclusive sob o patrocínio da ANATEL, a extinção do regime de concessão por sua inaptidão em acompanhar a evolução do seu tempo rumo à convergência para a banda larga.

RAN Sharing

Em sede interpretativa, o Conselho Diretor da ANATEL inaugurou o ano de 2015 fixando o dever de obtenção de licenças individuais para estações radiobase das operadoras de telecomunicações que compartilhem redes de acesso (*Radio Access Network Sharing – RAN Sharing*). As empresas então alegavam que o pagamento de licenças individuais configuraria duplo licenciamento, mas o Conselho Diretor da ANATEL firmou entendimento de que a exigência de licenças individuais da ERB compartilhada se justificaria em virtude da existência de outorgas de uso do espectro distintas.

Trunking: o ocaso do Serviço Móvel Especializado (SME)

Também no início de 2015, em reunião do Conselho Diretor da ANATEL, de 5 de fevereiro, definiu-se o destino final do serviço de trunking até então ofertado pela empresa Nextel, que tendo obtido anteriormente autorização para prestação de Serviço Móvel Pessoal (SMP) na faixa de 800 MHz, recebeu finalmente da Agência os termos da migração.

A Nextel ficou obrigada a pagar pela faixa do SMP segundo o valor que for maior – o Valor Presente Líquido ou o Preço Público pelo uso do serviço –, bem como a efetivar a migração para o SMP no prazo de 180 dias da decisão. Incontinente, o Conselho Diretor da ANATEL decidiu também que as empresas prestadoras de SME com menos de 50 mil clientes deveriam migrar para o Serviço Limitado Privado (SLP) ou para o Serviço Limitado Especializado (SLE) em até 180 dias e que o SME seria extinto, destinando-se a faixa de frequência por ele utilizada ao Serviço Móvel Pessoal.

A decisão citada encerrou uma longa novela de ingresso de novo ator na telefonia móvel, com direito a acusações – e reconhecimento por parte da ANATEL – de que a Nextel não estaria respeitando os limites regulatórios do SME de que somente fosse comercializado para grupos específicos, fazendo às vezes do telefone celular sem a devida autorização para tanto, até a manifestação de indignação derradeira das empresas incumbentes de telefonia móvel sobre a proposta inicial da ANATEL de que a migração da Nextel para o SMP se desse de forma gratuita.

O incremento da competição no setor de telefonia móvel foi, nesse caso, o resultado da quebra de barreiras regulatórias definidoras de fronteiras artificiais entre serviços: mais um passo foi dado rumo à convergência de serviços, mas ainda sob o molde de agigantamento de um deles, persistindo a proteção regulatória da competição plena entre os dois grandes tipos de telefonia: a móvel e a fixa.

Controle Interorgânico

Merece destaque a interação ocorrida por ocasião da submissão à consulta pública da proposta de Regulamento das Condições de Aferição do Grau de Satisfação e da Qualidade Percebida junto aos Usuários de Serviços de Telecomunicações, em maio de 2015, resultante na Resolução ANATEL n° 654, de 13 de julho de 2015, quando a Secretaria de Acompanhamento Econômico (Seae), do Ministério da Fazenda, opinou pela necessidade de maior prazo para análise da proposta e, em especial, pela necessidade de que a ANATEL estimasse os impactos tarifários e fiscais do custo de tais pesquisas para as operadoras, que demandavam que tais impactos fossem descontados das taxas destinadas ao Fundo de Fiscalização das Telecomunicações.

O certo foi que a Resolução n° 654/2015 tratou das condições de aferição do grau de satisfação e da qualidade percebida pelos usuários a partir de uma categoria única de usuários, que englobou os consumidores dos serviços de telefonia fixa, móvel, acesso à internet e à TV paga com a clara uniformização da nomenclatura de usuários para os beneficiários de serviços de interesse coletivo, seja em regime público ou privado.

Regulamentação do Marco Civil da Internet

As contribuições submetidas à consulta pública lançada pelo Ministério da Justiça sobre a regulamentação do Marco Civil da Internet encerrada em 30 de abril de 2015 resultaram em quase mil comentários distribuídos em mais de 300 assuntos,[1] com destaque para a posição das entidades do setor de telecomunicações, inclusive da Associação Brasileira das Empresas de Tecnologia da Informação e Comunicação – Brasscom, com a participação da Algar, Microsoft e Google – pela "liberdade dos modelos de negócios" em clara referência à defesa do modelo de navegação patrocinada, em que são realizadas ofertas de uso gratuito ou com preço mitigado para acesso a aplicativos, conteúdos e serviços pré-selecionados pelas operadoras. No entendimento delas, esse modelo de negócios não feriria a neutralidade de rede, que se restringiria às atividades de transmissão, comutação ou roteamento dos pacotes pelos detentores de infraestrutura de rede.

Na contribuição da Febratel, Sinditelebrasil, Sindisat, Telcomp, Telebrasil, Abrafix, Acel e Abinee, também foi ressaltado que a regulamentação da neutralidade deveria ser principiológica, embora tenham se pronunciado pela importância de se excepcionarem os serviços que "demandem requisitos técnicos diferenciados", como a teleconferência, telemedicina, segurança e vídeos de ultra definição.

---

[1]AMARAL, Bruno. *Marco Civil: Netflix, Fiesp, teles e Intervozes se posicionam sobre neutralidade*. Teletime, 30 de abril de 2015.

Ainda, as entidades do setor de telecomunicações propuseram que não se impedisse a livre monitoração de metadados contidos em pacotes – a análise de cabeçalhos dos protocolos usados na internet – para viabilização de gestão da rede, nem a cobrança por volume de tráfego de dados e a consequente interrupção do serviço quando o consumidor ultrapassasse a cota mensal.

Em contraposição às contribuições das empresas do setor de telecomunicações e de gigantes da internet, o Coletivo Intervozes propôs a criação de um Sistema de Proteção à Neutralidade de Redes para ação contínua e dinâmica de monitoramento e regulamentação permanente – um verdadeiro órgão regulador para o acompanhamento da rede. Posição semelhante de que o princípio da neutralidade de rede fosse acompanhamento de forma contínua e conjuntural para garantia da neutralidade na internet fixa e móvel adveio da contribuição da Federação de Indústrias do Estado de São Paulo (Fiesp) com especial enfoque na fiscalização para que se impedissem as operadoras de telecomunicações de degradarem o tráfego de serviços de provedores de internet que não lhes dessem "retorno financeiro".

Correndo em separado, a maior representante mundial dos provedores de conteúdo de mídia – a Netflix – submeteu suas contribuições dando ênfase a que a regulamentação da neutralidade contivesse diretrizes claras de que fosse aplicada não apenas na última milha, mas nos pontos de acesso, em especial via cobrança realizada dos provedores de conteúdo pelos provedores de internet para garantia contra o estrangulamento de tráfego, mediante divulgação regular, via regulamentação específica da ANATEL de que os prestadores de serviços de conexão a internet divulgassem "informações significativas sobre a fonte, localização, horário, velocidade, perda de pacotes e duração de congestionamento na rede".

O embate de posições sobre a regulamentação do Marco Civil da Internet evidencia ainda mais a importância do momento de regulação, ou seja, do acompanhamento conjuntural de atividades como o aspecto central da política pública que dará conteúdo à casca normativa criada pela Lei 12.965/2014 ainda não preenchida em 2015. Enquanto isso, as questões suscitadas no âmbito da rede social do ORKUT, anteriores à edição do Marco Civil da Internet permaneceram sob a égide do entendimento jurisprudencial prévio à edição da Lei 12.965/2014 sob o entendimento de que ela somente se aplicaria a fatos posteriores à sua edição (Agravo Regimento no REsp 1384340/DF).

O FISTEL para outros fins sob chancela do TCU

No apagar das luzes, em dezembro de 2015, o leilão de sobras das faixas de 1,8 GHz, 1,9 GHz e 2,5GHz arrecadou R$ 852 milhões como parte da promessa não dita de angariar recursos ao Governo Federal em crise, que ameaçava aumentar em mais de 300% o valor das contribuições para o Fistel,

ARANHA, M. I. *et al. Regulação de vento em polpa, política pública a ver navios.* **Revista de Direito, Estado e Telecomunicações**, Brasília, v. 8, n. 1, p. 1-12, maio 2016.

flagrantemente utilizado há muito tempo para composição do superávit primário, tudo sob a chancela do Tribunal de Contas de União que, embora tenha negado as contas do Governo Federal referentes ao ano de 2014 e municiado o processo de impeachment presidencial na Câmara dos Deputados, reforçou o seu tradicional entendimento de que recursos de taxas não são afetados às finalidades que os justificaram desde que norma específica dê tratamento de uso livre dos saldos não utilizados no ano fiscal e que sejam preservadas continuamente as finalidades inicialmente estabelecidas pela taxa.

O Acórdão TCU 2320/2015, ao identificar o uso indevido de recursos do Fundo de Fiscalização das Telecomunicações (FISTEL) para abertura de créditos adicionais destinados ao custeio de ações estranhas aos serviços de custeio, manutenção e aperfeiçoamento da fiscalização dos serviços de telecomunicações, por se tratar de uso de recursos de fontes vinculadas, entendeu possível a desvinculação de tais recursos mediante transferência da receita excedente ao Tesouro Nacional, ratificando a prática governamental de uso de receitas excedentes decorrentes do poder de polícia estatal para composição de superávit primário.

No acórdão citado, as contribuições de intervenção no domínio econômico foram salvas dessa interpretação que desvincula recursos de taxas de fiscalização, restando ilícito o uso de tais recursos para fins distintos do custeio, manutenção e aperfeiçoamento da fiscalização da ANATEL tão somente no caso em que tais recursos não forem diligentemente desvinculados mediante transferência de receita excedente ao Tesouro Nacional. Durma-se com o barulho.

O avanço da arbitragem e da mediação

Duas leis aprovadas em 2015 avançaram no uso da arbitragem e mediação em setores regulados. A Lei 13.129/2015 ampliou o âmbito de aplicação da arbitragem, determinando que o processo arbitral que envolva a administração pública respeite o princípio da publicidade, com expressa previsão de arbitragem envolvendo a administração pública, desde que sobre direitos patrimoniais disponíveis, respeitados os princípios da legalidade e publicidade. A Lei 13.140/2015, por sua vez, sobre mediação, estabeleceu, em seu art. 32, § 5º, que se compreende na competência das câmaras de prevenção e resolução administrativa de conflitos questões que envolvam equilíbrio econômico-financeiro de contratos celebrados pela administração com particulares.

Disciplina processual da radiodifusão comunitária sob protesto

Sob protesto das empresas comerciais de radiodifusão, o Ministério das Comunicações editou portaria para disciplina processual desburocratizante de tramitação dos pedidos de autorização do serviço de radiodifusão comunitária (Portaria MC nº 4.334, de 17 de setembro de 2015).

Nela foram definidos e organizados o Cadastro de Demonstração de Interesse e suas consequências jurídicas não vinculativas, a padronização do Requerimento de Outorga de Radiodifusão Comunitária, os modelos de manifestação em apoio de pessoa jurídica e física, o modelo de requerimento de renovação de outorga, o formulário de dados de funcionamento da estação de radiodifusão comunitária, o formulário de pós-outorga e de acordo associativo.

A regência da relação jurídica entre o Ministério das Comunicações e as entidades interessadas em obter autorização do serviço de radiodifusão comunitária ou em renová-las foi finalmente gravado em regulamentação abrangente, clara e com evidente objetivo desburocratizante.

Conclusão para o ano de 2015

A disciplina jurídica dos serviços de telecomunicações no Brasil em 2015 avançou em diversos pontos, em especial no quesito de desburocratização de processos administrativos para autorização dos serviços de radiodifusão comunitária (Portaria MC nº 4.334/2015) e de comunicação multimídia (lançamento de sistema eletrônico próprio para outorga do SCM e SLP para liberação da autorização correspondente dos atuais 110 dias para 2 dias), bem como permissão e concessão de radiodifusão com finalidade exclusivamente educativa (Portaria MC nº 4.335/2015) e anúncio da chamada "guinada regulatória"[2] da ANATEL para regulação com enfoque na infraestrutura e licença única para todos os serviços de telecomunicações.

Ausente um norte atualizado de políticas públicas, o corpo técnico-administrativo sobressaiu-se no setor. O tema da massificação da banda larga no País ocupou o discurso do Ministério das Comunicações, em audiência pública na Comissão de Ciência e Tecnologia do Senado Federal de 7 de julho de 2015, com um novo plano intitulado "Banda Larga para Todos", com a meta de levar fibra ótica para 90% dos municípios brasileiros, rede fixa para 45% dos domicílios e elevação da velocidade média para 25 Mbps, relegando ao passado o acompanhamento ministerial do Programa Nacional de Banda Larga (PNBL), desde sua implantação em 2010 até os últimos dados disponibilizados pelo Governo sobre o ano de 2014.

As expectativas depositadas no novo ministro da pasta das comunicações Ricardo Berzoini advindo do ranking dos mais influentes políticos do Partido dos Trabalhadores, nomeado quando do início do segundo mandato da presidente Dilma Rousseff, mas em meio à crise da Operação Lava Jato de

---

[2]CORDEIRO, Letícia. *Anatel prepara guinada regulatória para licença única de serviços.* Teletime, 2 de setembro de 2015.

ARANHA, M. I. *et al. Regulação de vento em polpa, política pública a ver navios*. **Revista de Direito, Estado e Telecomunicações**, Brasília, v. 8, n. 1, p. 1-12, maio 2016.

corrupção na Petrobras, logo resultou em desmobilização ministerial por ter sido chamado, às pressas, pela presidente, para a defesa, no Congresso Nacional, do processo de impeachment com que a oposição e movimentos sociais então já acenavam.

Os temas de governança da internet e regulamentação do Marco Civil da Internet, de regulamentação do modelo econômico das indústrias de mídia, de estabilização das demandas de redes nacionais de TV por espaços reservados de distribuição em redes de TV paga, de universalização da banda larga fixa e móvel, de definição do destino da telefonia fixa, em discussão oportunizada durante o ano de 2015 para definição da revisão quinquenal dos contratos de concessão de STFC para o período de 2016 a 2020, de fixação de diretrizes seguras de compartilhamento de infraestrutura entre os setores de energia elétrica e telecomunicações, e de implementação efetiva da digitalização da TV analógica aberta terrestre projetada para ocorrer progressivamente entre 2015 e 2018 em todo o País tiveram o protagonismo da Agência Reguladora, que se manteve em funcionamento a despeito do mar de instabilidade governamental e de ausência de política pública setorial.

A ausência de norte de política pública governamental foi tão evidente no ano de 2015 que, no programa governamental mais relevante para o setor, a empresa estatal Telebras redefiniu unilateralmente e sem estardalhaço a política pública que guiou o Programa Nacional de Banda Larga de 2010 a 2014. Explicou o seu novo presidente, e ex-deputado Jorge Bittar, à Comissão de Ciência e Tecnologia do Senado, em julho de 2015, que o "negócio" da Telebras não era o de "venda de bits", ao contrário do que se anunciava no PNBL durante os 4 anos passados. Ou seja, a função primária da Telebras passou de agigantamento do backhaul nacional de banda larga para a de oferecimento de "soluções ao governo, aumentando as aplicações em educação, saúde, segurança pública e cidades inteligentes".[3] Aquilo que era secundário no PNBL de 2010-2014 – os serviços para o Governo Federal – passou a ser primário na guinada do segundo mandato da presidente Dilma Roussef.

Com isso, não se quer dizer que a estrutura ministerial restou inerte durante o ano de 2015. Períodos de marasmo político são não raramente acompanhados de florescimento técnico-administrativo. Exemplo disso está nas portarias ministeriais de disciplina dos procedimentos de seleção de interessados para prestação de serviços de RTV, Radiodifusão Comunitária, Rádio FM Educativa, nos 1.219 projetos aprovados no Ministério das Comunicaçoes de 2013 a junho de 2015 no âmbito do Regime Especial de Tributação no Programa Nacional de Banda Larga (REPNBL), bem como na implantação de redes em 50

---

[3]BERBERT, Lúcia. *Telebras investirá R$ 240 milhões em redes metropolitanas*. Teletime, terça-feira, 7 de julho de 2015.

municípios no âmbito do projeto de Cidades Digitais, estes, por óbvio, programas com enfoque primário em infraestrutura de banda larga via isenções tributárias ou financiamentos públicos para empresas privadas do setor de telecomunicações brasileiro. Trata-se, portanto, de um acompanhamento regulatório de política pública anterior.

Se o ano de 2015 pudesse ser definido por um único atributo, ele certamente seria o da invisibilidade da política pública setorial em meio à resiliente preservação de uma atuação regulatória eminentemente técnica.

O Conselho Editorial

A Política Pública para Telecomunicações a ser feita
The Telecommunications Public Policy to be

Artigo escrito a convite do Conselho Editorial

Juarez Quadros do Nascimento
Ex-Ministro das Comunicações

Permitam-me a repetição, é que às vezes se faz necessário. Assim, transcrevo um trecho do artigo *Telecomunicações aos 10 anos de privatização*, que escrevi em 2008, e o grafei no livro *Artigos, análises e tutoriais de telecomunicações*:

> "Parodiando Shakespeare, com Ricardo III na batalha de Bosworth gritando: '*A horse, a horse, my kingdom for a horse*! ', poderíamos aqui no Brasil, nos anos 60 a 70, ter gritado: 'Um telefone, um telefone, meu reino por um telefone! '. Depois, nos anos 80 a 90, o grito poderia ter sido: 'Um celular, um celular, meu reino por um celular! '. Hoje, o grito de muitos brasileiros (uns podem pagar, outros não) poderia ser: 'Banda larga, banda larga, meu reino por um acesso à banda larga!' ".

A recente Consulta Pública do Ministério das Comunicações diz no seu texto: "Tendo em vista o novo anseio da sociedade por banda larga, fixa ou móvel, em detrimento da telefonia fixa, é preciso redesenhar as políticas públicas para permitir a expansão do acesso das mais diversas camadas da sociedade a esses serviços, considerando também a dimensão geográfica continental do país".

A tutela do Estado não é mais necessária se olhado apenas o mercado de voz. Em conformidade com disposições da Lei Geral de Telecomunicações (LGT), o serviço de telefonia fixa está universalizado. Isso obviamente não contempla a banda larga. Que esse deva ser um dos pontos a ser tratado na política pública, se assim for entendido, porém, objetivando um fundo destinado à disseminação da banda larga.

Permitam-me, também, lembrar que cabe ao Poder Executivo decidir se quer instituir (banda larga) ou eliminar a prestação de modalidade de serviço (telefonia fixa) no regime público, concomitantemente ou não com sua prestação no regime privado (LGT, art. 18, I), sem depender do Legislativo. Do mesmo modo, também, está na competência do Executivo a questão pontual dos bens reversíveis.

Ademais, recordo o que disse o economista inglês John Maynard Keynes: "se o Estado for capaz de determinar o montante agregado de recursos destinados a aumentar os meios [de produção] e a taxa básica de sua remuneração aos seus detentores, terá feito o que lhe compete".

Então, políticas públicas devem fomentar a atividade produtiva por meio de geração de estímulos e a manutenção de condições econômicas que encorajem a decisão de investimento do setor privado em benefício do consumidor. O ano de 2016, ainda que em um confuso cenário político e um delicado cenário econômico, é a última janela temporal propícia para o governo conduzir a tramitação de uma proposta de uma política pública para o setor de telecomunicações no Brasil.

Não esquecer que uma política pública deve dispor sobre diretrizes de eficiência econômica, correção de falhas de mercado, canais de interação entre prestadores e consumidores, promoção da inovação regulatória e tecnológica e a defesa do meio ambiente; com previsibilidade, de modo justo, claro e durável; sujeita à avaliação periódica e sem encargos inúteis ou dispendiosos.

Portanto, é de suma importância que as autoridades responsáveis pelo setor reflitam sobre os fatos e os conceitos aplicáveis e orientem um quadro regulatório coerente para os serviços de telecomunicações, sinalizando formas mais horizontais de regulação, limitando-as ao mínimo necessário e sem tentar resolver problemas pontuais.

Problemas pontuais

Os problemas pontuais, tais como instituição da banda larga em regime público ou privado, migração do regime da telefonia fixa, reversão dos bens vinculados à concessão e encerramento dos contratos de concessão, independem de uma nova política pública. Tais problemas são passíveis de solução por parte da Anatel, ou do Poder Executivo, em conformidade com a regulação em vigor.

A migração da telefonia fixa do regime público para privado pode ser instituída pelo Poder Executivo, (LGT, art. 18, I), a quem cabe instituir ou eliminar a prestação de modalidade de serviço no regime público, concomitantemente ou não com sua prestação no regime privado. A mesma disposição legal também se aplica à banda larga.

Mediante contrapartidas, adaptações de outorgas já ocorreram. Em 2002, as concessões de Serviço Móvel Celular (SMC) tornaram-se autorizações de Serviço Móvel Pessoal (SMP). Em 2008, houve a transição do Serviço de Rede de Transporte de Telecomunicações (SRTT), previsto originalmente nos contratos de concessão de Serviço Telefônico Fixo Comutado (STFC), para o Serviço de Comunicação Multimídia (SCM). Em 2012, as concessões de TV a Cabo foram adaptadas em autorizações de Serviço de Acesso Condicionado (SeAC).

A concessão extinguir-se-á por advento do termo contratual, encampação, caducidade, rescisão ou anulação (LGT, art. 112). E pelo parágrafo único, a extinção devolve à União os direitos e deveres relativos à prestação do serviço. Porém, há a hipótese de que os bens reversíveis (se houver) não sejam, necessariamente, inerentes ao contrato de concessão do STFC (LGT, art. 93,

XI). Só haveria reversão dos bens se houvesse necessidade de garantia na prestação do serviço.

A Exposição de Motivos (EM 231/MC/1996), referente à LGT, destaca a responsabilidade que terá o regulador, ao longo da execução do contrato e à luz da evolução tecnológica, de selecionar os ativos que, a cada momento, integrarão o rol de bens reversíveis. Fundamenta o caráter funcional da reversibilidade, e não patrimonial, caracterizando apenas aqueles bens imprescindíveis à prestação do objeto da concessão.

Dá para esperar por um novo modelo regulatório de telecomunicações revendo o conceito de bens reversíveis vinculados à concessão? Não dá! Será mais estratégico que se defina o que realmente significa o referido conceito, pois à medida que o fim da concessão se aproxima (2025) menos atraente ela fica e os investimentos deixam de ocorrer. Sem alterar a LGT, por ser desnecessário, que se esclareçam os conceitos de regime de prestação dos serviços e dos bens reversíveis vinculados.

Não havendo mais sentido do STFC continuar como serviço explorado em regime público, o serviço poderia ser prestado mediante autorização, expedida pela Anatel, observados os princípios da razoabilidade, proporcionalidade e igualdade (LGT, art. 135).

Uma agenda pública, bem estruturada, abriria discussão sobre os bens reversíveis vinculados às concessões de STFC, a serem extintas em 2025, quando a União poderá reassumir uma infraestrutura defasada e um serviço com problemas de sustentabilidade. As tais concessões, dada a acentuada inovação tecnológica e convergência dos serviços, são mais sujeitas à obsolescência (caducidade) do que as concessões de outros setores (devido à especificidade dos seus ativos vinculados).

Universalização dos serviços

Visando ouvir os consumidores, que pagam ao Governo pesados impostos, que se consigam adequar taxas, tributos e contribuições sobre os serviços de telecomunicações, dentro de um contexto em que se prestem esses serviços à população brasileira, com qualidade, preços justos, menos onerados pelos Fiscos (Federal, Estaduais e Municipais) e sem a intenção de simplesmente gerar excesso de arrecadação a ser destinada ilegalmente a outros setores.

O Fundo de Universalização dos Serviços de Telecomunicações (Fust), instituído pela Lei 9.998/2000, tem por finalidade proporcionar recursos destinados a cobrir a parcela de custo exclusivamente atribuível ao cumprimento das obrigações de universalização de serviços de telecomunicações, que não

NASCIMENTO, Juarez Quadros do. *Some A Política Pública para Telecomunicações a ser feita*. **Revista de Direito, Estado e Telecomunicações**, Brasília, v. 8, n. 1, p. 13-18, maio 2016.

possa ser recuperada com a exploração eficiente do serviço, nos termos do disposto no inciso II do art. 81 da LGT.

Há que se tratar em uma política pública dos aspectos relativos aos fundos setoriais, e não somente dos recursos relativos ao Fust. Tratem-se, também, do Fundo de Fiscalização das Telecomunicações (Fistel) e do Fundo para o Desenvolvimento Tecnológico das Telecomunicações (Funttel).

As receitas dos três fundos (Fistel, Fust e Funttel), ano a ano, perfazem montantes com significativo excesso de arrecadação, gerando superávit financeiro que é sempre transferido para o Tesouro Nacional. Com relação às aplicações dos recursos arrecadados o que dizem as leis que instituíram esses fundos?

A Lei do Fistel (art. 3º e alíneas) diz que: além das transferências para o Tesouro Nacional e para o Fust, os recursos serão aplicados pela Anatel exclusivamente na fiscalização dos serviços de telecomunicações. A Lei do Fust (art. 11) diz que: o saldo positivo do Fust, apurado no balanço anual, será transferido como crédito do mesmo Fundo para o exercício seguinte. E a Lei do Funttel (art. 7º) diz que: os recursos destinados ao Funttel, não utilizados até o final do exercício, apurados no balanço anual, serão transferidos como crédito do mesmo Fundo no exercício seguinte.

Então, os três fundos instituídos são, na verdade, desvirtuados para aplicações que não aquelas dispostas nas leis que os criaram. Assim sendo, na proposta de uma política pública, porque não reduzir o valor das taxas do Fistel de forma a gerar o que corresponda efetivamente às necessidades da Anatel? Já que os recursos não são utilizados e ao final dos exercícios são transferidos para o Tesouro Nacional em descumprindo com a legislação, porque não revogar a lei do Fust?

Modelagem

Decorridos 18 anos, segue-se a modelagem concluída em 1997. Enquanto isso, a telefonia celular invade o espaço da fixa (com a rede móvel utilizando a rede fixa para transporte de informações), a banda larga torna-se essencial (exigindo mais capacidade de transmissão de dados e vídeo) e a TV paga é afetada pelo vídeo pela internet (gerando disrupção do serviço).

A situação analisada em 1997 é diferente da atual e da que virá até 2025, quando as concessões de STFC se encerrarão. No momento da privatização (1998) eram 20 milhões de assinantes de STFC, 5,6 milhões de acessos do SMC, 2,6 milhões de assinaturas de TV paga e os acessos de banda larga ainda nem existiam.

O ano de 2015 finalizou com 44 milhões de assinantes de STFC local, dos quais, 42% são das empresas autorizadas (eram 4% em 2004, possivelmente serão 50% em 2019), e o STFC de longa distância é explorado, em grande parte, no regime privado. Os demais acessos somaram 258 milhões de celulares (queda de 8% em relação a 2014), 19 milhões de acessos de TV por assinatura (queda de 3% em relação a 2014) e 225 milhões de acessos (25 milhões fixos e 200 milhões móveis) em banda larga (acréscimo de 17% em relação a 2014).

A Pesquisa Nacional por Amostra de Domicílios (PNAD 2014) mostrou que o telefone celular estava presente em 91% dos domicílios brasileiros, sendo o único tipo de telefone em 56% deles. Apurou também que somente 37% dos domicílios tinham telefone fixo convencional. A pesquisa demostrou uma mudança radical na forma com que os brasileiros se comunicam. A telefonia fixa, que em 2004 superava a telefonia celular, em 2014 já era o único tipo de telefone em menos de 3% dos lares brasileiros.

No SMP, as pessoas usam esse serviço e dispensam o STFC. As concessionárias de STFC investem nas redes visando os serviços convergentes e a perecível telefonia fixa, objeto da concessão, perde tráfego, assinantes, receita e valor, com reflexos na sustentabilidade dessas concessões.

O interesse público da extinção das concessões de STFC, acordado contratualmente para 2025 (ou adaptação antecipada das outorgas), se insere no contexto da política pública. O que fazer com o STFC? Acabar com ele (pelo menos, como serviço público), partir para uma nova licitação, ou, assumir a sua continuidade?

E não se fale somente do STFC, objeto de concessão. Que se fale, também, do SMP, que sofre desativação de acessos em função de planos mercadológicos competitivos e do SeAC, com tendência de estagnação em função de *streaming* (filmes, jogos e música via internet), *cutting cord* (ex-assinantes) e *cord-nevers* (nunca foram assinantes).

Está na hora de levar a disrupção a sério, pois a entrada de concorrentes inesperados capazes de mover a estrutura de mercado afeta os regimes de outorga (seja concessão, permissão ou autorização), os consumidores e os entes regulados que exploram os serviços.

Disrupção econômica

Mundialmente, as Tecnologias da Informação e Comunicação (TIC), via uma transformação digital, geram disrupção econômica. Essa dinâmica deixa o setor exposto a surpresas inevitáveis e na busca de soluções, uma vez que essa evolução tecnológica impacta as estruturas mercadológicas e legais.

Os desafios intensificados pela convergência de redes e serviços incluindo a necessidade de avaliar a extensão de obrigações regulatórias a serem, ou não, impostas aos prestadores dos novos serviços, torna invisível a linha que separa Tecnologia da Informação (TI) tradicionalmente não regulada,

NASCIMENTO, Juarez Quadros do. *Some A Política Pública para Telecomunicações a ser feita.* **Revista de Direito, Estado e Telecomunicações**, Brasília, v. 8, n. 1, p. 13-18, maio 2016.

dos serviços de Comunicação (Telecomunicações e Mídia) sujeitos a condicionamentos regulatórios.

O governo tem papel fundamental para possibilitar que os cidadãos tenham acesso adequado ao mundo digital, equilibrando ao mesmo tempo a atração de investimentos para o desenvolvimento do país, protegendo os direitos da população e incentivando a inovação. As TICs apresentam significativas mudanças transformacionais, impulsionadas pela inovação exponencial da tecnologia digital.

Tais avanços tecnológicos induzem a "appificação" da economia. Assim, o mundo degusta uma mudança da forma, natureza e estrutura de se informar e se comunicar. Essa mudança requer atenção de empresários, legisladores e reguladores em geral, de forma prática e estratégica, pois a transformação digital gera disrupção econômica.

O professor Pedro Videla, da escola de negócios espanhola Iese, perguntado (Revista Exame, 03/02/2016), responde que o uso da tecnologia está reduzindo os custos e rapidamente elevando a eficiência da economia como um todo. "Tentar proibir as empresas não vai impedir que o modelo cresça", diz ele.

Por fim, entendo que as inovações tecnológicas desequilibram as outorgas dos serviços e as empresas que as detêm terão de se adaptar à realidade do mercado. Essas inovações, ainda que imprevisíveis quando na assinatura de contratos com o poder público, são acontecimentos naturais em um mercado sujeito a tecnologias disruptivas, que precisam ser consideradas em uma política pública.

The Self-Regulation of Electronic Commerce: An Appraisal in Accordance to the Chilean Law of Unfair Competition*

Submetido(*submitted*): 02/11/2015
Parecer(*revised*): 23/11/2015
Aceito(*accepted*): 22/01/2016

David López Jiménez**
Andrés Redchuk***
Leonel Alejandro Vargas****

Abstract

Purpose – Electronic commerce or e-commerce constitutes a commercial activity on the rise. Although it has many advantages, there are several lingering factors that prevent its consolidation, such as the lack of trust of the potential consumer/user. In order to overcome that obstacle, instruments of self-regulation were created in the field of advertising. Firms that wish to distinguish themselves favorably against their competitors have the option of adopting those instruments, which play a praiseworthy role regarding the target audience and constitutes a considerable improvement of consumer rights. However, on occasions, problems arise in the market when those systems of self-regulation bind third parties that did not voluntarily enter into a contract. This paper tackles the question of if self-regulation of advertising in the net can be put in place should it affects the honor of the third party not committed with the fair-practices document.

Methodology/approach/design – In this article, we will refer to the particularities that arise from a case concerning the Chilean Law no. 20,168, of 2007, on unfair competition and self-regulation of advertising in the Internet pertaining WOM, Movistar, Entel, Claro and Virgin.

Findings – The Chilean Law no. 20,168, of 2007 contributes to the goal of discouraging conduct contrary to good faith or good practices in advertising in conjunction with codes of conduct that have been approved in the field related to the systems of self-regulation.

Keywords: Self-regulation, competition, honor, freedom of expression, tutelage.

1. Introduction

In the past few years we have been experiencing a paradigm shift of the traditional consumer/user model. Social trends are shifting alongside with the arrival of new technology. Ever since the early 90s, when commercial

---

*This work was supported by Fondecyt 11130188 project.
**PhD (with European mention), Universidad de Sevilla (Spain), and PhD, Universidad Rey Juan Carlos (Spain). Research professor at the Universidad Católica del Norte, Antofagasta, Chile. E-mail: dlopezjimenez@gmail.com.
***Eng, MSc, PhD. Full professor. Enginering faculty. UNLZ. Argentina. Industrial engineer. Master of total quality. Master of ITC and computers. E-mail: andres.redchuk@gmail.com.
****Universidad de Navarra (Spain). E-mail: lbarrigh@alumni.unav.es.

JIMÉNEZ, D. L.; REDCHUK, A.; VARGAS, L. A. *The Self-Regulation of Electronic Commerce: An Appraisal in Accordance to the Chilean Law of Unfair Competition*. **Revista de Direito, Estado e Telecomunicações**, Brasília, v. 8, n. 1, p. 19-30, maio 2016.

transactions through the internet were authorized, the challenges created by this channel of commerce are increasing at a fast pace.

Suppliers are also modifying the guidelines for action in the advertising of goods and/or services, which are offered in the market. Meanwhile, Internet users manifest distrust in the commercial communications received. In order to act accordingly, managers have differentiated themselves from their competitors through a system of self-regulation, which consists of a code of conduct and a control organism in charge of verifying its fulfillment. Their adhesion to such an instrument will involve certain obligations for the supplier, with certain advantages for the intended audience of the publicity carried out in cyberspace. Indeed, the advertising executed, in accordance to a predetermined code of good practice, will also have to be in accordance to rules and regulation as well as a set of ethical standards.

In this article, we address the characteristics and guarantees of self-regulation in electronic commerce. We will allude to the problem of digital advertising in electronic commerce alongside with contractual activities through digital channels. We will also examine the consequences which are derived from the failure to comply with the code of good practice. When the organization that controls the system of self-regulation give a determination on a case involving companies associated to the organization, it is expected that the aforementioned companies will comply voluntarily. However, in the scenario in which the system of self-regulation gives a determination against a company that is not committed to the system itself, we will study eventual repercussions on the afflicted rights. It should be noted that, in this case, we are dealing with a decision against non-committed third parties.

2. Self-regulation of E-commerce

E-commerce, in which interactive advertising is included, requires a regulatory framework that takes into account its global role as well as its defining peculiarities. In order to take them into consideration, as well as complying with current regulations, the agents that interact within this scope have approved an increasing set of self-regulation instruments. We will analyze several relevant aspects of that trend.

2.1. Conceptual delimitation

Self-regulation is not a new phenomenon. Any organization or person practices the act of self-regulation in one way or another. Such a fact is legally relevant when that self-regulation surpasses the private framework, projecting its effects across a notably ample radius, in some occasion even on a supranational level, attaining public powers (CANNATACI & BONNICI 2003, 54).

The phenomenon of self-regulation unfolds between society and the state, between the private and public sectors. Also, self-discipline appears in the private sphere, but attains a public relevance. Based on the fact that self-regulation is a more informal practice than legislation and it lacks coercive capacity, its efficacy can be quite weak if it does not unfold in a culturally favorable environment and without the organization of all participants (DARNACULLETA 2009, 9).

It should be taken into account that self-regulation may be seen as an excuse that exempts the legislative power from their obligations. Regardless it may also be a complement to a legislation that inevitably cannot change its broad and ambiguous nature (NAVARRO 1990, 52).

From that perspective, self-regulation can offer solutions to specific problems that are established beyond legal norms, that could hardly be applied with their abstract general statements, in which most cases are unique cases of a group or a type of individuals that have their specific problems.

Self-regulation, in the field of advertising, is the ordinance made for the individuals that actively participate in the realization, execution and diffusion of interactive advertisements, in order to willingly impose a set of norms of good practice. Self-regulation is a word that implies on one hand a normative rule and, on the other hand, an internal volitional capacity of the participants who fulfill all the norms materialized in different documents of good practices such as a code of conduct (OGUS 1995, 100).

The advantages that are now being tested can provide the implementation of distinct techniques (BASEDOW 2000, 10). The instruments derived from self-regulation allow to swiftly adapting to technological, economical and sociological changes, a much quicker way to adapt than that obtained through more conventional channels of ordinance. This stands on notably significant data, in such a dynamic and changing sector, that is the internet. We do not find ourselves with a new problem due to the fact that traditionally legislation has solved problems on the application of new technology, albeit with some delay.

Such an inconvenience, intrinsic to the procedure of the creation of norms, could be avoided or at least diminished by adhering to the codes of conduct that regulates e-commerce, for in comparison with such norms of conventional origins, a result of self-regulation has a notably shorter time to be created and less formalized prerequisites, leading to a greater ease to adapt to changes in the technological area.

Other prerogatives of self-regulation that need to be highlighted are: flexibility, due to the fact they are in a constant state of technological flux; specialization, which favors the development of standard levels of correction; transparency; prevention of transgressions, especially if the self-regulation has valuation mechanisms in the case of interactive advertisements before they are aired; low costs in areas where transgression procedures allow to cover eventual pitfalls of legal nature; and easy accessibility.

2.2. Guarantees

A system of self-regulation should include elements that build a thorough and efficient backbone. The lack of some mandatory guarantees or the malfunction of such will determine that the system, besides inefficient, is in fact incomplete. Without a sound set of guarantees, that system does not meet the necessary requirements to be considered a true system of self-regulation, which will comply with state legislature (LÓPEZ 2014, 10). To talk about an efficient instrument of self-evaluation, some elements should be present as constitutive power, while others are accessories or complimentary.

The code of conduct or regulating document is a constitutive requirement. It is needed and should be presented, among other aspects, as an interactive advertising, making its online query possible, together with its constancy, in the languages of the place of the establishment of the firm. Another constitutive requirement is the acceptance of the parties to be bound by an alternative dispute resolution organization, which in such case imposes a decision that is legally binding on committed firms and customers. In so doing, the alternative dispute resolution technique designed for binding the parties will be applied upon an infraction to the code of conduct in which it is integrated, imposing a sanction according to the severity of the transgression.

Regarding ancillary prerequisites, the following two terms, among others, are worth mentioning. Firstly, all parties must accept the agreement which provide that, if a dispute should arise, it will be resolved by an alternative dispute resolution technique. Secondly, the deal must be accompanied by the seal of quality or trust mark of the company that holds it, representing the audits' recognition of the existence of guarantees of the company's commitment to the system.

However, we insist, those guarantees are not mandatory. Their incorporation to the system of self-regulation seems opportune for two reasons. On one hand, in the case in which the code of conduct counts with the approval of all potentially susceptible agents, achieving a general consensus, it will be considered as self-imposed, making the level of commitment higher than in the opposite case, for its composition will respond to the interests of all parties involved. On the other hand, the trust mark is the symbol that defines the business group that fulfills the good practices clause established in the code of ethics. It would suffice for the potential consumer to see and consequentially know its implication and meaning of the presence of the logo to be able to exercise its full potential for which it was conceived. The aforementioned set of guarantees validate the commitment to a concrete system of self-regulation and with it the set of improvements that are left to the disposition of the potential consumer/user.

3. Incidence of the Chilean Law no. 20,169

The managers that use internet to operate activities of online advertising can willingly commit to integrating themselves in a system of self-regulation with a document of fair practices.

However, in occasions, such as the recent case of Chile, some systems of self-regulation have affected third parties that had not manifested their willingness to adhere to such regulation.

According to article 3 of the Chilean Law no. 20,169, all conduct contrary to good faith or good practices, which through illegitimate means, pursues to steer consumers away from a market agent could be regarded as an act of unfair competition. The question to be solved is if such a behavior of self-regulation of advertising in the net can be put in place should it affects the honor of a third party not committed with the fair-practices document.

3.1. Parties involved in the claims in the system of self-regulation

Anyone can present a claim before the system of self-discipline. It may be a consumer on an individual manner, a business, a business association, a consumers association or the public sector. An example of the latter in Chile happened when Chile's Sernac formalized an agreement with the Board of Self-regulation and Advertisement Ethics (CONAR) with the objective that the publicity fulfills legal norms and ethical norms included in the code of fair practices of the system of self-discipline.

CONAR was conceived towards the end of the 80s and represents a non-profit organization sponsored and promoted by advertisers, agencies and media. Ever since the moment of its founding all the way to present day, it has decided over 900 cases. Additionally, since 2008, it is part of the EASA (European Advertising Standards Alliance), as well as CONARED, which constitutes the System or Organizations of Self-regulation in Latin America. Its actions are based on the Chilean Code of Advertising Ethics. Such code of conduct is inspired in the International Code of Advertising Practices of the International Chamber of Commerce. One of the regulatory matters of interest for the law on unfair competition is that of comparative advertising. We will discuss the topic later, for such self-regulation has been applied in cases of companies not committed to such a system.

In order to submit a complaint to CONAR, it is not imperative to be committed to the system of self-discipline. It represents a procedure that turns out to be free of cost for the consumers, organizations of the public sector and associates to the system of self-regulation. However the procedure is not free of cost for entities that are not part of it.

In any case, it is settled that, for the complaint to have grounds for admission, there has to be a relationship with the advertisement, in a way in which the resolution from CONAR affects the claimant.

3.2. Complaints against companies voluntarily committed to the system

The most common issue of using the system of self-regulation involves companies who have manifested the utmost desire of integrating that system (BLACK 1996, 28). In fact, the number of resolutions to third parties is notably lower or even inexistent in some systems of self-discipline in Latin America. However, the set of complaints against non-adhered third parties in the subject of interactive advertising does not result in an isolated incident under the Jurisdiction of CONAR-Chile. The resolutions given by that organization will

JIMÉNEZ, D. L.; REDCHUK, A.; VARGAS, L. A. *The Self-Regulation of Electronic Commerce: An Appraisal in Accordance to the Chilean Law of Unfair Competition*. **Revista de Direito, Estado e Telecomunicações**, Brasília, v. 8, n. 1, p. 19-30, maio 2016.

be based on the codes of conduct of the system of self-discipline in the subject of interactive advertising.

The system of self-discipline will act against committed companies when the mediation has resulted in a transgression of the code. The latter is a medium for the resolution of the conflict, previous to the intervention of the body of control and optional for the parts that are handed to a third party with the role of determining the stances of each. The majority of the differences which, in the field of interactive advertising, exist between both parties are usually resolved through mediation, making it imperative to seek intervention of the organization of control in a relatively smaller percentage of cases (VÁZQUEZ 2011, 2737).

3.3. Complaints against non-affiliated third parties: The eventual repercussions in respect to the right of honor

The acceptance of any system of self-regulation has to be voluntary for the suppliers interested in it, making it inadmissible for the promoting entity to demand a non-affiliated entrepreneur to adhere to the norms stipulated in the code of conduct. In other words, when an entrepreneur does not commit to specific system of self-regulation and with it a corresponding ethical code, the promoting entity would not have the legal basis to demand its fulfillment.

Notwithstanding that consensus, it is possible that in certain controversies on internet advertising the system of self-regulation will act on some conflicts that involve non-adhered parties. Despite the voluntary nature of the system, that can only statutorily affect the affiliated entities, the moral force enjoyed by the action of certain systems of self-discipline is undeniable, as is the case of CONAR, in Chile. If a third party does not reject being subject to the system, it would enact a resolution.

Even in cases third parties not covered by the system, the claimant may solicit a ruling or non-binding ethical opinion about the advertisement of the non-affiliated party. It should be insisted that the decision will be expressed in a document, which will take the shape of an opinion, which will express its verdict which will not be binding for non-affiliated parties.

Taking into consideration that the ethical code, on which the system will base its valuation, include the current norm as well as numerous ethical considerations, the emitted ruling, as an opinion, will not be disassociated from what the judicial power could do if it were subjected to trial. In any case, it is convenient to insist that the ruling is non-binding for the company, whose conduct the system is acting upon, having, at all times, the freedom to act following their recommendations or not.

Such claims will not be at all binding for the non-affiliated party. The decision content is possible under the fundamental right of freedom of expression, recognized by article 19, subsection 1, of the Chilean Constitution, where an ideological freedom is protected which implicitly promotes the expression and dissemination of beliefs and value of judgments. In Chile that aforementioned precept imposes an obligation of guaranteeing the right of freedom of speech in both its facets. On one hand, it guarantees informing without censorship and, on the other hand, receiving information, in accordance to what Chile's Constitutional Court and its tribunals had set forth. The right of freedom of expression could find itself threatened by either the public sector or the private sector.

It should be warned that in the inter-American system freedom of expression presents a greater oversight than most systems of Human rights protection. In effect, the Inter-American Court points to this greater protection in the American Convention and other declarations in the Universal Rights such as the International Pact of Civil and Political Rights, and in the European Law, the European Convention for the Protection of Human Rights and of Fundamental Liberties.

Divergent views could be presented though. In fact, it could be considered that the system of self-regulation – more specifically the code of conduct in which the organization of control bases its resolutions when it comes to cases that relate to the internet – could even get to the point of breaking its principle of voluntary adhesion to the systems of self-regulation for two reasons. Firstly, due to the fact that the system allows the controlling body to process any failure to fulfill the code of ethics by non-affiliated firms and secondly, because with such behavior, it could encourage businesses to join the system of self-discipline.

Those divergent views are not mainstream views. On the consideration that the process created by the body of self-regulation enables the indictment of alleged breaches of the code by non-affiliated third parties, it should be warned that the declarations the organization of control emits, against firms not committed to the ethical code, constitute, in the case in which the non-affiliated party refuses to participate in the procedure, ruling or non-binding opinions, which are not publicized, unless publicized under the right of freedom of expression.

Such decisions have the value of mere opinions under the protection of freedom of expression of article 19.12 of the Chilean Constitution. Freedom of expression is the right through which ideological freedom is expressed on its positive side freely expressing thoughts and ideas. The right of freedom of expression includes the criticism of other's behavior, even when such an opinion is tasteless and could offend. This is how pluralism, tolerance and broadmindedness are required. Without them we cannot have a democratic society.

As we have stated earlier, CONAR has recently been forced to act against a non-affiliated business due to their aggressive comparative advertising carried out against other affiliated businesses. The Law no. 20,169 on unfair competition constitutes the first direct regulation to such advertising in Chile. Such rule considers comparative advertising as unfair competition in its article 4. It states that all false information or statements about the good, services, activities, logos, establishments or commercial relations of a third party, which are prone to impacting their reputation within the market, are acts of unfair competition. Statements intended to discredit or ridicule without an objective stance are illegal. The subsection to which we just referred to sanctions the

JIMÉNEZ, D. L.; REDCHUK, A.; VARGAS, L. A. *The Self-Regulation of Electronic Commerce: An Appraisal in Accordance to the Chilean Law of Unfair Competition*. **Revista de Direito, Estado e Telecomunicações**, Brasília, v. 8, n. 1, p. 19-30, maio 2016.

conduct of disparaging advertising, which refers to goods, services or other elements linked to competition, with the goal of damaging its reputation.

Comparative advertising (unfair one) carried out by Nextel Chile, today dubbed WOM over its competitors – Movistar, Entel, Claro and Virgin – has a negative impact, in two huge respects. On one hand, it discriminates the image of women, and on the other it alludes to its competitors in a pejorative way. Given that the telecommunications company of which we are talking about did not go through CONAR's procedure, when Movistar and Claro presented a complaint, only an ethical opinion was declared in which it expressly states two transgressions of the good practice code, which regulates online advertising. Firstly, with respect to the presence of women in the advertisement, it is stated, on behalf of the self-discipline system, that the sensuality of women is a common advertising resource that is not reproachable per se, although it is reproachable when it is accompanied by other factors that make it ethically questionable and could even get to the point of undermining women. That happens when women are used in advertising showing their bodies in skim clothing, in suggestive and provocative situations with other women, in an environment that invites promiscuity, that sensuality transforms into something purely sexual which surpasses the limit of what is ethically acceptable. It is even more reproachable if it is exhibited and exposed to a juvenile audience, who are still very impressionable and their judgment has not fully been developed. Secondly, it is stated that the denigration of a competitor constitutes not only a huge offense to the professional honor of the advertiser; it also leads to a weakening of public trust towards advertising. In effect, it should be warned that one must not confuse being original or innovative with denigrating the competitor's brand. Such issue finds itself subject to the courts. In fact Movistar has recently presented a lawsuit against WOM.

In this last respect, honor should be highlighted, as well as the personality of the so-called goodwill or commercial credit (GÓMEZ 2010, 221). In the cases where it infringes the honor of an individual, it is an attack to the person and their inherent qualities (art 19.4 of the Chilean Constitution). However in the cases of denigration of firms, what is infringed upon is the market credit of a specific competitor (OTAMENDI 1998, 18), affecting their reputation (LARRAIN 2011, 162). Commercial honor can be seen as the professional prestige that the dealer has in the market, like an implicit right derived from her condition as a businesswoman, which is carried as a legal repercussion to her brand name. Such professional prestige of Movistar, Claro, Entel and Virgin was adversely affected by WOM. Even though the telecommunications company WOM resorted to comparative advertising, this turned out to be blatantly denigrating.

It should be stated that denigration constitutes a clear act of foul play with respect to a competitor that operates in the same market. However, it is also against the consumers which are obviously affected by this. Thus legislator attempts to protect rights of the consumers and users of forming an opinion and be able to adopt decisions in an adequate manner. To this end, it is convenient that the information related to the goods and services is trustworthy.

The role of the organization of control as part of the system of self-regulation in the exercise of freedom of speech against the non-affiliated business impacts its honor. In fact, CONAR manifestation in an opinion of an ethical nature solely highlights the inadequacy of WOM's advertising to the code of good practices set by CONAR Chile. This document includes, besides the applicable norms, standards of deontological nature. CONAR Chile constitutes and association representative of the sector in which the most part of advertisers, agencies and State media are affiliated to.

CONAR expresses its opinions in the same way that any natural or legal entity can freely express their opinion on a matter of public interest, even when such assessment generates criticism of application to a third party. It cannot be denied or, even prohibit the possibility that a business association (CONAR Chile) who represents a considerable percentage of the advertising industry express their opinion on the ethical and deontological correction of a matter of public interest such as any situation that affect consumer or users, although that judgement implies an ethical or deontological reproach.

The content of such statement emitted without the purpose of competition, by CONAR, with respect to the non-affiliated entrepreneur to the system of self-discipline, would be assertions, truthful and relevant without incurring in disqualifications of any type. It cannot be reputed, in any case, and act of denigration carried out by the system of self-regulation. As we have previously seen, if the case submitted for the assessment of CONAR, were presented to the Tribunals, the verdict would not change.

4. Conclusion

Businesswomen are modifying their guidelines relating to the advertising of goods and services that they offer within the market. It turns out to be more frequent for them to manifest their commitment with a system of self-regulation that will allow them attaining a favorable differentiation from their competitors. The adhesion to such an instrument will entail a set of obligations for the supplier, but will also carry advantages for the addressee of the advertisement carried out in digital space. In fact, the advertisement will have to stick to predetermined code of good practices. It will also have to fulfill the current legal framework and considerable set of ethical standards.

The businesswomen who have voluntarily joined to a system of self-regulation have to be aware of the implications of such a choice. So, among other issues, they have to meet the standards set by the regulating code of good practice of the advertisements that they carry out. In the case in which they fail to fulfill the code, they will have to submit to the sanctions that the organization of control in charge of its regulation imposes.

The problem arises when the system of self-regulation acts against a non-affiliated third party, who has not explicitly manifested his/her commitment to it. In such a case, an ethical opinion will be given. As we have seen from such a case, this is made possible thanks to freedom of expression. In the case of Chile, such situation was seen with respect to unfair comparative advertising carried

JIMÉNEZ, D. L.; REDCHUK, A.; VARGAS, L. A. *The Self-Regulation of Electronic Commerce: An Appraisal in Accordance to the Chilean Law of Unfair Competition*. Revista de Direito, Estado e Telecomunicações, Brasília, v. 8, n. 1, p. 19-30, maio 2016.

out by the telecommunications company against its competitors. The aforementioned competitors, in good judgement, due to the fact that their honor affected and their name denigrated, resorted to the system of self-regulation dubbed CONAR. Such entity acted against WOM (non-affiliated) by virtue of an ethical opinion in which it exposed the practices that infringed the code of conduct in the area of advertising that exists in such system.

Businesses who do not have a good reputation in the economic field in which they act, encounters a considerable amount of obstacles for the realization of their activity. The Chilean Law no. 20,168, of 2007 contributes to the goal of discouraging conduct contrary to good faith or good practices in advertising in conjunction with codes of conduct that have been approved in the field related to the systems of self-regulation.

References

BLACK, J. Constitutionalising Self-Regulation. **Modern Law Review**, 1996: 24-55.

CANNATACI, J. & Bonnici, J. P. Can Self-regulation Satisfy the Transnational Requisite of successful Internet Regulation. **International Review of Law Computers**, 2003: 51-61.

DARNACULLETA GARDELLA, M. M. La autorregulación y sus fórmulas como instrumentos de regulación de la economía. **Revista General de Derecho Administrativo**, 2009: 1-20.

FISS, O. *Free Speech and Social Structure*. **Iowa Law Review**, 1986: 1405-1425.

GÓMEZ GARRIDO, J. Derecho al honor y persona jurídica-privada. **Revista del Departamento de Derecho de la Universidad de La Rioja: REDUR**, 2010: 205-225.

LARRAIN PÁEZ, C. Algunas cuestiones relevantes sobre el derecho al honor y la responsabilidad civil en particular, sobre el daño moral, el artículo 2331 del código civil, y la legitimación activa. **Revista Chilena de Derecho Privado**, 2011: 143-189.

LÓPEZ JIMÉNEZ, D. La autorregulación de las TIC por parte de las empresas de economía social: D´confianza como modelo de referencia. **Revista Internacional del Mundo Económico y Del Derecho**, 2014: 1-28.

NAVARRO, P. E. *La eficacia del Derecho. Una investigación sobre la existencia y funcionamiento de los sistemas jurídicos*. Madrid: Centro de Estudios Constitucionales, 1990.

OGUS, A. Rethinking Self-regulation. **Oxford Journal of Legal Studies**, 1995: 97-108.

OTAMENDI, J. La competencia desleal. **Revista Jurídica de la Universidad de Palermo**, 1998: 1-44.

Some New Ideas on the Role of Legal Analysis applied to the Regulation of Telecommunications Services in Brazil[*]

Algumas novas ideias sobre o papel da análise jurídica aplicada à regulação de serviços de telecomunicações no Brasil

Submetido(*submitted*): 26/10/2015
Parecer(*revised*): 23/11/2015
Aceito(*accepted*): 14/12/2015

Marcus Faro de Castro[**]
Daniele Kleiner Fontes[***]

Abstract

Purpose – The paper aims to present new ideas and analytical approaches developed in recent years by Brazilian legal scholars regarding regulation and economic development. Regulatory law of telecommunications services is taken as an example of application of such new ideas and analytical approaches.

Methodology/approach/design – Two main approaches to the relationship between law and economic issues are described: the New Law and Development (NLD) approach and the Legal Analysis of Economic Policy (LAEP) perspective. The paper highlights prominent ideas of each perspective.

Findings – The paper shows that there are structured ideas available in recent Brazilian legal literature which have a non-negligible potential of being explored in legal discussions and analyses of economic policy and regulatory issues of many sectors of emerging economies, including the telecommunications industry.

Originality/value – The paper offers valuable contributions that may help in efforts to enhance and innovate the role of legal expertise in the regulatory process of several economic sectors, including the telecommunications sector.

Keywords: Internet regulation, legal analysis, economic development, effectiveness of fundamental and human rights.

---

[*]An earlier version of this paper was presented at the 5th Biennial ECPR Standing Group for Regulatory Governance Conference, held in Barcelona, 25-27 June 2014, Universitat Pompeu Fabra.

[**]Marcus Faro de Castro studied law (LL.B.) at the Catholic University of Rio de Janeiro, and at the Harvard Law School (LL.M. and S.J.D.). He was professor of the Department of Political Science and International Relations of the University of Brasília from 1993 to 2003 and is currently Full Professor of the Faculty of Law of the University of Brasília. His current research interests encompass the interdisciplinary study of the relationships between law, democracy and economic policy in their local and transnational dimensions, and also the relationships between the evolution of legal ideas and institutional change. Email: mfarounb@gmail.com.

[***]Daniele Kleiner Fontes holds a law degree from University of São Paulo, a masters from University of Brasília with focus on Telecom regulation, and a LL.M. at Harvard Law School with focus on Law&Technology. Email: danielekfontes@gmail.com.

CASTRO, M. F; FONTES, D. K. *Some New Ideas on the Role of Legal Analysis applied to the Regulation of Telecommunications Services in Brazil*. **Revista de Direito, Estado e Telecomunicações**, Brasília, v. 8, n. 1, p. 31-60, maio 2016.

1.   INTRODUCTION

In April 2014, the Brazilian government approved legislation establishing several guidelines for internet service provision and use. The new law, dubbed Brazil's "Internet Constitution", was hailed locally and internationally as a remarkable innovation in the area of internet regulation, since it introduced clear rules regarding the protection of freedom of expression and access to information while also imposing limits on the gathering and use of metadata of internet users in Brazil.[1]

Brazil's new legislation on internet regulation drew international attention partly because it incorporated several demands from internet users in Brazil and elsewhere, but also because it came in the wake of revelations of extensive internet spying by states. Moreover, since it was formally approved during the opening session of the Net Mundial world summit, the new Brazilian law was inevitably perceived as a legal framework that could potentially set influential examples to be followed in future negotiations in the area of global internet governance.[2]

The adoption of Brazil's "Internet Constitution" and the debates fostered by the NetMundial summit in 2014 were politically charged and involved a number of controversial aspects of internet regulation.[3] Far less controversial has been the perception that widespread access to technologically advanced information and communications technology has become increasingly relevant to economic development. The availability of technologically up-to-date broadband services has thus been considered a crucial condition for social and economic development of nations around the world.

Indeed, in the last few years, digital development in general and the universalization of internet broadband services have been recognized as key policies for social and economic development. The International Telecommunications Union (ITU) has recently estimated an expansion of fixed-broadband to more than **688** million and of mobile-broadband subscriptions to 2.1 billion.[4] Many governments have elaborated national plans for the

---

[1] See Reuters (2014).
[2] Cf. BBC News (2014), European Broadcasting Union (2014), Monitor Global Outlook (2014).
[3] The possibility that United Nations take up control of internet governance and the fact that internet "giants" such as Google and Facebook (whose business model relies on citizens' data) would benefit from ideas discussed in the NetMundial Meeting were some of the controversial aspects of the debates. See BBC News (2014) and Monitor Global Outlook (2014).
[4] International Telecommunication Union (2013, p. 2).

development of broadband services,[5] including Brazil, which unveiled its own plan in 2010.[6]

As internet service markets have grown, relevant regulatory issues have tended to become more complex, encompassing challenges such as the search for new spectrum as a consequence of the growth of the mobile sector, the elaboration of transnational and regional plans of spectrum use, cross-border privacy and data protection, the provision of incentives to investment in expansion and private sector innovation and the maintenance of economic affordability. The capacity of the state to respond to regulatory challenges, however, is in great measure influenced by legal doctrines. Such doctrines offer the language by which many authorities (including judicial courts, administrative agencies, public prosecutors and accounts tribunals) frame issues and elaborate decisions affecting policy-making and implementation.

The present paper describes how recent legal discourse has been used to frame issues and responses to regulatory challenges in the telecommunications sector in Brazil. The main goal of the paper is therefore to offer an account of Brazilian legal discourse on regulation as applied to telecommunications regulation in Brazil, with a special focus on new ideas by which legal scholars have strived to connect regulation and economic development. In elaborating such new ideas – belonging to the so-called "New Law and Development" (NLD) and the "Legal Analysis of Economic Policy" (LAEP) perspectives, respectively – scholars have engaged in efforts to overcome both the genre of legal analysis that subordinates legal issues to conceptions derived from neoclassical economics and the style of formalistic, black-letter law analysis, which still remains an important legacy of Brazilian professional legal culture.

Whereas for several decades developmentalist policies were adopted to expand services in the telecommunications sector in Brazil, several administrative practices hampered the attainment of desirable goals, prompting the introduction of pro-market reforms. Section 2 describes these policy legacies from which more recent regulatory challenges emerged in the telecommunications sector in Brazil. Sections 3 and 4 offer an account of how new ideas emerged in the form of (i) development-oriented legal arguments and (ii) arguments articulated under the NLD approach. In both cases, the new ideas strived to offer responses to perceived inefficiencies of service and lack of social content of sectoral policies. Section 5 describes the LAEP approach to legal analysis. Section 6 applies some reconstructed legal categories and analytical frameworks of the LAEP approach to provide new insights and normative

---

[5] As stated in a 2011 ITU report, "at least 84 percent of all economies have a national e-strategy in place, and at least 14 economies are in the process of developing such a strategy". International Telecommunication Union (2011, p. 4).
[6] Brazil's National Broadband Plan was introduced by Decree no. 7,175 of May 12, 2010.

CASTRO, M. F; FONTES, D. K. *Some New Ideas on the Role of Legal Analysis applied to the Regulation of Telecommunications Services in Brazil.* **Revista de Direito, Estado e Telecomunicações**, Brasília, v. 8, n. 1, p. 31-60, maio 2016.

arguments about relevant aspects of telecommunications services regulation and reform in Brazil, with an empirical focus on broadband regulation. The overall arguments of the paper are summarized in Section 7.

2.   THE POLICY BACKGROUND

In Brazil concerns with the relationship between law and economic development have emerged in an institutional context that had grown out of transitions from "old developmentalist law" lasting from the 1930s until the mid-1990s.[7] This was a period in which substantial investment was made in the creation and expansion of telecommunications services. Yet, many administrative practices came to be adopted which produced severe inefficiencies and limited the social reach of services.

For many decades, the only significant piece of legislation on telecommunications in Brazil remained the Decree-Law no. 21,111, which had been adopted in 1932 to regulate radio communication services. Under that law, a decentralized system of regulation was developed in which administrative powers were distributed to states and municipalities, hindering policy coordination. Such regulatory practice, which was prevalent throughout the 1940s and 1950s, could hardly be reconciled with the efficient allocation of resources and with coherent standards of technological development and managerial organization.

This meant that for many years Brazil had adopted a model of *fragmented regulation*, under which the power to regulate local communication services was delegated to states and municipalities, which often used regulation to serve clientelistic ends, while the power to handle tariff-setting was attributed to the three levels of the federation (the central government, state governments and municipalities). All this limited the ability of the telecommunications industry (including public and private investments in infrastructure for telephony services, telex, telegraph, international communications and radio) to become efficiently organized.[8] The fragmented mode of regulation proved unable to interconnect many local networks and integrate communication services nationwide.[9]

The creation of a nationally integrated system of telecommunications was made possible in Brazil only after the introduction of the so-called Telecommunications Code of 1962,[10] which established the National

---

[7]Castro (2013).
[8]Cf. Siqueira (1999).
[9]See Rhodes (2006).
[10]This Code was adopted by a federal statute: the Law no. 4,117 of August 27, 1962.

Telecommunications System and created a centralizing policy-making body, the National Telecommunications Council. The 1962 Code also set the legal grounds for the creation, in 1965, of a state-owned company – called Embratel – that would handle all long-distance connections between major Brazilian cities. Furthermore, since 1972, other services in the telecommunications sector were centralized under a conglomerate controlled by Telebras, a holding company owned by the central government.[11]

In the first decade of operation of the so-called Telebras System, comprised of the holding company and more than 20 subsidiaries, the growth of services was significant: The 1.4 million phones in 2,200 locations existing in the early 1970s expanded to 5.8 million phones in 6,100 locations by the early 1980s. In twenty years, the growth of installed telephone terminals of Telebras exceeded 500%.[12]

However, demand was growing much faster than supply. For the Telebras System to continue to expand and improve the quality of service, huge investments were needed. Yet in the 1980s, the eruption of the "debt crisis" in Latin America and the growth of "political abuses" in management procedures – including the distribution of company jobs under patronage schemes, tariff manipulation through cross subsidies and the use of state-led investments as macroeconomic policy instruments – increasingly limited the availability of funds that governments were able to channel to new investment in the telecommunications sector.[13] By 1991 not only investments stagnated, but Telebras experienced losses and a negative internal rate of return.

Such economic difficulties, coupled with international influences and local political changes, led to a radical transition in the relationship between the state and the economy in Brazil. Sweeping pro-market reforms (including privatization of state-led investments in many sectors and the creation of independent regulatory agencies) were adopted since the mid-1990s.[14] In the legal field, new ideas were produced by lawyers to implement such pro-market reforms.[15]

Given the presence of rent-seeking groups that benefitted from the general characteristics of the Telebras System, pro-market reforms of the telecommunications sector in Brazil marked a significant breakthrough led by political forces attuned with policy reform agendas that were being propagated

---

[11]The creation of Telebras, a state-owned holding company, was authorized by Law no. 5,792 , of July 11, 1972. Later, Decree no. 74,379 of August 8, 1974, defined Telebras as "the general utility for the operation of public telecommunications services throughout the national territory".
[12]Cf. Telebras (2012) and Ministério das Comunicações (1996).
[13]Cf. Rhodes (2006).
[14]Similar transitions occurred in other Latin American countries. See Rhodes (2006).
[15]See Castro (2013).

by international financial institutions such as the International Monetary Fund (IMF) and the World Bank (WB) since the late 1980s. As part of the general orientation in favor or pro-market reforms, the privatization of the Telebras System was a politically prominent achievement.

Although the Telebras conglomerate was largely privatized under the General Law of Telecommunications (GLT) adopted in 1997,[16] politicians concerned about social welfare and local economic development sought to embed broad policy goals in the approved legislation. These goals were soon considered general legal principles that required telecommunications companies to pursue network expansion (called universalization of services) and the creation of a competitive environment that could benefit consumers' right to choose a service provider.

3.   THE RESUMPTION OF DEVELOPMENT-ORIENTED LEGAL ARGUMENTS

It was against this background of policy legacies that, since the mid-2000s, legal scholars began to develop new perspectives on regulation which by and large broke off from the conceptual frameworks used to sustain pro-market reforms. Development-oriented legal scholars were concerned about what they perceived as a biased legal environment put in place mainly by the GLT, which secured unfair economic advantages to investors while offering limited benefits to consumers.

Several alternative ideas and arguments about the relationship between the law and economic processes began to emerge, often drawing on many different authors, among which were economists, lawyers and social scientists. One argument that began to be explored was that there is no such thing as a "general theory" or a "pure theory" of regulation. Development-oriented lawyers, it was argued, should therefore reject claims that there is an objective and settled concept of regulation that must be taken for granted by regulators. Rather, it was argued, regulators should be aware of the fact that ideas about regulation are open-ended and always context-specific.[17]

A second notion that drew the attention of jurists was that, given its relation to context, regulation cannot be considered as a process that shapes, but must instead be viewed as shaped by, several elements, including specific

---

[16]The privatization of the Telebras System occurred in 1988, when assets of the holding company were auctioned off to private investors. The holding company, Telecomunicações Brasileiras S.A., however, would be "revived" under Decree no. 7,175 of 2010, that instituted Brazil's NBP.
[17]See Coutinho (2005).

characteristics of a regulated sector, institutional elements present in society, the stage of social and economic development, and the local legal system.

Third, development-oriented legal scholars stressed that regulation must take into account conditions that characterize underdevelopment. Such conditions must be seen as resulting from an unequal process of diffusion of technological innovations produced by industrial capitalism.

Moreover, development-oriented legal scholars also argued that there are both *economic* and *non-economic* aspects of regulation relevant to policy-making applied to the telecommunications sector in Brazil. According to this view, regulation of the telecommunications sector in less developed countries needs to incorporate concerns that "transcend aspects of pure efficiency".[18] The argument is that economic aspects of regulation are usually tied to concepts such as "Pareto optimality" or "Kaldor-Hicks efficiency", which very often reflect reductionist cost-benefit analyses or simplified calculations. Non-economic aspects of regulation, on the other hand, have to do with the realization of ideals of justice or fairness. The upshot is that a fair allocation of resources does not necessarily have to be based on efficiency-related regulatory criteria. Thus redistributive concerns – for example, the requirement of universalization in the form of mandatory new investment – must not be excluded from regulation of the telecommunications sector.[19]

Another argument advanced by development-oriented legal scholars was that there is no inevitable trade-off between equity and efficiency that necessarily needs to be considered by regulators. Rather, it is argued, a review of relevant literature indicates that a *positive correlation* (instead of a negative one) exists in many instances between equity and efficiency.[20] In the telecommunications sector, positive correlations between equity and efficiency tend to result from positive externalities, which experts call the "network effect". Such effect has to do with the fact that the economic value of a communications network increases with the growth in the number of subscriptions. The greater the number of participants in the network, the higher is the potential economic value of each subscription (which, incidentally, is not proportionately reflected in the price of a subscription). A market of telecommunication services driven only by competition, as envisaged by market-oriented regulators influenced by neoclassical economic concepts, may thus come to aggregate only a suboptimal

---

[18]See Coutinho (2005, p. 140). The conceptual distinction between economic and non-economic aspects of regulation and other related notions are drawn by Coutinho from authors such as Ogus (1994) and Prosser (1997).
[19]See Coutinho (2005, p. 140).
[20]Cf. Coutinho (2005).

pool of users from the standpoint of the potential expansion of positive externalities.[21]

In short, from the late 1990s to the early 2000s, development-oriented legal scholars in Brazil became increasingly aware of the distinctiveness of pro-market policies and institutional arrangements, which were often connected to the core notion that regulation must be reduced to the implementation of competition policy in the context of a "free market". They also became aware of the potentially beneficial use of pro-market policies in efforts to overcome troubling policy legacies received from the past. At the same time, however, such scholars became acutely concerned with the downside of reductionist, market-based regulation.

Yet the works of development-oriented legal scholars in Brazil for some time lacked a clear articulation with traditions of legal thought capable of equipping lawyers to analyze public policies.[22] They still lacked conceptual cohesiveness with arguments that were subsequently derived from American legal realism and critical legal literature. It was only with the publication in 2006 of a volume edited by Trubek and Santos, named *The New Law and Economic Development: A Critical Appraisal,*[23] that more significant connections began to emerge between the analytical work of legal scholars in Brazil and broader implications of legal analysis for policy reform and for the establishment of trends in international development cooperation.

4.   THE NEW LAW AND DEVELOPMENT (NLD) PERSPECTIVE

Indeed, the book edited by Trubek and Santos, published in 2006, was launched in São Paulo in 2007 and brought several important elaborations that called the attention of development-oriented legal scholars. The articles in the book established a clear connection of legal argument with practices and goals of international development cooperation and its evolution since the second postwar period.[24] Moreover, they offered valuable critical interpretations of what the law is and of its relationship with policy-making, policy analysis and economic processes and ideas.[25] Connections between different phases of international development cooperation and legal ideas and claims, including those advanced by Law and Economics[26] and Law and Finance[27] on the one

---

[21]See Faraco (2003) and Coutinho (2005).
[22]Cf. Coutinho (2013).
[23]See Trubek & Santos (eds, 2006).
[24]See, e.g., Trubek and Santos (2006a), Kennedy [David] (2006), Rittich (2006), Santos (2006).
[25]See, e.g., Kennedy [Duncan] (2006), Kennedy [David] (2006).
[26]See Mercuro & Medema (2006, chap. 2).

hand and, on the other, socio-legal studies, are prominent in the book and are viewed in critical perspective.

From this enlarged and partly modified intellectual context of ideas brought by the writings highlighted above, legal scholars were able to build an explicit connection between arguments related to policy challenges present in different emerging-market countries, such as those forming the Brazil, Russia, India, China and South Africa (BRICS) coalition.[28] This move certainly advances in the direction of preparing the ground for the articulation of a legal language appropriate to inform practices of South-South cooperation.

The elaboration of legal ideas that have contributed to the formation of the NLD perspective received significant inputs also from the book *Law and the New Developmental State: The Brazilian Experience in Latin American Context*, published in 2013.[29] This volume builds on the general critical perspective established since 2006. Considering the articles present in *Law and the New Developmental State*, it is clear that the NLD perspective proceeds by blending economic and legal concepts in distinct ways.

On the economic side, the new ideas do not form a solidified or *complete* "theory", but do offer a coherent articulation of conceptions about policy reform and represent a clear break with views prevalent in the years of pro-market reforms. The new economic ideas are those put forward by a plurality of authors, among which are Joseph Stiglitz, Dani Rodrik, Luiz Carlos Bresser-Pereira, Ha-Joon Chang, Alice Amsden, Fernando Leiva, and ECLAC economists such as Ricardo Bielschowsky. The pedigree of such ideas certainly connects them with past "heterodox" authors such as Joseph Schumpeter, Alexander Gerschenkron, Alexander Hamilton and others.

One label that appears in the 2013 book and which attempts to capture some of the ideas of some of these authors comes under the name of "Neostructuralism".[30] This label carries, of course, an indirect reference to the older Latin-American "structuralist" economic thought.[31] Also, prominent among economic ideas useful to characterize the general orientation of the NLD perspective – and here contributions of Alice Amsden[32] about development in South Korea and Taiwan seem crucial – is the notion that economic development is only achieved if (i) the state becomes an active promoter of *innovation* produced by the private sector, and if (ii) "learning" activities

---

[27]Also known as the "Theory of Origins". For a discussion, see Garoupa & Pargendler (2014).
[28]See, Schapiro and Trubek (eds., 2012).
[29]See Trubek et al. (eds., 2013).
[30]The term "neostructuralism", used in Trubek et. al. (eds., 2013, pp. 73, 75) is drawn from Leiva (2008).
[31]See Filippo (2009).
[32]See Amsden (2001).

become part of the development process. Of course, this vision of the development process assumes that development itself is linked to a context of a "knowledge economy" (as contrasted to economies based on the production of raw materials).

On the *legal* side, more or less new ideas draw directly or indirectly on a number of socio-legal and critical legal scholars, prominent among which are Duncan Kennedy, Roberto Unger, David Kennedy, David Trubek and Marc Galanter. However, there are also some notions that are presented as effectively novel legal conceptions. The "novel" legal notions are what Trubek, Coutinho and Schapiro[33] call "functionalities" of the law and are close to what Milhaupt and Pistor[34] called "the multiple functions of the law". These "functionalities", as Trubek, Coutinho and Schapiro describe them, are the following:

> (i)   Safeguarding flexibility (revisability) of policy frameworks.
> (ii) Stimulating orchestration: this translates into promoting horizontal (same-level) and vertical (intergovernmental) institutional cooperation.
> (iii) Framing synergy between public and private actors (which is a general reference to "public-private partnerships").
> (iv) Ensuring legitimacy, which means: promoting both transparency and social participation in policy-making.

These "functionalities" of the law are said to be typical of law-in-action linked to policy-making in the period following the relative loss of credibility of ideas relied upon to design and implement pro-market reforms. The empirical chapters of *Law and the New Developmental State* do indeed offer concrete examples of policy reform, which – in different degrees – confirm the validity of the more abstract notions (the "new functionalities" of the law). Such examples include those legal "flexibility", "public-private" interactions, horizontal and vertical "orchestration", and the legal promotion of transparency/social participation.

Although until the time of writing of the present article no specific analysis exists of broadband services regulation in Brazil under the NLD perspective, ideas are certainly in place to produce this analysis.

---

[33] See Trubek, Coutinho and Schapiro (2013).
[34] See Milhaupt & Pistor (2008, pp. 31-38).

5.   THE LEGAL ANALYSIS OF ECONOMIC POLICY

5.1. The General Character of the LAEP Approach

The second major perspective on how law relates to economic processes and policy-making, as already mentioned, has been called the "Legal Analysis of Economic Policy" (LAEP). This theoretical and analytical perspective has engaged in the reconstruction of several legal concepts and notions – such as "legal right", "property", "contract", "public policy and the law" – in order to aid in recasting legal discourse beyond a legal culture in which analysis of black-letter law is still largely prevalent, and in which a rift exists between policy-related legal discourse and ordinary (civil) law.[35]

LAEP work has therefore sought to provide to lawyers new categories of thought and analysis in order to help them render legally meaningful policy-related subjects and economic processes in general. The reconstructed legal categories of the LAEP perspective offer the basis for the development a two-level framework of analysis whose application to circumscribed empirical aspects of public policies can yield valuable critical assessments of many policy details and also offer legal grounds for policy reforms taking into account local realities and processes that entangle such realities in complex national, regional and global interdependencies.

In the following paragraphs a description will be given of the most important reconstructed categories of the LAEP approach. The two-level analytical framework of the LAEP approach will then be presented. Finally, elements of the LAEP approach will be used to analyze Brazil's National Broadband Plan (NBP). The application of analytical resources of the LAEP approach to the NBP of Brazil aims to exemplify how the reconstructed categories of that perspective can be used to develop new kinds of legal arguments about policy.

5.2.   Reconstructed Legal Categories

5.2.1. Legal rights

One of the legal categories reconstructed by the LAEP approach is that of "legal right". Often a right is understood as an abstract entity claiming both moral sway and political pre-eminence. This conception of legal right has roots

---

[35]In Brazil, as indicated above, more conventional legal categories do not offer lawyers appropriate tools to analyze public policies. In fact, there are important discontinuities between policy-related legal discourse (as in administrative law) and ordinary (civil) law. Cf. Castro (2013) and Coutinho (2013). See also Bucci (2009).

in 17th and 18th century legal thought and is based on natural law philosophy as a prominent line of metaphysical speculation. A second meaning of "legal right" is that of a command uttered by a sovereign (the legislature, a leader, a technocracy, etc.). This latter meaning of legal right belongs to legal positivism. Sociological versions of legal positivism are also present in academic legal discourse and rely on some notion of noncontroversial social fact by reference to which the practical meaning of legal norms must be gauged.

The LAEP approach rejects both the metaphysical and the positivist conceptions of legal right. Instead, scholars working under the LAEP approach define a legal right as a discursive reference to a muddled field of moral and/or cultural controversy about certain kinds of interests. In this view, important, publicly acclaimed legal documents – above all, charters of rights incorporated into national constitutions, declarations of rights and international human rights treaties – acquire a deictic function, which points to a field of nationally and/or internationally prominent and unsettled debate, rather than to a definitely established and uncontroversial "source of law".

Moreover, under the LAEP approach, the fulfillment or frustration of the interests to which legal rights refer are conceived as having a *relational* character. In other words, the enjoyment of a right is seen as dependent on performance of specific kinds of behavior on the part of individuals, groups or organizations to which a right holder (an individual or group) relates in the context of social life. Thus, for example, the enjoyment of the right to residential property by a home-owner is seen as dependent on the performance of certain patterns of behavior by individuals, groups and organizations such as: public security provided by the state, restraint form trespass by neighbors, several contractually hired services, including provision of water, electricity, etc.[36]

Under the LAEP approach, therefore, the determination of the content of a right must be contextual and, in democratic regimes, must include the opinion of right-holders as to which *relational expectations* must be deemed covered by the effective enjoyment of a right. It follows that frustrated relational expectations are usually equivalent to perceived shortfalls in the enjoyment of legal rights.

5.2.2. Contracts and ideal-typical contractual clauses

New ideas about contracts and contractual contents are also advanced by the LAEP approach. In this perspective, contracts are considered legally enforceable statements of relational expectations. "Contractual contents" are taken as normative stipulations with legally binding force regarding: (i) utilities

---

[36]See Castro (2014).

and services of the real economy and (ii) the transfer of money or other forms of liquidity. The latter belongs both to the web of contracts which by and large constitute the fabric of market economies and also to the so-called monetary dimension of the market economy. The binding force of both real-economy and monetary contractual contents under the LAEP approach is deemed a consequence of legally valid contract formation, amendment or termination.

Normative stipulations in contracts, which typically carry both utility contents and monetary contents, structure relational expectations recorded in contractual clauses and are a guide to relational performance. Moreover, under the LAEP perspective, contractual contents are either privately negotiated by the parties to a contract, or are "injected" into contracts by law from public deliberation: mainly from the legislative, administrative or judicial processes, or a combination of them. This includes, of course, statutes approved by legislators, decisions and policies adopted by regulatory agencies and case law produced by judicial courts.

5.2.3. Positional Analysis

One of the analytical instruments proposed by the LAEP approach is called "positional analysis". A "position" of enjoyment of legal right results from the aggregate of expectations entertained by a right holder regarding relational performance as expressed in contracts. A plurality of contracts may form a portfolio. Portfolios are clusters of strategically interconnected contracts designed to offer investment and/or consumption opportunities that are played out by right holders. Positional analysis relies on analytical procedures which can be described as follows.[37]

- *Selection of a right.* Depending on the analytical interest of the jurist, he or she will select which connections to make between "rights" and "policies" in light of a defined research interest.

- *Analytical breakdown of the relational contents of rights.* In this analytical task, the jurist is called upon to indicate what relevant patterns of social and institutional action are deemed necessary to the effective enjoyment of a right. In deciding what should be counted as actions or services deemed necessary for the enjoyment of a right, the jurist may work with a community of right holders[38] and/or look for guidance in legal materials (the "deictic" function of formal legal

---

[37] This section of the paper draws on Castro (2014).
[38] See, e.g., Sabel and Zeitlin (2012).

norms), including relevant judicial argument and documents drawn from the international law of human rights.

- *Quantification of empirical enjoyment of a right in a narrowly circumscribed empirical situation.* Overall, quantification can profit from recent discussions on the measurement of human rights compliance and further innovations brought to this field.[39] In order to accomplish this part of the analysis, the jurist may produce original data through direct measurement and/or may cooperate with government agencies or civil society or professional organizations to use existing data and databases. A quantified "index" of empirical effectiveness (IEE) referring to the enjoyment of a legal right may then be generated.

- *Quantitative definition of a "right fruition benchmark" (RFB).* Such definition results from incorporation of rights-holders' claims and opinions about shortfalls in the enjoyment of a legal right under a participatory research project or under an experimentalist governance arrangement. The RFB elaborated as part of the exercise of legal analysis may also be developed from benchmark indications contained in statutes or other legal or technical materials, including those produced by international bodies and/or can be elaborated from indications provided by right holders.[40] IEEs generated in comparative empirical research conducted in different districts of a city or in different countries (in case of national policies), and indicating drastic inequalities between districts in the fruition of a right, may also provide the basis for the elaboration of an RFB designed to diminish or suppress such inequality.

The use of numerical expressions in the form of the IEE and the RFB is meant to explore possibilities of adopting language closer to that of policy-makers as has emerged in recent legal literature.[41]

---

[39]See, e.g., Bakker *et al.* (2009).
[40]Again see, e.g., Sabel and Zeitlin (2012).
[41]See Perry-Kessaris (2011), Davis et al. (2012), Frydman (2014), Merry, Davis & Kingsbury (2015) and Restrepo-Amariles (2015). Rottenburg et al. (2015) also provides useful discussion.

5.2.4. Portfolio Analysis

The New Contractual Analysis (also called "Portfolio Analysis") relies on some of the reconstructed legal categories already mentioned above in order to offer new insight into inter-contractual relations, which usually affect the enjoyment of rights. Under the LAEP perspective, all economically relevant contracts carry two ideal-typical clauses called: the "utility clause" (the "U clause") and the "monetary clause" (the "M clause"). The former refer to real-economy contents ("U"), including real utilities and services, while the latter expresses monetary contents ("M").

Moreover, each of such ideal-typical clauses is divided in two segments, in which are recorded separately public-interest contents and private-interest contents. The distinction between private-interest contents (U and M) and public-interest contents (U' and M') is procedural, as already noted.[42] Thus an analytical template is generated (see Figure 1 below).

	U CLAUSE	**M CLAUSE**
Private interest	U	M
Public Interest	U'	M'

Source: Castro, 2011, p. 42. Castro (2014).

Figure 1 – PORTFOLIO ANALYSIS TEMPLATE

By means of the Portfolio Analysis, jurists working under the LAEP approach can assess elements in the "contractual architectonics" which underlie the enjoyment of legal rights, highlighting the features relevant for price formation and for the transmission of price signals, which are described as *interportfolio relay*. The distribution of M' (including tax charges/credits and policy-induced interest rates) throughout portfolios define the social structure of

---

[42]The following examples are taken from Castro (2011, p. 42-43): "Consider a contract by which a gallon of milk is purchased [by a consumer] in a supermarket. The gallon of milk itself must be [analytically] represented as U, while the price charged must be represented as M. If a public policy applies requiring the seller to provide nutritional facts on the label of the product that it sells, the corresponding contractual content must be represented in U'. Moreover, a sales tax collected by the seller must be represented as M'."

both tax policy and monetary policy and offer a valuable analytical means to generate legal arguments about these topics insofar as they bear on the financial structure of portfolios affecting the empirical enjoyment of legal rights.

A major concern of jurists working under the LAEP perspective will be with the social and economic consequences of the relevant structures of portfolios and relay linkages among them, including those that tend to "freeze" or "lock-in" certain individuals or groups – or, for that matter, the inhabitants of whole regions – into certain "positions" within the national or the global economy. The freezing or lock-in effect is viewed as an outcome of "shortfalls" in the enjoyments of legal rights.[43]

6.   APPLICATION OF THE 'LAEP' APPROACH TO SELECTED POLICY FEATURES OF BRAZIL'S NBP

6.1.   An Exercise in Positional Analysis

In the paragraphs below, an analysis of some policy features of Brazil's 2010 National Broadband Plan (NBP) will be offered as an example of the application of "positional analysis" to selected policy contents. Therefore, this application of positional analysis aims at exemplifying how new language and a new analytical approach that has emerged in Brazilian legal academia may be employed by lawyers engaged in the policy debate – in the present case, the debate on internet regulation in Brazil.

Following the methodology proposed by the LAEP approach, we selected the "right of access to information" as the legal right considered for the analytical exercise of application of "positional analysis". This right is crucially implicated in the policy of Brazil's PNB and is referred in Article 5, paragraph 14 of the Brazilian Constitution of 1988, currently in force.

---

[43]Lock-in or "freezing" effect of portfolio architectonics often derive from financial contents of contracts. This is indicated in Castro (2014) as follows: "[F]inancial regulations (U' in financial contracts) affecting different kinds of real-economy contracts and more generally the impacts of such regulations on prices of financial contracts – e.g., the impact of the so-called 'capital requirements' of the Basel Accords on bank spreads in different financial environments, as well as the possible 'procyclicality' of the adopted Accord rules – all become subject matters of great interest to jurists [working in the LAEP perspective], since U' in financial contracts can positively or adversely affect the ability of individuals or groups to negotiate, through contractual bargaining, their way out of unwanted positions within the economy. In themselves, unwanted positions, in which individuals or groups may become economically trapped or into which they, may become frozen, can be analyzed by means of positional analysis and usually are an indication of defective enjoyment of fundamental and human rights by affected right holders."

Another analytical step of positional analysis is the "breakdown of the relational contents of rights". Of course, this analysis can result from consideration of many different criteria as to what constitutes a relational content or expectation. Our analysis found it reasonable to adopt the following elements, since they are prominent policy features of Brazil's NBP,[44] as well as of comparable plans adopted by other countries:

  (i)   the *speed* of data transfer over the internet, as measured by Mbps,[45]

  (ii) the targeted social *coverage* of internet service provision, measured as percentage of total households in a given national territory, and

  (iii) the *price* per megabit (Mb) of data transferred over the internet.

We considered these policy features as "relational contents" of the fundamental right of access to information, for purposes of our analysis.

The above relational contents were taken as the basis for the elaboration of a formula that expresses the general idea of a quantified *index of empirical effectiveness* (IEE) of the right of access to information of users of internet services. The general formula of our IEE is:

$$IEE = \frac{S + (1/P) + C}{3} \qquad (1)$$

where S denotes "speed" of data transfer over the internet, P stands for "price" per Mb, and C denotes social "coverage" measured in percentage of total homes of a given national territory or region. This is also the general formula we adopt for our RFB (right fruition benchmark), which must comprise the same relational contents included in the IEE.

Empirical data on actually delivered speed, actual pricing of service and actual social coverage in Brazil were not readily available. We therefore considered the above general formula for the purposes of (i) expressing the components of our IEE (which we did not quantify) for internet users in Brazil in 2014, and of (ii) compiling a quantified RFB. We derived our quantified RFB for Brazilian internet users from a comparison of policy goals stated in official documents describing national broadband plans of four countries and regions

---

[44]See Comitê Gestor do Programa de Inclusão Digital (2010).
[45]Mbps (an acronym for "megabits per second") designates the industry standard for speed of internet-based data transfer.

besides Brazil. Moreover, we included in our analysis demands expressed by Brazilian civil society regarding each of the policy features shown in our general IEE and RFB formula.[46] We therefore considered data included in documents issued by Australia (*National Broadband Plan*), the USA (*National Broadband Plan*), Canada (*Canada's Economic Action Plan*), the European Union (*Digital Agenda for Europe*), Brazil (*National Broadband Plan*) and Brazilian civil society in order to generate our RFB for the enjoyment of the right of access to information by Brazilian internet users. We also added, as an additional policy goal, the time frame of policy implementation stipulated by each of the sources we used. The data which we took from the sources indicated above are shown in Table 1 below.

Jurisdiction	Speed (Mbps)	Price per Mbps (USD)	Coverage (% of homes)	Implemntn. timeframe
Australia (National Broadband Plan)	≥ 50	1.80	90	2021
USA (National Broadband Plan)	≥ 100	N/A	80	2021
Canada (Canada's Economic Action Plan)	≥ 5	5.40	100	2015
EU (Digital Agenda for Europe)	≥ 30	N/A	100	2020
Brazil (National Broadband Plan)	≥ 1	15.2	70	2014
Brazilian civil society	≥ 10	4.3	90	2014
Average	≥ 33	6.67	88	2017

Source: Official broadband plans of selected countries and Pereira and Biondi (2012)

Table 1 – Policy Goals Stated or Demanded by Relevant Actors

Since the data for actual *coverage*, *speed* and *price* prevalent in the Brazilian telecommunications market were not readily available, we took the corresponding quantified policy goals appearing in Brazil's NBP as the values to be used in the elaboration of a proxy for our IEE. A quantified *index of empirical effectiveness* was thus generated, which we took merely as a proxy for

[46]See Intervozes (2012).

an index of actual effectiveness. Our proxy IEE (derived from the policy goals stated in Brazil's NBP) is 23.68 (see formula 2 below).

$$IEE = \frac{1 + (1/15.2) + 70}{3} = 23.68 \qquad (2)$$

Next, taking the averages of the national data for each policy goal considered in our research, and also the related demands of Brazilian civil society, we elaborated a quantified RFB of 40.38 points (see formula 3 below).

$$RFB = \frac{33 + (1/6.67) + 88}{3} = 40.38 \qquad (3)$$

Thus we engaged in an exercise of application of Positional Analysis to selected policy contents that, under the LAEP approach, correspond to contractually expressed relational expectations. This analytical exercise offers the basis for the elaboration of *mutually complementary policy reform proposals*.[47] Such reform proposals must focus on the policy details considered under Positional Analysis. In the present case, this would require adjustments made in broadband policy related to *speed, price* and *coverage* of internet services in the Brazilian telecommunications market so that empirically verifiable quantified effectiveness be made to reach the benchmark of 40.38 points (see formula 3).

Moreover, under the LAEP approach, reforms must aim at securing the empirical fruition of a fundamental right, which always occurs locally. Therefore, the jurist working under the LAEP perspective may have to consider a chain of reforms from-the-bottom-up, connecting policy reforms projected sequentially at the local, national and international or global levels, if necessary.[48]

Since bottom-up chains of projected reforms often are attempts to deal with inter-contractual monetary linkages (*interportfolio relay*), they benefit from analytical inputs deriving from Portfolio Analysis. In the paragraphs below an exercise in Portfolio Analysis applied to the issue of policy-induced price levels of internet services will be offered. Its aim is, again, to illustrate how new kinds

---

[47]On the concept of "mutually complementary policy reform proposals" see Castro (2014).
[48]Idem. Indeed, research on "resistance" and "foiling" in processes of "intermediation" of transnational policy diffusion illustrates how the influence of local interests often bear on norm formation applied to different policy areas. See, e.g., Hallyday and Carruthers (2009) and Shaffer (2013).

of legal arguments may be produced in policy-related matters in the context of revived state activism, as exemplified in recent Brazilian experience.

6.2. An Exercise in Portfolio Analysis

As indicated above, Portfolio Analysis may be useful in producing analytical insights into the influence of tax policy and of monetary policy on the enjoyment of legal rights. In the case of the analysis of price-setting of broadband service in Brazil, it was indicated (see section 6.1. supra) that comparison of price goals pursued by different actors (governments of selected countries, as stated in their respective NBPs, and demands by Brazilian civil society) yielded a maximum price of US$ 6.67 per Mb of transferred data as a benchmark to guide policy reform. This price contrasted with US$ 15.2 per Mb adopted under Brazil's 2010 NBP. Thus, under the LAEP perspective, reform recommendations would have to be advanced regarding the financial setup of investment in broadband services in Brazil that would contribute to reduce the targeted price level approximately by half.

The adoption of a US$ 6.67 per Mb as a pricing benchmark for the provision of broadband services in Brazil could be achieved through competition in which the Telebras holding company would offer service at that price. After all, Decree no. 7,175 of 2010, which instituted Brazil's NBP, defined a very broad strategic mandate to be fulfilled by Telebras.[49]

Several aspects relevant to financing of investment in the sector of internet services could and should be considered with regard to such strategic mandate of Telebras. In order to illustrate how financial variables should be looked into under the LAEP perspective, in the aspect highlighted above, we considered specifically the access to credit in the countries or regions included in our sample indicated in Table 1 above. Given that at this stage we are only interested in demonstrating how new policy-relevant legal arguments can be elaborated based on reconstructed legal categories of the LAEP approach, we did not focus on other aspects of financial conditions affecting investment in the different economic environments referred to in our country and region sample.

The provision of broadband service to **88%** of Brazilian homes at the minimum speed of 33 Mbps and at the maximum price of US 6.67 per Mb (see

---

[49] Decree no. 7,175 of 2010 delegated power to the Telebras company to: (i) implement a communications network to be used exclusively by the federal government, (ii) support and promote internet broadband connection policies for universities, research centers, schools, hospitals and other public-interest internet connection facilities, (iii) produce network infrastructure and build networks for support of services provided by private companies, local governments and non-profit organizations, and (iv) provide broadband internet access to final users in localities where such service is lacking (i.e. where internet access is not available through regular market channels).

Table 1 and formula 3), would require new investments for which adequate financing would have to be provided. Much discussion around to use of earmarked fiscal revenues known as the Fund for the Universalization of Telecommunications Services (FUTS), established in 2000, has motivated a heated debate on how to provide new and affordable financing to investment in the "universalization" of access to broadband services in Brazil.[50]

The FUTS matter so far is not politically settled.[51] Perhaps a less controversial aspect of finance provision for investment in broadband "universalization" would be access to affordable credit. In this case, looking at the different interest rates available in the markets considered in our country and region sample (Table 1) can be helpful. Table 2 shows central bank policy rates for the countries in our sample and also in the Euro area.

Jurisdiction	2010	2011	2012	2013	2014	Average
USA	0.13	0.13	0.13	0.13	0.13	0.13
Euro area	1.00	1.00	0.75	0.25	0.05	0.61
Canada	1.00	1.00	1.25	1.25	1.25	1.15
Australia	4.75	4.30	3.03	2.50	2.50	3.41
Brazil	10.75	11.00	7.25	10.00	11.75	10.15

Source: International Monetary Fund (2015)

Table 2 – Central Bank Policy Rate (percent per annum) for Selected Countries and the Euro area

It can readily be seen that as a benchmark for credit generally – thus including for investment and/or working capital used in the implementation of BNPs and "universalization" of access to broadband service – policy-induced interest rates are much higher in Brazil than in the countries and region included in our sample. The average central bank policy rate in all other countries considered, in the period between 2010 and 2014, has been 1.15%, whereas this average is 10.15% in Brazil. Even if one considers special credit facilities available for industrial development projects through Brazil's powerful National Bank for Economic and Social Development, interest rate averages will be

---

[50]This debate has been sparked in part by wording used in a ruling adopted in 2005 by the Brazilian federal accounts court known as Tribunal de Contas da União (TCU). See Tribunal de Contas da União (2005). See also Faraco (2009, pp. 64-101).
[51]See, e.g., Bill no. 5116 of 2009, which proposes that resources from the FUTS be channeled to build broadband infrastructure for internet-based medical services provision under the national public health system, and Bill no. 6585 of 2009, which aims to allow the use of funds from the FUTS to create subsidies in favor of low-income consumers of telecommunications services.

CASTRO, M. F; FONTES, D. K. *Some New Ideas on the Role of Legal Analysis applied to the Regulation of Telecommunications Services in Brazil*. **Revista de Direito, Estado e Telecomunicações**, Brasília, v. 8, n. 1, p. 31-60, maio 2016.

significantly higher as compared to rates prevalent in most "developed" countries (see Table 3 below).

	2010	2011	2012	2013	2014	Average
Brazil-LTIR	6.00	6.00	5.57	5.00	5.00	5.51

Source: Banco Nacional de Desenvolvimento Econômico e Social. (2015)

Table 3 – Long-term Interest Rate (LTIR) (percent per annum) – Brazil's National Bank for Economic and Social Development

The application of Portfolio Analysis to the financial aspects a broadband policy in Brazil would thus consider the influence of interest rate differentials available for working capital and/or investment in the attainment of conditions under which the right of access to information can be properly enjoyed by internet users in Brazil under Brazilian jurisdiction.[52] The use of the analytical template already shown above (see Figure 1), adapted to reflect contractual contents compatible with our RFB (see formula 3) would indicate a distribution of contents in contractual clauses of an analytical (ideal) investment portfolio approximately as they appear in Figure 2 below.

The analytical portfolio of investment in broadband services with contractual contents indicated in Figure 2 is thus another example of the new *legal* arguments considered in Brazilian academia to address policy issues – in the present case, policy features of the National Broadband Plan adopted in Brazil in 2010.

	U CLAUSE	**M CLAUSE**
Private interest	(U) Privately negotiated characteristics of broadband service	(M) Additional price for speed above 1 Mbps and for other additional services
Public Interest	(U') Mandatory minimum speed = 1 Mbps	(M') Maximum price for 1 Mb = US$ 6.67

---

[52]This analytical topic responds to concerns of lawyers working unde LAEP perspective, for whom, as put by Castro (2014, p. 51), "large international disparities among (...) interest rates become a prominent topic of legal research and debate since such disparities are indications that the capability of businesses in high-interest rate economies to compete internationally is impaired.".

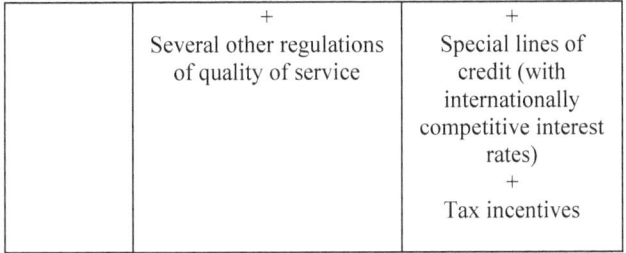

Source: Elaborated by the authors

Table 4 – Analytical Portfolio of Investment in Broadband Services in
Brazil Resulting from the LAEP Approach

7. FINAL REMARKS

Seldom has legal discourse in Brazil been explicitly used to promote economic development and social inclusion. A first period in which legal arguments were elaborated in line with economic ideas employed to catalyze fast industrial development and growth in Brazil was in the decades spanning from the 1930s to the 1980s. This period became known as the old-developmentalist phase of policy-making in Brazil. It was the period when legal doctrines adapted from contemporaneous French administrative law (*droit administratif*) were elaborated by Brazilian jurists and were offered by them as legal instruments useful to promote policy coordination and to structure state-led investment.

From the 1990s throughout the early 2000s, several political and economic conditions prompted the adoption of sweeping reforms that by and large relied on ideas rooted in neoclassical economic thought. This was the period in which far-reaching, pro-market reforms were adopted along the lines advocated by international financial institutions such as the World Bank and the International Monetary Fund and reflected what became known as the "Washington Consensus" or the "neoliberal reform agenda".

Since the mid-2000s, Brazilian governments began to engage in practices by which policy design and implementation no longer reflected a purely market-based view of policy reform. In that same period, lawyers began to produce arguments that did not attempt to revive legal doctrines typical of the old-style developmentalism, but to reform the markets often in order to promote both economic efficiency and noneconomic goals, such as equity.

In the present article we described two major lines of articulation of legal discourse which have developed since the mid-2000s. We have shown how these arguments become relevant in the analysis of regulation, focusing on the regulation of broadband services in Brazil.

CASTRO, M. F; FONTES, D. K. *Some New Ideas on the Role of Legal Analysis applied to the Regulation of Telecommunications Services in Brazil*. **Revista de Direito, Estado e Telecomunicações**, Brasília, v. 8, n. 1, p. 31-60, maio 2016.

A first line of recent legal discourse has been developed in connection with a perspective called "New Law and Development" (NLD). Work produced by lawyers under the NLD perspective has attempted to factor into legal analysis ideas taken from development economics and from critical legal studies and socio-legal studies. Their analytical insights enable them to consider new roles – called "functionalities" – of the law in coordinating policy and shaping several aspects of markets.

A second line of recent legal discourse addressed in the present paper was that which became known as the "Legal Analysis of Economic Policy" (LAEP) perspective. This approach to legal analysis proceeds from the reconstruction of basic legal categories – such as those of legal rights and contracts – in order to enable lawyers to analyze several aspects of regulation and economic policy, including real-economy and monetary aspects of such policies. The above application of the LAEP approach to internet broadband regulation generated insights and reform prescriptions based on two complementary analytical frameworks: positional analysis and portfolio analysis. The application of these analytical frameworks to selected policy areas of broadband regulation in Brazil enabled us to demonstrate how new legal arguments about specialized issues such as data transfer speed, social coverage of service and price-setting could be handled in novel ways by legal discourse.

Our work has therefore provided illustrations of how legal discourse has been developing in Brazil, pointing to new ways in which legal arguments can be employed as relevant components of policy reform.

References

Books and articles

Amsden, Alice H. (2001). *The Rise of 'The Rest': Challenges to the West from Late-Industrializing Economies*. Oxford: Oxford University Press.

Bakker, Saskia *et al.* (2009). "Human Rights Impact Assessment in Practice: The Case of the Health Rights of Women Assessment Instrument (HeRWAI)". *Journal of Human Rights Practice*, vol. 1, no. 3, 436-458 doi:10.1093/jhuman/hup017.

Bucci, Maria Paula Dallari. (2009). "Notas para uma Metodologia Jurídica de Análise de Políticas Públicas", in Fortini, Cristiana; Esteves, Júlio C. dos Santos; Dias, Maria T. Fonseca (eds.), *Políticas públicas: possibilidades e limites*. Belo Horizonte: Editora Fórum.

Castro, Marcus F. de. (2009). "Análise Jurídica da Política Econômica". *Revista da Procuradoria-Geral do Banco Central do Brasil*, vol. 3, no. 1, junho, 17-70.

Castro, Marcus F. de. (2011). "Direito, Tributação e Economia no Brasil: Aportes da Análise Jurídica da Política Econômica". *Revista da PGFN*, vol. 1, no. 2, jul./dez., 23-51.

Castro, Marcus F. de. (2013). "Economic Development and Legal Foundations of Regulation in Brazil". *The Law and Development Review.* Vol. 6, Issue 1, Pages 61–115. DOI: 10.1515/ldr-2013-0003

Castro, Marcus F. de. (2014). "New Legal Approaches to Policy Reform in Brazil" *University of Brasília Law Journal*, Vol. 1, no. 1, jan.-jun., pp. 31-61.

Coutinho, Diogo. (2005). "Entre Eficiência e Equidade: A Universalização das Telecomunicações em Países em Desenvolvimento". *Revista Direito GV*, São Paulo, Vol. 1, no. 2, pp. 137-160.

Coutinho, Diogo R. (2010). "Linking Promises to Policies: Law and Development in an Unequal Brazil". *The Law and Development Review*, vol. 3, no. 2, May, 3-40. DOI: 10.2202/1943-3867.1055.

Coutinho, Diogo R. (2013). "O Direito nas Políticas Públicas", in Faria, Carlos Aurélio Pimenta de; Marques, Eduardo (eds.). *Políticas Públicas como Campo Multidisciplinar.* São Paulo: Editora Unesp.

Coutinho, Diogo R.; Trubek, David M.; Schapiro, Mário G. (2012). "Toward a New Law and Development: New State Activism in Brazil and the Challenge for Legal Institutions". *The World Bank Legal Review.* Available   at: http://elibrary.worldbank.org/doi/abs/10.1596/9780821395066_CH16. Accessed February 20, 2014.

Davis, Kevin et al. (eds.) (2012). Governance by Indicators: Global Power through Quantification and Rankings. Oxford: Oxford University Press.

Faraco, Alexandre D. (2003). "Regulação das Telecomunicações: Entre Concorrência e Universalização", in Schapiro, Mario G. (ed.), Direito e Economia na Regulação Setorial. São Paulo: Saraiva (Série GV law), pp. 33-103.

Faraco, Alexandre D. (2003). *Regulação e Direito Concorrencial* (As Telecomunicações). São Paulo: Livraria Paulista.

Filippo, Armando Di. (2009). "Latin American Structuralism and Economic Theory". *CEPAL Review*, August, no. 98, pp. 175-196.

Frydman, Benoit (2014). "Prendre les Standards et les Indicatours au Sérieux", in Frydman, Benoît; Van Waeyenberge, Arnaud (eds.) *Gouverner par les Standards et les Indicateurs. De Hume aux Rankings*. Bruxelles: Bruylant, pp. 5-65.

Garoupa, Nuno; Pargendler, Mariana (2014) A Law and Economics Perspective on Legal Families. European Journal of Legal Studies, v. 7, n. 2, pp. 36-60.

Gilpin, Robert. (2001). *Global Political Economy: Understanding the International Economic Order*. Princeton: Princeton University Press.

Intervozes, Coletivo Brasil de Comunicação Social (2012). Caminhos para a Universalização da Banda Larga: experiências internacionais e desafios brasileiros. Pereira, Sinvaldo and Biondi, Antônio (eds.) 1ª Edição. São Paulo: Intervozes, 2012. Available at: http://www.intervozes.org.br/arquivos/interliv008cpunibl. Accessed March 11, 2014.

Kennedy, David. (2006). "The 'Rule of Law', Political Choices, and Development Common Sense", in Trubek, David M.; Santos, Alvaro (eds.), *The New Law and Economic Development: A Critical Appraisal*. Cambridge: Cambridge University Press, pp. 95-173.

Kennedy, Duncan. (2006). "Three Globalizations of Law and Legal Thought: 1850–2000", in Trubek, David M.; Santos, Alvaro (eds.), *The New Law and Economic Development: A Critical Appraisal*. Cambridge: Cambridge University Press, pp. 19-74.

Leiva, Fernando I. (2008). *Latin American Neostructuralism: The Contradictions of Post-Neoliberal Development*. Minneapolis: University of Minnesota Press.

Lima, Albério J. R. de. (2014). "A Efetividade do Programa Microempreendedor Individual, Com Base na Análise Jurídica da Política Econômica, em Relação ao Direito de Produção." Master's Thesis, University of Brasília Law School. On file with the University of Brasília.

Mercuro, Nicholas; Medema, Stephen G. (2006) *Economics and the Law: From Posner to Postmodernism and Beyond*. Princeton: Princeton University Press.

Merry, Sally Engle; Davis, Kevin; Kingsbury, Benedict (eds.) (2015). *The Quiet Power of Indicators*. Cambridge: Cambridge University Press.

Milhaupt, Curtis J.; Pistor, Katharina. (2008). Law & Capitalism. *What Corporate Cireses Reveal About Legal Systems and Economic Development Around the World.* Chicago: The University of Chicago Press.

Pereira, Sinvaldo; Biondi, Antônio (eds.). (2012). *Caminhos para a Universalização da Banda Larga: Experiências Internacionais e Desafios Brasileiros.* Intervozes - Coletivo Brasil de Comunicação Social. 1ª Edição. São Paulo: Intervozes, 2012.

Perry-Kessaris, Amanda (2011). "Prepare your Indicators: Economics Imperialism on the Shores of Law and Development". *International Journal of Law in Context,* vol 7, n. 4, pp.401 - 421. DOI: 10.1017/S174455231100022X.

Restrepo-Amariles, David (2015) "Legal indicators, Global Law and Legal Pluralism: An Introduction." *The Journal of Legal Pluralism and Unofficial Law,* v. 47, n. 1, DOI:10.1080/07329113.2015.1046739.

Rhodes, Sybil. (2006). *Social Movements and Free-market Capitalism in Latin America: Telecommunications Privatization and the Rise of Consumer Protest.* Albany: State University of New York Press.

Rittich, Kerry. (2006). "The Future of Law and Development: Second-Generation Reforms and the Incorporation of the Social", in Trubek, David M.; Santos, Alvaro. (eds.) (2006) *The New Law and Economic Development: A Critical Appraisal.* Cambridge: Cambridge University Press, pp. 203-252.

Rottenburg, Richard et al. (eds) (2015). *The World of Indicators: The Making of Governmental Knowledge through Quantification.* Cambridge: Cambridge University Press.

Sabel, Charles; Zeitlin Jonathan. (2012). "Experimentalist Governance", in Levi-Faur, D. (ed.) *The Oxford Handbook of Governance,* pp. 169–183. Oxford University Press, Oxford.

Sampaio, Paulo S. (2014). "Microcrédito, Desenvolvimento e Superação da Pobreza: uma Análise Jurídica do Programa Nacional de Microcrédito Produtivo Orientado". Master's Thesis, University of Brasília Law School. On file with the University of Brasília.

Santos, Alvaro. (2006). The World Bank's Uses of the 'Rule of Law' Promise in Economic Development, in Trubek, David M.; Santos, Alvaro. (eds.) (2006) *The New Law and Economic Development: A Critical Appraisal.* Cambridge: Cambridge University Press, pp. 253-300.

Schapiro, Mario G.; Trubek, David M. (eds.). (2012). *Direito e Desenvolvimento: Um Diálogo entre os BRICS.* São Paulo: Editora Saraiva.

Shaffer, Gregory (ed.). (2013). *Transnational Legal Ordering and State Change.* Cambridge: Cambridge University Press.

Siqueira, E. (1999). *Três Momentos da História das Telecomunicações no Brasil.* 2nd edition, São Paulo: Dezembro Editorial.

Trubek, David M. (2013). "Law, State and the New Developmentalism – An Introduction", in Trubek, David M. *et al.* (eds.). *Law and the New Developmental State: The Brazilian Experience in Latin American Context.* Cambridge: Cambridge University Press, pp. 3-27.

Trubek, David M.; Coutinho, Diogo, R.; Schapiro, Mario G. (2013). "New Stae Activism in Brazil and the Challenge for the Law", in Trubek, David M. *et al.* (eds.). *Law and the New Developmental State: The Brazilian Experience in Latin American Context.* Cambridge: Cambridge University Press, pp.28-61.

Trubek, David M. *et al.* (eds.) (2013). *Law and the New Developmental State: The Brazilian Experience in Latin American Context.* Cambridge: Cambridge University Press.

Trubek, David M.; Santos, Alvaro. (eds.) (2006) *The New Law and Economic Development: A Critical Appraisal.* Cambridge: Cambridge University Press.

Trubek, David M.; Santos, Alvaro.(2006a). "Introduction: The Third moment in Law and Development Theory and the Emergence of a New Critical Practice", in Trubek, David M.; Santos, Alvaro. (eds.) *The New Law and Economic Development.* Cambridge: Cambridge University Press, pp. 1-18.

News organizations

BBC News, April 23, 2014. "Future of the internet debated at NetMundial in Brazil". Available at http://www.bbc.com/news/technology-27108869. Accessed May 2, 2014.

European Broadcasting Union, April 25, 2014. "EBU Welcomes Netmundial Text Although Net Neutrality Lacking". Available at http://www.eurovision.com/contents/news/2014/04/ebu-welcomes-netmundial-text-alt.html. Accessed May 5, 2014.

Reuters. April 22, 2014. "Brazilian Congress passes Internet bill of rights". Available at http://www.reuters.com/article/2014/04/23/us-internet-brazil-idUSBREA3M00Y20140423. Accessed April 30, 2014.

Monitor Global Outlook, April 30, 2014. Brazil's Internet summit a win for Facebook, Google. Available at https://monitorglobaloutlook.com/news-story/brazils-internet-summit-is-win-for-google-facebook/. Accessed May 8, 2014.

Other sources

Banco Nacional de Desenvolvimento Econômico e Social. (2014). Taxa de Juros de Longo Prazo – TJLP. Available at http://www.bndes.gov.br/SiteBNDES/bndes/bndes_pt/Ferramentas_e_Normas/Custos_Financeiros/Taxa_de_Juros_de_Longo_Prazo_TJLP/. Accessed Sep. 2, 2015.

Comitê Gestor do Programa de Inclusão Digital. (2010). "Programa Nacional de Banda Larga". Brasília: Presidência da República. Available at http://www4.planalto.gov.br/brasilconectado/forum-brasil-conectado/documentos/3o-fbc/documento-base-do-programa-nacional-de-banda-larga. Accessed December 9, 2013.

International Monetary Fund. (2015). Principal Global Indicators. Short-term Interest rates. Available at http://data.imf.org/ . Accessed Sep. 2, 2015.

International Telecommunication Union. (2011). "National e-Strategies for Development: Global Status and Perspectives 2010". Geneva.

International Telecommunication Union. (2013). "Trends in Telecommunication Reform 2013". Geneva.

Ministério das Comunicações. (1996). "Documento de Encaminhamento da Lei Geral das Telecomunicações, comentando-a". Gabinete do Ministro – E. M. [Exposição de Motivos] no. 231/MC, Brasília , December 10 1996. Available at http://www.anatel.gov.br/Portal/verificaDocumentos/documento.asp?numeroPublicacao=331&assuntoPublicacao=null&caminhoRel=null&filtro

=1&documentoPath=biblioteca/leis/exposicao_motivos_lgt.pdf.
Accessed February 15, 2014

Tribunal de Contas da União. Acórdão n. 2.148/2005 – TCU – Plenário.
Processo TC- 010.889/2005-5. Judgment session of Dec. 7, 2005.
Available   at:
http://portal2.tcu.gov.br/portal/pls/portal/docs/2063168.PDF.   Accessed
January 30, 2014.

Telebras.   (2012).   "Histórico".   Available   at
http://www.telebras.com.br/inst/?page_id=41. Accessed January 10,
2014.

Responsividade do Sistema Sancionatório da Radiodifusão Brasileira
Responsiveness of the Brazilian broadcasting regulatory system of sanctions

Submetido(*submitted*): 08/12/2015
Parecer(*revised*): 09/01/2016
Aceito(*accepted*): 20/01/2016

Marcelo Barros da Cunha*

Resumo

Propósito – O propósito deste artigo foi avaliar a responsividade do sistema sancionatório aplicável aos concessionários, permissionários e autorizatários de serviços de radiodifusão no Brasil.

Metodologia/abordagem/design – A pesquisa se utilizou da teoria responsiva da regulação de Ayres e Braithwaite como parâmetro para a análise crítica do sistema sancionatório da radiodifusão brasileira.

Resultados – A pesquisa revelou que o sistema sancionatório não incentiva o cumprimento de obrigações legais, contratuais e normativas, uma vez que as penalidades não estimulam o diálogo entre regulador e regulado, há obstáculo legal para a aplicação da punição máxima, a cassação, e já ocorreu a prescrição de multas no passado.

Implicações práticas – Os resultados desta pesquisa poderão subsidiar os reguladores brasileiros no desenvolvimento de um sistema sancionatório mais responsivo e eficaz para os serviços de radiodifusão.

Originalidade/relevância do texto – A pesquisa introduz a discussão sobre responsividade no modelo regulatório brasileiro de radiodifusão.

Palavras-chave: radiodifusão, regulação, sanção, responsividade, *enforcement*.

Abstract

Purpose – *The purpose of this paper is to evaluate the responsiveness of the system of sanctions applicable to broadcasting concessionaires in Brazil.*

Methodology/approach/design – *The research considered the theory of responsive regulation proposed by Ayres and Braithwaite as parameter for the critical analysis of the Brazilian broadcasting regulatory system of sanctions.*

Findings – *The research concluded that the system of sanctions does not encourage concessionaires to comply with its legal, contractual and regulatory obligations, as penalties do not promote dialogue between regulator and regulated firms. There are legal obstacles for the application of the maximum penalty of revocation of concession, and some fines imposed on concessionaires in the past could not be collected as they were barred by statute of limitations.*

---

*Possui graduação em Engenharia de Comunicações pelo Instituto Militar de Engenharia e graduação em Direito pelo Instituto de Educação Superior de Brasília. É especialista em Controle da Regulação de serviços públicos pelo Instituto Serzedello Corrêa/TCU. Atualmente é Auditor Federal de Controle Externo do Tribunal de Contas da União, exercendo a função de Secretário de Fiscalização de Infraestrutura de Aviação Civil e Comunicações. Email: cunhamb@tcu.gov.br.

CUNHA, M. B. da *Responsividade do Sistema Sancionatório da Radiodifusão Brasileira.* **Revista de Direito, Estado e Telecomunicações**, Brasília, v. 8, n. 1, p. 61-80, maio 2016.

Practical implications – The findings of this research may be considered by Brazilian regulators on the development of a more responsive and effective system of sanctions for broadcasting.

Originality/value (optional) – The research introduces the discussion on responsiveness regarding the Brazilian broadcasting regulatory model.

Keywords: Broadcasting, regulation, sanction, responsiveness, enforcement.

Introdução

Atualmente no Brasil, a regulação da exploração de serviços de radiodifusão sonora (rádio) e de sons e imagens (televisão) comporta um complexo sistema de divisão de competências, instituído pelo art. 223 da Constituição de 1988, que compreende a participação de entidades dos Poderes Executivo, Legislativo e Judiciário nos processos de outorga, renovação e cancelamento de concessões, permissões e autorizações.

No âmbito de Poder Executivo, compete ao Ministério das Comunicações a condução e a instrução da licitação ou do processo seletivo da entidade a ser outorgada, bem como assinar com o concessionário, permissionário ou autorizatário o contrato de concessão ou termo de permissão ou de autorização. O ato de outorga deve ser apreciado pelo Congresso Nacional, gerando efeitos somente após sua aprovação.

Ao Ministério das Comunicações cabe ainda a fiscalização da prestação do serviço, bem como a aplicação de sanções por desconformidades identificadas, especificamente no que se refere às obrigações impostas pelos termos contratuais e pela regulamentação setorial, excluindo-se a referente a aspectos técnicos, que foi atribuída à Agência Nacional de Telecomunicações (Anatel) pela Lei nº 9.472/1997 (LGT – Lei Geral de Telecomunicações). No entanto, para que ocorra o cancelamento de uma outorga válida, a exemplo da aplicação de sanção de cassação pelo Poder Concedente, deve haver apreciação pelo Poder Judiciário, conforme consignado na Constituição brasileira.

O desenho de um sistema de sanções voltado a uma atividade regulada, como a radiodifusão, tem por fito incentivar o cumprimento de obrigações legais, regulamentares ou contratuais pelas entidades outorgadas. Desse modo, a identificação de desconformidades na prestação do serviço traz por consequência a aplicação de uma penalidade, cuja expectativa deve estimular o operador a fazer os investimentos que forem necessários para cumprir seus deveres. Assim, a atividade de fiscalização encontra-se intrinsecamente ligada à de sanção, e os efeitos da expectativa de recebimento da penalidade em diversas gradações sobre o comportamento do regulado traduz-se no conceito de responsividade desenvolvido por Ayres e Braithwaite (1992).

A possibilidade de aplicação de sanções mais duras pelo regulador deve ser um indutor para a criação de ambientes colaborativos com os regulados. Assim, conforme leciona Braithwaite (2011, p. 483), o regulador, ao identificar desconformidades, independentemente de sua gravidade ou intensidade, deve primeiro adotar diálogo, seguindo para penalidades mais brandas e posteriormente para as mais graves e de maior custo apenas quando falhar a persuasão.

Nesse sentido, o presente artigo busca analisar o sistema sancionatório estabelecido no marco jurídico-regulatório da radiodifusão à luz da teoria responsiva da regulação, a fim de identificar se o modelo hoje vigente comporta aperfeiçoamentos em seus aspectos processuais, de modo a incentivar os radiodifusores a atender os requisitos de prestação do serviço impostos pela normatização setorial e pelos termos contratuais.

A relevância da regulação da radiodifusão

A discussão sobre o desenho de mecanismos de regulação dos meios de comunicação de massa, em especial os de rádio e de televisão, tem recebido nas últimas décadas atenção cada vez maior por parte de governos, de organismos multilaterais e da sociedade civil, na busca por um equilíbrio entre a garantia da liberdade de expressão e o atendimento às demandas das comunidades pelo amplo exercício do direito à comunicação.

Carlsson (2003) descreveu os debates ocorridos em fóruns internacionais, nas décadas de 1970 e 1980, em torno da proposta de estruturação de uma nova ordem internacional que privilegiasse o balanceamento do fluxo de informações entre países e reduzisse a desigualdade na distribuição dos meios de comunicação. Nesse sentido, o célebre relatório produzido pela Comissão MacBride (UNESCO, 1980), instituída pela Unesco para estudar os problemas de comunicação no mundo, concluíra pela necessidade de independência real e de identidade cultural da mídia nos países em desenvolvimento, bem como da democratização da comunicação no que se refere ao acesso e à participação das comunidades.

As propostas de formulação de um modelo internacional de regulação para a mídia não foram implementadas àquela época, especialmente em decorrência das pressões de países que defendiam uma visão mais liberal de liberdade de expressão, no que se refere à garantia de um fluxo livre de informações sem controles estatais e sem subordinação à vontade da coletividade, o que levou os Estados Unidos e o Reino Unido a se retirarem da Unesco em 1985.

Ocorre que a profunda evolução tecnológica trazida pelas tecnologias de informação e comunicação na distribuição e no acesso a conteúdos de mídia em plataformas diversificadas, possibilitada pela expansão do acesso à Internet nos últimos anos, aprofundou o fenômeno de concentração em grandes redes globais de mídia (CASTELLS, 2009). Esses grupos não mais distribuem suas produções apenas por jornais, revistas, rádio ou televisão, mas também por computadores, telefones e redes sociais, que aumentam seu alcance mundial e uniformizam conteúdos muitas vezes afastados das realidades locais.

Nesse contexto, crescem os desafios para a estruturação de *enforcement* regulatório em meios de comunicação no mundo como um todo, o que tem reacendido a preocupação da sociedade com o tema. No âmbito brasileiro se coloca de igual modo a argumentação quanto à necessidade de se criar instrumentos regulatórios adequados a assegurar a liberdade de expressão e o direito à comunicação de forma equilibrada em uma era de mídias globalizadas, de modo a que os grupos de mídia atendam às regulamentações de interesse coletivo. Ramos (2002) ressalta a necessidade de se estabelecerem políticas para a democratização das comunicações no Brasil, colocando como uma das estratégias para sua consecução a existência de um ambiente regulatório que nivele ao máximo as possibilidades de ação de toda a sociedade em todas as etapas dos processos normativos.

Tem-se, portanto, como de elevada importância o protagonismo da regulação como instrumento para a efetivação da liberdade de expressão e do direito à comunicação no seio da sociedade. Há que se verificar a efetividade dos processos regulatórios de comunicação já existentes, a fim de se identificar oportunidades de ajustes, sendo objeto de discussão nesse artigo especificamente a estruturação de *enforcement* regulatório na radiodifusão brasileira.

A teoria responsiva da regulação e o *enforcement*

A teoria responsiva, desenvolvida por Ian Ayres e John Braithwaite (1992), tem como foco o desenho de um sistema processual que busque incentivar a persuasão do regulado a cumprir as obrigações impostas pelo regulador e criar um ambiente de diálogo e colaboração entre estes, de modo a maximizar a efetividade da regulação setorial e a reduzir desconformidades legais, regulamentares ou contratuais.

Nesse sentido, os autores destacam que a regulação deve ser responsiva à estrutura do mercado regulado, considerando para isso que diferentes estruturas devem levar a diferentes graus e formas de regulação. A regulação deve ainda ser responsiva à conduta e ao comportamento dos regulados ou do mercado como um todo, de modo a adotar estratégias de maior ou menor intervenção. Assim, a responsividade aponta para uma variedade de abordagens regulatórias, não prescrevendo uma solução única, mas sim indicando que algumas soluções podem ter melhores resultados que outras a depender do contexto em que se inserem.

Desse modo, ao invés de debater a necessidade de maior ou menor regulação de forma genérica, os autores sugerem uma estratégia de *enforcement* "olho por olho" (*tit-for-tat enforcement*), na qual o fato de o regulador possuir variadas formas de sanção, com gravidade crescente, possibilita que, paradoxalmente, ele possa dialogar com os regulados de forma mais efetiva.

Nesse ponto, Ayres e Braithwaite (1992, p. 19) argumentam que, enquanto uma estratégia regulatória baseada unicamente em persuasão e autorregulação sofrerá abuso pelos regulados movidos pela racionalidade econômica, uma estratégia fundada principalmente em punições irá reduzir a boa vontade dos regulados que forem motivados por um senso de responsabilidade. Ressaltam ainda que a aplicação de punições é custosa, gastando recursos em litígios que poderiam ser melhor aplicados no monitoramento dos regulados e na sua persuasão, além de levá-los a se mobilizar contra a regulação e a explorar brechas jurídicas.

Como meio de implementar estratégias de regulação "olho por olho", os autores apresentam pirâmides de medidas crescentes de *enforcement* que respondem aos objetivos diversos dos regulados, de forma que a intervenção do regulador se torna cada vez mais intensa e profunda, escalando a pirâmide, na medida em que os regulados se recusam a atender demandas regulatórias. A existência de uma pirâmide de *enforcement* explícita torna mais provável que o regulado opte por cumprir suas obrigações.

A construção de uma pirâmide de *enforcement* deve considerar em sua base, na qual deve estar centrada a maior parte da atuação do regulador, as tentativas de persuasão dos regulados a atender as demandas regulatórias. Caso essas tentativas sejam infrutíferas, o regulador deve escalar a pirâmide rumo ao próximo mecanismo disponível, que pode ser um alerta ou uma advertência. Se o regulado permanecer em uma situação de não atendimento da demanda ou da obrigação, deve o regulador utilizar o mecanismo seguinte, a exemplo da aplicação de uma multa.

Enfim, o regulador deve ter diversas gradações de sanções a seu dispor, inclusive as mais intensas, a exemplo da suspensão da outorga ou mesmo a sua cassação, e utilizá-las de forma comedida, em resposta ao comportamento do regulado. Isso significa dizer, por exemplo, que não deve usar a pena máxima para um primeiro descumprimento regulamentar, mas sim após reiteradas recusas do regulado em cumprir com suas obrigações. De igual forma, não pode o regulador dispensar totalmente a aplicação de penalidades mais drásticas, ou não as ter como disponíveis.

Ainda de acordo com os autores, reguladores que contam apenas com a possibilidade de aplicação da sanção mais drástica podem enfrentar a impossibilidade política ou jurídica de utilizá-la a não ser para irregularidades extremas, deixando as de menor relevância sem resposta. Nessas situações, o regulador acaba por não poder aplicar qualquer penalidade para as inconformidades de baixa gravidade, o que acaba por estimular o regulado ao descumprimento das demandas regulatórias.

Já quando o regulador conta com um número de opções de sanção, o regulado considerará que nem todas as penalidades disponíveis poderão ser utilizadas para um determinado tipo de desconformidade, mas calculará a probabilidade de receber uma sanção mais ou menos severa, o que implica em custos que podem o levar a preferir o diálogo com o regulador. Isso porque a cada descumprimento de obrigações o regulado poderá sofrer penalidades gradualmente mais intensas, porém politicamente aceitáveis, de modo que serão efetivamente aplicadas.

Nesse sentido, é a certeza de que a aplicação da pena será efetiva, seguindo um mecanismo de gradação que responde ao comportamento do regulado, que acaba por incentivá-lo a assumir os custos necessários para cumprir suas obrigações ao invés de resistir e enfrentar os custos da punição que verdadeiramente sofrerá.

Um exemplo de pirâmide de *enforcement* de sanções encontra-se reproduzido na Figura 1, extraída e adaptada de Ayres e Braithwaite (1992, p. 35).

Figura 1 – Exemplo de pirâmide de *enforcement* de sanções

Os autores ressaltam que, além dessa pirâmide de *enforcement* de sanções, focada no comportamento de um determinado regulado, deve ainda ser considerada uma pirâmide de *enforcement* de estratégias regulatórias, voltada a assegurar a responsividade da regulação ao comportamento do mercado regulado como um todo. Esse tipo de pirâmide indica a possibilidade de se escalar para uma maior intensidade de intervenção em resposta a um menor grau de cumprimento das demandas regulatórias pelo mercado.

Um exemplo de pirâmide de *enforcement* de estratégias regulatórias pode considerar em sua base a autorregulação, ou seja, uma estratégia inicial de mínima intervenção do regulador sobre o mercado. Caso o mercado abuse da autorregulação e não cumpra com os objetivos regulatórios, pode-se escalar para uma estratégia de autorregulação forçada, a qual, se infrutífera, pode ainda caminhar para estratégias de regulação comando-e-controle, aumentando o nível de intervenção estatal sobre o mercado. Novamente, a sinalização clara sobre a possibilidade de se escalar a pirâmide acaba por incentivar o diálogo e a negociação em sua base.

Assim, a conjunção de pirâmides de sanções e de estratégias regulatórias à disposição do regulador estimulam um ambiente em que, quanto maior a intensidade e a aplicabilidade das punições disponíveis, maior será a disposição dos regulados para colaborar. Em suma, os autores ressaltam que uma teoria que busque uma regulação mais cooperativa deve possuir, portanto, três fatores: uso de *enforcement* "olho por olho"; acesso a uma hierarquia de sanções e a uma hierarquia de intervenção regulatória (as pirâmides de *enforcement*); e uma pirâmide alta, ou seja, que a sanção mais severa tenha intensidade punitiva elevada.

Tem-se, portanto, na teoria responsiva uma proposta de construção de mecanismos que buscam incentivar o cumprimento, pelos regulados individualmente, e pelo mercado como um todo, das obrigações legais, regulamentares e contratuais típicas da exploração de uma atividade regulada. Como uma teoria processual da regulação, afasta-se da discussão em tese sobre necessidade de maior ou menor intervenção estatal em um determinada mercado, para afirmar que a regulação deve responder ao comportamento dos regulados e ser capaz de incentivá-los à cooperação e não ao litígio.

Como meio para concretizar esse incentivo à cooperação, a teoria responsiva apresenta o desenho de um sistema de sanções e de intervenções que sejam gradualmente mais intensas na medida em que haja descumprimentos pelos regulados. No que se refere especificamente às sanções, essas devem estar disponíveis ao regulador para aplicação, em intensidades que mais estimulem o diálogo do que a resistência, sem dispensar a possibilidade de aplicação de sanções drásticas. Tais sanções drásticas, no entanto, devem poder ser efetivamente aplicadas, quando tais respostas forem necessárias a condutas extremas e reiteradas dos regulados, sem sofrer limitações políticas ou jurídicas, sob risco de a impossibilidade prática de aplicação da sanção servir como estímulo ao descumprimento das demandas regulatórias e não à colaboração.

Passa-se, na próxima seção, a uma descrição do marco regulatório vigente do sistema de *enforcement* e de aplicação de sanções no mercado brasileiro de radiodifusão, a fim de posteriormente avaliar sua responsividade à luz da teoria ora apresentada.

O sistema sancionatório na regulação da radiodifusão

A regulação da exploração de serviços de radiodifusão encontra disciplina geral nos arts. 220 a 224 da Constituição Federal, na Lei nº 4.117, de 27/8/1962 (Código Brasileiro de Telecomunicações – CBT), no Decreto-Lei nº 236, de 28/2/1967, na Lei nº 9.612, de 19/2/1998 (Lei da Radiodifusão Comunitária) e em diversas normas infralegais, das quais se destacam o Decreto nº 52.795, de 31/10/1963, que aprovou o Regulamento dos Serviços de Radiodifusão, e o Decreto nº 2.615, de 3/6/1998, que aprovou o Regulamento dos Serviços de Radiodifusão Comunitária. Tais normativos estabelecem o sistema vigente de obrigações do prestador do serviço de radiodifusão, de fiscalização de seu cumprimento e de sanção por desconformidades identificadas.

A Constituição de 1988 consagrou a liberdade de pensamento, criação, expressão e informação, no art. 220, afastando qualquer censura de natureza política, ideológica e artística, mas com respeito à vedação ao anonimato, ao direito de resposta proporcional ao agravo e à indenização por dano moral ou à imagem; à inviolabilidade da intimidade, da vida privada, da honra e da imagem das pessoas; e ao sigilo da fonte necessário ao exercício profissional.

Ocorre que a Carta brasileira tratou também de indicar, no art. 221, princípios que devem ser seguidos na produção e na programação das emissoras de rádio e televisão: preferência a finalidades educativas, artísticas, culturais e informativas; promoção da cultura nacional e regional e estímulo à produção independente que objetive sua divulgação; regionalização da produção cultural, artística e jornalística, conforme percentuais estabelecidos em lei; e respeito aos valores éticos e sociais da pessoa e da família.

No art. 222, a Constituição impôs limitação à propriedade das empresas de radiodifusão a brasileiros natos ou naturalizados há mais de dez anos ou, ainda, a pessoas jurídicas constituídas sob as leis brasileiras e com sede no país, desde que ao menos setenta por cento do capital total e do capital votante pertençam direta ou indiretamente a brasileiros nas mesmas condições. Foram também restritos aos brasileiros natos ou naturalizados há mais de dez anos a gestão e o estabelecimento do conteúdo da programação das empresas de radiodifusão, bem como a responsabilidade editorial e as atividades de seleção e direção da programação veiculada.

Nota-se, portanto, que a despeito de a ampla liberdade de expressão ser assegurada na Carta de 88, a atividade das empresas de radiodifusão conta com princípios e limitações que atuam diretamente sobre a gestão empresarial e seus investimentos, bem como sobre o conteúdo veiculado, em atendimento a interesses da coletividade. A dimensão de que a liberdade de expressão deve observar os interesses dos indivíduos de forma coletiva, em detrimento dos interesses específicos de empresários da radiodifusão e de investidores, encontra harmonia com o reconhecimento do direito à liberdade de opinião e expressão como direito humano, a ser assegurado pelo Estado, tal como expresso no art. 19 da Declaração Universal dos Direitos Humanos, abaixo transcrito:

> Todo ser humano tem direito à liberdade de opinião e expressão; este direito inclui a liberdade de, sem interferência, ter opiniões e de procurar, receber e transmitir informações e ideias por quaisquer meios e independentemente de fronteiras. (ONU, 1948)

Finalmente, o art. 223 da Constituição Federal cuida da sistemática de outorga, renovação e cancelamento de concessões, permissões e autorizações para exploração dos serviços de radiodifusão, indicando ainda a necessária observância à complementariedade dos sistemas privado, público e estatal.

A outorga e a renovação são competência do Poder Executivo, mas tais atos devem ser apreciados pelo Congresso Nacional a fim de que possam produzir efeitos legais. A não renovação da concessão ou permissão deve ser aprovada pelo Parlamento com quórum mínimo de dois quintos, em votação nominal. Já o cancelamento da concessão ou permissão, antes de vencido o prazo, depende de decisão judicial. Tais disposições criam limitações à atuação do Poder Executivo, pois estabelecem um modelo de controle legislativo e judicial sobre parcela da atividade regulatória do Poder Concedente dos serviços de radiodifusão sem paralelo existente nos demais serviços públicos que podem ser objeto de outorga, tais como os que seguem a disciplina do art. 175 da Constituição e da Lei nº 8.987, de 13/2/1995.

Também no sentido de participação ativa do Poder Legislativo federal no que se refere à radiodifusão, o art. 224 da Carta Magna brasileira estatui que o Congresso Nacional deverá instituir o Conselho de Comunicação Social como órgão auxiliar, o que foi disciplinado pela Lei nº 8.389, de 30/12/1991.

As normas trazidas pelos arts. 220 a 223 da Constituição carecem de regulamentação específica desde sua promulgação, de modo que os diplomas pré-constitucionais, no que recepcionados, remanescem como direito aplicável à radiodifusão.[1] No caso, tem-se o Código Brasileiro de Telecomunicações como principal lei de regência, fazendo-se mister ressaltar que a Lei nº 9.472, de 16/7/1997 (Lei Geral de Telecomunicações), por meio do disposto no art. 215, I,

---

[1] O Pleno do Supremo Tribunal Federal reconheceu a recepção da Lei nº 4117/1962, em seus aspectos básicos e essenciais, pela ordem constitucional estabelecida em 1988, no julgamento da Ação Direita de Inconstitucionalidade nº 561-MC/DF (Relator Ministro Celso de Mello, DJ de 23/3/2001).

revogou o CBT exceto quanto a matéria penal nela não tratada e quanto aos preceitos relativos à radiodifusão.

Ademais, o art. 211 da LGT ressalta que a outorga de serviços de radiodifusão não compete à Agência Nacional de Telecomunicações, mas que a ela cabe elaborar e manter planos de distribuição de canais, considerando a evolução tecnológica. O parágrafo único do referido artigo dispõe ainda que a fiscalização das estações de radiodifusão quanto a aspectos técnicos é de competência da Anatel. Nota-se, portanto, que a competência para fiscalização das demais obrigações legais, regulamentares e contratuais cabíveis aos radiodifusores encontra-se com o Ministério das Comunicações,[2] em conformidade com o disposto no CBT, como será detalhado em seguida.

O CBT, no art. 38, detalha um conjunto de preceitos e cláusulas que devem ser observados pelas empresas de radiodifusão, a exemplo da necessidade de prévia anuência do Ministério das Comunicações para que a alteração de controle societário e a transferência da outorga tenham validade (alínea "c"); da obrigatoriedade de veiculação do programa "Voz do Brasil"[3] (alínea "e"); e da transmissão de no mínimo 5% do tempo de programação para a transmissão de serviço noticioso (alínea "h").

Outras relevantes obrigações impostas aos radiodifusores pelos arts. 39 e 40 do CBT dizem respeito à transmissão de propaganda partidária gratuita, cuja distribuição dos horários a serem utilizados pelos partidos políticos compete à Justiça Eleitoral, bem como à divulgação de comunicados da Justiça Eleitoral em períodos pré-eleitorais.

Faz-se ainda necessário ressaltar que o CBT elenca, no art. 53, o que deve ser considerado abuso no exercício da liberdade de radiodifusão, constituindo-se em infração de natureza administrativa ao serviço. Há que se notar que das condutas relacionadas como infrações, algumas dizem respeito ao conteúdo das transmissões, a exemplo de: ultrajar a honra nacional; promover campanha discriminatória de classe, cor, raça ou religião; ofender a moral familiar, pública, ou os bons costumes; caluniar, injuriar ou difamar os Poderes

---

[2]Ressalta-se que a redação do CBT atribui ao Conselho Nacional de Telecomunicações (Contel) as competências de regulamentação, fiscalização e sanção referentes à exploração dos serviços de radiodifusão no âmbito do Poder Executivo federal. Posteriormente, o art. 165 do Decreto-Lei n° 200, de 25/2/1967, promoveu a absorção do Contel pelo então recém-criado Ministério das Comunicações, de modo que o referido órgão setorial assumiu todas as competências daquele conselho.
[3]Trata-se do programa oficial diário de informações dos Poderes da República, que deve ser retransmitido por todas as emissoras de rádio, de 19h às 20h, exceto sábados, domingos e feriados. A Segunda Turma do STF, ao julgar o Agravo Regimental no Recurso Extraordinário n° 571.353/RS (Relator Ministro Celso de Mello, DJ de 16/6/2011), entendeu que a obrigatoriedade de veiculação da Voz do Brasil se reveste de legitimidade jurídico-constitucional.

Legislativo, Executivo ou Judiciário ou os respectivos membros; e veicular notícias falsas, com perigo para a ordem pública, econômica e social.

O Regulamento dos Serviços de Radiodifusão, aprovado pelo Decreto nº 52.795/1963, complementa as disposições da Lei nº 4.117/1962, ao explicitar outras obrigações que devem ser observadas pelos radiodifusores, a exemplo do contido no item 12 do art. 28, abaixo transcrito, que trata especificamente sobre o conteúdo da programação:

> Art. 28 - As concessionárias e permissionárias de serviços de radiodifusão, além de outros que o Governo julgue convenientes aos interesses nacionais, estão sujeitas aos seguintes preceitos e obrigações:
>
> (...) 12 - na organização da programação:
>
> a) manter um elevado sentido moral e cívico, não permitindo a transmissão de espetáculos, trechos musicais cantados, quadros, anedotas ou palavras contrárias à moral familiar e aos bons costumes;
>
> b) não transmitir programas que atentem contra o sentimento público, expondo pessoas a situações que, de alguma forma, redundem em constrangimento, ainda que seu objetivo seja jornalístico;
>
> c) destinar um mínimo de 5% (cinco por cento) do horário de sua programação diária à transmissão de serviço noticioso;
>
> d) limitar ao máximo de 25% (vinte e cinco por cento) do horário da sua programação diária o tempo destinado à publicidade comercial;
>
> e) reservar 5 (cinco) horas semanais para a transmissão de programas educacionais;
>
> (...) g) integrar gratuitamente as redes de radiodifusão, quando convocadas pela autoridade competente;
>
> h) obedecer às instruções baixadas pela Justiça Eleitoral, referentes à propaganda eleitoral;
>
> (...) l) irradiar, com indispensável prioridade, e a título gratuito, os avisos expedidos pela autoridade competente, em casos de perturbação da ordem pública, incêndio ou inundação, bem como os relacionados com acontecimentos imprevistos;
>
> m) irradiar informações meteorológicas, em conformidade com a regulamentação;
>
> n) manter em dia os registros da programação;

Ainda no campo das obrigações impostas pela legislação setorial às empresas de radiodifusão, destaca-se que o art. 12 do Decreto-Lei nº 236/1967 estabelece limitação à quantidade de outorgas que uma entidade pode deter. Portanto, um mesmo radiodifusor poderá possuir até seis outorgas de rádio em frequência modulada e dez de televisão em todo o território nacional, sendo no máximo cinco na faixa de frequências VHF e duas por Estado.

CUNHA, M. B. da *Responsividade do Sistema Sancionatório da Radiodifusão Brasileira*. **Revista de Direito, Estado e Telecomunicações**, Brasília, v. 8, n. 1, p. 61-80, maio 2016.

A Lei n° 9.612/1998 também traz obrigações positivas e negativas específicas aos autorizatários da radiodifusão comunitária. O § 1° do art. 4° veda o proselitismo de qualquer natureza na programação, bem como os §§ 2° e 3° do citado artigo determinam que as programações de natureza opinativa e informativa devem observar a pluralidade de opinião, sendo assegurado a qualquer cidadão da comunidade beneficiada o direito de emitir opiniões sobre quaisquer assuntos abordados na programação, mediante pedido à direção da rádio.

Somente fundações ou associações comunitárias sem fins lucrativos, legalmente constituídas e devidamente registradas, podem ser autorizatárias de radiodifusão comunitária (art. 7° da Lei n° 9.612/1998). Somente uma autorização pode ser outorgada por entidade, e esta não poderá estabelecer vínculos de subordinação ou sujeição a qualquer outra entidade, mediante compromissos ou relações financeiras, religiosas, familiares, político-partidárias ou comerciais (arts. 10 e 11 da Lei n° 9.612/1998). É também vedada a transferência de autorizações de radiodifusão comunitária a qualquer título (art. 12 da Lei n° 9.612/1998).

Ainda como vedações às rádios comunitárias tem-se: a de formação de redes, excetuados casos de guerra, calamidade pública, epidemias e transmissão obrigatória; a de transmitir publicidade, podendo apenas admitir patrocínio sob a forma de apoio cultural; a de cessão ou arrendamento da emissora ou de horários da programação (arts. 16, 18 e 19 da Lei n° 9.612/1998).

Finalmente, a Lei da Radiodifusão Comunitária elenca os atos que constituem infração ao serviço (art. 21): usar equipamentos fora das especificações autorizadas pelo Poder Concedente; transferir a terceiros os direitos ou procedimentos de execução do Serviço; permanecer fora de operação por mais de trinta dias sem motivo justificável; e infringir qualquer dispositivo da referida lei ou da correspondente regulamentação.

Adentrando especificamente no sistema de sanções pelo descumprimento das obrigações legais dos radiodifusores, o CBT indica no art. 59 como penas aplicáveis: a multa; a suspensão até trinta dias; a cassação; e a detenção, sendo essa última aplicável tão somente às infrações penais aos serviços de telecomunicações de que trata a referida, que não são objeto desta pesquisa. O § 1° traz disposição que permite ainda a aplicação de advertência, quando não for justificável a penalização, bem como o § 2° esclarece que a multa poderá ser aplicada isolada ou em conjunto com as demais sanções de que trata o código.

As hipóteses para aplicação de cada tipo de penalidade são explicitadas nos arts. 62, 63 e 64 do CBT, bem como no art. 17 do Decreto-Lei n° 236/1967.

No que tange à gradação da sanção a ser imposta, o art. 61 do CBT é explícito ao afirmar que a pena será imposta de acordo com a infração cometida, devendo ainda considerar como fatores: a gravidade da falta; os antecedentes da entidade faltosa; e a reincidência específica. Além disso, o art. 60 da multicitada lei atribui ao Ministério das Comunicações a competência para a aplicação das penas de multa e de suspensão, em qualquer caso, e de cassação quando se tratar permissão. Já a cassação de concessões compete ao Presidente da República, mediante representação do Ministério das Comunicações.

Nesse ponto, mostra-se importante a necessidade de compatibilização desse dispositivo com o art. 223 da Constituição, que indica somente ser possível o cancelamento de outorga antes de vencido o prazo por meio de decisão judicial. Desse modo, a pena de cassação, por se constituir em cancelamento antecipado da outorga, deve ser submetida à apreciação do Poder Judiciário, não podendo ser aplicada diretamente pelo Poder Concedente. Isso tem sido conduzido por meio da propositura pela União de "ação de desconstituição de outorga" perante a primeira instância da Justiça Federal do Distrito Federal.[4]

Ademais, o Regulamento dos Serviços de Radiodifusão elenca no art. 122 as possíveis infrações ao serviço de radiodifusão, bem como, nos arts. 127 a 140, detalha o mecanismo de aplicação de sanções e indica explicitamente em quais casos cada tipo de sanção deve ser adotado, conforme apresentado no Quadro 1.[5]

Penalidade a ser aplicada	Infração cometida
Multa	Decreto 52.795/1963, art. 122, itens 1 a 19 Pode ser aplicada conjuntamente com os demais tipos de penalidade
Suspensão de 24 horas	Decreto 52.795/1963, art. 122, item 35
Suspensão de até 15 dias	Decreto 52.795/1963, art. 122, itens 11, 13 a 20, 25, 26, 29, 33 e 34
Suspensão de até 30 dias	Decreto 52.795/1963, art. 122, itens 1 a 10
Suspensão provisória	Decreto 52.795/1963, art. 122, itens 31 a 32
Cassação	Reincidência de infração já punida com suspensão Não correção de irregularidades motivadoras de suspensão já imposta Decreto 52.795/1963, art. 122, itens 27, 28 e 30

---

[4]Como exemplos de propositura desse tipo de ação citam-se os processos 0008282-66.2008.4.01.3400 (1ª Vara Federal do DF) e 0008378-81.2008.4.01.3400 (13ª Vara Federal do DF). Em ambos os casos houve extinção do feito sem resolução do mérito.
[5]Nota-se que os arts. 138 e 139 do Regulamento dos Serviços de Radiodifusão tratam de competências para aplicação de sanção que estariam a cargo do Ministério da Justiça e da Justiça Eleitoral. No entanto, cabe observar que o Decreto-Lei nº 236/1967 revogou do texto do CBT as disposições que tratavam dessas competências, de modo que todas as hipóteses de penalização administrativa previstas no regulamento são de competência do Ministério das Comunicações.

Quadro 1 – Tipos de penalidade a serem impostas de acordo com a
sanção cometida

Cabe ainda destacar que a Lei nº 9.612/1998, no parágrafo único do art. 21, estabelece como penalidades aplicáveis às rádios comunitárias: a advertência, a multa e a revogação da autorização, esta última em caso de reincidência. O Regulamento do Serviço de Radiodifusão Comunitária, aprovado pelo Decreto nº 2.615/1998, indica que a pena de advertência poderá ser aplicada ao infrator primário, quando a infração for considerada de menor gravidade (art. 38, §1º). Ademais, colaciona no art. 40 quais as infrações na operação de rádios comunitárias que devem ser apenadas com multa.

Finalmente, aponta-se que o Ministério das Comunicações editou a Portaria nº 112, de 22/4/2013[6], que aprovou o Regulamento de Sanções Administrativas. O referido regulamento busca detalhar critérios para aplicação de sanção, a exemplo de estabelecer uma classificação das infrações ao serviço em leves, médias, graves e gravíssimas, bem como criar parâmetros e critérios para cálculo das multas e de conversão de penalidades mais graves em multa, nos casos de não reincidência e ausência de antecedentes.

Verifica-se, portanto, que o marco regulatório que cuida da exploração dos serviços de radiodifusão impõe um volume considerável de obrigações legais e regulamentares a serem atendidas pelos concessionários, permissionários e autorizatários, incluindo explícitas disposições sobre o conteúdo das transmissões. O sistema sancionatório que busca desestimular irregularidades e descumprimentos de demandas regulatórias conta, em sua essência, com três tipos de sanção: a multa, aplicável isoladamente ou em conjunto com as demais penalidades; a suspensão da exploração do serviço; e a cassação ou revogação da outorga.

A aplicação de advertência depende de juízo do Ministério das Comunicações sobre a não justificativa para penalização. Já a cassação não pode ser aplicada diretamente pelo Ministério das Comunicações, eis que depende de decisão judicial. Quanto à multa e à suspensão, a regulamentação setorial indica explicitamente quando uma ou outra pena deve ser adotada, deixando pouca margem para discricionariedade do regulador na escolha da sanção que se mostraria mais adequada, ainda que o Ministério das Comunicações tenha buscado recentemente ampliar a possibilidade de conversão de penalidades mais graves em mais leves, a exemplo da Portaria nº 112/2013.

Traçado o marco regulatório que estrutura o sistema sancionatório da radiodifusão brasileira, passa-se na próxima seção a uma breve apresentação de

---

[6]Disponível em:
http://www.mc.gov.br/index.php?option=com_content&view=article&id=26765&catid=2
73, acesso em 7 dez. 2015.

dados do Ministério das Comunicações sobre a aplicação de sanções aos regulados.

Dados sobre a aplicação de sanções a radiodifusores

Dados obtidos no sítio do Ministério das Comunicações na Internet, datados de 29/9/2014,[7] indicam a existência de 3.209 outorgas válidas para exploração de serviço de radiodifusão sonora em frequência modulada, 1.921 outorgas de rádios comerciais em amplitude modulada, 4.641 outorgas de radiodifusão comunitária e 543 outorgas de radiodifusão de sons e imagens.

No que se refere à aplicação de sanções pelo Ministério das Comunicações, os dados disponíveis em seu sítio[8] limitam-se a uma amostra de 339 processos de apuração de infração (PAI) que resultaram em penalizações de radiodifusores ocorridas entre 8/1/2014 e 2/4/2014. Apesar da limitação da amostra, algumas informações mostram-se úteis no sentido de revelar o perfil das sanções aplicadas, conforme sintetizado nas Tabelas 1 e 2.

Penalidade aplicada	Número de PAIs em que foi aplicada
Advertência	9
Multa (de forma isolada)	300
Multa e advertência	23
Multa e suspensão	1
Revogação	3
Suspensão	3

Tabela 1 – Quantidade de PAI em que foi aplicada sanção por tipo de sanção

Modalidade de serviço de radiodifusão	Número de PAIs em que foi aplicada
Radiodifusão comunitária	193
Rádio FM comercial e educativa	80
Televisão comercial e educativa	22
Outros	44

---

[7]Disponível em: www.comunicacoes.gov.br/documentos/2014_05_29_Geral.xlsx, acesso em 6 dez. 2015.
[8]Disponível em:
http://www.comunicacoes.gov.br/formularios-e-requerimentos/doc_download/1672-sancoes, acesso em 6 dez. 2015.

Tabela 2 – Quantidade de PAI na amostra em que foi aplicada sanção
por modalidade de serviço de radiodifusão

Verifica-se uma concentração das penalidades do tipo multa, não havendo ainda indicativo de aplicação da sanção máxima de cassação. A advertência, a revogação de autorização e a suspensão, os outros tipos de sanção cabíveis aos radiodifusores, representam apenas 11% do total de penalidades aplicadas na amostra. Nota-se ainda que a aplicação de sanções atinge em maior número os radiodifusores comunitários, o que se mostra compatível com o número de outorgas existente para essa modalidade de exploração do serviço.

Outra importante informação sobre a aplicação de sanções a radiodifusores diz respeito à ocorrência de prescrição da pretensão punitiva de todos os processos de apuração de descumprimento de obrigações de ordem técnica instaurados pela Anatel contra radiodifusores entre os anos de 1995 e 2007, conforme verificado pelo Tribunal de Contas da União (TCU) em fiscalização julgada por intermédio do Acórdão 84/2014-TCU-Plenário[9].

A causa principal da ocorrência dessa prescrição maciça, conforme apurado pelo TCU, deveu-se a divergências na interpretação de a quem caberia a aplicação da pena em casos de infração de ordem técnica, se à Anatel, responsável pela fiscalização nos termos da LGT, como visto acima, ou se ao Ministério das Comunicações, que atua como regulador da radiodifusão. Constatou-se ainda que, entre os anos de 2006 e 2011, não foram praticados quaisquer atos processuais com vistas a evitar a ocorrência da referida prescrição.

A tabela 3, reproduzida do relatório de fiscalização do TCU que fundamentou o citado acórdão, apresenta a quantidade de processos de apuração, por sanção aplicada, cuja penalização se encontrava prescrita, conforme inventário levantado pelo Ministério das Comunicações. No caso de multas aplicadas, os dados levantados pelo TCU apontam que a prescrição atingiu créditos no valor de R$ 6.038.801,99, referentes a 2.324 processos.

Sanção aplicada	Quantidade de processos	% do total de processos
Nenhuma [(1)]	3.858	46,9%
Multas	3.765	45,7%
não pagas	3.441	41,8%
pagas	324	3,9%
Arquivamento	336	4,1%
Advertência sem multa	209	2,5%
Suspensão sem multa	54	0,7%

[9] Disponível em: http://www.tcu.gov.br/Consultas/Juris/Docs/judoc/Acord/20140124/AC_0084_01_14_P.doc, acesso em 6 dez. 2015.

Cassação	9	0,1%
Total	**8.231**	**100%**

Tabela 3 – Quantidade de processos de apuração de desconformidades de ordem técnica autuados entre 1995 e 2007 cuja pretensão punitiva prescreveu conforme inventário do Ministério das Comunicações (Fonte: Acórdão 84/2014-TCU-Plenário).

A despeito de eventuais considerações sobre os reais motivos da ocorrência do fato ora descrito, que fogem ao escopo dessa pesquisa, a prescrição de todas as sanções aplicadas a radiodifusores referentes a irregularidades de ordem técnica detectadas num período de doze anos pouco contribui para a criação de um ambiente responsivo ao comportamento dos regulados, de modo a incutir neles a expectativa de uma efetiva aplicação de sanções.

Nesse sentido, passa-se na próxima seção a uma análise crítica do sistema sancionatório da radiodifusão brasileira, considerando todos os aspectos tratados neste artigo.

Análise crítica do sistema sancionatório da radiodifusão

O sistema sancionatório da radiodifusão brasileira estrutura-se, conforme apresentado anteriormente neste artigo, na aplicação de três tipos de sanção: a multa, a suspensão do serviço e a cassação (ou revogação, no caso de autorização) de outorga. Além disso, pode ser aplicada advertência, a juízo do Ministério das Comunicações.

Há que se verificar que a sanção de multa pode ser aplicada de forma isolada ou em conjunto com as demais sanções. Portanto, é possível a aplicação de multa conjugada com a suspensão ou a cassação, não havendo nesse caso gradação de sanções, mas sim o acúmulo. Ademais, como já apresentado, a legislação setorial indica explicitamente em quais casos deve ocorrer a aplicação de cada tipo de penalidade, sendo certo que, recentemente, o Ministério das Comunicações, com a edição da Portaria nº 112/2013, buscou estabelecer alguns parâmetros objetivos para possibilitar a conversão de penalidades grave em leves.

Ocorre que não há discricionariedade no regulador para a escolha da sanção a ser aplicada fora das estritas previsões legais e regulamentares, como já apresentado no Quadro 1 acima. Ademais, os dados de aplicação de sanção apresentados na seção anterior apontam ainda que a advertência, sanção mais leve à disposição do Ministério das Comunicações, tem sido pouco usada em proporção bem menor que a multa, o que demonstra o pouco uso de instrumentos de persuasão e diálogo entre regulador e regulado.

Agrava a situação a constatação de que a efetividade da aplicação de sanções pelo regulador sofre desafios como o descrito no episódio da prescrição

CUNHA, M. B. da *Responsividade do Sistema Sancionatório da Radiodifusão Brasileira*. **Revista de Direito, Estado e Telecomunicações**, Brasília, v. 8, n. 1, p. 61-80, maio 2016.

de todas as penalidades aplicadas por razões de ordem técnica num período de doze anos. Isso significa que o regulador enfrenta dificuldades na condução de processos de apuração e na asseguração de um efetivo recolhimento das multas aplicadas, o que representa uma sinalização ao mercado de que a sanção pode vir a não ser executada. Em um sistema sancionatório responsivo, tal como descrito anteriormente, é essencial que o regulado tenha a certeza de que as sanções à disposição do regulador, caso aplicadas, terão plena eficácia e não enfrentarão limitações políticas ou jurídicas.

O regulador tampouco dispõe efetivamente da possibilidade de aplicar a sua sanção máxima, uma vez que essa depende de decisão judicial. Ou seja, para conseguir aplicar a cassação de outorga, o regulador necessita ingressar com ação judicial, restando a decisão sobre a sanção ao Poder Judiciário e obedecendo a seus ritos e tempo. Desse modo, ainda que o Ministério das Comunicações, em sede de processo administrativo e dentro das hipóteses legais, decida pela necessidade de aplicação da cassação, o Judiciário poderá entender de forma contrária, o que torna incerta a sua efetivação.

Como consequência, o Ministério das Comunicações tem pouca margem para a implementação de uma pirâmide de *enforcement* de sanções como a descrita por Ayres e Braithwaite (1992). Há limitação na possibilidade de gradação de sanções; as penalidades aplicadas não se concentram em uma base inicial de diálogo e persuasão, mas sim na aplicação de multas; a sanção máxima não está à disposição plena do regulador; e a percepção de efetividade da aplicação de sanções é prejudicada por episódios anteriores de prescrição.

Desse modo, o sistema de *enforcement* de sanções que o Ministério das Comunicações dispõe na regulação da radiodifusão tem pouca margem para responder ao comportamento dos regulados, não atendendo aos fatores indicados na teoria responsiva: sanções disponíveis ao regulador para aplicação, em intensidades que mais estimulem o diálogo do que a resistência, e sem dispensar a possibilidade de aplicação de sanções drásticas. Nem todas as sanções estão disponíveis, em especial as mais drásticas, e a aplicação de multas como primeira opção de sanção acaba por prejudicar a possibilidade de negociação entre regulador e regulado.

Conclusão

O presente artigo buscou avaliar a responsividade do sistema sancionatório aplicável aos concessionários, permissionários e autorizatários de serviços de radiodifusão no Brasil, utilizando-se da teoria responsiva da regulação de Ayres e Braithwaite (1992) como parâmetro para a análise crítica.

Verificou-se que o complexo sistema jurídico-regulatório aplicável à regulação da exploração da radiodifusão brasileira impõe diversas obrigações aos regulados, incluindo demandas regulatórias quanto ao conteúdo veiculado nas transmissões e restrições quanto à propriedade e à transferência de outorgas, bem como aspectos de caráter técnico.

No entanto, o sistema sancionatório de que dispõe o Ministério das Comunicações como instrumento de *enforcement* regulatório apresenta severas limitações para a construção de um modelo responsivo ao comportamento dos regulados. Cada um dos tipos de penalidade disponíveis somente pode ser aplicado nas estritas hipóteses legais, deixando pouca margem para discricionariedade na escolha da sanção mais adequada ao grau de diálogo existente com o regulado, a despeito de tentativas do regulador em estabelecer algumas regras para conversão de sanções.

Ademais, os dados apresentados mostram uma tendência de concentração de sanções nas multas, em detrimento de um uso mais intenso da advertência como meio de se estimular, como primeira medida, a persuasão e a negociação. Soma-se a isso o histórico de prescrição maciça de multas aplicadas a radiodifusores no passado recente, o que pouco contribui para um ambiente de coerção ao oportunismo econômico dos regulados e de incentivo ao cumprimento regulamentar e não à irregularidade.

Adicionalmente, há obstáculo grave à aplicação da sanção máxima pelo regulador, uma vez que deve ser submetida ao escrutínio judicial. Assim, o regulador não tem plenamente disponível a penalidade mais grave do sistema, uma vez que, ainda que decida por sua aplicação, tal medida pode ser revertida pelo Poder Judiciário.

Todos os apontamentos acima contrariam o modelo de responsividade e de *enforcement* proposto por Ayres e Braithwaite (1992), no sentido que o regulador deve possuir um conjunto de opções de sanção, das mais leves às mais drásticas, como meio de incentivar não um ambiente de punição e perseguição, que tem por consequência a resistência à regulação pelos agentes do mercado, mas sim um de diálogo e negociação, no qual o regulado compreende que a colaboração é mais efetiva e menos custosa que o enfrentamento.

Conclui-se, portanto, que o atual sistema de aplicação de sanções a radiodifusores comporta melhorias que tenham por foco reduzir a litigiosidade e criar espaços para o diálogo entre regulador e regulado, bem como uma ampla discussão sobre as limitações à aplicação da sanção máxima.

Referências Bibliográficas

AYRES, I.; BRAITHWAITE, J. **Responsive regulation: Transcending the deregulation debate**. New York: Oxford University Press, 1992.

BRAITHWAITE, J. The essence of responsive regulation. **UBC Law Review** 44(3), 475-520, 2011.

CARLSSON, U. The Rise and Fall of NWICO: From a Vision of International Regulation to a Reality of Multilevel Governance. **Nordicom Review**, v. 2, p. 31-68, 2003.

CASTELLS, M. **Communication Power**. Oxford: Oxford University Press, 2009.

ONU – ORGANIZAÇÃO DAS NAÇÕES UNIDAS. **Declaração Universal dos Direitos Humanos**. 1948. Disponível em: http://www.dudh.org.br/wp-content/uploads/2014/12/dudh.pdf. Acesso em 6 nov. 2015.

RAMOS, Murilo César. Comunicação, direitos sociais e políticas públicas. In: PERUZZO, Cicília; BRITTES, Juçara (Orgs). **Sociedade da informação e novas mídias: participação ou exclusão?** São Paulo: INTERCOM, 2002, p. 123-130.

UNESCO – ORGANIZAÇÃO DAS NAÇÕES UNIDAS PARA A EDUCAÇÃO, A CIÊNCIA E A CULTURA. **Many Voices, One World: Communication and Society Today and Tomorrow**. Paris: UNESCO/London: Kogan Page. 1980.

Normas e Julgados

BRASIL. Constituição Federal de 1988.

BRASIL. Lei nº 4.117, de 27/8/1962.

BRASIL. Lei nº 8.389, de 30/12/1991.

BRASIL. Lei nº 8.987, de 13/2/1995.

BRASIL. Lei nº 9.472, de 16/7/1997.

BRASIL. Lei nº 9.612, de 19/2/1998.

BRASIL. Decreto-Lei nº 200, de 25/2/1967.

BRASIL. Decreto-Lei nº 236, de 28/2/1967.

BRASIL. Decreto nº 52.795, de 31/10/1963.

BRASIL. Decreto nº 2.615, de 3/6/1998.

MINISTÉRIO DAS COMUNICAÇÕES. Portaria nº 112, de 22/4/2013.

Regulação de Riscos e Proteção de Infraestruturas Críticas: os novos ventos do fenômeno regulatório
Risk Regulation and Critical Infrastructure Protection: The New Winds of the Regulatory Phenomenon

Submetido(*submitted*): 15/12/2014
Parecer(*revised*): 13/01/2015
Aceito(*accepted*): 15/02/2016

Egon C. Guterres[*]

Resumo

Propósito – Este artigo analisa as origens da Regulação de Riscos e dos Programas de Proteção de Infraestruturas Críticas e explica a sua contribuição para a experiência regulatória brasileira.

Metodologia/abordagem/design – Por meio de muitos exemplos, este estudo explicita derivações do fenômeno regulatório que emergiram como resposta a eventos de grande impacto na sociedade.

Resultados – O modo singular como os Programas de Proteção de Infraestruturas Críticas se desenvolveram no Brasil decorre em grande parte das demandas originadas de compromissos assumidos para a realização de grandes eventos desportivos internacionais.

Palavras-chave: sociedade de risco, regulação, infraestrutura crítica, proteção e defesa civil, grandes eventos desportivos internacionais.

Abstract

Purpose *– This article analyzes the origins of the Risk Regulation Theory and Critical Infrastructure Protection Programs, and shows their contribution to the Brazilian regulatory experience.*

Methodology/approach/design *– Through several examples, this study presents regulatory policies that emerged as responses to events that caused a significant impact on society.*

Findings *– The unique way that the Critical Infrastructure Protection Programs evolved within the Brazilian regulatory experience is greatly attributable to demands of major international sporting events.*

Keywords: Risk society, regulation, critical infrastructure, civil defense and protection, major international sporting events.

---

[*]Graduado em Engenharia Mecatrônica e Direito pela Universidade de Brasília e Membro Pesquisador do Grupo de Estudos em Direito das Telecomunicações (GETEL) do Núcleo de Direito Setorial e Regulatório (NDSR) da Faculdade de Direito (FD/UnB), desde 2008. Atua como Especialista em Regulação de Serviços Públicos de Telecomunicações da Agência Nacional de Telecomunicações (ANATEL) desde 2007. E-mail: egon@anatel.gov.br.

1. Introdução

A crescente preocupação da sociedade moderna com a sua segurança e a minimização dos riscos e das incertezas futuras – preocupação essa em grande parte causada e robustecida pelos ininterruptos avanços científicos, tecnológicos e econômicos alcançados por essa mesma sociedade – foi um dos substratos para o surgimento da chamada "Sociedade de Risco", estudada por pesquisadores como o sociólogo alemão Ulrich Beck e o filósofo social britânico Anthony Giddens. Uma das características mais marcantes dessa nova sociedade, que reflexivamente se questiona e reinventa, está no fato de a gestão dos riscos sociais, econômicos e políticos, concebidos a partir de interpretações causais dos acontecimentos, extrapolar as instituições de proteção e controle da sociedade industrial clássica.

Nesse contexto, aflições e temores diversos tais como o acúmulo de resíduos industriais perigosos, alterações climáticas globais, turbulências financeiras, novas pragas e patógenos, ataques terroristas e cibernéticos e a tensão geopolítica de modo geral, apenas para citar alguns, produziram um novo fenômeno regulatório, a "Regulação de Riscos", de duas facetas que se complementam: a avaliação (dimensão científica) e a gestão do risco (política pública). Tal fenômeno encontrou um solo bastante fértil nos programas de Proteção de Infraestruturas Críticas (CIP, do inglês, *Critical Infrastructure Protection*), adotados como políticas públicas de gestão de riscos em diversos países mundo afora.

Considerando que muitas das infraestruturas essenciais, como a de geração e distribuição de energia elétrica e as redes de telecomunicações, primeiro, não pertencem ou, se pertencem, não são diretamente exploradas pela Administração Pública, e, segundo, por questões práticas e econômicas, nem todos os ativos críticos gozam dos mesmos níveis de segurança e monitoramento, os programas de gestão de riscos focam no compartilhamento de informações e na cooperação de esforços entre autoridades públicas e operadores/prestadores na identificação de vulnerabilidades, no acompanhamento dos ativos mais sensíveis e no pronto restabelecimento das condições normais de operação em casos de crise.

No Brasil, esse novo fenômeno regulatório começou a ganhar corpo na década passada, com a revisão orgânico-estrutural do Sistema Nacional de Defesa Civil (SINDEC) e, posteriormente, atingiu novos patamares com a instituição da Política Nacional de Proteção e Defesa Civil (PNPDEC), impulsionada pela perspectiva da realização dos grandes eventos desportivos internacionais no País. Como resultado disso e sob a forte influência dos programas de CIP de outros países, setores regulados da nossa economia notoriamente estratégicos, de intensivo investimento de capital e relevantes para a estabilidade da ordem pública receberam especial atenção na nova cultura de Gestão de Riscos da Administração Pública que se formou, altamente vetorizada ao monitoramento do desempenho das infraestruturas desses setores.

Tendo como fundamentos jurídicos um epicentro constitucional e legal bastante concentrado, o Poder de Polícia da Administração Pública e o aparentemente indiscutível direito do usuário/consumidor/cidadão à vida, à segurança e à integridade física, recaiu sobre os setores regulados afetos a uma série de regras e obrigações sem precedentes, de identidade e limites ainda pouco explorados. Isso porque, por meio de políticas e programas do governo central, apoiadas por instrumentos normativos expedidos pelos órgãos de regulação setorial, coube-lhes parte considerável do ônus de mapeamento das vulnerabilidades das redes de infraestrutura e de diagnóstico e compartilhamento de informações de desempenho dos ativos considerados críticos, além da adoção de medidas de preparação e de resposta para desastres e situações de emergência.

Para apresentar esses "novos ventos do fenômeno regulatório" – das suas origens aos efeitos e aplicações mais notórios –, serão trabalhados nesta pesquisa os seguintes elementos:

Como se formou no plano internacional e como foi incorporada à experiência regulatória brasileira a Regulação de Riscos? O que há em comum e quais são as suas particularidades? Como ela afeta os diversos setores regulados, em especial os que envolvem infraestruturas consideradas essenciais?

Parte-se da hipótese de que, no que concerne aos programas de CIP, a incorporação de políticas focadas na Regulação de Riscos e a adoção de processos de Gestão de Riscos no arcabouço regulatório nacional ocorreu de modo muito, muito singular. Ao contrário de outras experiências internacionais, como no exemplo europeu e no estadunidense, nos quais claramente se verifica um processo evolutivo conflituoso e estruturado, aqui a Regulação de Riscos já nasceu "crescida", no bojo de programas de proteção e defesa civil, e recebeu um colossal impulso das demandas advindas dos compromissos assumidos pelo País para sediar os grandes eventos desportivos internacionais – Jogos Pan-americanos, Copa do Mundo de Futebol e Olimpíadas.

Inicialmente, o artigo resgata algumas tragédias que afetaram o curso da história recente e as utiliza como base para apresentar os pressupostos teóricos utilizados, com enfoque em pesquisadores que trabalham os conceitos de sensibilização reflexiva e sociedade de risco. Depois, são feitas algumas considerações acerca da formação das políticas de CIP europeia e estadunidense, destacando suas características mais marcantes e a dinâmica de sua evolução. Por fim, parte da apresentação dos atuais contornos da política brasileira de proteção e defesa civil para então explorar a gestão dos riscos das infraestruturas críticas de setores econômicos regulados como política pública e a sua relação com os grandes eventos desportivos internacionais.

Segue, ao final, um pequeno conjunto de questões, considerações e expectativas para o que virá, bem como as referências bibliográficas e normativas utilizadas na elaboração deste trabalho.

2. Núcleo Atômico Instável

Na manhã do dia 28 de abril de 1986, inspeções rotineiras indicaram níveis anormalmente elevados de resíduos de partículas radioativas nas roupas dos trabalhadores da Usina Nuclear de Forsmark, localizada no vilarejo de mesmo nome, a pouco mais de 100 km de Estocolmo, capital da Suécia. A usina foi colocada em alerta e evacuada, dando-se início a procedimentos especiais de emergência para localizar a origem da contaminação. Após uma minuciosa procura, nenhum vazamento foi encontrado. O problema estava no ar. Ao buscar pela origem daquele material radioativo – isótopos de iodo e cobalto, principalmente – as autoridades suecas se depararam com os primeiros indícios de que um sério acidente havia ocorrido (MOULD, 2000, p. 47-48).

Níveis elevados de partículas radioativas também foram registrados na Finlândia, na Noruega (o dobro do usual) e na Dinamarca (cinco vezes maior) (MOULD, 2000, p. 49). Na noite daquele mesmo dia, às 23h, um centro de pesquisa dinamarquês elucidaria o mistério, que estamparia as manchetes dos jornais do dia seguinte, 29 de abril: Chernobyl, a maior catástrofe nuclear da história.

Diante da detecção dos vestígios radioativos na atmosfera em quase toda a Europa, e pressionado pelas embaixadas em Moscou, Rússia, o governo central soviético não teve outra escolha senão trazer à tona a tragédia da cidade de Pryp'yat', ao nordeste da Ucrânia, então membro da União das Repúblicas Socialistas Soviéticas (URSS).

No começo da madrugada, entre os dias 25 e 26 de abril, sábado, durante a realização de testes para mensurar a potência de saída da quarta unidade da central elétrica nuclear de Chernobyl, que seria desligada para manutenção periódica, um surto inesperado de potência elevou drasticamente a temperatura do reator com urânio enriquecido refrigerado à água-vapor. Isso causou uma violenta explosão de vapor pressurizado, que rompeu os dutos e expôs o núcleo, seguida de várias outras, que deslocaram e destruíram a placa de cobertura de mais de mil toneladas da unidade,[1] incendiaram as instalações e levaram ao

---

[1] Segundo apurado, as explosões teriam levantado a gigantesca placa de concreto por 14 metros de altura e espalhado centelhas e material incandescente por um raio de 2 km (WNA, 2014).

derretimento das hastes de controle feitas de grafite, lançando cinzas radioativas ("*nuclear fallout*") diretamente na atmosfera (WNA, 2014; IAEA, 1997). A grafite queimaria ainda por dez dias, liberando 400 vezes mais material radioativo que a bomba nuclear de Hiroshima (IAEA, 1997), e causando uma tragédia humana e ambiental sem precedentes:

> "*Ecosystems affected by Chernobyl have been studied and monitored extensively for the past two decades. Major releases of radionuclides continued for ten days and contaminated more than 200,000 square kilometers of Europe. The extent of deposition varied depending on whether it was raining when contaminated air masses passed. Most of the strontium and plutonium isotopes were deposited within 100 kilometers of the damaged reactor. Radioactive iodine, of great concern after the accident, has a short half-life, and has now decayed away. Strontium and cesium, with a longer half-life of 30 years, persist and will remain a concern for decades to come. Although plutonium isotopes and americium 241 will persist perhaps for thousands of years, their contribution to human exposure is low. (...) Open surfaces, such as roads, lawns and roofs, were most heavily contaminated. Residents of Pryp'yat, the city nearest to Chernobyl, were quickly evacuated, reducing their potential exposure to radioactive materials. Wind, rain and human activity has reduced surface contamination, but led to secondary contamination of sewage and sludge systems. Radiation in air above settled areas returned to background levels, though levels remain higher where soils have remained undisturbed.*" (WHO, 2011)

O planeta ficou estarrecido. O reator Chernobyl-4, representação simbólica da subjugação da força destrutiva mais medonha da natureza, a energia nuclear, finalmente utilizada para fins pacíficos e seguros, mostrou-se uma ameaça desconhecida, inesperada e mundial. Nos dias que se seguiram, os europeus prenderam a respiração para assistir às previsões do tempo. Na Suécia e na Dinamarca, o *fallout* que se espalhou com os fortes ventos colidiu com frentes frias, causando chuvas contaminadas. Nos alpes e em outras regiões frias e elevadas, como as da Escócia e do País de Gales, também houve concentração de resíduos (GOULD, 1990, p. 44-46). No quinto dia, resquícios do acidente nuclear seriam detectados nos Estados Unidos; no oitavo, no Japão (GOULD, 1990, p. 78).

Nas imediações das instalações da central elétrica nuclear, a cidade onde viviam os trabalhadores, Pryp'yat', então com 45 mil residentes, foi evacuada na tarde de 27 de abril, 36 horas após o acidente. Até 14 de maio, cerca de 116 mil pessoas que viviam dentro de um raio de 30 km da usina (região que ficaria conhecida como "Zona de Exclusão") foram evacuadas e realocadas (WNA, 2014). Enquanto isso, uma grande operação era executada para conter o incêndio e a fuga de material radioativo, a um grande custo humano. As pessoas envolvidas nessa operação ficariam conhecidas como *"liquidators"*:

> *"About 200,000 people ('liquidators') from all over the Soviet Union were involved in the recovery and clean-up during 1986 and 1987. They received high doses of radiation, averaging around 100 millisieverts. Some 20,000 of them received about 250 mSv and a few received 500 mSv. Later, the number of liquidators swelled to over 600,000 but most of these received only low radiation doses. The highest doses were received by about 1000 emergency workers and on-site personnel during the first day of the accident."* (WNA, 2014) [2]

De acordo com o volumoso relatório publicado no vigésimo aniversário do acidente, *Chernobyl's Legacy: Health, Environmental and Socio-Economic Impacts* (UN, 2006), produzido por oito agências especializadas da *United Nations* (UN) – dentre elas a *International Atomic Energy Agency* (IAEA), a *World Health Organization* (WHO) e a *United Nations Environment Programme* (UNEP) –, além do Banco Mundial e dos governos da Rússia, da Ucrânia e da Bielorrúsia, o prognóstico para a saúde desses trabalhadores é desanimador: *"an estimated 2200 radiation-caused deaths can be expected during their lifetime"* (UN, 2006). Ademais, incluindo a população das áreas diretamente afetadas, *in verbis*:

> *"The total number of deaths already attributable to Chernobyl or expected in the future over the lifetime of emergency workers and local residents in the most contaminated areas is estimated to be about 4000. This includes some 50 emergency workers who died of acute radiation syndrome and nine children who died of thyroid cancer, and an estimated total of 3940 deaths from radiation-induced cancer and leukemia among the 200,000 emergency workers from 1986-1987, 116 000 evacuees and 270,000 residents of the most contaminated areas (total about 600 000). These three major cohorts were subjected to higher doses of radiation amongst all the people exposed to Chernobyl radiation."* (WHO, 2011)

O envolvimento dos "liquidators" foi crucial. Eles construíram, às pressas, o sarcófago emergencial que contém as ruínas e a cratera radioativa deixada pelo Chernobyl-4 e participaram da limpeza dos resíduos radioativos e da evacuação da população da região afetada.

---

[2]Nota sobre o mSv (milésimos de Sievert): o Sievert é a unidade do Sistema Internacional de Unidades (SIU) empregada para medir o impacto efetivo da radiação ionizante absorvida pelo corpo humano. Para maiores informações, recomenda-se consultar o verbete correspondente na (WIKIPEDIA, 2014b).

Como precisou ser construído rapidamente (ficou pronto em dezembro de 1986), o sarcófago emergencial utilizou como fundação as ruínas da instalação que abrigava o Chernobyl-4, severamente danificada com as explosões e com as estruturas de apoio pouco estáveis. Além disso, partes da armação provisória sofreram corrosão nas últimas décadas e podem desabar, liberando poeira contaminada na atmosfera (WHO, 2011) ou, ainda pior, permitindo o contato da água da chuva com toneladas de lava solidificada de combustível nuclear altamente radioativo (WNA, 2014). Um novo sarcófago, batizado como *New Safe Confinement* (NSC), está sendo construído por um consórcio internacional próximo ao local. Ele deve ficar pronto em 2017, quando será então "deslizado" sobre a proteção emergencial, cobrindo-a – trata-se da maior estrutura móvel já construída pelo homem, com 108 metros de altura, 150 de largura e 257 de comprimento (WNA, 2014).

Além da Zona de Exclusão – onde, obviamente, a contaminação foi máxima e direta –, grandes áreas do norte da Ucrânia e dos dois países vizinhos mais próximos, Rússia e Bielorrússia, também receberam uma elevada carga de material radioativo. O mais afetado foi este último, acoimado com 60% do *fallout*.[3] Afinal, Chernobyl-4 fica a menos de 20 km da fronteira entre a Ucrânia e a Bielorrússia,[4] formada naturalmente pelo curso do Rio Pryp'yat', enquanto que é de mais de 130 km a distância até Kiev, capital e cidade mais populosa da Ucrânia. Os custos de descontaminação têm sido elevados para os três países e ainda resta um longo caminho a ser percorrido para que se restaurem os campos, florestas e depósitos aquíferos e a experiência profundamente traumática possa ser superada (UN, 2006).

Todavia, a repercussão do acidente nuclear, inquestionavelmente, foi muito além do desastre ecológico, da perda de vidas humanas e dos maciços custos de descontaminação e recuperação das regiões afetadas. Gorbachev teria admitido que ele foi um fator mais relevante para o fim da União Soviética que o seu programa de reformas liberais, a Perestroika (WNA, 2014). Chernobyl colocou em movimento as engrenagens da história, e o fez porque questionou os matizes da sociedade moderna.

Publicado no auge do caos e da inquietação que se espalhou naqueles meses de 1986, o livro do sociólogo alemão Ulrich Beck, *Risikogesellschaft* –

---

[3] Os índices de contaminação por ^{137}Cs divulgados pela IAEA são contestados no relatório de Ian Fairlie e David Summer (2006), produzido a pedido do Partido Verde Europeu (*European Greens*). Segundo o *The Other Report on Chernobyl*, pelo menos metade dos materiais voláteis radioativos teria se depositado fora da Bielorrússia, da Ucrânia e da Rússia.
[4] O Rio Pryp'yat' é afluente pela margem direita do Rio Dnieper, este de aproximadamente 2.200 km de extensão, com foz no Mar Negro e um dos mais importantes rios navegáveis da porção oeste do continente asiático (WIKIPEDIA, 2014a).

Auf dem Weg in eine andere Moderne, ou *Sociedade de Risco – Rumo a uma outra Modernidade* (2011),[5] não poderia ter surgido em um momento mais propício.

3. Sociedade de Risco

Antes de enviar o material para publicação, Beck acrescentou ao livro uma pequena nota introdutória, de poucas páginas, intitulada "a propósito da obra". O seguinte excerto dessa nota, assinada em maio de 1986, mês seguinte ao do fatídico desastre, bem representa o estupor e a sensação de desamparo daquele momento:

> "Longe daqui, no oeste da União Soviética, ou seja, de agora em diante, em nosso entorno próximo, aconteceu um *acidente* – nada deliberado ou agressivo, na verdade algo que de fato deveria ter sido evitado, mas que, por seu caráter excepcional, também é normal, ou mais, é humano mesmo. Não é a falha que produz a catástrofe, mas os sistemas que transformam a humanidade do erro em inconcebíveis forças destrutivas. Para a avaliação dos perigos, todos dependem de instrumentos de medição, de teorias e, sobretudo: de seu *des*conhecimento – inclusive os especialistas que ainda há pouco haviam anunciado o império de 10 mil anos de segurança probabilística atômica e que agora enfatizam, com uma segurança renovada de tirar o fôlego, que o perigo jamais seria *agudo*.
>
> Em tudo isso, destaca-se o peculiar *amálgama de natureza e sociedade* por meio do qual o perigo passa por cima de tudo o que lhe poderia opor resistência. De saída, o híbrido da *"nuvem atômica"* – essa força da civilização invertida e convertida em força da natureza, na qual história e fenômeno atmosférico entram numa comunhão tão paradoxal quanto avassaladora. Todo o mundo conectado eletronicamente acompanha estarrecido seu curso. A "esperança residual" por um *vento* favorável (os pobres suecos!) revela então, mais do que muitas palavras, a inteira medida do desamparo de um mundo altamente civilizado, que havia erguido muros e arame farpado, mobilizado exército e polícia, tudo para proteger suas fronteiras. Uma virada "desfavorável" do vento, e ainda por cima *chuva* – que azar! –, e já se revela a futilidade de tentar proteger a sociedade da natureza contaminada e jogar o perigo nuclear para o "outro" do "meio ambiente". (BECK, 2011, p. 8-9) (itálicos no original)

Nessa emblemática obra, Beck apresenta e discute a ruptura que teria ocorrido no interior da modernidade, destacando-a das premissas da sociedade

---

[5]Nota do autor: a segunda edição brasileira, utilizada como referência na presente pesquisa, foi publicada pela Editora 34 (São Paulo), em 2011, e reimpressa em 2013.

industrial clássica, produzindo uma nova conformação para a sociedade moderna:

> "A ideia-mestra teórica, a ser elaborada com este propósito, pode ser mais facilmente exposta em uma analogia histórica: *assim como no século XIX a modernização dissolveu a esclerosada sociedade agrária estamental e, ao depurá-la, extraiu a imagem da sociedade industrial, hoje a modernização dissolve os contornos da sociedade industrial e, na continuidade da modernidade, surge uma outra configuração social.*" (BECK, 2011, p. 12-13) (itálicos no original)

Conforme exposto por Beck em termos mais elaborados no decorrer dessa obra e aprofundado em trabalhos colaborativos posteriores,[6] a **modernização da tradição** (ou modernização simples, ou, ainda, modernização ortodoxa), desencadeada pela incipiente sociedade industrial do século XIX, pôs em xeque as estruturas e práticas sociais da organização agrária, desincorporando e, num segundo momento, reincorporando as formas sociais tradicionais pelas formas sociais industriais (BECK, 2011, p. 12-13; BECK, GIDDENS et al., 1997, p. 12-15).

Já a **modernização reflexiva** (ou modernização autorreferencial, ou, ainda, modernização da sociedade industrial), por sua vez, tendo como combustível não a oposição entre distintas formas de organização social como ocorreu no século XIX, mas o próprio sucesso e progresso da modernização da tradição, hoje promove a desincorporação e reincorporação das formas sociais industriais por outra configuração, que ele chama de "sociedade (industrial) de risco" (BECK, 2011, p. 12-13; BECK, GIDDENS et al., 1997, p. 12-15). Trata-se da "possibilidade de uma (auto)destruição criativa" da vitoriosa sociedade industrial ocidental (BECK, GIDDENS et al., 1997, p. 12).

Nessa nova fase de desenvolvimento da sociedade moderna, na qual se destaca a silenciosa e não planejada **sensibilização reflexiva do processo de modernização**, *i. e.*, ela se torna um tema e um problema para ela própria (BECK, GIDDENS et al., 1997, p. 19), a progressiva preocupação da sociedade moderna com a sua segurança e a minimização dos riscos e das incertezas futuras – preocupação essa em grande parte causada e robustecida pelos

---

[6]Vários dos temas tratados por Beck em Sociedade de Risco foram revisitados e aprofundados em trabalhos posteriores. Especificamente quanto às modernizações da tradição e reflexiva, convém consultar a obra que escreveu em conjunto com o filósofo social britânico Anthony Giddens e o sociólogo estadunidense Scott Lash, *Modernização Reflexiva – política, tradição e estética na ordem social moderna* (BECK, GIDDENS et al., 1997), particularmente as p. 12-23, 74-85, 208-209 e 219-221.

ininterruptos avanços científicos, tecnológicos e econômicos por ela alcançados – proveu o substrato para a nova configuração social que emergiu.

Beck explora o tema em três grandes linhas argumentativas, as quais compõem, cada uma, o núcleo das três partes de *Sociedade de Risco*. Simplificadamente, essas linhas abordam: (1) a lógica da distribuição do risco, (2) o teorema da individualização e (3) a generalização da ciência e da política.

Em apertada síntese, no que concerne à primeira linha, destaca Beck que a lógica da produção e distribuição da riqueza da sociedade industrial, que se polariza entre "possuir" e "não possuir" propriedade, não se replica do mesmo modo na distribuição dos riscos, vez que eles a afetam indistintamente (BECK, 2011, p. 27-28). A dualidade da luta de classes da sociedade industrial, que pressupõe a existência da categoria dos excluídos, ou, em um contexto mais amplo, da categoria dos "outros", a quem se reserva a miséria e o distanciamento, já não faz mais tanto sentido. É certo, para Beck, que os riscos podem produzir situações de perigo social que afetam de modo mais gravoso os socialmente menos favorecidos. Todavia, diferentemente da lógica de distribuição de riqueza, os riscos também podem impactar de forma direta os que deles se beneficiam – é o que o autor chama de "efeito bumerangue" (BECK, 2011, p. 44-45). Ou, como ele bem coloca na já mencionada nota de abertura da obra, "a miséria pode ser segregada, mas não os perigos da era nuclear" (BECK, 2011, p. 7).

A análise não se resume, no entanto, à oposição entre as "lógicas". O ponto realmente importante é a ruptura gerada pela *destradicionalização* dos fundamentos da sociedade industrial na relação de domínio entre elas, resultando na inversão da posição das duas lógicas que coexistem e concorrem entre si. Ou, é preciso considerar não apenas a lógica de produção e distribuição de "bens", mas também a sua relação de interdependências e incompatibilidades com a de "males" (riscos):

> "A diferença entre sociedade industrial e sociedade do risco não coincide portanto com a diferença entre a "lógica" da produção e distribuição de riqueza e a "lógica" da produção e distribuição de riscos, resultando antes do fato de que *a relação de prioridade se inverte*. O conceito de sociedade industrial pressupõe o *predomínio* da "lógica da riqueza" e sustenta a compatibilidade da distribuição de riscos, enquanto o conceito da sociedade de risco sustenta a incompatibilidade da distribuição de riqueza e de risco e a *concorrência* entre suas "lógicas". (BECK, 2011, p. 232) (itálicos no original)

Além disso, como efeito da sensibilização reflexiva do processo de modernização sobre as forças produtivas da sociedade industrial clássica, os avanços tecnológicos e econômicos perdem a sua "inocência" e são cada vez mais obscurecidos pelos riscos que produzem – as potenciais ameaças ao meio ambiente, à vida e à integridade das pessoas que o "progresso" traz –, que podem não se limitar geograficamente nem incidir sobre grupos específicos. Em razão da própria dinâmica social e política, surgem ameaças globais supranacionais e independentes de classe (BECK, 2011, p. 43 e 47-49).

A segunda parte do livro pertinente à segunda linha argumentativa trata do processo de individualização como produto da reflexividade. Se anteriormente o lugar então ocupado pelas estruturas e práticas pré-industriais foi tomado pela própria "tradição" da sociedade industrial, que dissolveu a forma de vida e trabalho, os privilégios estamentais e as imagens religiosas do mundo, e criou a "lenda segundo a qual a sociedade industrial, em seu esquematismo de trabalho e vida, seria uma sociedade *moderna*" (BECK, 2011, p. 231), algo análogo ocorre hoje em decorrência do processo de modernização destradicionalizador assegurado pelo estado de bem-estar social, libertando as pessoas das "evidências aparentemente ditadas pela natureza da sociedade industrial" (BECK, 2011, p. 140-142).

É a transformação dos fundamentos da transformação. Beck aqui procura demonstrar como elementos constitutivos tidos como "eixos centrais" da configuração sócio-industrial – como os papeis reservados às classes sociais, ao trabalho assalariado e ao núcleo familiar – são reescritos no contexto reflexivo, **alterando o lugar e o papel do indivíduo** ("modelos biográficos"), que passa a ser a unidade de referência social. Questões como trabalho, gênero, sexualidade e política agora são *escolhas*, abertas para a sociedade mundial, e **trazem riscos consigo** (BECK, 2011, p. 194-198). Uma situação diferente, que o indivíduo, *per se*, é empurrado a enfrentar:

> "a diferença está no fato de que atualmente as pessoas não estão sendo "libertadas" das certezas feudais e religiosas-transcendentais para o mundo da sociedade industrial, mas sim da sociedade industrial para a turbulência da sociedade de riscos globais. Espera-se que elas convivam com uma ampla variedade de riscos globais e pessoais diferentes e mutuamente contraditórios. (BECK, GIDDENS et al., 1997, p. 18)

Por fim, a terceira linha argumentativa discute a *especialidade* – aqui entendida em um contexto de monopolização do conhecimento científico – que se expressa principalmente por meio de sistemas e instituições especificamente constituídos para essa finalidade, os sistemas "político" e "científico" (BECK, 2011, p. 233). Na sociedade reflexivamente concebida, a consciência do risco pressupõe um processo social de reconhecimento e legitimação que é desempenhado por uma nova "ciência", universalizada e desmistificada, que trabalha a partir de interpretações causais dos acontecimentos e atua conforme expectativas sociais e horizontes axiológicos. Ocorre, consequentemente, uma *in*distinção entre os sistemas.

Como essa é a parte mais densa do livro, que se esfrega e contorciona libertinamente com as duas anteriores, bem merece uma explicação mais elaborada. Beck inicia pelo resgate de uma discussão semeada na primeira linha argumentativa, momento no qual tratou das racionalidades científica e social: ao se admitir o risco na equação, **quebra-se o monopólio de racionalidade das ciências**. Na configuração sócio-industrial clássica, a ciência é institucionalizada, juntamente com a dúvida metódica (ceticismo), esta limitada, pelo menos inicialmente, à dimensão externa ao sistema. Isto é, o objeto da investigação científica (externo) está sujeito à dúvida, ao questionamento, enquanto que os elementos internos – os fundamentos e pressupostos científicos e, mais importante, seus resultados, leia-se, implementação prática dos resultados científicos (BECK, 2011, p. 246) – estão blindados a críticas que não venham do próprio sistema científico, ou seja, não se questiona a ciência, senão de dentro da área restrita aos próprios especialistas (BECK, 2011, p. 34-36 e 235-239).

Já na sociedade de risco há um desencantamento com a compreensão da ciência e da tecnologia. A ciência passa a ser um *recurso* universalizado e desmistificado, além de gerador de riscos externos. Deve (expectativa), por conta disto, ser acessível, ter responsabilidade social e autocontrolar as próprias ameaças que produz:

> "O fator decisivo na questão sobre se ciência pode contribuir nessa medida para o autocontrole de seus riscos práticos não é tanto se ela avançará para além da sua própria esfera de influência e esforçar-se-á para ser levada em conta na aplicação de seus resultados. O fundamental é antes de mais nada: *que tipo de ciência já vem sendo praticada no que diz respeito à previsibilidade de seus efeitos colaterais supostamente imprevisíveis.* O fiel da balança nesse contexto é saber: se persistirá a superespecialização que produz efeitos colaterais a partir de si mesma e que parece, com isto, confirmar sempre de novo sua *inevitabilidade*, ou se será possível reencontrar e desenvolver a força necessária para uma *especialização voltada para o contexto*; se a *capacidade de aprendizado* no relacionamento com efeitos práticos será recuperada ou se, em vista dos efeitos práticos, serão geradas *irreversibilidades* que se baseiam na *suposição da infalibilidade* e que tornam, já de saída, impossível o aprendizado a partir dos erros práticos; em que medida, justamente ao lidar com os riscos da modernização, é possível substituir o tratamento dos *sintomas* por uma eliminação das *causas*; em que medidas as variáveis e causas apontadas fazem com que os *tabus práticos* em torno dos riscos "autoinfligidos em termos civilizatórios" sejam cientificamente e objetivamente reproduzidos ou rompidos; enfim, se riscos e amaças serão metódica e objetivamente interpretados a contento ou serão cientificamente multiplicados, menosprezados ou encobertos. (BECK, 2011, p. 238-239) (itálicos no original)

Os riscos, como dito alhures, são distribuídos de forma não excludente. Todos estão solidariamente sujeitos, em alguma medida, às mesmas ameaças desconhecidas, imprevisíveis e que não respeitam fronteiras, que somente o saber técnico-científico é capaz de identificar e interpretar. Para a construção da **consciência do risco**, consoante à configuração social autorreferenciada, todavia, é preciso uma reestruturação da divisão do trabalho na relação entre a ciência (cientifização reflexiva), a prática (eficácia e aplicação) e o espaço público (sistema político e subpolítica) (BECK, 2011, p. 241-243). A primazia das esferas econômica, científica e tecnológica sobre o "progresso", até então blindadas à crítica pública, se liquefaz, enquanto que surge uma "autocontradição" no desenvolvimento científico: a crítica pública ao desenvolvimento até o momento converte-se no motor do seu avanço ulterior (BECK, 2011, p. 243). Outrossim,

> "Essa é a lógica evolutiva na qual os riscos da modernização se constituem socialmente como uma interação tensa entre ciência, prática e opinião pública e em seguida são refletidos de volta sobre as ciências, desencadeando "crises identitárias", novas formas de organização e de trabalho, novos fundamentos teóricos, novos avanços metodológicos etc. O processamento de erros e riscos será, portanto, por assim dizer, acoplado ao circuito de discussões que envolvem toda a sociedade, produzindo-se também no confronto e na fusão com movimentos sociais de crítica à ciência e à modernização. Não devemos nos iludir a respeito disso: atravessando todas as contradições, seguiu-se aqui um caminho de *expansão* científica (ou seja, de continuidade do já existente sob uma forma alterada). O debate público sobre riscos da modernização *é* a via de conversão de erros em oportunidades de expansão sob condições de cientifização reflexiva." (BECK, 2011, p. 243) (itálicos no original)

E, finalmente, a cereja: a incapacidade institucional das esferas e instituições tradicionais de controle e proteção da sociedade industrial em lidar com os riscos – podem mitigar e até eliminar alguns, mas jamais todos, além de sua agora questionável falibilidade –, associada à solidariedade decorrente da exposição ao risco comum que une os indivíduos promovidos à unidade de referência social e forçados à internalizar os medos e angústias das ameaças globais, fazem com que o vazio político seja preenchido, transformando em **subpolíticas** as esferas até então consideradas apolíticas. A "democracia altamente desenvolvida" e a "cientifização consumada" se miscigenam e dissolvem-se as fronteiras, alterando-se conceitos, lugares e meios da "política", que **transborda do Estado para outras esferas** (BECK, 2011, p. 276-280). Mesmo a esfera privada ganha potencial político:

"O desenvolvimento técnico-econômico fica assim entre as categorias de política e não política. Consiste num terceiro polo, adquire precário status híbrido de uma *subpolítica*, na qual o alcance das mudanças sociais desencadeadas estão relacionadas [*sic*] à sua legitimação de modo inversamente proporcional. Com o aumento dos riscos, os locais, condições e meios de sua geração e interpretação são despidos de suas constrições objetivas técnico-econômicas. **As instâncias de controle juridicamente competentes e a esfera pública sensível aos riscos começam a ganhar acesso e controle à "esfera íntima" do gerenciamento empresarial e científico. A direção de desenvolvimento e resultados da mudança tecnológica passam a ser passíveis de submissão ao discurso e à legitimação. Assim, a atuação empresarial e científico-tecnológica adquire uma *nova dimensão política e moral*, que até então parecia estranha ao âmbito de ação econômico-técnica**. Se quiséssemos, poderíamos dizer que o demônio da economia tem que se aspergir com a água benta da moral pública e se coroar com um halo de solicitude para com a natureza e a sociedade." (BECK, 2011, p. 279) (grifei)

O que tudo isso significa para o Estado que há pouco libertou o mercado sem, contudo, deixar de exercer vigilância e controle sobre ele?

4. Fenômeno Regulatório na Sociedade de Risco

A introdução dos riscos na agenda sociopolítica, de fato, teve um substancial impacto no fenômeno regulatório. Nesse novo paradigma, os governantes veem-se agora obrigados a fundamentar suas decisões em um complexo de estruturas e agentes de controle muito mais amplo, e a negociar os resultados almejados e meios de ação com os governados. A politização dos riscos põe à mesa, de modo agudo, a organização e o funcionamento dos mecanismos e processos decisórios (GONÇALVES, 2007, p. 2).

As ameaças se apresentam com uma enorme diversidade, sejam naturais ou artificialmente fabricadas, e impressionante capacidade de escapulir da habilidade perceptiva humana. Desde a consciência do risco até o evento catastrófico em si, que esperamos nunca aconteça, reside um potencial político intenso, capaz inclusive de desencadear a reorganização das formas e estruturas de poder e autoridade. No centro desse turbilhão, está o indivíduo, forçado a *perceber* o risco (socialmente) que foi cientificamente *revelado* pelos especialistas, enquanto submerso em alienação e obscurantismo, totalmente *dependente de instituições e atores que ele não sabe se pode confiar.*

A palavra-chave aqui é **credibilidade**, que ocupa a posição central nesse quebra-cabeça multidimensional. É a quintessência da nova regulação que se propõe a livrar-nos das ameaças.

Lembremos da há pouco mencionada autocontradição do desenvolvimento científico: a crítica social presente propele o desenvolvimento futuro. No que concerne ao fenômeno regulatório, o recorrente e autorreferenciado processo de reconhecimento da inadequação dos mecanismos e instituições da sociedade industrial em identificar, avaliar e atuar na gestão dos riscos serviu, nas últimas décadas, **como um verdadeiro motor para o crescimento do Estado Regulador e a criação de novas instâncias de governança** (GONÇALVES, 2008, p. 2).

Esse crescimento e inovação teve como um de seus principais vetores o movimento de adaptação de instituições e procedimentos no sentido de **assegurar ou recuperar a confiança** neles depositada, contudo "sem questionar fundamentalmente as formas de poder e de controle social envolvidos" (RANGEL, 2007, p. 1377).

O que é preciso para se construir essa "credibilidade"? Veremos, na próxima seção, três elementos considerados essenciais para dar solidez às manifestações do fenômeno regulatório na sociedade de risco. São três novas peças para o nosso quebra-cabeça, que se encaixam na peça central: a) a presença de conhecimento especializado e independente no processo regulatório; b) colaboração, comunicação e distribuição de responsabilidades; e c) transparência e participação ativa e efetiva, na gestão dos riscos, dos diretamente afetados, da sociedade civil e, em muitos casos, de organismos internacionais.

Depois, na seção seguinte, trataremos de uma vertente teórica importante – a Regulação de Riscos, ou, mais especificamente, a conformação que ela inicialmente tomou quando veio à tona e seu desenvolvimento posterior – em perspectiva comparada entre União Europeia e Estados Unidos da América, antes e depois dos ataques terroristas – *World Trade Center* e Pentágono (2001), Madrid (2004) e Londres (2005).

Consolidada essa fase, na terceira e última seção deste tópico, a Regulação de Riscos chega a um novo estágio evolutivo, o *all-hazards approach*, sem um polo temático específico predefinido. Duas novas peças do quebra-cabeça se revelam – **interdependência** e **resiliência** – e as infraestruturas críticas se destacam sob as luzes da ribalta.

5. Construção da Credibilidade

Quais foram as causas da tragédia do Chernobyl-4? Essa pergunta levou muitos anos para ser respondida. Inicialmente, a culpa recaiu exclusivamente sobre os operadores, que teriam agido de modo negligente e careceriam das qualificações necessárias para trabalhar na usina nuclear.

A primeira teoria, publicada como resultado das investigações preliminares, ressaltou que mecanismos automáticos de salvaguarda foram intencionalmente desabilitados para a realização dos testes daquela noite e a unidade submetida a condições operacionais não previstas (o sistema de circulação foi desligado para os testes em potência reduzida) e contrárias aos parâmetros mínimos de segurança estabelecidos nos guias de operação do reator modelo RBMK 1000. Nos testes, foram utilizadas somente oito hastes de controle, enquanto que o manual previa que o reator deveria operar com, no mínimo, quinze hastes no núcleo. Anatoli Dyatlov, engenheiro-chefe geral que supervisionou os testes, tinha pouca experiência com reatores nucleares, enquanto que o engenheiro-chefe diretamente envolvido, Nikolai Fomin, e o diretor de operações, Viktor Bryukhanov, tinham somente treinamento e experiência com usinas convencionais a carvão. De modo semelhante, a maior parte do resto da equipe não tinha capacitação em física nuclear e engenharia de reatores, nem treinamento para operar o RBMK 1000 (IAEA, 1986).

Uma segunda teoria, todavia, publicada em 1991 (IAEA, 1991), atribuiu a maior parte da responsabilidade pelo incidente a falhas de projeto e documentação do modelo RBMK 1000, que, quando não tomadas as devidas precauções, fazem da operação em potência reduzida instável e perigosa. O defeito de projeto mais significativo, aponta o relatório, seria as pontas de grafite e os extensores ocos das hastes de controle que, ao serem inseridas, deslocavam o resfriador, aumentando contraintuitivamente a taxa de fissão nuclear. Essa teria sido a provável causa do inesperado surto de potência que desencadeou o acidente. É certo que os operadores violaram os procedimentos de segurança. Todavia, é bem possível que o desconhecimento das peculiaridades do projeto do reator por parte deles tenha desempenhado um papel crucial nos eventos daquela noite.

A teoria atualmente aceita é uma conjunção de ambas: a falha constitutiva do modelo RBMK 1000 foi potencializada pela negligência e falta de capacitação dos seus operadores (WNA, 2014). Outrossim, é de se destacar que muito contribuíram para o trágico resultado a comunicação ineficiente e demasiadamente burocrática dos responsáveis locais pela central energética com os escritórios de segurança da capital e a demora na mobilização das equipes de resposta e na evacuação de Pryp'yat', cuja população, alheia ao grave acidente e ao risco que corria, recebeu altas doses de radiação por inaceitáveis 36 horas.

Para a opinião pública europeia, todos os terríveis ladrilhos que poderiam pavimentar o caminho à desgraça estavam presentes. Muito precisaria mudar para que tragédias como essa não se repetissem. De alguma forma, aquilo que faltou em Chernobyl – conhecimento dos riscos e potenciais consequências, visão estratégica, eficiência comunicativa, transparência e comprometimento das autoridades, bem como participação ativa e efetiva da sociedade nos processos de tomada de decisão – teria que entrar na equação. Além disso, sendo os riscos transnacionais, alguma forma de integração, coordenação e colaboração entre os países deveria existir.

Havia um pequeno detalhe, no entanto: a Ucrânia ficava no bloco socialista, não na Europa. Tão perto, mas, ao mesmo tempo, tão longe. A opinião pública precisaria descontar sua energia transformadora em ebulição, com o perdão do trocadilho, em outro lugar.

5.1 Neurose alimentar

Gonçalves, em obra dedicada à evolução da regulação dos transgênicos (2008), destaca a marcante participação que a associação da Encefalopatia Bovina Espongiforme (ou *Bovine Spongiform Encephalophaty*, BSE), doença surgida na década de 80 no gado bovino que recebeu a chamativa alcunha de "doença da vaca louca", e a nova variante da doença de Creutzfeld-Jakob (ou, *variant Creutzfeldt-Jakob disease*, vCJD), no homem, teve na regulação da segurança alimentar:

> "A regulação europeia do risco ficou marcada, nos anos 90, pela crise da doença das "vacas loucas". O surto da BSE despoletou uma polémica de significativas ramificações políticas quer na Comunidade Europeia, quer em vários dos seus Estados-Membros. Esta ficaria associada à percepção dos efeitos perversos da falta de dissociação clara da missão de peritos (investigadores e conselheiros científicos) e de decisores políticos: manifestamente, os políticos manipularam o parecer científico e usaram-no como argumento para adiarem o reconhecimento do perigo da doença e consequentemente da tomada das medidas de luta contra o seu alastramento." (GONÇALVES, 2008, p. 3) [7]

A BSE é uma doença neurodegenerativa que tem como agente patogênico provável uma forma especial de proteína, o "príon" (da concatenação das palavras *proteinaceous* e *infection*), extremamente resistente ao calor (continua estável acima de 600° C) e a produtos químicos (UK, 2000). De acordo com o *BSE Inquiry Report*, publicado em outubro de 2000 (UK, 2000), no Reino Unido, onde a epidemia começou, os primeiros casos teriam sido notificados à vigilância sanitária por veterinários clínicos em abril de 1985. As pesquisas sobre a estranha doença fatal, cujos sintomas incluíam a alteração do estado mental do animal (irritação, ansiedade) e severas limitações motoras, foram iniciadas em 1986, quando já eram registrados oito novos casos por mês. Em outubro de 1987, a doença foi relatada na revista científica da associação britânica de médicos veterinários. Nesse momento, a incidência ultrapassava 70 novos casos por mês. Em novembro desse ano, o Ministério da Agricultura

---

[7]Nota do autor: artigo escrito com o português de Portugal.

britânico finalmente reconheceria a epidemia, que cresceria em razão exponencial até seu apogeu, entre julho de 1991 e dezembro de 1993, quando em duas ocasiões chegou a atingir mais de 3.500 novos casos por mês (WILLESMITH, 1998).

As primeiras medidas de controle foram tomadas em junho de 1988. Além da notificação compulsória das autoridades, foi estabelecido o *"fed ban"*, proibição de que o gado bovino fosse alimentado com *Meat and Bone Meal* (MBM), uma farinha que resulta do processamento industrial da carne e dos ossos de animais considerados impróprios para o consumo humano, como os incapacitados (que não conseguem se levantar inclusive, um dos sintomas da BSE), com moléstias diversas ou que morreram em outros lugares que não os abatedouros controlados. O uso desse material, associado ao longo período de incubação da BSE (cerca de quatro anos), permitiu o rápido alastramento da doença, visto que os restos dos animais contaminados foram utilizados para a alimentação dos sadios no Reino Unido e em vários outros países europeus que importavam o MBM lá produzido (WILLESMITH, 1998).

Tendo em vista a detecção da possibilidade de contaminação de outros mamíferos com a doença (em gatos domésticos e outros ruminantes, inicialmente), e para proteger a saúde humana, teve início, em agosto de 1988, um agressivo programa de erradicação que levaria ao sacrifício de cerca de 4,4 milhões de cabeças de gado. Além disso, em novembro de 1989, foi proibido o uso dos *Specified Bovine Offals* (SBO) – cérebro, olhos, amídalas, espinha, vértebras e outros materiais – na cadeia de alimentação humana, classificados como *specified risk material* (SRM).

A desconfiança da população, no entanto, apenas aumentaria. Diante das notícias da possibilidade de transmissão da doença aos seres humanos, que geraram pânico na população, o Ministro da Agricultura[8] britânico ofereceu, diante das câmeras de TV, um hambúrguer de carne bovina a sua filha de cinco anos, com a intenção de demostrar o quanto a carne era segura (DIEHL, 2010, p. 3). Pobre menina:

> "Em [maio de] 1995, Stephen Churchill, de 19 anos, torna-se a primeira vítima humana da nova variante da enfermidade de Creutzfeldt-Jakob (vCJD), a versão humana da doença da "vaca louca" e, em dezembro de 1995, já havia, no Reino Unido, 155.000 casos de vacas enfermas e 55 pessoas infectadas pela variante humana. Em 1996, um Secretário de Saúde do governo britânico confirmou que todos os casos conhecidos de morte por vCJD estavam relacionados com o consumo de carne de vaca contaminada.

---

[8]O curioso episódio pode ser visto no excelente *Mad Cow Disease and Food Safety News Programme*, da British Broadcasting Corporation (BBC, 2008) – certamente um dos melhores documentários sobre o tema.

> Na época da crise da EEB [Encefalopatia Bovina Espongiforme] a União Europeia gastou aproximadamente US$ 2,5 bilhões apenas para destruir a ração com produtos de origem animal, além dos gastos com o abate de milhares de bovinos. Graves problemas sociais também ocorreram, principalmente para os pecuaristas europeus que tiveram grandes prejuízos econômicos, mas o prejuízo não se restringiu somente ao setor primário, a indústria e o comércio também foram afetados pela diminuição do consumo de carne bovina." (DIEHL, 2010, p. 3)

Como se diz, o tiro saiu pela culatra. As ações governamentais de resposta ao problema, em especial as iniciais – que, ao invés de concentrar esforços para identificar e controlar a epidemia, buscaram, antes de qualquer coisa, proteger a imagem da instituição pública e assegurar a continuidade das exportações de carne bovina – criaram decepção, desconfiança e revolta na população.

E agora, como (re)adquirir credibilidade frente à opinião pública? A resposta pode até parecer bem óbvia: é preciso eficientemente controlar a proliferação do agente patogênico (associado ao MBM) e impedir o consumo de carne contaminada, bem como criar uma **cultura de segurança** alimentar. Ou seja, é importante que o processo todo seja supervisionado, de modo integrado, colaborativo e redundante, que inclua todos os componentes da cadeia e privilegie a comunicação entre os agentes, além de possuir uma distribuição clara de papeis e responsabilidades bem definidas.

5.2 A cultura de Gestão de Riscos

Com o desenvolvimento de conceitos, ferramentas e técnicas, a adição de tal mecanismo de controle na cadeia de um processo, que progressivamente se concentrou em (1) analisar riscos e ameaças, (2) mitigar vulnerabilidades e (3) minimizar as consequências adversas potenciais, passou a ser conhecida como **adoção de Processos de Gestão de Risco**.

A Gestão de Riscos varia bastante em termos de conceitos e metodologias entre as diversas áreas e setores. Há desde a vertente administrativa-gerencial/empresarial até a coordenação internacional de processos econômicos e sociais sensíveis à segurança dos Estados. Mas existem também, inquestionavelmente, muitos aspectos em comum. De acordo com um estudo sobre a Gestão de Riscos para a CIP de Tecnologias da Informação e Comunicação (TIC), a Gestão de Riscos (em inglês, *Risk Management*) consiste em:

> "*Risk Management is the practice of measuring and evaluating the degree of risk assigned to the normal operation of any process and usually consists of three major steps: risk analysis, assessment, and evaluation* [...] *Risks in the operation of a critical infrastructure can arise from many different sources*

(have various causes). These causes can be due to natural disaster, human error, terrorist act, and/or the complexity of the operating system [...] To analyze the risk of a system, the risks assigned to its constituent components (operations and resources) should be analyzed. The most important concern here is to identify the sources of a risk, its associated consequences and allow for the recognition of proper mitigation strategies. Risk management techniques mostly integrate into the techniques that elicit system organization, and based on that information, identify threats and vulnerabilities. These techniques should be able to provide the means for risk identification, ranking, mitigation and filtering." (BAGHERI e GHORBANI, 2008, p. 16)

Embora os termos e estágios de avaliação não sejam exatamente os mesmos, é fácil encontrar os paralelos com a vertente administrativa-gerencial da Gestão de Riscos. Conforme a Norma NBR ISO 31000:2009 (ABNT, 2009), intitulada **Gestão de riscos – Princípios e diretrizes** (do original, em inglês, *Risk management – Principles and guidelines*), orientada ao desenvolvimento de políticas de gestão de riscos no âmbito empresarial/organizacional e ao gerenciamento de eventos adversos, o processo de gestão de riscos é composto por diversas etapas que objetivam identificar, avaliar e tratar os riscos, auxiliadas por componentes que fornecem o substrato para a concepção, a implementação e o monitoramento das *políticas* de gestão de riscos nas empresas. Além disso, traz orientações também para a comunicação e a disseminação de informações, bem como o monitoramento e a *análise crítica* do processo, com fins de sua melhoria contínua.

Em se tratando de Gestão de Riscos no bojo de programas de proteção e defesa civil, nosso marco é dado pela Lei n° 12.608, de 2012, que veremos em detalhes mais adiante. Por ora, basta conhecer a divisão que ela utiliza para as diversas categorias de ações envolvidas na Gestão de Riscos: de Prevenção, de Mitigação, de Preparação, de Resposta e de Recuperação (art. 3°).

Embora essa lei seja bastante focada em desastres naturais – foi uma resposta às enxurradas na região do Vale do Itajaí, em 2008, e em Alagoas e Pernambuco, em 2010, e às enxurradas e movimentos de massa na região serrana do Rio de Janeiro, em 2011 (SUASSUNA, SHADECK et al., 2013, p. 4) –, a terminologia e a lógica que ela adota é essencial para adequadamente compreender a regulação de riscos em qualquer contexto.

As ações de **prevenção** abrangem a *avaliação* do risco e a *redução* do risco. Por *avaliação*, entenda-se o "conhecimento" do risco: é produzir uma estimativa do *risco potencial*, baseado em precedentes e registros históricos, que reflete (1) a ameaça de ocorrência de um evento adverso específico (desastre) em um determinado período e/ou local; (2) o grau de vulnerabilidade dos sistemas sensíveis; e (3) a magnitude ou impacto esperado. O risco é, neste contexto, definido como uma expressão da "medida probabilística da possibilidade de ocorrência de desastre, associado a alguma magnitude de dano ou prejuízo potencial previsível" (SUASSUNA, SHADECK et al., 2013, p. 6). Dito de outra forma, *desastre* é a combinação de *ameaça* e *vulnerabilidade*, enquanto que *risco*, a medida probabilística que essa combinação se concretize. A partir do estudo dos riscos, são elaborados bancos de dados e mapas de susceptibilidade, que serão as principais ferramentas utilizadas para a *redução de riscos* (ações de prevenção), bem como servirão como elementos de referência para as ações de mitigação e de preparação.

A segunda espécie das ações de prevenção, que trata da *redução* do risco, engloba, por sua vez, medidas estruturais (em geral, obras de engenharia) e medidas não estruturais. Estas últimas incluem não apenas medidas de planejamento e remanejamento das áreas suscetíveis, mas também o aperfeiçoamento das normas e regulamentos, os programas de conscientização e a adoção da cultura do risco (SUASSUNA, SHADECK et al., 2013, p. 7). Quando falamos em regulação de riscos em setores regulados da economia, não é incomum que as medidas não estruturais – orientadas pelos interesses da Administração Pública na preservação e incolumidade dos cidadãos, do Estado e da ordem social – figurem como os elementos capitais e norteadores do processo.

Após a *redução* dos riscos (leia-se, redução do potencial de vulnerabilidade), o *risco residual* (nem sempre é possível eliminar o risco; ou o custo de fazê-lo é proibitivo) é objeto das ações de **mitigação**, que buscam monitorar os sistemas sensíveis e minimizar o impacto de eventos externos, não previstos ou difíceis de quantificar. Esta é outra categoria nevrálgica para a regulação de riscos, como se pode verificar a partir da recente proliferação de ações que objetivam monitorar o desempenho de diversas infraestruturas essenciais.

As ações de **preparação** têm como finalidade preservar vidas e minimizar os eventuais danos e prejuízos. Envolvem planejamento operacional, comunicação estratégica, articulação, conscientização e mobilização de agentes e recursos. Em alguns casos, podem ser criados grupos e forças-tarefa para acompanhar a evolução dos riscos e até mesmo envolver a realização de exercícios simulados. Essas ações são muito íntimas das de mitigação e no caso dos setores regulados estão diretamente relacionadas aos sistemas de monitoramento.

Quanto às ações de **resposta** aos eventos adversos, temos atividades que envolvem principalmente o apoio logístico e assistencial, em graus de magnitude e abrangência (local, regional) a depender da intensidade do desastre.

Por fim, as ações de **recuperação** compreendem a *reabilitação* (como a desobstrução dos espaços, a remoção de escombros, a limpeza e a restauração emergencial de serviços e sistemas) e a *reconstrução*. Esta, além de almejar ao retorno à normalidade, envolve a modernização de instalações, o reforço de estruturas e fundações e a adoção de técnicas de redução e mitigação de vulnerabilidades, para a eventualidade da ocorrência de novos eventos adversos (SUASSUNA, SHADECK et al., 2013, p. 11).

Não há como negar que os princípios, diretrizes e modelos de atuação soam bastante robustos, prometem uma avaliação penetrante e responsável dos riscos e, na medida do possível, buscam garantir a preparação necessária para reagir ao sinistro. Por essas razões, foram muito bem recebidos e, como consequência, a difusão de todo esse arcabouço conceitual-terminológico e a adesão dos agentes públicos e privados fez com que a adoção de processos de gestão de risco consolidasse seu papel como um elemento essencial da regulação de riscos na sua busca por credibilidade.

5.3 Autonomia, transparência e participação da sociedade civil

Foi anteriormente mencionado que a construção da credibilidade tem três elementos essenciais. O primeiro deles diz respeito à **autonomia** do processo de avaliação dos riscos fundado no conhecimento técnico-científico especializado em relação à decisão política-administrativa de seu gerenciamento, como a aplicação de normas. Ou ainda, da separação entre as atividades de fiscalização e controle de um dado setor regulado e as políticas de fomento e desenvolvimento desse mesmo setor.

Já os outros dois são, na realidade, facetas que se complementam. A uma, trata-se da **transparência** em relação à avaliação e ao tratamento dos riscos. A duas, da **participação ativa e efetiva**, na gestão dos riscos, das partes interessadas e da sociedade civil. Ademais, considerando que os riscos incidem de modo difuso, sem respeitar fronteiras, carregados pela mobilidade das pessoas, produtos e tecnologias, uma coordenação entre os Estados e a participação de organizações internacionais mostra-se imperativa para controlar as ameaças e minimizar o impacto adverso.

No caso da BSE, todos esses elementos estão bem unidos. Irlanda do Norte, França e Portugal tiveram várias centenas de casos da doença registrados (WILLESMITH, 1998). A variante humana, vCJD, também foi identificada nesses países. A (indesejada) "solidarização" dos riscos levou a regulamentação do tema para o fórum deliberativo europeu.

De acordo com GONÇALVES (2008) a reforma dos procedimentos de regulação do risco alimentar no âmbito da União Europeia foi profundamente marcada pela preocupação de garantir uma maior independência do sistema de aconselhamento científico em relação ao sistema deliberativo:

> "A reforma europeia das estruturas de regulação do risco alimentar envolveu, além disso, uma revisão profunda dos órgãos de aconselhamento científico e

técnico das instituições europeias, a adoção pela administração comunitária de uma maior transparência de actuação e a criação de uma entidade de características inovadoras, a Autoridade Europeia de Segurança Alimentar. Há quem fale a este respeito de um verdadeiro modelo europeu de governação do risco, que tem situado a EU numa posição pioneira à escala mundial." (GONÇALVES, 2008, p. 4)

Aliás, tais iniciativas de regulação (de riscos) deram significativo vigor ao movimento de **integração positiva** dos Estados-Membros nas últimas décadas. Isto é, a UE, ao progressivamente estender sua competência regulatória e aplicar políticas próprias de gestão de riscos – no caso dos Organismos Geneticamente Modificados (OGM), ou ainda "transgênicos", isso é notório –, não apenas na esfera econômica-monetária (moeda comum e recuperação de crises financeiras), mas também nas esferas guiadas por valores não monetizáveis (defesa do consumidor, proteção do meio ambiente e segurança alimentar), reanalisa o *mindset* que originalmente orientou o objetivo de construção de um mercado comum de fatores de produção liberalizados (**integração negativa**).

O autor alerta, no entanto: o tomador da decisão político-administrativa, que se vê forçado a agir diante do risco, quando analisa a proposta de autorização de um produto ou de uma tecnologia, o faz apoiado por um conhecimento científico que pode ser insuficiente ou incerto. O debate acaba por priorizar a análise do risco tecnicamente definido (provas e verdades científicas disponíveis), enquanto que outras questões (valores éticos e sociais e outros interesses legítimos) são negligenciadas. Tem-se, com isso, a subversão da própria lógica do sistema (GONÇALVES, 2008, p. 16), um paradoxo:

> "Em suma, não obstante a partição estruturante do sistema de regulação entre a avaliação (*científica*) do risco e a decisão (*política*) de autorizar (ou não) os OGM, esta última é sustentada de modo dominante por aquela. A informação e argumentos de ordem científica dominam o procedimento de regulação do momento da notificação ao da decisão e acompanham a "vida" dos OGM, das culturas e dos produtos que os utilizam.
>
> Deparamos aqui com um aparente paradoxo do regime: se, por um lado, ele assenta num princípio regulador, a precaução, que reconhece a inexistência de evidência ou prova conclusiva dos danos susceptíveis de serem causados pelo cultivo ou utilização do OGM, quer dizer, da incerteza científica, por outro lado, estrutura todo o sistema de avaliação e de gestão no recurso à ciência e ao parecer científico." (GONÇALVES, 2008, p. 16) (itálicos no original)

Quanto ao **princípio da precaução**, que contrasta, no ambiente regulatório, com o **princípio da prevenção**, o seguinte trecho é particularmente esclarecedor:

> "Contrariamente à ênfase tradicional na compensação de danos após a sua ocorrência, a precaução procura antecipar os perigos susceptíveis de comportar consequências nocivas ou irreversíveis para o ambiente, a saúde ou de um modo geral a segurança humana. O princípio da precaução encoraja, em consequência, o desenvolvimento de procedimentos que permitam enquadrar e regular o risco. Contrasta, portanto, com o princípio da prevenção, prevalecente até aos anos 90. Este pressupõe o conhecimento prévio dos impactes de produtos ou actividades sobre o ambiente; assenta em certezas e provas, enquanto o princípio da precaução implica a tomada de decisão ainda que subsistam incertezas acerca daqueles impactos." (GONÇALVES, 2008, p. 14)

Antes de dar continuidade à discussão sobre a ciência especializada da Sociedade de Risco, regressemos aos pressupostos teóricos. Giddens, em **Modernização Reflexiva** (1997), procura atualizar, para o contexto autorreferenciado, a distinção entre tradição e especialidade proposta por Max Weber em **Economia e Sociedade** (1999), *i. e.*, entre os guardiões (que interpretam) e os governantes/funcionários (que dão ordens).

Nas sociedades tradicionais, a **autoridade**, em seu sentido mais genérico, cabe aos guardiões, "em razão do seu acesso especial aos poderes causais da verdade formular" (BECK, GIDDENS et al., 1997, p. 104). As formas mais modernas, por outro lado, concentram-se em torno da autoridade racional-legal, na dominação dos especialistas – o funcionário burocrático, cuja autoridade apoia-se em "uma crença na legalidade das normas em vigor e no direito daqueles que foram alçados à autoridade, sob essas normas, para formular as ordens" (WEBER *apud* BECK, GIDDENS et al., 1997, p. 104).

No entanto, segundo Giddens, na ordem social moderna, a **especialização** é um fenômeno mais penetrante que o do **funcionalismo**. Ele aponta, então, cinco distinções entre tradição e especialização. Primeiro, a especialização é desincorporadora, descentralizada e não possui local determinado. Segundo, a especialização está ligada à crença na possibilidade de correção do conhecimento, dependente do ceticismo metódico, e não à verdade formular. Terceiro, o acúmulo de conhecimento especializado envolve processos intrínsecos de especialização, enquanto que, quarto, a confiança nos sistemas especialistas não pode ser construída por meio de sabedoria esotérica. Finalmente, quinto, "a especialização interage com a reflexividade institucional crescente, de tal forma que ocorrem processos regulares de perda e reapropriação de habilidades e conhecimento do dia-a-dia" (BECK, GIDDENS et al., 1997, p. 105)

Dito de outra forma, o "conhecimento local" é a recombinação local de conhecimento derivado de outros lugares, sob um processo "desincorporado", baseado em princípios impessoais e sistemas abstratos, independente de contextos. Os "centros de autoridade" (como as associações profissionais e a academia) passam a proteger a própria *imparcialidade e universalidade do conhecimento codificado*, aberto a qualquer pessoa, em qualquer lugar, que tenha tempo, recursos e talento para captá-los (BECK, GIDDENS et al., 1997, p. 105-106). A disputa entre diferentes interpretações, nesse paradigma, é distinta das disputas dogmáticas dos símbolos e práticas tradicionais, que era baseada na *deferência*. Os modos modernos de investigação apoiam-se, ao contrário, sobre o ceticismo e o universalismo; a *crítica*, nesse contexto, "não é apenas estimulada, mas solicitada, esperada e respondida" (BECK, GIDDENS et al., 1997, p. 107), enquanto que "a prevalência da reflexividade institucional significa que há uma *contínua triagem* de teorias, conceitos e achados especializados em relação à população leiga" (BECK, GIDDENS et al., 1997, p. 113).

Considerando agora o fenômeno da subpolitização indicado por Beck, que anteriormente discutimos, voltemos ao **estudo científico do risco**, o qual, espera-se, seja realizado sob os auspícios de uma investigação sistemática, completa e independente. Tal estudo, porém, encontra, na prática, constrangimentos de tempo, recursos e resultados; pode ser necessário sigilo (segredo industrial, segurança nacional etc.) e o trabalho estar sob a mira atenta de diversos interesses conflitantes, além da já mencionada inafastável presença da margem de incerteza científica. Ou seja, há algo de diferente nessa "ciência".

Cabe, assim, distinguir a ciência investigativa (*research science*) da ciência usada para fins de regulação (*regulatory science*):

> "Enquanto a investigação em laboratório goza, em princípio, de autonomia na identificação dos seus objectivos e procedimentos, a ciência de regulação desenvolve-se em vista a auxiliar a decisão legislativa ou regulamentar, privilegiando a síntese e a predição. Por seu turno, o aconselhamento científico consiste na emissão de opiniões apoiadas em conhecimentos fornecidos por especialistas em resposta a solicitações do poder político ou das empresas. Obedece a imperativos políticos e a constrangimentos de tempo, sendo as exigências de prova mais flexíveis. O papel do perito é híbrido: apoiando-se no conhecimento científico, dificilmente deixa de introduzir juízos de natureza sociopolítica na sua avaliação." (GONÇALVES, 2008, p. 19)

Já no quesito **participação ativa e efetiva**, o ponto principal é repensar o papel do cidadão e da sociedade civil na gestão dos novos riscos, tendo a "**transparência**" como palavra de ordem. Esse foi o recado, aliás, dado pela IAEA no relatório de 20 anos do acidente nuclear de Chernobyl, conforme se observa no trecho abaixo colacionado, extraído das *Recomendações* ao final do estudo:

> *"Members of the general public should be informed, along with the authorities, about existing radiation risk factors and the technological possibilities to reduce them in the long term via remediation and countermeasures, and be involved in discussions and decision making."* (IAEA, 2006, p. 8)

Convergem aqui diferentes linhas argumentativas, embasadas tanto na principiologia democrática (*mindset kantiano*) quanto no pragmatismo (discussão da aceitabilidade social dos riscos e efetividade participativa nos processos deliberativos). Gonçalves, nesse ponto, menciona os trabalhos de Henry Rothstein, da agência de pesquisa britânica *Economic and Social Research Council* (ERSC), quem assevera que a participação pública nos processos de regulação tem recebido novos contornos, sustentados pelos seguintes argumentos:

> "— um argumento normativo: a regulação não é um empreendimento valorativamente neutro e exige por isso a participação do público por motivos morais e ideológicos;
> — um argumento epistêmico: a tarefa do regulador é dificultada por incertezas e assimetrias de informação, tornando-se necessário apoiá-la em fontes de conhecimento exteriores às estruturas reguladoras tradicionais de modo a reduzir a margem de erro;
> — um argumento instrumental: a participação constitui uma condição indispensável da viabilidade dos processos de regulação devido aos níveis decrescentes de confiança dos cidadãos nas instituições políticas e administrativas." (GONÇALVES, 2008, p. 21)

A democracia participativa, no entanto, ainda é simplória e incipiente, especialmente no contexto regulatório. A bem da verdade, tanto as limitações impostas aos estudos (científicos) de avaliação quanto os gargalos de participação na gestão do risco (políticas) decorrem da autoproclamada retórica no sentido de se adotar um processo regulatório melhor e mais célere, bem como das vantagens (oportunidades) em se agilizar a deliberação política. A própria tomada de consciência pública afeta o processo, quando questiona as incertezas da ciência e as divergências entre os peritos, fazendo que, por conta da desculpa de ser "eficiente", **o processo decisório se apegue às velhas noções de verdade** e prova, ignorando todas as demais questões envolvidas, como os valores éticos e sociais e outros interesses legítimos.

Nem por isso, todavia, a presença do conhecimento especializado independente e autônomo no processo regulatório, assim como a possibilidade de participação, na gestão dos riscos, dos interessados e da sociedade civil, deixam de ocupar uma posição central no discurso da credibilidade. São, aliás, núcleos essenciais do discurso justificador da atuação regulatória (ainda que muitas vezes pouco mais façam do que figurar no papel) não apenas da regulação de riscos, mas também prestam essa função para outras teorias da regulação.

Com isso, a regulação de riscos acabou assumindo um lugar todo especial no fundo do peito da metalinguagem regulatória neste novo começo de século, miscigenando-se às demais teorias que procuram identificar, modelar e explicar o fenômeno regulatório. Isso porque ela é capaz de **fornecer argumentos legitimadores complementares** às demais teorias da regulação, enquanto, primeiro, não apenas sobrevive, mas se fortalece em meio às exigências da opinião pública – com a qual é especialmente apta a lidar – e, segundo, responde aos anseios e preocupações dos agentes e afetados, **sem, contudo, questionar fundamentalmente as formas de poder e de controle envolvidos.**

6. Evolução do Processo de Regulação de Riscos

Vimos como o fenômeno regulatório se comporta na Sociedade de Risco, construindo credibilidade junto à opinião pública por meio de processos que procuram identificar e administrar os riscos. Isso, no entanto, ainda não é uma *teoria de regulação*, mas apenas fornece *pressupostos* de delineamento. O que realmente *define* a Regulação de Riscos é o **tratamento dado aos grandes temas que preocupam a sociedade** – como esses "temas" são escolhidos e abordados, os princípios e as diretrizes a eles aplicados, como são distribuídas as competências e responsabilidades e como os agentes, os afetados e a opinião pública em geral participam e interagem com o processo.

Para melhor compreensão de todos esses componentes, é oportuno iniciar pela dinâmica que produziu e estruturou a Regulação de Riscos como ela é hoje, o que abordaremos com a ajuda dos estudos do professor David Vogel, da Universidade da Califórnia-Berkeley, EUA, e professor visitante do *Institut Européen d'Administration des Affaires* (ISEAD), França, que produziu uma interessante pesquisa comparativa, *Ships Passing in the Night: GMOs and the Politics of Risk Regulations in Europe and the United States* (2001).

O título da pesquisa, "os navios que se cruzam na noite",[9] em tradução livre, é uma referência a um famoso trabalho do poeta estadunidense Henry Longfellow, que utiliza a expressão como uma alusão aos encontros transitórios, incidentais, sem significação duradoura. Para Vogel (2001), tal é o caso da regulação estadunidense e europeia que, embora em dado momento se cruzaram, permanecem divergentes.

> *"an important key to understanding why Europe and the United States have chosen to regulate identical technologies in such a dissimilar fashion has to do with recent changes in politics of risk regulation in Europe. From the 1960s through the mid-1980s, the regulation of health, safety and environmental risks was generally stricter in the United States than in Europe. Since the mid-1980s, the obverse has often been the case: a wide array of European consumer and environmental regulations, including those governing GMOs, are now more restrictive than in the United States. In a number of important respects, European regulatory politics and policies over the last fifteen years resemble those of the United States between the late 1960s and the mid-1980s. They are often politicized, highly contentious and characterized by a suspicion of science and a mistrust of both government and industry. By contrast, the US regulation of GMOs resembles the European regulatory style of the 1970s: regulations have worked cooperatively with industry and been supportive of technological innovation, while non-governmental organizations (NGOs) have enjoyed little access to the policy process."* (VOGEL, 2001, p. 1)

Antes de adentrarmos o trabalho de Vogel, é preciso fazer uma pequena ressalva temporal: seu estudo data de junho de 2001, anterior, portanto, aos atentados terroristas de setembro subsequente, que tiveram uma ampla e profunda repercussão na regulação de riscos estadunidense, que trataremos com detalhes mais adiante.

Para explicar porque a política regulatória europeia, de modo geral, foi ficando progressivamente mais avessa aos riscos, Vogel trabalha ao longo do artigo com três elementos. Primeiro, a maior preocupação da opinião pública com questões relacionadas à saúde e ao meio ambiente, notavelmente no Reino Unido, na Bélgica, na França e na Itália. Segundo, o crescimento da competência regulatória da UE, o que criou maior espaço para a representação de interesses sociais. E, terceiro, certas falhas de regulação de grande visibilidade minaram a confiança pública na tecnologia, na expertise científica e

---

[9]*Tales of a Wayside Inn* (1874), parte 3, seção 4 (LONGFELLOW, 2014): *"Ships that pass in the night, and speak each other in passing, / Only a signal shown and a distant voice in the darkness; / So on the ocean of life we pass and speak one another, / Only a look and a voice, then darkness again and a silence".*

nas autoridades regulatórias. Todos esses elementos já foram de alguma forma abordados nas seções anteriores, de modo que não despenderemos mais linhas com eles.

Os EUA, por outro lado, fizeram um caminho diverso. Ao mesmo passo em que algumas políticas regulatórias construídas na década de 70 foram suavizadas, a quantidade de iniciativas para a elaboração de novas políticas foi menor nos EUA do que na Europa. Além disso, as áreas em que as políticas regulatórias são mais avessas aos riscos são diferentes nos dois casos.

Até a década de 80, a política regulatória estadunidense, de maneira geral, tinha uma propensão a ser mais contenciosa. A confiança nos funcionários do governo era menor, enquanto que a opinião pública era mais cética quanto aos benefícios prometidos pelas novas tecnologias. O processo regulatório era mais legalista e formal, além de mais aberto, tendo as ONG considerável acesso e influência. As decisões dos órgãos de regulação tinham maior visibilidade política e estavam mais sujeitas ao controle público. A indústria era costumeiramente vista com desconfiança e ocupava uma postura mais defensiva (VOGEL, 2001, p. 1-2).

Nesse mesmo período, na Europa, as decisões ficavam reservadas aos burocratas e suas redes de aconselhamento. As ONGs tinham acesso limitado ao processo, enquanto que os funcionários governamentais trabalhavam bem próximos ao mercado e à indústria. Ou, de outra forma, nos EUA *"regulatory politics were often informed by competing representations of risk among NGOs, industry and regulator, while in Europe policy-making was more likely to reflect a scientific consensus between business and government experts"* (VOGEL, 2001, p. 2).

O princípio da precaução desempenhou um importante papel nesse período nos EUA, embora tenha sido utilizado muitas vezes de forma inconsistente, apenas para conseguir a atenção e o favor da opinião e da pressão pública. Para o autor, isso é uma decorrência direta do contexto político em que o processo de elaboração de políticas regulatórias se inseria, que fazia com que, em consequência, *"the more the American public has tended to worry about a particular risk, the more strictly American policy-makers are likely to regulate it"* (VOGEL, 2001, p.3).

Nas décadas seguintes, os dois lados do Atlântico experimentaram uma acentuada queda da confiança pública na regulação produzida pelo governo devido à percepção de sua ineficiência em vários casos icônicos – na metáfora, é quando os "navios" se encontram. Nessa toada, Vogel destaca, no lado americano, a Primavera Silenciosa,[10] o *Unsafe at Any Speed*,[11] o Canal do Amor[12] e o derramamento de petróleo do Exxon Valdez,[13] como contrapartes, no lado europeu, da doença da vaca louca, da contaminação de alimentos por dioxina[14] e do sangue contaminado utilizado nos produtos para hemofílicos.[15]

Mas o que teria feito com que a regulação estadunidense se tornasse menos avessa aos riscos, enquanto que a europeia, sujeita a estímulos semelhantes, recrudescesse? Para o professor, alguns pontos podem ajudar a elucidar a questão. Primeiro, temas como as políticas consumeristas e ambientais foram perdendo espaço na agenda política norte americana e tornaram-se mais esporádicas e episódicas. Segundo, ao contrário da Europa, onde os movimentos sociais cresceram em força política, nos EUA ela diminuiu, em grande medida por conta da inversão dos partidos no poder. A ascensão de Reagan (1981-1988) e a maioria republicana no Congresso a partir de 1994 fez com que as ONGs focassem seus esforços em manter as conquistas da década de 70. Elas até tiveram relativo sucesso, porém, em contrapartida, sua agenda regulatória deixou de se expandir. Por conta de todos esses fatores, enquanto que na Europa as políticas de regulação de riscos se intensificaram, nos EUA elas se mantiveram de certa forma estabilizadas (VOGEL, 2001, p. 25-29).

---

[10]*Silent Spring*, ou Primavera Silenciosa, é um livro escrito por Rachel Carson, publicado originalmente em 1962 (CARSON, 2002), que relata os efeitos do DDT (dicloro-difenil-tricloroetano) no meio ambiente, inseticida até então largamente utilizado que contamina lençóis freáticos, rios e mares e se acumula nas cadeias alimentares. Foi um dos responsáveis pelo início do movimento ambientalista.

[11]*Unsafe at Any Speed: the Designed-in dangers of the american automobile* é um livro escrito por Ralph Nader, publicado originalmente em 1965 (NADER, 1973), que relata a resistência da indústria automobilística em introduzir itens básicos de segurança, como os cintos de segurança, e em investir, de modo geral, para melhorar os veículos nesse quesito.

[12]*Love Canal*, ou Canal do Amor, era o nome de um pequeno assentamento habitacional, de aproximadamente 100 residências e uma escola, próximo às Cataratas do Niágara, no norte do Estado de Nova Iorque. Em 1978, após fortes chuvas, os moradores descobriram que estavam morando sobre um depósito de 21 mil toneladas de lixo químico industrial. Devido à forte contaminação do meio ambiente, o local teve que ser evacuado às pressas (WIKIPEDIA, 2014c).

[13]Em março de 1989, o navio Exxon Valdez derramou dezenas de milhões de barris de petróleo cru no mar do Alaska (WIKIPEDIA, 2014d).

[14]As dioxinas são um grupo de compostos químicos altamente tóxicos, que se acumulam nos tecidos adiposos. São poluentes ambientais persistentes e são muito nocivos à saúde humana: danificam o sistema imunológico, interferem com a regulação hormonal e são cancerígenos. Vários casos de contaminação foram identificados na Europa, em ovos, frangos, porcos etc. (WIKIPEDIA, 2014e).

[15]A falta de controle do sangue utilizado nos produtos coagulantes fez com que um grande número de hemofílicos fosse contaminado com doenças como AIDS e hepatite C entre o final da década de 70 e meados da década seguinte (WIKIPEDIA, 2014f).

Por fim, no que diz respeito aos temas em que cada lado do Atlântico é mais avesso aos riscos regulatórios, Vogel reporta dois exemplos particularmente interessantes. O primeiro é o dos produtos cancerígenos. Enquanto que nos EUA eles recebem um tratamento apartado, mais rígido (procedimentos específicos de controle, inclusive), na Europa eles são nivelados com os demais riscos à saúde humana. Para os transgênicos, é o oposto: enquanto que nos EUA eles recebem o mesmo tratamento que qualquer outra tecnologia de produção de alimentos, na Europa eles são tratados com regras e procedimentos diferenciados e mais rigorosos (VOGEL, 2001, p. 30-31).

Os ataques terroristas de 11 de setembro de 2001 em Nova Iorque (*World Trade Center*) e na Virgínia (Pentágono), de 11 de março de 2004 em Madrid (quatro comboios ferroviários), e em 7 de julho de 2005 em Londres (três vagões de metrô e um ônibus de dois andares), todavia, trouxeram um tsunami sobre os pacatos e poéticos navios, que muito rodopiaram e acabaram atracados na mesma baía.

Surgem então, em decorrência, novas políticas de regulação de riscos para responder às ações terroristas que, a uma, embora os graus de controle e ingerência sobre a sociedade civil tenham eventualmente intensidades distintas, possuem um propósito comum (universal) e ações consonantes, compatíveis. A duas, num momento posterior, é a partir delas que a regulação de riscos das infraestruturas ditas críticas ganha uma nova roupagem, trazendo consigo uma nova abordagem sem tema focal pré-definido para o fenômeno regulatório, o *all-hazards approach*.

7. Proteção de Infraestruturas Críticas

Os EUA têm no National Insfrastructure Protection Plan seu marco legal para os Programas de Proteção de Infraestruturas Críticas (CIP, do inglês, *Critical Infrastructure Protencion*). A primeira versão do Plano foi editada em 1998 (EUA, 1998), embora caiba mencionar que já existia bem antes disso fortemente enraizada no país uma cultura de proteção de facilidades e utilidades sensíveis à defesa e segurança nacional, como comunicações, transporte e energia, originada, principalmente, da tensão geopolítica global que sucedeu o fim da segunda Guerra Mundial.

Basta lembrar que data do começo da década de 60 a proposta de Paul Baran de criar uma rede de telecomunicações distribuída para impedir a paralisação do serviço caso um alvo crítico fosse comprometido com um ataque inimigo. Ele visionou uma rede formada por nós que, sem operação humana, funcionariam como chaves e roteariam ligações e acessos com seus vizinhos até que fosse possível estabelecer a comunicação entre dois pontos quaisquer da rede. Ele também teve a ideia de dividir a mensagem a ser transmitida em diferentes "blocos de mensagem" ("pacotes", na terminologia do britânico Donald Davies, que acabou "pegando"), que poderiam transitar de modo independente pela rede, até serem reunidos no ponto de destino. Tal proposta de Baran, implementada experimentalmente por acadêmicos e militares na Califórnia, daria origem décadas depois à internet que temos hoje (RAND, 2014).

Esses setores, então considerados críticos para a **segurança nacional** e, justamente por tal razão, explorados por empresas públicas, passaram com o decorrer dos anos e a evolução socioeconômica a paulatinamente serem vistos como **utilidades públicas** que deveriam ser exploradas pelos entes privados e ficar submetidas ao regime de concorrência de mercado.

Os ataques terroristas, no entanto, fizeram que os países reconsiderassem a importância estratégica dessas e outras infraestruturas, e de processos econômicos e sociais de modo geral, cuja falha, interrupção ou degradação pudesse ameaçar a segurança e a integridade das pessoas e do patrimônio, ou mesmo da sociedade e do próprio Estado.

Como resultado, a infraestrutura funcional de setores regulados da economia notoriamente estratégicos, de intensivo investimento de capital e relevantes para a estabilidade da ordem pública – como, por excelência, dos setores de telecomunicações, energia, transportes, saneamento e financeiro/monetário – passaram a ser objeto de **programas e políticas regulatórias** de mitigação de vulnerabilidades e de preparação e resposta para eventuais crises (como os ataques terroristas).

O *Plan* de 1998 dos EUA foi substancialmente reestruturado pelo *U.S.A. P.A.T.R.I.O.T. Act* (EUA, 2001), editado pouco depois dos ataques de 11 de setembro. De modo muito semelhante, o programa de CIP europeu – *European Programme for Critical Infrastructure Protection* (UE, 2006) e o *Council Directive 2008/114/EC* (UE, 2008), do Conselho da União Europeia, que o implementa – decorre diretamente do conjunto de medidas coletivamente conhecidas como *Fight Against Terrorism*, que incluem a *"Prevention, Preparedness and Response to Terrorist Attacks"* e a *"EU Solidarity Programme on the Consequences of Terrorist Threats and Attacks"*, sendo que ambas tiveram suas conclusões aprovadas e foram endossadas pelo Conselho em 2004, pouco após os ataques de Madrid.

As Infraestruturas Críticas (IEC), que devem ser protegidas contra falhas e ameaças, não se restringem a estruturas físicas, mas englobam serviços, sistemas e bens cujo comprometimento, ainda que parcial, poderá desencadear repercussões negativas e prejuízos ao próprio setor ou setores interdependentes. A importância das IEC, para Horwitz (1989), decorre, *in verbis*:

> "*Telecommunications constitutes one of the four essential modes or channels that permit trade and discourse among members of a society, the other three being transportations, energy utilities, and the system of currency exchange, or money. Transportation, energy, and telecommunications industries provide the services upon which all economic activity (beyond the level of self-sufficiency) depends. Money, at bottom a representation of value and the means of exchange of value, also is crucial for economic intercourse beyond the level of barter. These services are "connective" institutions. They are channels for trade and discourse which bind together a community, society, or nation. They are central to the circulation of capital and literally constitute both the foundations and the limit for the overall economic functioning of a society. This is way transportation, energy, telecommunications, and currency systems are called infrastructures. They are the structure below or underneath.*" (HORWITZ, 1989, p. 11-12)

Além das utilidades e facilidades públicas essenciais – que seriam as infraestruturas na sua concepção mais usual, conforme visto acima – algumas obras públicas, símbolos nacionais, prédios governamentais e locais de eventos desportivos e culturais também costumam ser considerados nos programas nacionais e transnacionais de CIP em razão de sua essencialidade e/ou relevância econômica, social e até mesmo moral.

Em vista disso, os programas de proteção desses elementos críticos têm como objetivo fazer com que qualquer interrupção ou degradação do seu funcionamento, independente da causa (*i. e.*, natural ou provocada pelo homem), seja, na máxima medida do possível, **breve, infrequente, contornável, geograficamente limitada e minimamente prejudicial** (HAMMERLI e RENDA, 2010, p. 3).

Considerando que muitas das infraestruturas essenciais, como as redes de energia elétrica e as redes de telecomunicações, primeiro, hoje não pertencem ou, se pertencem, não são diretamente exploradas pela Administração Pública, e, segundo, por questões práticas e econômicas, nem todos os ativos críticos gozam dos mesmos níveis de segurança e monitoramento, os programas de gestão de riscos focam no compartilhamento de informações e na cooperação de esforços entre autoridades públicas e operadores/prestadores na identificação de vulnerabilidades, no acompanhamento dos ativos mais sensíveis e no pronto restabelecimento das condições normais de operação em casos de crise. Ou ainda:

> "*In particular situations when it comes to certain infrastructure such as electricity grid networks and information networks it would be unrealistic (from a practical and financial point of view) to expect the owners and operators to provide equal levels of security to all their assets. In such cases, it is suggested that the owners and operators could, together with the relevant*

authorities identify the critical points (nodes) of a physical or information network on which security protective measures could be concentrated." (UE, 2005, p. 12)

O envolvimento e cooperação dos *stakeholders* (*i. e.*, agentes, interessados e afetados) é um dos princípios estruturantes da implementação das CIP. Outros princípios normalmente incluídos junto ao da **participação** são o da **proporcionalidade** (as medidas devem ser compatíveis com o nível do risco e o tipo de ameaça envolvida) e da **abordagem setorizada** (UE, 2006, p. 3). Este último se deve à necessidade de que a política regulatória, para que produza os melhores resultados, seja orientada à observância das melhores práticas e à aplicação de conhecimentos, habilidades e técnicas de reconhecida eficiência e qualidade – o que é inerente a cada setor.

Embora a abordagem seja setorizada, um elemento fundamental para completar a equação é a **interdependência**. Veremos a seguir dois exemplos de interdependência. O primeiro, além de destacar claramente a interdependência das redes de diferentes utilidades, demonstra exemplarmente o porquê de a Regulação de Riscos, a partir das políticas de combate ao terrorismo e regulação correlata (para fins puramente didáticos, podemos considerá-las como **abordagem temática ou focal**, assim como foram as relacionadas à segurança alimentar e à segurança ambiental que as precederam), ter concentrado seus esforços na mitigação e controle dos **riscos e ameaças às infraestruturas críticas**, progressivamente adotando uma **abordagem contra todas as espécies de riscos**. O trecho abaixo comenta sobre a repercussão do ataque às torres gêmeas sobre as infraestruturas críticas:

"After the second plane crashed into the South Tower at 9:02 am, telephone calls increased up to ten times the normal traffic volume – so much congestion that only a handful could get through. Major news Web sites – CNN, the BBC, The New York Times and others – were so clogged with traffic they became temporarily unreachable. By 9:39 am many radio stations in the city went dark (most broadcasters had transmitters on the towers). When the first tower collapsed at 10:05 am, and then the second at 10:28 am, they destroyed a vast amount of telecom infrastructure in the vicinity, complicating communications even more.

To be sure, in many instances the systems proved resilient. For instance, network technicians struggling to repair systems coordinated their activities using mobile text messages since their cell phones couldn't handle calls. And as many noted afterwards, the internet worked when the phone system didn't. Indeed, at 9:54 pm the Federal Emergency Management Agency alerted all stations to prepare in case primary communications methods failed – and did this, ironically, by email.

But here is the nub: as bad as all this sounds, the actual event did not do too much damage to the information infrastructure – yet subsequent problems with other networks began to cause havoc. For instance, a fire at a building on the periphery of the World Trade Center knocked out a power station upon which telecoms equipment elsewhere depended. A falling beam from an unstable building in the vicinity crashed into an operator's central switching office, damaging the machines. By late evening, systems that had survived went down simply because they overheated. And telecom services were disrupted when backup generators ran out of fuel because trucks carrying new provisions were blocked from entering lower Manhattan.

In short, the incident highlights both the vulnerability and resilience of information infrastructure – and importantly, its interdependence with other infrastructures. For instance, the communications network is dependent on the electrical grid; the back-up generators are dependent on the roadway network. And of course, it bears noting that the target of the attack in New York was not communications infrastructure at all, but two office buildings. What might have been the consequences if critical information infrastructure had been targeted as well?" (CUKIER, MAYER-SCHOENBERGER et al. apud HÄMMERLI e RENDA, 2010, p. 12)

O segundo exemplo relata um caso de interdependência dentro do próprio setor, porém com repercussões transnacionais. Em 2006, falhas na rede elétrica de um Estado-Membro da UE causaram apagões em diversos outros:

"Suffice it to recall the recent failures of the electricity grids in November 2006 in Western Europe, when a shutdown of a high-voltage line in Germany resulted in massive power failures in France and Italy, as well as in parts of Spain, Portugal, the Netherlands, Belgium and Austria, even extending as far as Morocco and affecting ten million customers in total. In addition, some of these infrastructures can also trigger cross-border effects, due to their inherently regional or global nature (as in the case of energy sources or the internet). This means that for some modern infrastructures, the failure to reach sufficient resilience standards in one country can have a detrimental effect on many others." (HÄMMERLI e RENDA, 2010, p. 3)

Ao final do trecho acima transcrito é mencionado outro conceito importante – **resiliência** – o último termo da equação. A resiliência indica a capacidade dos sistemas, serviços e processos de retomarem a normalidade de suas operações com o menor tempo/custo de restauração (DEMETERCO, 2014), ou ainda, "o poder de recuperação ou capacidade de uma organização resistir aos efeitos de um desastre" (BRASIL, 2009). Assim, obter, a partir de um planejamento estratégico que considere as interdependências internas e intersistêmicas, sob o envolvimento e comprometimento de todos os *stakeholders*, níveis adequados de resiliência nos elementos críticos das redes das utilidades, constitui a essência dos programas de CIP.

8. A Experiência Brasileira com a Regulação de Riscos

Deu-se de uma forma bastante peculiar o reconhecimento e a adoção das premissas, conceitos, fundamentos e técnicas associados à Regulação de Riscos no arcabouço regulatório nacional. Não porque fomos indiferentes às experiências europeia e norte-americana – pelo contrário, as abocanhamos. Nem por falta de desgraças capazes de comover a opinião pública. Temos no nosso currículo, aliás, tragédias de todos os tipos: contaminação com material radiológico, epidemias e endemias, adulteração de alimentos e envenenamento por agrotóxicos, além de queimadas e desmatamentos que ameaçam o equilíbrio de todo o ecossistema global, só para citar algumas dentro de tantas passíveis de menção.

O grande diferencial é que, aqui, a Regulação de Riscos, associada aos programas de CIP, já nasce "crescida", independente. Não há uma lógica de estabelecimento de estágios e progressão como nos outros países. E ela já vem ao mundo integrada à perspectiva do *all-hazards approach* e fortemente ligada aos programas de proteção e defesa civil, ou, ao menos, visivelmente escorada no mesmo conjunto de princípios, razões e fundamentos que esses programas adotam. Além disso, o processo foi intensamente impulsionado por uma demanda muito específica: o atendimento de compromissos assumidos pelo País para sediar os grandes eventos desportivos internacionais.

É importante que fique claro, no entanto, que embora possam ser encontrados diversos traços comuns, não há uniformidade de tratamento e atuação, encontrando-se a Regulação de Riscos dos diversos setores regulados no Brasil nos mais variados estágios e com as mais diferentes formatações.

Para melhor exemplificar essa politonia e assincronia, antes de adentrarmos na discussão relacionada às CIP propriamente ditas, passaremos por alguns rápidos comentários sobre duas experiências da Regulação de Riscos no Brasil: a regulação nacional do setor nuclear e a regulação dos OGM, destacando a sua disparidade.

8.1 Regulação do Setor Nuclear no Brasil

A regulação do setor nuclear no Brasil demonstra um caso de Regulação de Riscos que, na melhor das hipóteses, ficou no meio do caminho entre os mecanismos clássicos de controle da sociedade industrial e a conformação assumida pelo fenômeno regulatório na sociedade de risco, mesmo tendo um fortíssimo estímulo (par e passo com o europeu) e a comoção da opinião pública a lhe dar vigor.

Lembremos do acidente radiológico com ^{137}Cs ocorrido em Goiânia, em setembro de 1987, que resultou em várias mortes e na contaminação de muitos quarteirões de três diferentes bairros da cidade. Nos dias que se seguiram ao evento, cerca de 112.800 pessoas foram examinadas no Estádio Olímpico de Goiânia, tendo sido detectados traços de contaminação significativa em 249 delas. Na limpeza dos sítios afetados, objetos foram recolhidos, casas demolidas e, junto com a camada mais superficial do solo, tudo (aproximadamente 3.500 m³ de lixo radioativo) foi confinado em uma área isolada especialmente construída, debaixo de uma camada de um metro de concreto e chumbo (IAEA, 1988, p. 1-7).

Esse foi o maior acidente com uma fonte radioativa já ocorrido fora de uma usina nuclear, sendo classificado como um evento de Nível 5 na Escala Internacional de Acidentes Nucleares [e radiológicos] (ou *International Nuclear Event Scale*, INES), que varia do 0 ao 7, conforme a gravidade do evento (IAEA, 1988). Só dois acidentes têm classificação superior na tabela, Chernobyl e Fukushima, ambos classificados como de Nível 7.

O que aconteceu se resumiria ao seguinte: dois jovens catadores de material reciclável teriam furtado no dia 13 de setembro de 1987 um aparelho de radioterapia abandonado de um prédio em ruínas na região central de Goiânia/GO, anteriormente ocupado pelo Instituto Goiano de Radioterapia. Pensando em retirar o aço e o chumbo para vendê-los, eles carregaram o equipamento para casa e começaram a desmontá-lo, ignorando que continha uma cápsula com cloreto de césio altamente radioativa em seu interior. Logo no primeiro dia eles já teriam sentido os primeiros sintomas de envenenamento radioativo (náuseas e vômitos), mas associaram o mal-estar a questões alimentares. Cinco dias depois o equipamento foi vendido para um ferro-velho localizado no Setor Aeroporto da capital goiana, onde a cápsula foi aberta e o pó azulado encontrado dentro dela, que cintilava suavemente no escuro, despertou grande curiosidade dos familiares e vizinhos do dono do ferro-velho. Diante do constante mal-estar e das doenças de pele que acometiam aqueles que tinham contato com material, duas das vítimas desconfiaram do perigo mortal que corriam. No dia 28 de setembro, elas levaram a cápsula em um ônibus de transporte coletivo para um prédio da vigilância sanitária, onde permaneceu em quarentena. No dia seguinte, 29, um físico que passava as férias em Goiânia, conhecido do médico que assistiu a família, conseguiu um contador de radioatividade emprestado e constatou os elevados níveis de contaminação. As autoridades responsáveis, em especial a Comissão Nacional de Energia Nuclear (CNEN), foram então alertadas (IAEA, 1988) (CARVALHO, 2012).

Ressalvadas as devidas particularidades, é possível traçar vários paralelos com os desastres de Chernobyl-4 e da BSE, como o desconhecimento do perigo, o despreparo institucional em lidar com a ameaça e, particularmente, a demora das autoridades em assumir a gravidade do problema e transmitir à população afetada informações importantes que poderiam garantir a sua segurança e inibir o alastramento do incidente. Goiânia sediava à época o Grande Prêmio

Internacional de Motovelocidade. Para preservar a imagem da cidade e do País diante dos estrangeiros e evitar que o pânico se espalhasse, os governantes informaram à população (que deveria, aliás, apresentar-se para uma triagem no Estádio Olímpico Pedro Ludovico Teixeira) que se tratava apenas um "vazamento de gás" (IAEA, 1988).

O incidente certamente repercutiu profundamente na estrutura, na atribuição de responsabilidades e nos procedimentos adotados pelas instituições de segurança e controle do setor nuclear, principalmente o CNEN, autarquia especial criada ainda no primeiro ano do governo Kubistchek, por meio do Decreto nº 40.110, de 1956, e "recriada" mediante a Lei nº 4.118, de 1962, para exercer, entre *outras* coisas, a função de órgão regulador setorial.

Sob influência do acidente de Goiânia, novas normas mais criteriosas foram produzidas, tratando da extração e manipulação de minerais radioativos, seu transporte, refino, armazenamento e descarte; dos limites de exposição humana e condições de trabalho dos operadores; e do licenciamento das estações que utilizam tais materiais, além de outros temas inerentes ao trato com material radioativo e radiológico. Há, hoje, normas estabelecendo medidas de resposta e recuperação a serem adotadas no caso de acidentes (compostas por três fases: inicial, controle e pós-emergencial), trazendo disposições específicas sobre a notificação de incidentes às autoridades; alertas e comunicação ao público; isolamento, blindagem e evacuação de áreas; e descontaminação de pessoas e lugares (CNEN, 2014).

Todavia, o CNEN, vinculado ao Ministério da Ciência, Tecnologia e Inovação (MCTI) desde 1999, não é responsável somente pela **regulação e fiscalização** do setor nuclear, mas também atua como **órgão político** de fomento e promoção da indústria nuclear nacional.[16] Isso, aliás, é expressamente vedado pela Convenção sobre Segurança Nuclear, de 1994, da qual o Brasil é signatário (Decreto nº 2.648, de 1998):

ARTIGO 8

Órgão Regulatório

1. Cada Parte Contratante estabelecerá ou designará um órgão regulatório, encarregado da implementação do arcabouço legislativo

---

[16]De acordo com as atribuições constantes das Leis nº 6.189, de 1974, e nº 7.781, de 1989, e do Anexo I do Decreto nº 5.667, de 2006, o CNEN tem as seguintes finalidades institucionais: I - colaborar na formulação da Política Nacional de Energia Nuclear; II - executar ações de pesquisa, desenvolvimento, promoção e prestação de serviços na área de tecnologia nuclear e suas aplicações para fins pacíficos conforme disposto na Lei nº 7.781, de 27 de junho de 1989; e III - regular, licenciar, autorizar, controlar e fiscalizar essa utilização.

e regulatório referido no Artigo 7, e dotado de autoridade adequada, competência e recursos financeiros e humanos para desincumbir-se das responsabilidades a ele atribuídas.

2. Cada Parte Contratante tomará as medidas apropriadas para assegurar uma **efetiva separação entre as funções do órgão regulatório e aquelas de qualquer outro órgão ou organização relacionado com a promoção ou utilização da energia nuclear**.

(grifei)

Ora, como vimos, o primeiro elemento essencial da Regulação de Riscos no contexto de uma sociedade fruto da modernização reflexiva é justamente a garantia de independência do processo de avaliação do risco, fundado no conhecimento científico especializado, em relação ao processo de decisão político-administrativa. Depois do acidente nuclear de Fukushima-I, em 2011, no Japão, em que a reunião das duas atividades foi duramente criticada, discute-se, no Brasil, a sua separação com a criação de uma "Agência Nuclear Brasileira":

> "Desde o início do ano [2013], a Casa Civil analisa a proposta de criação de uma agência reguladora para o setor nuclear. O projeto segue determinação da Agência Internacional de Energia Atômica (AIEA) que sugere uma separação entre os setores de fomento à pesquisa nuclear e licenciamento e segurança de atividades.
> Agência Nuclear Brasileira ficaria responsável apenas pelo licenciamento e controle de atividades nucleares como a montagem das varetas com o combustível nuclear. De acordo com o diretor de Radioproteção e Segurança Nuclear da Comissão Nacional de Energia Nuclear (CNEN), Ivan Salati, a independência dos setores é inevitável. "Mais cedo ou mais tarde essa separação vai ocorrer. Depois do acidente na Usina de Fukushima, no Japão, diversos órgãos internacionais que não haviam separado essas funções passaram a fazê-la. O Brasil começa a atingir uma complexidade na área que merece separar a regulação, o licenciamento e o controle das atividades nucleares do fomento à pesquisa", afirmou em entrevista exclusiva à Agência Gestão CT&I." (C&T INOVAÇÃO, 2013)

Assim, nesse tópico, ainda há um bom percurso a ser percorrido antes que se possa falar em verdadeira Regulação de Riscos no caso do setor nuclear brasileiro, tal como há hoje em outros países. Além disso, melhor sorte não lhe cabe no quesito transparência, tema ainda muito dominado pela doutrina da segurança nacional, inacessível à sociedade civil. Vale a leitura do **Relatório do Grupo de Trabalho Fiscalização e Segurança Nuclear**, produzido pela Comissão de Meio Ambiente e Desenvolvimento Sustentável da Câmara dos Deputados (BRASIL, 2007), que aponta, entre outros problemas:

- "O Estudo que analisamos, sobre os arranjos institucionais na área de fiscalização nuclear, concluiu que a estrutura atual da área de fiscalização da radioproteção e segurança nuclear no Brasil apresenta riscos inerentes para a população e o meio ambiente em função da ausência de segregação das funções de regulação, definição de política nuclear e condução das atividades operacionais. (...)
- Em função desta estrutura que a faz "fiscal de si mesma" a grande maioria das instalações nucleares e radioativas da própria CNEN não estão licenciadas ou certificadas e apresentam-se fragilmente fiscalizadas, incluindo-se aí as Indústrias Nucleares do Brasil – INB, que pertence à CNEN, e realiza a mineração, beneficiamento e enriquecimento do urânio (...)
- O arcabouço legal das atividades de regulação e fiscalização da área nuclear é praticamente inexistente, não apresentando um instrumental mínimo para a formalização de uma atividade de fiscalização eficiente e capaz de assegurar o devido controle sobre o setor, que é altamente sensível.
- O órgão regulador da área nuclear não sabe qual é o limite de suas atribuições, o que vem gerando conflito de competência com a ANVISA, IBAMA e até mesmo, como relatado, com a Fiscalização do Ministério do Trabalho." (BRASIL, 2007, p. 223-225)

8.2 Regulação dos OGM no Brasil

Em relação à regulação dos Organismos Geneticamente Modificados no Brasil, o marco civil é constituído pela Lei de Biossegurança, Lei nº 11.105, de 2005, e pelo Decreto nº 5.591, do mesmo ano, que estabelecem regras de segurança, registro e mecanismos de fiscalização das atividades usando transgênicos e derivados, além de um curioso "*plus*": regras para pesquisas com células-tronco e embriões humanos.

Digno de menção, a Lei nº 11.105, de 2005, cria o Conselho Nacional de Biossegurança (CNBS) e reestrutura a Comissão Técnica Nacional de Biossegurança (CTNBio), além de dispor sobre a Política Nacional de Biossegurança (PNB). Observa-se nela uma grande preocupação na separação de papeis e na identificação e controle dos riscos – inegavelmente, foi bastante influenciada pela regulação de riscos alimentares e ambientais adotada na Europa. Ademais, cumpre destacar que ela observa os tratados e acordos internacionais sobre o tema, em especial o *Protocolo de Cartagena sobre Biossegurança* e as normas do *Codex Alimentarius* (BRASIL, 2010, p. 9-11).

Nossa nova lei, aprovada há uma década, não é mera atualização baseada na experiência internacional e/ou compatibilização com acordos e tratados. Ela surgiu, na realidade, para pacificar conflitos havidos entre a primeira tentativa de normatização, criada pela Lei nº 8.974, de 1995, e a legislação ambiental, tendo em vista que aquela não previa, quando da aprovação de solicitações pelo CTNBio, a elaboração de Relatório de Impacto Ambiental, demandado por esta (BRASIL, 2010, p. 9-10). Além disso, outro tema, a bioética das pesquisas com material genético humano, aproveitou a oportunidade do momento e veio de carona. Quase não deu certo: as regras em relação às pesquisas com células-tronco tiveram a sua constitucionalidade frente ao princípio de proteção à vida e dignidade humana questionada no Supremo Tribunal Federal. Julgado em 2008, restou decidido pela constitucionalidade do art. 5º da Lei nº 11.105, de 2005 (BRASIL, 2010, p. 10).

Observa-se, então, que a inovação teve o intento de endereçar outras preocupações e foi guiada por interesses políticos diversos, extrapolando o objetivo de atualizar os instrumentos de gestão de bioameaças. Mesmo assim, todavia, destaca-se neste caso um grande contraste com o anterior, haja vista a adoção de mecanismos formais de separação das instâncias técnico-científica e político-decisória, além de a estrutura adotada possibilitar maior transparência e oportunidade de participação da sociedade civil. É esse tipo de disparidade – a opção de abordagem da qual todo o resto do processo de regulação é consequência – quem melhor ilustra a passagem do modelo.

9. Defesa Civil e Bola na Rede

A Constituição do Império do Brasil, de 1824, já falava, em seu art. 179, em "garantir os socorros públicos". Em todas as Cartas Magnas de 1824 até 1937 são abordados temas como socorro público, calamidade, efeitos da seca, desastres e perigo iminente, mas até a década de 40 o governo não tinha sentido a necessidade de ter um órgão especificamente voltado para o atendimento da população em situação de desastre (BRASIL, 2014a, p. 11).

Depois de declarar guerra ao Eixo na segunda Guerra Mundial, em 1942, o governo criou um serviço de defesa civil, mas ele foi desativado com o fim do conflito, por ser considerado desnecessário. Uma década e meia depois, em razão de uma seca particularmente severa na Região Nordeste, a Lei nº 3.742, de 1960, voltaria a atenção da defesa civil, que até então estava focada nas ameaças externas, para os desastres naturais. Em 1966, foi a vez da Região Sudeste ser castigada, com violentas enchentes, que motivaram a organização das primeiras entidades estaduais de defesa civil (BRASIL, 2014a, p. 12).

A reestruturação administrativa do final da década de 60, promovida pelo Decreto-lei nº 200, de 1967, criaria o Ministério do Interior e lhe atribuiria a competência de assistir as populações atingidas por calamidade pública. Até esse momento, a motivação principal das medidas adotadas era amealhar recursos para as ações de resposta e recuperação. A partir da década seguinte, no entanto, isso mudaria de figura. Ao assistencialismo se somaria a iniciativa de consolidação institucional-organizacional da defesa civil, com a criação de um Grupo Especial, depois transformado em Secretaria Especial, subordinada ao Ministério do Interior, para tratar do tema em todo o território nacional (BRASIL, 2014a, p. 13).

A Constituição Federal de 1988, em seu art. 21, inciso XVIII, incumbiu à União a responsabilidade de planejar e promover a defesa permanente contra as calamidades públicas, especialmente as secas e as inundações. Regulando o citado dispositivo, o Decreto nº 97.274, de 1988, organizou o Sistema Nacional de Defesa Civil (SINDEC) como proposta de uma instituição estratégica de análise e redução de riscos de desastres. Datam dessa época as primeiras iniciativas de gestão de riscos.

O sistema e seus órgãos passariam por reestruturações em 2004, 2005 e 2010. Finalmente, a Lei nº 12.608, de 2012, instituiu a Política Nacional de Proteção e Defesa Civil (PNPDEC), dispôs sobre o Sistema Nacional de Proteção e Defesa Civil (SINPDEC) e o Conselho Nacional de Proteção e Defesa Civil (CONPDEC) e autorizou a **criação de sistema de informações e monitoramento de desastres**. É o atual marco legal da área de defesa civil, que, conforme já mencionado no subcapítulo 5.2 deste artigo, surgiu como resposta a uma série de desastres recentes envolvendo enxurradas e movimentos de massa (deslizamentos de terra).

Com essa lei, passamos a ter uma sistematização da gestão de risco e de desastres no Brasil, operada pelo Centro Nacional de Gerenciamento de Riscos e Desastres (CENAD), criado ainda em 2005 pelo Decreto nº 5.376, sob a coordenação da Secretaria Nacional de Proteção e Defesa Civil do Ministério da Integração Nacional.

9.1 Compromissos e Monitoramento de IEC

Nossa política de proteção e defesa civil foi progressivamente incorporando e se adaptando às técnicas de gestão de riscos enquanto que, ao mesmo tempo, o conceito de infraestrutura crítica foi se expandindo e a abordagem do tipo proteção "contra todos os riscos" (*all-hazards approach*) ganhando fôlego no cenário internacional.

Se, por um lado, o texto constitucional expressamente destaca as secas e inundações como preocupações primárias da defesa contra calamidades, por outro, as redes das infraestruturas críticas representam elementos essenciais dos sistemas de preparação, monitoramento, alerta, alarme, resposta e recuperação contra tais calamidades, ou, mais ainda, mostram-se como vias para impedir que eventos adversos efetivamente se transformem em calamidades.

Desse modo, a resiliência dessas infraestruturas é indispensável não só para a rápida retomada da situação de normalidade, mas também para impedir que a calamidade ganhe substância – por exemplo, avisando, mediante a disseminação de alertas e alarmes eletrônicos, a população de uma zona de risco da ameaça que se avizinha. Não há, portanto, como considerar um sem o outro.

Paralelamente, o Brasil firmou vários compromissos para receber os Jogos Pan-Americanos e Parapan-americanos, de 2007, a Copa das Confederações de Futebol FIFA, de 2013, a Copa do Mundo de Futebol FIFA, de 2014, e os Jogos Olímpicos e Paraolímpicos de 2016. Os eventos desportivos internacionais abrem uma nova dimensão em termos de proteção de infraestruturas críticas, afinal os estádios, rotas de acesso, meios de transporte e tudo o mais que seja indispensável para a realização do evento devem ser analisados sob a ótica da gestão de riscos.

Para se ter uma pequena ideia do que isso significa em termos de infraestrutura, somente para a Copa do Mundo foram contratados R$ 27,1 bilhões em obras compreendendo investimentos em estádios, portos, aeroportos, mobilidade urbana, segurança pública, telecomunicações e turismo (BRASIL, 2015, p. 227).

Ao observar os anexos da Matriz de Responsabilidades das Copas das Confederações e do Mundo de Futebol (BRASIL, 2014b), facilmente se destacam as medidas que afetam os setores de transportes (mobilidade urbana e as reformas nos portos e aeroportos, no Anexo C) e de telecomunicações (Anexo E, sob o compromisso de "modernização da infraestrutura e serviços e suporte às competições"). Nem todas as implicações da assunção de tais compromissos são tão visíveis e diretas, todavia.

Diante dessas *urgentes* demandas, o Gabinete de Segurança Institucional da Presidência da República (GSI/PR), no uso de suas atribuições e competências como órgão de assistência direta e imediata da Presidência da República (que é quem assina os Termos de Compromisso e Matrizes de Responsabilidades) passou a demandar e a estimular as iniciativas de gestão de riscos das infraestruturas críticas em áreas consideradas prioritárias. Em 2009, o GSI/PR institucionalizou tal estímulo com a criação de cinco Grupos Técnicos temáticos (leia-se setorizados): **energia, transporte, água, telecomunicações e finanças** (art. 3º da Portaria nº 02, de 2009, do GSI/PR).

Em razão da **forte interdependência de todas as infraestruturas essenciais**, as iniciativas que a princípio produziriam efeitos pontuais e localizados nas "áreas prioritárias" em razão dos "Grandes Eventos" acabaram se generalizando e ainda se alastraram e influenciaram outros setores regulados – indo muito além do inicialmente imaginado, ao ponto de amalgamar-se à lógica do *all-hazards approach* com toda a bagagem relacionada à proteção e defesa civil. Isso se deve em grande parte à potência do argumento virtualmente incontestável sobre o qual se apoia – o direito do usuário/cidadão/consumidor à vida, à segurança e à integridade física –, catalizada pela urgência do atendimento aos compromissos assumidos pelo País.

Como consequência, recaiu sobre os agentes econômicos dos setores regulados afetos uma série de regras e obrigações sem precedentes, de identidade e limites ainda pouco explorados. Por meio de políticas e programas do governo central, apoiadas por instrumentos normativos expedidos pelos órgãos de regulação setorial, coube aos agentes do mercado regulado parte considerável do ônus de mapeamento das vulnerabilidades das redes de infraestrutura, e de diagnóstico e compartilhamento de informações de desempenho dos ativos considerados críticos, além da adoção de medidas de preparação e de resposta para desastres e situações de emergência.

No embalo da experiência vivenciada por esses setores, os sistemas de gestão e monitoramento de riscos se alastraram por outras áreas, criando novas estruturas ou atualizando as existentes com as novas técnicas de acompanhamento remoto ou até automatizado que hoje são possíveis graças à significativa evolução das tecnologias da informação e comunicação dos últimos anos.

Vejamos alguns exemplos desse processo. No que concerne ao setor de telecomunicações, nos Jogos Pan-Americanos e Parapan-Americanos, de 2007, a Agência Nacional de Telecomunicações (Anatel) elaborou em conjunto com o Centro de Pesquisa e Desenvolvimento em Telecomunicações (CPqD) um projeto piloto para o mapeamento de riscos e vulnerabilidades das redes de telecomunicações do Município do Rio de Janeiro, conhecido como **Proteção da Infraestrutura Crítica de Telecomunicações** (PICT) (CPqD, 2014). Para a Copa das Confederações e a Copa do Mundo FIFA, já sob a égide do Grupo Técnico de Telecomunicações (SGTSIC-Telecom), criado pelo GSI/PR mediante a Portaria n° 05, de 2009, do GSI/PR, a Anatel implantou o **Programa de Ações para os Grandes Eventos Internacionais** para monitorar o desempenho das redes da telefonia móvel nas proximidades dos estádios de futebol. O mesmo programa será empregado para as Olimpíadas e Paraolimpíadas de 2016, porém para todos os serviços de telecomunicações de interesse coletivo (BRASIL, 2015).

Esses dois programas deram luz ao **Regulamento sobre Gestão de Riscos das Redes de Telecomunicações e Uso de Serviços de Telecomunicações em Desastres, Situações de Emergência e Estado de Calamidade Pública**, aprovado pela Resolução Anatel n° 656, de 2015. Em apertada síntese, esse Regulamento trata de dois grandes assuntos. Em primeiro lugar, busca mapear, avaliar e dar tratamento aos riscos associados às IC das redes dos serviços de telecomunicações de interesse coletivo (*i. e.*, telefonia móvel, telefonia fixa, internet e televisão por assinatura) mediante a adoção de procedimentos e mecanismos de gestão de riscos e de um sistema integrado de acompanhamento (ou "monitoramento") do desempenho dos ativos críticos dessas redes. O segundo tema abordado diz respeito às ações de preparação e de resposta que deverão ser adotadas pelas prestadoras de serviços de telecomunicações em eventuais desastres e calamidades, incluindo obrigações de disseminação de alertas e alarmes e atuação coordenada com os órgãos de segurança pública e de proteção e defesa civil, entre outras coisas.

Em outras palavras, ao mesmo passo em que cabe ao regulado adotar medidas de resiliência e preparar-se para efetivamente atuar nas eventuais calamidades, deve ele integrar-se a um "sistema" que irá "acompanhar" o desempenho dos elementos identificados como críticos em sua rede. As informações são enviadas ao Centro de Monitoramento de Redes de Telecomunicações, que a Anatel colocou em operação em 2014 e que acompanha questões como capacidade, tráfego, indicadores de qualidade dos serviços e interrupções na prestação (BRASIL, 2015, p. 309). O ônus decorrente da adoção dessas medidas fica a cargo do setor, desnecessário mencionar.

No campo dos transportes, em cada uma das doze cidades-sedes do Mundial, foram criados Planos Operacionais de Mobilidade que, entre outras coisas, acompanharam em tempo real a movimentação nos terminais rodoviários. No nível nacional, coube a um grupo especial de acompanhamento, a Comissão Nacional das Autoridades Aeroportuárias (Conaero), o monitoramento do desempenho dos aeroportos (BRASIL, 2015. p. 228). Essas experiências na área de transportes resultaram em alguns legados diretos nas políticas de PIC atual. Após uma breve gestação, a Agência Nacional de Transportes Terrestres (ANTT) começou a ensaiar a implantação do **Sistema de Monitoramento do Transporte Rodoviário Interestadual e Internacional Coletivo de Passageiros** (Monitriip), que essencialmente consiste na instalação de vários pontos de monitoramento inteligentes, tanto embarcados como não embarcados, que possibilitam o acompanhamento remoto de dados relativos à prestação dos serviços de transporte, tais como número de passageiros, tarifas cobradas, itinerário e cumprimento de horários. Obviamente, cabe à empresa de transporte arcar com o ônus decorrente da aquisição, instalação, operação e manutenção dos equipamentos, além de ser responsável pela coleta, armazenamento, disponibilização e envio dos dados ao sistema mantido pela ANTT, o que deve ser feito por uma conexão 3G, de acordo com o que estabelece a Resolução ANTT n° 4.499, de 2014.

Para o transporte aéreo, em termos de programas de CIP, embora se tenha de longa data o **Sistema de Gerenciamento da Segurança Operacional** (SGSO) e os **Sistemas de Resposta à Emergência Aeroportuária** (SREA), ambos obedecendo a padrões internacionais e às normas e regulamentos expedidos pela Agência Nacional de Aviação Civil (ANAC), destaca-se a criação da Conaero, por meio do Decreto n° 7.554, de 2011, como grande inovação em termos de gestão da infraestrutura do setor. Trata-se de um fórum consultivo e deliberativo que atua diretamente na gestão dos aeroportos do País, inclusive com poderes para monitorar e estabelecer padrões de desempenho. A linguagem da gestão de riscos e de proteção dessa infraestrutura essencial está bastante enraizada e serve de baliza para muitas das decisões da Comissão.

Em observância à matriz de responsabilidades, na área portuária alguns terminais iniciaram a implantação de um avançado sistema de monitoração ativa do tráfego aquaviário, o **Sistema de Gerenciamento e Informação do Tráfego de Embarcações** (VTMIS, do inglês *Vessel Traffic Management Information System*), semelhante ao que utilizam os maiores e mais avançados terminais portuários do mundo. Esse sistema possibilita o monitoramento e controle, em tempo real, do fluxo de embarcações na área do terminal e suas imediações a partir de dados coletados das embarcações e de pontos específicos de monitoramento. Tal projeto está sendo diretamente conduzido pela Secretaria de Portos da Presidência da República (SEP/PR) (BRASIL, 2015).

Quanto à energia elétrica, na Copa do Mundo o acompanhamento do desempenho foi realizado por um robustecido Comitê de Monitoramento do Setor Elétrico, sob coordenação do Operador Nacional do Sistema (ONS), que por sua vez age sob fiscalização e regulação da Agência Nacional de Energia Elétrica (Aneel).

O monitoramento dos sistemas de geração e distribuição de energia elétrica que compõem o Sistema Interligado Nacional (SIN) certamente não é novidade, porém os mecanismos de monitoração dos riscos hidrológicos foram bastante aprimorados nos últimos anos. Além da preocupação com a geração de energia elétrica, os níveis das bacias e dos sistemas de reservatórios foram ocupando posições cada vez mais importantes no bojo do monitoramento de riscos de desastres naturais, tais como inundações graduais, inundações bruscas e enxurradas e, no polo oposto, secas e estiagens. Nesse sentido, a Agência Nacional de Águas (ANA), em colaboração com órgãos e agentes de defesa civil, tem desenvolvido e incorporado novas funcionalidades a sua "sala de situação", destacando-se os trabalhos com o **Sistema de Informações Hidrológicas** (HidroWeb), elemento essencial do **Sistema Nacional de Gerenciamento de Recursos Hídricos** (Singreh), que busca (finalmente) realizar o comando do art. 4º da Lei que criou essa Agência Reguladora, a Lei nº 9.984, de 2000: "*planejar e promover ações destinadas a prevenir e minimizar os efeitos de secas e inundações* (...)".

A centelha dos Programas de CIP caiu nas graças da Administração Pública e também deixou suas marcas em outros setores. No setor de vigilância sanitária, como iniciativa de monitoramento dos produtos de origem animal, está sob avaliação a edição de um novo **Regulamento da Inspeção Industrial e Sanitária de Produtos de Origem Animal** (Riispoa), em substituição ao aprovado pelo Decreto nº 30.691, de 1952, modernizado e com o apoio do Sistema Brasileiro de Inspeção de Produtos de Origem Animal (Sisbi-POA), parte do Sistema Unificado de Atenção à Sanidade Agropecuária (Suasa) (BRASIL, 2015, p. 63-64). No âmbito da Agência Nacional de Vigilância Sanitária, merece destaque o **Sistema Nacional de Notificações para a Vigilância Sanitária** (Notivisa), já em operação.

Quanto ao saneamento básico, os indicadores de abastecimento de água e esgoto sanitário e de manejo de resíduos sólidos urbanos são coletados pelo **Sistema Nacional de Informações sobre Saneamento Básico** (SNIS), também em constante atualização (BRASIL, 2015, p. 313). Dentro dessa iniciativa integrada de gestão de saneamento, coordenada pelo Ministério das Cidades, cabe mencionar que o **Sistema Integrado de Gestão de Serviços de Saneamento** (Interáguas) é alimentado remotamente pelas prestadoras de serviço e pelos órgãos gestores dos municípios.

Por fim, sem querer delongar em detalhes, a área de finanças é um ambiente intrinsecamente propício à Gestão de Riscos e controles, que permeiam o Sistema Financeiro Nacional, o Mercado de Seguro e Resseguro e o Mercado de Valores Mobiliários. Mais especificamente, veja-se, por exemplo, o Comitê Permanente de Prevenção à Lavagem de Dinheiro e Coibição ao Financiamento do Terrorismo nos Mercados de Seguro, Resseguros, Capitalização e Previdência Privada (CPLD).

10. Para onde o barco vai? Algumas considerações e expectativas

Compreender o fenômeno regulatório nessa nova configuração é reconhecer uma série de padrões e comportamentos que se repetem e se reforçam recursivamente. As premissas e métodos de análise, assim como a aplicação de processos e procedimentos e a escolha de modelos e ferramentas de regulação refletem os valores da Sociedade de Risco na qual se inserem. Além disso, a inesgotável interdependência entre sistemas e setores e os constantes avanços tecnológicos revolucionam, todos os dias, as possibilidades e desafios.

A lógica de adoção de processos de Gestão de Riscos apoiados em sistemas de monitoramento remoto, integrado e, na medida do possível, alimentados de modo automatizado e em tempo real, constitui o substrato instrumental mais maduro e atual das políticas de CIP. Os sistemas são as principais ferramentas de mapeamento de vulnerabilidades e de monitoração de desempenho das IEC, enquanto que o trabalho dos especialistas e agentes setoriais orbita em torno da atualização e análise dos dados coletados e da sua evolução histórica, concomitantemente com a elaboração de planos de resposta, recuperação e aperfeiçoamento da condição de resiliência dessas infraestruturas e suas interdependências intra e intersetoriais.

A rápida evolução das TIC está estabelecendo um novo paradigma no tratamento dos riscos. Se considerarmos a revolução que internet das coisas deve provocar nos próximos anos, é inquestionável que essa abordagem se consolidará ainda mais no centro do desenvolvimento e aplicação de políticas e programas de controle e aprimoramento dos processos de regulação setorial e gestão das IEC.

As ações de resposta do governo e do Estado brasileiro em atendimento às demandas oriundas dos compromissos assumidos ante a realização dos grandes eventos desportivos, que fomentaram a aplicação de modelos e ferramentas de Gestão de Riscos e controle de setores de IEC, rapidamente se difundiram na Administração Pública como um luminoso norte e repercutiram em vários outros setores regulados.

E essa centelha não irá se apagar. Embora os eventos desportivos ainda sejam um combustível vital para as ações dirigidas a muitos dos setores, o fenômeno deve continuar firme e forte, nutrido pela inquieta Sociedade de Risco e guiado pelas preocupações e anseios nacionais e globais que ela inventa e reinventa constantemente.

No cenário internacional, a repercussão do ataque terrorista à sede da revista Charlie Hebdo, em Paris, França, em janeiro de 2015, e dos ataques coordenados em novembro de 2015 nos arredores da capital francesa ainda está para ser sentida na Regulação de Riscos europeia. Ou ainda do ataque à Maratona de Boston, EUA, em abril de 2013, na política antiterrorista deste país.

No Brasil, os abalos de confiança causados pela catástrofe provocada pelo rompimento da barragem de Fundão, em Mariana/MG, em novembro de 2015, e o pavor generalizado diante da recente epidemia do Zika vírus e sua possível relação com o aumento de casos de microcefalia, o que atingiu proporções de emergência internacional aos olhos da WHO, também não passarão desapercebidos e influenciarão na adoção de medidas mais eficientes e eficazes de Gestão de Riscos. A propósito, cabe uma breve referência, que não poderia faltar: a notificação das suspeitas de microcefalia ou gestante com exantema é centralizada no **Registro de Eventos em Saúde Pública**, do Ministério da Saúde, um sistema eletrônico de monitoração remota que se insere na lógica aqui discutida.

Para concluir, seguem algumas recomendações para aqueles que desejarem aprofundar seu conhecimento sobre os temas aqui tratados. Quanto às premissas teóricas, são imprescindíveis os trabalhos de Ulrich Beck e Antony Giddens sobre a Sociedade do Risco. Embora não haja muitos livros de outros autores sobre o tema, há uma farta produção de artigos acadêmicos nas áreas das ciências sociais que podem ser facilmente encontrados em meio digital nos melhores repositórios acadêmicos. Para as políticas de CIP, recomenda-se começar pelo *framework* regulatório europeu, cujas referências estão na Seção 7 deste texto, enquanto que para as políticas de proteção e defesa civil no Brasil, os marcos legais mencionados na Seção 9 são uma boa pedida para iniciar os estudos.

Agora, caso o interesse seja no fenômeno regulatório da *Gestão de Riscos da Administração Pública*, isto é, tendo a própria gestão pública como objeto e vista de uma perspectiva interna – e este é um tema excelente para pesquisas, em razão do seu potencial de repercutir sobre os setores regulados – as experiências canadense, britânica e estadunidense são as mais relevantes. Elas estão didaticamente sumarizadas em um curioso Relatório de Levantamento produzido em 2012 pelo Tribunal de Contas da União (TCU), aprovado mediante o Acórdão nº 2.467/2013-TCU-Plenário. Esse Relatório buscou avaliar o "grau de maturidade" dos órgãos e entidades públicas federais quanto ao gerenciamento dos riscos. Tendo em vista o elevado grau de deferimento conferido pela equipe técnica do Tribunal ao modelo adotado pelo governo do Reino Unido, não seria de se estranhar se em um futuro próximo esse modelo acabasse por influenciar de modo decisivo o Programa Nacional de Gestão Pública e Desburocratização – Gespública do Poder Executivo Federal.

Referências Bibliográficas

ASSOCIAÇÃO BRASILEIRA DE NORMAS TÉCNICAS (ABNT). **NBR ISO 31000:2009 Gestão de riscos - Princípios e diretrizes**. São Paulo: ABNT, 2009.

BAGHERI, E.; GHORBANI, A. *The State of the Art in Critical Infrastructure Protection: a Framework for Convergence*. In: **International Journal of Critical Infrastructures**, v. 4. n. 3, p. 1-36, 2007. Disponível em: http://ebagheri.athabascau.ca/papers/CIPFramework.pdf. Acesso em: 18 nov. 2014.

BECK, U. **Sociedade de Risco - rumo a uma outra modernidade**. São Paulo: Editora 34, 2011.

BRASIL. **Relatório do Grupo de Trabalho Fiscalização e Segurança Nuclear. Comissão de Meio e Desenvolvimento Sustentável**. Brasília: Câmara dos Deputados, 2007. Disponível em: http://bd.camara.gov.br/bd/ bitstream/handle/bdcamara/3743/relatorio_grupo_trabalho.pdf?sequence =5. Acesso em: 16 nov. 2014.

___. **Glossário de Defesa Civil, Estudos de Riscos e Medicina de Desastres**. 5a Ed. Brasília: Secretaria Nacional de Defesa Civil, 2009.

___. Marco Legal Brasileiro Sobre Organismos Geneticamente Modificados. **Organização Pan-americana da Saúde**. Brasília: Ministério da Saúde, 2010.   Disponível   em:

http://www2.fcfar.unesp.br/Home/CIBio/MarcoLegalBras.pdf.   Acesso em: 16 nov. 2014.

___. **Capacitação Básica em Defesa Civil**. Brasília: Ministério da Integração Nacional, 2014a. Disponível em: http://www.mi.gov.br/c/document_library/get_file?uuid=7414b05c-790e-455c-9ae6-029e1a2173c7&gro upId=10157. Acesso em: 11 nov. 2014.

___. **Matriz de Responsabilidades**. Portal da Copa. Governo Federal Brasileiro. 2014b. Disponível em: http://www.copa2014.gov.br/pt-br/brasilecopa /sobreacopa/matriz-responsabilidades. Acesso em: 02 nov. 2014.

___. Presidência da República. **Mensagem ao Congresso Nacional, 2015: 1ª Sessão Legislativa Ordinária da 55ª Legislatura**. Brasília: Presidência da República, 2015.

BRITISH BROADCASTING CORPORATION (BBC). **Mad Cow Disease and Food Safety News Programme**, 2008. Disponível em: https://www. youtube .com/watch?v=MAJTr6Nxxa0. Acesso em : 03 nov. 2014.

C&T INOVAÇÃO. *Proposta de Criação de Agência Reguladora para Energia Nuclear está na Casa Civil*. **Agência Gestão CT&I**. Disponível em: http://www.agenciacti.com.br/index.php?option=com_content&view=arti cle&id=3815:proposta-de-criacao-de-agencia-reguladora-para-energia-nuclear-esta-na-casa-civil&catid=3:newsflash. Acesso em: 22 nov. 2014.

CARSON, R. **Silent Spring**. Boston, EUA: Houghton Mifflin, 2002.

CARVALHO, V. *Maior acidente radiológico do mundo completa 25 anos nesta semana*. **Portal G1 - Globo.com**, 2012. Disponível em: http://g1.globo.com/goias/noticia/2012/09/maior-acidente-radiologico-do-mundo-completa-25-anos-nesta-semana.html. Acesso em: 13 nov. 2014.

CENTRO DE PESQUISA E DESENVOLVIMENTO EM TELECOMUNICAÇÕES (CPqD). **Infraestrutura Crítica**. Campinas: CPqD, 2014. Disponível em: http://www.cpqd.com.br/tags/infraestrutura-critica. Acesso em: 22 out. 2014.

CENTRO NACIONAL DE ENERGIA NUCLEAR (CNEN). **Princípios Básicos de Proteção e Segurança Radiológica**. 4a Ed. Brasília: CNEN, 2014.

DEMETERCO, F. *Segurança das Infraestruturas Críticas*. **X Ciclo de Estudos Estratégicos do GSI/PR. Escola de Comando e Estado-Maior do Exército**. Rio de Janeiro. Maio, 2014. Disponível em: http://www.eceme. ensino.eb.br/meiramattos/index.php/RMM/article/viewFile/197/166. Acesso em: 12 nov. 2014.

DIEHL, G. Prevenção da Encefalopatia Espongiforme Bovina (EEB) no Brasil. **Informativo Técnico DPA**, n. 10, p. 1-5, 2010.

FAIRLIE, I.; SUMMER, D. **The Other Report on Chernobyl**. Berlim, Bruxelas, Londres e Kiev: Greens/EFA, 2006.

GIDDENS, A.; BECK, U.; LASH, S. **Modernização Reflexiva - política, tradição e estética na ordem social moderna**. 2a Ed. São Paulo: Editora Unesp, 1997.

GONÇALVES, M. E. *Regulação do risco ou risco da regulação: O caso dos organismos geneticamente modificados na UE e em Portugal*. **VII ESOCITE**. Rio de Janeiro: NECSO, 2008. p. 1-30.

GOULD, P. **Fire in the Rain: the dramatic consequences of Chernobyl**. Baltimore: Johns Hopkins Press, 1990.

HÄMMERLI, B. e RENDA, A. **Protecting Critical Infrastructure in the EU**. Centre For European Policy Studies, Bruxelas, 2010. Disponível em: http:// aei.pitt.edu/15445/1/Critical_Infrastructure_Protection_Final_A4.pdf. Acesso em: 03 nov. 2014.

HORWITZ, R. *Deregulation as a Political Process*. In: **Exitos y Fracasos de la Nueva Regulación en Telecommunicaciones (Conference)**. Centro de Investigación y Docecencia Econômicas (CIDE). Mexico City, Mar. 1998.

INTERNATIONAL ATOMIC ENERGY AGENCY (IAEA). **Summary Report on the Post-Accident Review Meeting on the Chernobyl Accident (INSAG-1)**. Viena, Áustria: IAEA Office of Public Information and Communication, 1986.

___. **The Radiological Accident in Goiânia**. Viena, Áustria: IAEA, 1988.

___. **The International Chernobyl Project**. Viena, Áustria: IAEA, 1991.

___. **Ten years after Chernobyl: What do we really know?** Viena, Áustria: IAEA Office of Public Information and Communication, 1997.

___. **Environmental Consequences of the Chernobyl Accident and their Remediation: Twenty Years of Experience**. Viena, Austria: IAEA, 2006.

LONGFELLOW, H. W. **Ships that pass in the night**. Wiktionary: a wiki-based Open Content dictionary. Disponível em: http://en.wiktionary.org/ wiki/ships_that_pass_in_the_night. Acesso em: 03 nov. 2014.

MOULD, R. F. **Chernobyl Record: The Definitive History of the Chernobyl Catastrophe**. Londres: CRC Press, 2000.

NADER, R. **Unsafe at Any Speed: the Designed-in dangers of the American automobile**. Nova Iorque, EUA: Bantam Books, 1973.

RAND CORPORATION. **Paul Baran and the Origins of the Internet**. Rand.org. Disponível em: http://www.rand.org/about/history/baran.html. Acesso em: 12 nov. 2014.

RANGEL, M. L. **Comunicação no controle de risco à saúde e segurança na sociedade contemporânea: uma abordagem interdisciplinar**. Ciência & Saúde Coletiva, 12(5), p. 1375-1385, set. out. 2007.

UNITED KINGDOM. **The Inquiry into BSE and variant CJD in the United Kingdom**. Londres: The BSE Inquiry, 2000. Disponível em: http://webarchive.nationalarchives.gov.uk/20130123162956/http://www.bseinquiry.gov.uk/report/index.htm. Acesso em: 28 out. 2014.

UNITED NATIONS (UN). **Chernobyl's Legacy: Health, Environmental and Socio-Economic Impacts**. Genebra: UN Press, 2006.

VOGEL, D. **Ships Passing in the Night: the changing politics of risk regulation in Europe and the United States**. European University Institute, p. 1-37, 2001.

WEBER, M. **Economia e Sociedade**. Brasília: Editora UnB, 1999.

WIKIPEDIA. **Contaminated haemophilia blood products** (verbete). Wikipedia, the free encyclopedia. Disponível em: https://en.wikipedia.org/wiki/Contaminated_haemophilia_blood_products. Acesso em: 15 out. 2014f.

___. **Dioxins and dioxin-like compounds** (verbete). Wikipedia, the free encyclopedia. Disponível em: https://en.wikipedia.org/wiki/Dioxins_and_dioxin -like_compounds. Acesso em: 15 out. 2014e.

___. **Dnieper River** (verbete). Wikipedia, the free encyclopedia. Disponível em: http://en.wikipedia.org/wiki/Dnieper_River. Acesso em: 12 out. 2014a.

___. **Exxon Valdez oil spill** (verbete). Wikipedia, the free encyclopedia. Disponível em: http://en.wikipedia.org/wiki/Exon_Valdez_oil_spill. Acesso em: 14 out. 2014d.

___. **Love Canal** (verbete). Wikipedia, the free encyclopedia. Disponível em: http://en.wikipedia.org/wiki/Love_Canal. Acesso em: 14 out. 2014c.

___. **Sievert** (verbete). Wikipedia, the free encyclopedia. Disponível em: http://en.wikipedia.org/wiki/Sievert. Acesso em: 12 out. 2014b.

WILLESMITH, J. **Manual on Bovine Spongiform Encephalopathy**. Roma: UN/FAO, 1998.

WORLD HEALTH ORGANIZATION (WHO). **Chernobyl: the true scale of the accident**. Genebra: WHO, 2011.

WORLD NUCLEAR ASSOCIATION (WNA). **Chernobyl Accident 1986** (verbete). world-nuclear.org. Disponível em: http://www.world-nuclear.org/info/Safety-and-Security/Safety-of-Plants/Chernobyl-Accident/. Acesso em: 11 out. 2014.

Leis, Normas e Julgados

BRASIL. Lei nº 3.742, de 04 de abril de 1960. Dispõe sobre o auxílio federal em casos de prejuízos causados por fatores naturais. **Diário Oficial [da] República Federativa do Brasil**, Brasília, DF.

___. Lei nº 4.118, de 27 de agosto de 1962. Dispõe sobre a política nacional de energia nuclear, cria a Comissão Nacional de Energia Nuclear, e dá outras providências. **Diário Oficial [da] República Federativa do Brasil**, Brasília, DF.

___. Lei nº 9.984, de 17 de julho de 2000. Dispõe sobre a criação da Agência Nacional de Águas - ANA, entidade federal de implementação da Política Nacional de Recursos Hídricos e de coordenação do Sistema Nacional de Gerenciamento de Recursos Hídricos, e dá outras providências. **Diário Oficial [da] República Federativa do Brasil**, Brasília, DF.

___. Lei nº 11.105, de 24 de março de 2005. [Lei de Biossegurança]. **Diário Oficial [da] República Federativa do Brasil**, Brasília, DF.

___. Lei nº 12.608, de 10 de abril de 2012. [Institui a Política Nacional de Proteção e Defesa Civil - PNPDEC e dá outras providências]. **Diário Oficial [da] República Federativa do Brasil**, Brasília, DF.

___. Presidência da República. Decreto nº 30.691, de 29 de março de 1952. Aprova o novo Regulamento da Inspeção Industrial e Sanitária de Produtos de Origem Animal. **Diário Oficial [da] República Federativa do Brasil**, Brasília, DF.

___. Presidência da República. Decreto nº 40.110, de 10 de outubro de 1956. Cria a Comissão Nacional de Energia Nuclear, e dá outras providências. **Diário Oficial [da] República Federativa do Brasil**, Brasília, DF.

___. Presidência da República. Decreto nº 97.274, de 16 de outubro de 1988. Dispõe sobre a organização do Sistema Nacional da Defesa Civil - SINDEC e dá outras providências. **Diário Oficial [da] República Federativa do Brasil**, Brasília, DF.

___. Presidência da República. Decreto nº 2.648, de 1º de julho de 1998. Promulga o Protocolo da Convenção de Segurança Nuclear, assinada em Viena, em 20 de setembro de 1994. **Diário Oficial [da] República Federativa do Brasil**, Brasília, DF.

___. Presidência da República. Decreto nº 5.591, de 22 de novembro de 2005. [Regulamenta dispositivos da Lei de Biossegurança]. **Diário Oficial [da] República Federativa do Brasil**, Brasília, DF.

___. Presidência da República. Decreto nº 7.554, de 15 de agosto de 2011. Dispõe sobre a coordenação das atividades públicas nos aeroportos, institui a Comissão Nacional de Autoridades Aeroportuárias -

CONAERO e as Autoridades Aeroportuárias. **Diário Oficial [da] República Federativa do Brasil**, Brasília, DF.

____. Presidência da República. Gabinete de Segurança Institucional. Portaria nº 02, de 2009. **Diário Oficial [da] República Federativa do Brasil**, Brasília, DF.

____. Presidência da República. Gabinete de Segurança Institucional. Portaria nº 05, de 2009. **Diário Oficial [da] República Federativa do Brasil**, Brasília, DF.

____. Agência Nacional de Transportes Terrestres (ANTT). Resolução nº 4.499, de 28 de novembro de 2014. **Diário Oficial [da] República Federativa do Brasil**, Brasília, DF.

____. Agência Nacional de Telecomunicações (Anatel). Resolução nº 656, de 17 de agosto de 2015. **Diário Oficial [da] República Federativa do Brasil**, Brasília, DF.

____. Tribunal de Contas da União. **Acórdão nº 2.467/2013-TCU-Plenário**. Processo TC 011.745/2012-6. Julgado em: 11 set. 2013. Brasília, DF.

ESTADOS UNIDOS DA AMÉRICA. Department of Homeland Security. **National Infrastructure Protection Plan**. Presidential Decision Directive-63, de 22 de maio de 1998.Washington, DC.

____. **USA PATRIOT Act**. Public Law 107-56, de 26 de outubro de 2001. Washington, DC.

UNIÃO EUROPEIA. Comissão das Comunidades Europeias. **European Programme for Critical Infrastructure Protection**. COM(2006) 786, Bruxelas, 2006.

____. Conselho da União Europeia. **Council Directive 2008/114/EC**, de 08 de dezembro de 2008. Diário Oficial da União Europeia. Bruxelas.

Internet e Regulação: a ICANN à luz da teoria da regulação
Internet and Regulation: ICANN in Light of the Theory of Regulation

Submetido(*submitted*): 10/12/2015
Parecer(*revised*): 10/01/2016
Aceito(*accepted*): 11/01/2016

José Flávio Bianchi[*]

Resumo

Propósito – O principal objetivo é analisar a atuação da ICANN, uma entidade privada sem fins lucrativos, que exerce papel regulatório, sob a luz de uma teoria específica da regulação.
Metodologia/abordagem/design – A metodologia inclui a análise do material publicado pela ICANN durante o programa de expansão do gTLD, em especial sobre o nome de domínio ".amazon".
Resultados – O artigo demonstra a possibilidade de analisar as atividades da ICANN sob a perspectiva da teoria processual administrativa da regulação.
Originalidade/relevância do texto – O artigo inova na análise de uma entidade privada – apesar de seus vínculos com o governo norte-americano – a partir da teoria processual administrativa da regulação.

Palavras-chave: ICANN, internet, regulação, sistema de nomes de domínio, teoria processual administrativa da regulação.

Abstract

Purpose *– The main goal of the paper is to analyze ICANN's activities, a non-profit corporation with regulatory role, in light of a specific theory of regulation.*
Methodology/approach/design *– The methodology includes the analysis of the material published by ICANN during the expansion of the gTLD programme, in special the ruling related to the ".amazon" gTLD.*
Findings *– The activities of ICANN fits into the framework of the administrative process theory.*
Originality/value *– This paper innovates in the analysis of a purely privately-held entity – i.e. ICANN, although it has ties with the U.S. government – from the perspective of the administrative process theory of regulation.*

Keywords: ICANN, Internet, regulation, domain name system, administrative process theory of regulation.

[*]Graduou-se, em 2004, pela Faculdade de Direito da Universidade de São Paulo (USP). É especialista em Direito Regulatório pelo Instituto Brasiliense de Direito Público (IDP) e mestre em Direito, Estado e Constituição pela Universidade de Brasília. É Procurador Federal da Advocacia-Geral da União desde 2007 e, em novembro de 2011, tornou-se Consultor Jurídico do Ministério das Comunicações. Email: jfbianchi@gmail.com.

Introdução

A Internet se tornou uma ferramenta ubíqua na comunicação humana. Algo iniciado de forma restrita para utilização militar e para o público acadêmico, hoje permeia os diferentes aspectos das nossas vidas, seja o cultural, o econômico, o político e o social.[1]

O funcionamento da Internet, mais especificamente, suas normas de funcionamento despertaram interesse de diversos pesquisadores por se apresentarem uma nova perspectiva ao Direito. Nesse contexto, está o tema da Governança da Internet, termo que prevalece quando há assuntos relacionados a processos decisórios sobre recursos críticos, padrões de funcionamento geral da Internet (WGIG, 2005). Grande parte dessas regras é estabelecida por órgãos estritamente privados, sendo a participação estatal muitas vezes vista como negativa pelos participantes do processo de governança.

Assim, o recorte deste artigo se dará na atuação da *Internet Corporation for Assigned Names and Numbers* – ICANN sobre a regulação de recursos críticos da Internet, i.e., endereços IP e nomes de domínio. Em particular, a controvérsia sobre o nome de domínio ".amazon" durante o programa de expansão de gTLD. Para esse fim, a análise será apoiada principalmente nos documentos produzidos e publicados pela ICANN.

Para atingir esse objetivo, o artigo trará, na primeira seção, primeiro uma apresentação panorâmica da atuação da ICANN na regulação sobre recursos críticos na Internet, quais sejam, endereços IP e nomes de domínio, com base nos regulamentos do próprio órgão. Na segunda seção, será feita uma exposição da teoria do processo administrativo da regulação, tal como formulada por Croley (2008), que se apresenta como alternativa às análises comumente fundamentadas na teoria da *public choice*. Na terceira seção, será vista como foi a atuação da ICANN no programa de expansão do gTLD, em especial do nome de domínio ".amazon". Na conclusão, será feito um cotejamento entre os processos formalmente estabelecido pelo ICANN e a teoria da regulação apresentada.

A ICANN e a administração de recursos críticos da Internet

Não existe apenas um foco em que se pode recair a análise de atividades regulatórias ou – no mínimo – de interesse público quando se observa o funcionamento da Internet. Como ressalta Lucero (2011), o fenômeno Internet lança desafios de compreensão para os mais diferentes eixos do conhecimento

---

[1]Yoo (2012) afirma que, a partir dos anos 1990, a Internet sofreu uma profunda transformação, incorporando milhões de usuários à recém-criada *world wide web*.

humano, incluindo questões econômicas, jurídicas, sociais, culturais, antropológicas, etc.

Este artigo, contudo, almeja analisar, ainda que brevemente, a atuação da ICANN, acrônimo de *Internet Corporation for Names and Numbers*, uma corporação sem fins lucrativos constituída sob as leis do Estado da Califórnia[2], nos Estados Unidos da América, relacionada ao programa de expansão de nomes de domínio genéricos no sistema de nomes de domínio. Analisando seu objeto social (ICANN, 2014), podemos perceber que suas principais funções são: (i) a administração do sistema de nomes de domínio, desempenhando papel fundamental na decisão sobre quais nomes de domínio serão adicionados à raiz e em quais momentos isso ocorrerá; (ii) a gerência do sistema de números IP (*Internet Protocol*); e (iii) a atuação autoritativa dos servidores-raiz (*root servers*). Tais itens devem ser considerados críticos para a rede mundial de computadores, pois sua ausência – ou o mal funcionamento de qualquer desses elementos – poderia desconfigurar a Internet como a conhecemos atualmente (GOLSMITH e WU, 2008).

Para demonstrar a relevância da regulação desses recursos críticos, faremos aqui uma breve explicação de cada um desses elementos.

O *Internet Protocol* (ou simplesmente protocolo IP) é o protocolo que permite a comunicação entre todos os usuários da rede em todo o mundo. Para os fins deste trabalho, podemos compreender protocolo como o conjunto convencionado de regras procedimentais que mediante sinais de controle, permitem transmissão ou recuperação de dados, a fim de permitir que os computadores se comuniquem entre si. De acordo com o protocolo IP, cada terminal que se encontra conectado à Internet é identificável através do endereço IP (*Internet Protocol Address*), que consiste em um código numérico, formado por quatro segmentos numéricos entre 0 e 255, usado na Internet, para identificar de forma única o terminal conectado à rede.

O protocolo IP divide a informação em pequenos pedaços, chamados "pacotes", e afixa um rótulo (ou *header*) em cada um deles, que contém o endereço de IP do destino. Endereços de IP são formados por uma série de trinta e dois zeros e uns, que se manifestam para as pessoas como uma série de quatro números (de 0 a 255) divididos por pontos. A tarefa de levar os pacotes da sua origem ao seu destino é executada pelos roteadores, que são computadores conectados em duas ou mais redes e estão programados para decidir como conduzir os pacotes pela rede até seu destino ou até outro roteador.

---

[2]Segundo o direito societário do Estado da Califórnia, Estados Unidos da América, essa forma societária é aceitável. Como é sabido, o Código Civil não prevê a possibilidade de corporações sem fins lucrativos.

BIANCHI, J. F. *Internet e Regulação: a ICANN à luz da teoria da regulação*. **Revista de Direito, Estado e Telecomunicações**, Brasília, v. 8, n. 1, p. 135-156, maio 2016.

Como ressalta Mueller (2002, p. 33-34), os endereços IP nada mais são que identificadores, que conferem identidades únicas e exclusivas às máquinas conectadas na Internet. Apesar de serem identificadores, não possuem qualquer referência geográfica, i.e., o endereço IP não indica a localização espacial de uma determinada máquina, mas apenas sua conexão na rede. Além disso, os endereços IPs são usados primordialmente por máquinas. Por esse motivo, a semântica de um endereço IP não tem qualquer valor, pois os computadores leem todos da mesma forma. Por outro lado, a topologia do endereço tem, sim, valor. Um endereço constante do centro da Internet tem mais valor que aquele localizado em sua periferia. Isso está relacionado à velocidade de conexão, pois os computadores localizados no centro são mais rapidamente acessados que aqueles na periferia (MUELLER, 2002, p. 35).

De forma diferente dos endereços IPs, o DNS é uma ferramenta utilizada principalmente por pessoas, o que torna essencial a necessidade de se criar nomes reconhecíveis e memorizáveis por humanos (MATHIASON, 2009, p. 9-11).

Em 1984, foi criado um sistema de nomes, que associa um identificador alfanumérico ao endereço IP, denominado Sistema de Nomes de Domínio, concebido para ser uma espécie de tabela de tradução entre nomes e números, utilizando letras e palavras facilmente reconhecíveis, diferentemente do endereço IP, que utiliza apenas números.

Além disso, para que cada computador na Internet possa ser identificado por seu nome de domínio, ele precisa ser único. Para tanto, é necessário outro processo de coordenação que assegure a singularidade e a exclusividade de um nome de domínio. Essa função é exercida pelo DNS.

O nome de domínio é o nome que localiza uma determinada página na Internet, tendo como objetivo facilitar a memorização dos endereços na Internet que antes eram formados por apenas números. O serviço de registro de nome de domínio é um serviço de cadastro que identifica o interessado e confere a sites ou máquinas conectadas à Internet o seu nome alfabético na Internet. A correspondência do DNS é feita por um processo técnico de referências, que é denominado resolução (em inglês, *resolution*).

Antes do DNS, o mecanismo de localização de páginas na Internet se chamava NIC (*Network Information Center*), que enviava listas com todos os sites da Internet para todos os usuários. Este centro criava um arquivo, o *hosts.txt*, que continha todas as correspondências entre nomes e números existentes. As redes carregavam este arquivo para realizar o processo de resolução no âmbito de sua própria rede. Conforme a Internet cresceu, mesmo antes da grande explosão comercial ocorrida em meados da década de 1990, as fragilidades do modelo NIC ficaram patentes. Além disso, Mueller (2002, p. 41) afirma que este era uma grande falha para a robustez da Internet.

O DNS foi criado na tentativa de solucionar o problema existente com o NIC (GOLSMITH e WU, 2008). Para cumprir a função de conferir nomes exclusivos, o DNS estabelece uma hierarquia de domínios entre grupos de computadores na Internet, fornecendo a cada computador um nome único de referência. Cada ponto na hierarquia fica responsável pela distribuição dos nomes de domínio para os pontos abaixo na hierarquia, por meio de processos combinados de alocação e de delegação.

As estruturas básicas da administração do DNS foram fixadas por John Postel (POSTEL, 1994), que delimitou as diretrizes básicas da hierarquia de organização dos nomes de domínio, fundamentadas em servidores-raízes, que não têm nome. Também explica a composição dos nomes de domínio, partindo dos *Top Level Domains* (TLDs). Nesse mesmo ano, a autoridade supervisora do DNS é a *Internet Assigned Numbers Authority* (IANA).

Atualmente, são reconhecidos alguns tipos de domínios de primeiro nível – TLDs. Entre os mais comuns estão o *generic Top Level Domain* e o *country-code Top Level Domain*. Os nomes de domínio genérico (em inglês, *generic Top Level Domains* ou gTLDs) são os TLDs caracterizados por três ou mais letras. Cada gTLD foi criado para um tipo específico de organização. Postel (1994) descreve os seis tipos de gTLDs existentes à época, entre eles o ".com" que é ainda o mais importante do ponto de vista comercial. Esses gTLDs passaram por alguns processos de expansão, como veremos abaixo no artigo. Por sua vez, os nomes de domínio de países (em inglês, *coutry-code Top Level Domains* ou ccTLDs) são TLDs de duas letras, para designer países ou territórios. Com poucas exceções, foi utilizado o código estabelecido pela ISO (*International Standards Organization*)[3].

Retornando à ICANN, após uma gradual evolução institucional dos órgãos em entidades responsáveis – direta ou indiretamente – pela gerência dos mencionados recursos, essa empresa se tornou a estrutura principal onde se abrigam diversos órgãos que o antecederam historicamente[4]. A própria criação da empresa é cercada de controvérsias. Como narra Lindsay (2007 e 2013), a criação da ICANN foi uma manobra bem-sucedida dos governos dos Estados Unidos da América para frustrar as tentativas de organização do DNS pela

---

[3]Há, ainda, outros tipos de TLDs reconhecidos pela IANA. Entre eles, podemos mencionar: (i) o internationalized country code Top-Level Domains (IDN ccTLD) que são os ccTLDs para países que não utilizam alfabetos latinos, como a Rússia, a China, países de língua árabe, entre outros; (ii) sponsored top-level domains (sTLD), que são domínios propostos e patrocinados por qualquer tipo de entidade, que possuem regras mais restritas para seu uso; e (iii) o TLD de infraestrutura, gerido pela IANA em nome da IETF para fins específicos de testes.
[4]Para uma análise da evolução institucional da ICANN, ver MUELLER (2002).

União Internacional de Telecomunicações – ITU, agência das Nações Unidas especializadas em tecnologias de informação e comunicação.

No sentido do afirmado acima, a IANA (*Internet Assigned Numbers Authority*), que foi o inicialmente o órgão responsável pelo sistema de nomes de domínio, e o IETF (*Internet Engineering Task Force*), grupo originalmente informal cujas discussões e consensos grossos (*rough consensus*) definiam padrões e protocolos para o funcionamento da Internet, hoje são órgãos da própria ICANN.

No início, a diretoria da ICANN estabelecia normas por meio de três organizações de apoio: a *Domain Name Supporting Organization* (que cuidava de nomes de domínio), a *Address Supporting Organization* (que cuidava de números) e a *Protocol Supporting Organization* (que cuidava de protocolos). Coletivamente, elas expressavam o perfil da comunidade global de empresários, técnicos, acadêmicos e usuários ligados à Internet.

Atualmente, a ICANN possui sete organizações de apoio, que são: *Address Supporting Organization, Generic Names Supporting Organization, Country Code Name Supporting Organization, At-Large Advisory Committee, Governmental Advisory Committee, Root-Server System Advisory Committee, Security and Stability Advisory Committee* e, por fim, o *Technical Liaison Group*.

A fonte de financiamento da ICANN advém dos *registries* (administradores das bases de domínio) e *registrars* (executores do registro junto ao usuário final) que compõem os sistemas globais de nomes de domínio e endereços na Internet.

Outros governos nacionais podem tentar exercer influência nesse processo apenas por meio do Comitê Consultivo Governamental (*Governmental Advisory Committee* - GAC). É comumente falado (VARGAS-LEON e KUEHN, 2015) que a função do GAC é aconselhar a diretoria da ICANN em questões que envolvam políticas públicas (*public policies*). Nessa função, busca incorporar a diversidade de visões decorrentes de cada país ou região econômica. O GAC examina as atividades e políticas da ICANN dentro do contexto das preocupações dos governos, conferindo especial atenção aos aspectos em que existem interação entre as políticas da ICANN e leis nacionais ou acordos internacionais.

Relacionado ao DNS, a ICANN opera o arquivo raiz (ou *root zone*, em inglês), o que lhe garante um controle centralizado do DNS. Mueller (2002) explica que, na arquitetura altamente descentralizada da Internet, a root zone funciona como o ponto de centralização do funcionamento da rede, a partir do qual são feitas todas as demais operações de distribuição da administração dos nomes de domínio.

Contudo, para alguns comentaristas[5], a identidade da ICANN é um pouco confusa por não se enquadrar claramente em nenhuma das categorias das instituições com função de coordenação internacional de qualquer recurso comum. Também é muito comum a referência de que a ICANN representou a "privatização" da Internet (MUELLER, 2002, p. 211).

A ICANN tenta fundamentar sua legitimidade e autoridade com o discurso de que ela é um veículo de expressão da comunidade de Internet, por meio de um processo "de baixo para cima" (*bottom-up*), que assegura a representação de todas as partes interessadas na governança da Internet (*multi-stakeholder*) e cujas decisões são tomadas por meio da obtenção de consensos entre todos os participantes (*consensus driven*), em que "todos os usuários da Internet merecem uma manifestação sobre como ela deve funcionar"[6]. Esta autoimagem é reflexo do legado deixado pela IETF e pela ISOC, que vislumbravam um autogoverno para a comunidade da Internet fundamentada no consenso entre seus participantes (MATHIASON, 2009).

No entanto, a ICANN não guarda nenhuma relação com a visão idílica de autogoverno, baseado no consenso, que os pioneiros da Internet propagavam. Trata-se, na verdade, de um novo regime internacional, cujo propósito é "definir os direitos de propriedade nos identificadores da Internet e regular seu consumo e fornecimento" (MUELLER, 2002, p. 217).

Diferentemente de outros regimes internacionais, o regime incorporado pela ICANN é extremamente informal, com uma presença muito mais pronunciada da iniciativa privada. De fato, não podemos considerar que as atividades da ICANN podem ser resumidas a simples coordenação técnica entre os participantes da Internet. A ICANN vincula a necessidade de coordenação técnica à regulação da Internet, ou, em outras palavras:

> "(...) the regime has exclusive control of a critical input into an industry and uses the leverage it has over access to that resource to regulate the industry" (MUELLER, 2002, p. 218)[7]

Em razão da sua informalidade, a ICANN não edita regulamentos ou regras abstratas e gerais. Normalmente, a atuação regulatória desta entidade ocorre por meio da celebração de contratos com os *registries* e *registrars*.

---

[5]Mueller (2002); Goldsmith e Wu (2006); Lindsay (2013).
[6]Fonte: <http://www.icann.org/en/about/welcome>. Acessado em 17 de novembro de 2015.
[7]Tradução livre: "(...) o regime detém controle exclusivo sobre um bem crítico em uma indústria e usa a vantagem que possui sobre o acesso a esse recurso para regular a indústria". Nesta mesma passagem, o autor compara a regulação da ICANN ao gerenciamento de espectro de radiofrequência.

Na realidade, a autoridade formal para o controle sobre o DNS pela ICANN provém de um acordo celebrado entre IANA e o *Department of Commerce* norte-americano. Assim, de uma forma indireta o governo dos EUA consegue manter um certo nível de controle sobre o sistema de nomes de domínio, área em que os demais Estados do mundo têm pouca ou nenhuma ingerência (GOLSMITH e WU, 2008).

Sem a intenção de esgotar todos os aspectos das atividades da entidade, podemos concentrar as principais atividades da ICANN em três grandes grupos: (i) a estipulação dos direitos de uso dos nomes de domínio; (ii) o controle do fornecimento de nomes de domínio à Internet; e (iii) monitoramento e cooperação com órgãos de controle (MUELLER, 2002, p. 218-219).

Com relação ao primeiro aspecto, é possível perceber que a ICANN é a instituição que define os indivíduos com direito de utilização dos nomes de domínio na Internet, e também é responsável por fiscalizar a observância destas regras. Nesta seara, os direitos de propriedade intelectual possuem uma importância vital.

A proteção dos direitos de propriedade intelectual é executada por um procedimento específico, o *Uniform Dispute Resolution Policy* – UDRP (ICANN, 1999), cuja adoção é obrigatória para todos os *registries* e *registrars* por meio dos contratos celebrados entre estes e a ICANN. A UDRP permite que uma pessoa, localizada em qualquer país do mundo, conteste a utilização de certo nome de domínio por suposta infração a direito de propriedade intelectual. O procedimento é conduzido por árbitros particulares.

Com relação ao segundo conjunto de atividades da ICANN, i.e., o controle do fornecimento na indústria de registro de nomes de domínio, a entidade conduz essa prática por possuir a autoridade de criar novos gTLDs. Ao reduzir a disponibilidade de gTLDs, é criada uma escassez artificial de nomes de domínio, o que aumenta o poder da ICANN. Além disso, a ICANN é responsável por fixar os preços cobrados pelos registries, além de exigir uma separação vertical entre os *registries* e os *registrars*.

Por fim, o último grupo de atividades da ICANN está relacionado à utilização dos identificadores da Internet para facilitar o monitoramento e o controle dos usuários por autoridades públicas. Essa atividade é executada por meio dos da base de dados WHOIS. Esta base de dados é operada por milhares de *registries* e *registrars*, em que são coletadas e agrupadas informações sobre os usuários que registram nomes de domínio, tais como nome, endereço, número de telefone, endereço de e-mail, entre outros.

A Teoria do Processo Administrativo da Regulação

De forma preliminar à discussão sobre o processo de expansão do gTLD e sua decisão relacionada ao nome de domínio ".AMAZON", faz-se necessário apresentar o ponto de vista teórico a partir do qual serão tecidos comentários. Trata-se da teoria do processo administrativa da regulação ou apenas teoria processual da regulação, tal como estabelecida por CROLEY (2008).

Este autor se esforça para apresentar um contraponto à visão cínica da regulação. Nessa perspectiva, a regulação – entendida como a atuação de qualquer agência governamental – age unicamente para proteger interesses restritos de grupos específicos e determinados que formariam grupos de interesse capazes de influenciar a seu favor legisladores e integrantes de agências reguladoras.

Ainda nessa visão de regulação, a "captura" das agências por grupos de interesses restritos seria quase inevitável. Assim, a agenda política preferível com relação à atuação estatal seria a de substituição da regulação por mecanismos de livre mercado. Sob essa concepção cínica, abrigam-se diversas teorias que, apesar de suas diferenças, poderiam ser denominadas de teorias de *public choice*, cujas bases conceituais poderiam ser resumidas em cinco premissas, quais sejam: (i) os grupos se organizam única e exclusivamente para defender e fazer avanças interesses egoístas dos membros do grupo, cujos grupos nunca estariam mobilizados para a defesa de interesses sociais amplos e gerais; (ii) a defesa de interesses restritos se organiza melhor que a de interesses amplos e gerais. Assim, estes acabam sempre perdendo na competição com aqueles; (iii) os legisladores tendem a favorecer grupos de interesses específicos em troca de apoio político; (iv) o controle do Poder Legislativo sobre as agências reguladoras é efetivo e permite que os legisladores negociem preferências com os grupos de interesses restritos; e (v) mesmo que os legisladores não controlem as agências reguladores, os reguladores por seus próprios motivos favorecem grupos de interesse específicos, concedendo-lhes tratamento favorecido.

Em um resumo ainda mais apertado, segundo as teorias de *public choice*, a regulação atua apenas no sentido de oferecer tratamento preferencial (*regulatory rents*, na expressão em inglês) aos grupos de interesses restritos, que sempre sobrepujam os interesses amplos e gerais na atuação das agências reguladoras (CROLEY, 2008, p. 27).

Para o mencionado autor, no entanto, é incômoda a prevalência de tal visão cínica da regulação, mesmo quando ela não é consistente com as análises empíricas sobre a atuação de agências reguladoras. De fato, o autor mencionado critica tanto as bases teóricas quanto as implicações empíricas das teorias da *public choice*. Como contraproposta a essas teorias, Croley apresenta a chamada teoria do processo administrativo da regulação, que se contrapõe em larga medida à teoria anteriormente descrita[8].

Segundo esse autor (CROLEY, 2008, p. 73-74), a teoria do processo administrativo da regulação se assenta também em cinco premissas fundamentais: (i) normalmente, a atuação das agências reguladoras reflete o comprometimento com alguma noção de interesse público, isto é, suas ações não são orientadas somente a garantir a permanência no cargo ou para conseguir maior orçamento junto ao Poder Legislativo, mas demonstram preocupações legítimas com interesses públicos amplos; (ii) o processo administrativo previsto para a produção de normas promove a autonomia das agências em relação ao Poder Legislativo; (iii) influências externas ao processo de tomada de decisões das agências, tais como a supervisão presidencial ou a possibilidade de escrutínio pelo Poder Judiciário, também ajudam a promover a autonomia das agências frente a grupos de interesses restritos buscando a produção de normas favoráveis a seus interesses em detrimento do interesse público; (iv) o processo administrativo para a produção de normas ou para qualquer tipo de tomada de decisão pelas agências reguladoras ajuda a nivelar a concorrência entre interesses públicos amplos e interesses restritos, normalmente possuem mais poder de influência; em outras palavras, grupos poderosos na arena política podem não conseguir exercer plenamente seu poder de influência na esfera regulatória, em razão do procedimento existente para a tomada de decisões; e, por fim, (v) o processo administrativo nas agências reguladoras permite a identificação de resultados socialmente desejáveis, pois no levantamento de informações e nas análises de custo e benefício as agências podem verificar em quais situações e circunstâncias sua atuação se faz mais necessária.

Assim, a teoria do processo administrativo da regulação entende que a posição institucional das agências reguladoras frente ao Poderes constituídos as predispõe a buscar promover o interesse geral e ao bem-estar social. Nas palavras de ARANHA (2015, p. 36):

> "(...) a teoria jurídico-institucional da regulação vê na estrutura regulatória uma consequência necessária da divisão funcional de poderes e uma garantia institucional da preservação do interesse público em setores regulados: trata-se da preeminência dos controles substantivos e procedimentais da legitimidade reguladora"

Os casos selecionados para a demonstração da teoria de Croley (2008), por um lado, são poucos se comparados com a extensa quantidade de decisões e

---

[8]É necessário esclarecer que o processo administrativo a que se faz referência é aquele disposto no *Administrative Procedure Act of 1946* (APA).

de atos normativos. No entanto, de outro lado, são representativos de situações em que desafiam a aplicação das teorias da *public choice*.

Assim, tem-se a análise detalhada de uma iniciativa regulatória, datada de 1997, da *Environmental Protection Agency* – EPA, que ele reputa uma das mais importantes em décadas, que se trata da atualização dos limites para emissão de ozônio e matéria particulada, conforme disposto no *Clean Air Act*. Esse limite estava desatualizado há vários anos (1993 para ozônio e, 1986 para matéria particulada) e estava fundamentado em dados ainda mais ultrapassados (CROLEY, 2008, p. 163 e ss.).

Também é analisada a tentativa de restringir o acesso a cigarros e produtos à base de nicotina pela *Food and Drug Administration* – FDA, em 1996 (CROLEY, 2008, p. 180 e ss.). Apesar de ao final a decisão do FDA ter sido suspendida por ordem judicial, o debate promovido pela agência e a quantidade de informação por ela divulgada à população alterou significativamente o cenário da discussão em torno do tabaco nos Estados Unidos da América.

Outra iniciativa regulatória discutida (CROLEY, 2008, p. 196 e ss.) é a atuação da *U.S. Forest Service* - USFS em proibir a construção de rodovias em florestas nacionais, a fim de garantir sua preservação, que causou alteração das prioridades de transportes e logísticas em florestas nacionais americanas[9].

Nos casos selecionados, é possível perceber como o procedimento previsto no *Administrative Procedure Act of 1943* – APA foi utilizado para permitir a participação de eventuais interessados nas iniciativas regulatórias, bem como garantir maiores níveis de informação para a autoridade administrativa, a fim de, ao final do processo, garantir a legitimidade da proposta e proteger o interesse público. De fato, em algumas oportunidades, as agências analisadas por Croley foram mais restritivas, adotando procedimentos adicionais àqueles previstos no APA, procedimentalizando ainda mais sua atuação de forma a aumentar a participação no processo decisório e gerar apoios positivos a suas decisões.

Retornando à inadequação da aplicação das teorias da *public choice*, nos casos analisados (CROLEY, 2008, p. 243), as iniciativas regulatórias foram iniciadas e fundamentadas em interesses amplos e gerais, e não na movimentação de interesses restritos de grupos de pressão interessados em decisões regulatórias favoráveis a seus interesses. Além disso, mesmo na presença de forte desaprovação e críticas diretas de membros do Congresso norte-americano, a atuação de parlamentares, por todos os meios disponíveis, não foi capaz de interferir na atuação normativa das agências reguladoras.

---

[9]Outras iniciativas regulatórias incluem atuações da *Federal Trade Commission*, da *Securities and Exchange Commission* e da *Office of the Comptroller of the Currency*.

Como uma conclusão provisória, percebe-se que na teoria exposta acima, as agências utilizaram o processo administrativo para garantir autonomia, autoridade e suporte popular e, assim, obter uma ferramenta para avançar na defesa e proteção do interesse público. Os casos analisados, como afirma o autor (CROLEY, 2008, p. 256), "demonstram bem a possibilidade de um bom governo regulatório".

Os programas de expansão do gTLD

Quando da criação do DNS, Postel (1994) descreve os seis tipos de gTLDs existentes à época, quais sejam, o ".COM" para entidades comerciais, o ".EDU" para instituições de educação e ensino, o ".NET" que na época era reservado para os provedores de serviços de rede, ".ORG" que seria designado para organizações que não coubessem em outras categorias, e o ".INT" para organizações internacionais.

Com o passar do tempo, outros gTLDs foram adicionados ao DNS. Em 2000, foram incluídos os nomes de domínio ".BIZ", ".INFO", ".NAME", ".PRO", ".MUSEUM", ".AERO", e ".COOP". Quatro anos após, em 2004, houve novos acréscimo, como ".ASIA", ".CAT", ".JOBS", ".MOBI", ".POST", ".TEL", ".XXX", e ".TRAVEL".

Essas expansões do gTLDs ocorreram por meio, como a própria ICANN denominou, de programas de gTLDs, sendo que cada um desses programas era regido por um conjunto próprio de regras. Nesse ponto, é interessante perceber que a ICANN não utiliza termos como regulamentos ou regras, mas sim guias, orientações, manuais, entre outros. Apesar da diferença semântica, entendemos que se tratam, sim, de regulamentos aplicáveis a procedimentos executados pela empresa, com reconhecível papel de agente regulador sobre os recursos críticos da Internet.

Na realidade, de uma perspectiva regulatória, trata-se de uma das atribuições mais importantes da ICANN, pois como definido em seu ato fundador (ICANN, 1998) e seu estatuto (ICANN, 2014) é sua tarefa determinar as políticas e as circunstâncias em que novos nomes de domínio genérico são acrescentados ao sistema de nomes de domínio.

Como alertam Vargas-Leon e Kuhn (2015), esses programas de expansão não ocorreram sem controvérsias. Em particular, no programa de expansão de 2000, o registro do gTLD "ponto-XXX" voltado a conteúdo adulto gerou acalorados debates por parte do público e de políticos norte-americanos. O procedimento conduzido pela ICANN também foi cercado de polêmicas, com a Diretoria da ICANN refazendo sua decisão, após manifestação apresentada fora de momento adequado por parte do GAC, negando a autorização anteriormente concedida. Posteriormente, contudo, a Diretoria da ICANN foi constrangida a rever sua decisão, após o término de um processo de revisão independente, o qual concluiu que o processo conduzido pela ICANN não estava de acordo com seu estatuto e não havia respeitado os princípios de transparência e equidade (*fairness*)[10].

Nossa atenção, contudo, estará voltada ao mais recente programa de expansão de gTLDs. Em junho de 2011, a ICANN inaugura num novo programa de expansão do gTLD, o qual, conforme os motivos declarados, teria como finalidade estender o espaço de nomes de domínio, aumentar a concorrência, promover a inovação e ampliar as possibilidades de escolha de nomes de domínio da Internet (ICANN, 2013). O período para apresentação de propostas foi de janeiro a maio de 2012 e a quantidade de solicitações recebidas pela ICANN superou todas as estimativas: 1.930 pedidos (ICANN, 2015).

O processo para a outorga de nomes de domínio nesse novo programa de expansão obedece a uma análise de duas fases. Em primeiro lugar, se o solicitante é o único a requerer um determinado gTLD e se ele comprovar capacidade técnica e financeira para geri-lo a ele será outorgado o registro do gTLD, que é formalizado por meio de um contrato entre o solicitante e a ICANN.

Com o registro do gTLD, o solicitante se transforma em um *registrar* perante a ICANN, com a responsabilidade de manter organizado aquele pedaço do sistema de nomes de domínio, o que inclui a resolução de disputas sobre titularidade de domínios e a garantia de visibilidade destes nomes de domínio para o restante da Internet (VARGAS-LEON e KUEHN, 2015).

Caso mais de um solicitante apresente propostas para um dado gTLD, os interessados ou entram em acordo ou é iniciado um processo de leilão e a empresa que oferecem o maior lance obtém o direito de uso do gTLD em disputa (MANHEIM e SOLUM, 2003). Outra novidade desse programa de gTLD é a possibilidade de que os novos domínios sejam usados tanto em modo fechado, *i.e.*, apenas para o detentor do registro do gTLD, quanto em modo aberto, em que são admitidas a utilização dos novos gTLDs por terceiros, tal como ocorre hoje com a maioria desses domínios.

Outra situação prevista no processo de seleção é a possibilidade de terceiros não-participantes apresentarem impugnações ao pedido de registro de um novo nome de domínio genérico. Vargas-Leon e Kuehn (2015, p. 46), com base em documentos da ICANN (2012), apresentam os quatro principais motivos que podem levar a um particular impugnar o pedido de registro de um novo gTLD. São eles: (i) objeção de confusão, em que o novo gTLD é confusamente semelhante a outro existente; (ii) objeção de direitos, em que o

---

[10]Para uma descrição do caso do ponto-XXX, ver Lindsay (2013).

novo gTLD ofende direitos de terceiros; (iii) objeção de interesse público limitado, em que o novo gTLD ofende a moralidade e a ordem pública reconhecidos nos princípios de direito internacional; e (iv) objeção de comunidade, em que o novo gTLD receberia a oposição de significativa parcela da comunidade para a qual esse nome de domínio seria explícita ou implicitamente dirigido.

Ainda segundo os mesmos comentaristas, a prática demonstrou que o processo de resolução de controvérsias foi fortemente orientado para a proteção de direitos de propriedade intelectual[11].

O caso "ponto-AMAZON"

Entre os 1.930 pedidos de novos nomes de domínio genéricos que a ICANN recebeu no programa de expansão iniciado em 2011, encontrava-se o pedido apresentado pela Amazon EU S.à.R.L. para o domínio ".AMAZON"[12]. Em seu requerimento, a empresa solicitou o ponto-amazon como um gTLD fechado, sem intenção de ofertar ao público registros de segundo nível para novo nome de domínio genérico.

Assim que o pedido para a criação do domínio ponto-amazon foi apresentado, houve reação imediata dos países da América do Sul em cujos territórios se encontra a floresta amazônica. Oito países, sob a liderança de Peru e Brasil, apresentaram objeções ao domínio ".AMAZON", baseado na alegação que o termo (*Amazon*, bem como Amazonas, Amazônia e *Amazonía*) diz respeito a uma área geográfica relevante pertencentes aos países do cone sul do continente americano. Além disso, a objeção dos países sul-americanos não era contrária à marca da empresa norte-americana de propriedade do bilionário Jeff Bezos, mas que o nome geográfico, por ser uma herança cultural dos países amazônicos, não poderia ser utilizado para um nome de domínio genérico. Cuida-se, prosseguem, de um indicador social e cultural e, caso fosse objeto de apropriação por um particular, dificultaria aos governos dos países sul-americanos a criação de campanhas de conscientização e de interesse público e mecanismos de preservação ambiental do bioma amazônico, tendo em vista a proteção de propriedade intelectual a qual o particular faria jus com um nome de domínio ponto-amazon registrado. Por sua vez, a empresa Amazon EU S.à.R.L.

---

[11]A *Uniform Domain Name Dispute Resolution Policy* – UDRP, cuja operacionalização é feita majoritariamente pela Organização Mundial de Propriedade Intelectual – OMPI, é altamente enviesada para a proteção de direitos de propriedade intelectual e direitos autorais. Ver Lindsay (2007).
[12]Além do ponto-AMAZON, essa empresa solicitou outros setenta e cinco gTLDs, incluindo .WOW, .GAME, .AUDIBLE, .KINDLE e outros.

comunicou aos governos do Peru e do Brasil que não desistiria do pedido de registro em comento.

Nesse cenário, os países sul-americanos, por meio de seus representantes no GAC, tentaram dissuadir a empresa de prosseguir com o registro do nome de domínio genérico com a edição de um "aviso prévio" (*early warning*). O *Governmental Advisory Committee* acolheu o pedido dos governos sul-americanos e recomentou que a Diretoria do ICANN não aceitasse o registro do gTLD ".AMAZON". O *Communique* editado na reunião do GAC em Durban, África do Sul (ICANN, 2013), afirma que o nome de domínio genérico solicitado também faz referência a uma importante região da América do Sul, que afeta oito países soberanos desta reunião, e que também está relacionado ao nome de uma organização internacional (a Organização do Tratado de Cooperação Amazônica).

Neste ponto, é interessante esclarecer o papel do GAC no procedimento de análise dos pedidos de novos nomes de domínio genéricos que está previsto no estatuto da ICANN e no Guia do Requerente (ICANN, 2012). Quanto ao estatuto (ICANN, 2014), percebe-se que o artigo XI, seção 2.1 autoriza que o GAC "apresente questões diretamente à Diretoria" por formas variadas, tais como comentários, orientações, recomendações de ações específicas, ou pedido de adoção de novas políticas ou revisão das atuais. Por sua vez, o mencionado guia, em seu § 3.1, dispõe que, caso haja consenso no GAC de que um determinado pedido não deve ser aceito, "isso criará uma forte presunção para a Diretoria do ICANN de que o pedido não deve ser aprovado". Portanto, mesmo que não seja vinculante, as manifestações do GAC, em que representantes dos Estados estão presentes, são capazes de influenciar a ação da ICANN, por força de seu estatuto.

Notificada pelo ICANN para se manifestar, a requerente Amazon EU S.à.R.L. defendeu, em 23 de agosto de 2013, a rejeição da orientação do GAC, pois (i) a orientação estaria inconsistente com o direito internacional, (ii) a aceitação da orientação do GAC seria não-transparente e discriminatória e (iii) a orientação do GAC estaria contrária ao disposto no Guia do Requerente (*Applicant Guidebook*), que estabeleceu as regras de análise dos pedidos de novos gTLDs.

Apesar da especulação sobre um suposto *lobby* dos EUA em favor da empresa Amazon, o represenda do governo norte-americano no GAC publicou, em 5 de julho de 2013, uma nota em que afirmava que o governo norte-americano permaneceria neutro quanto ao pedido de registro do ponto-amazon (NTIA, 2013).

Após a resposta da empresa, a ICANN solicitou, em fevereiro de 2014, uma análise de um especialista independente – no caso, o professor e advogado de propriedade intelectual, Jérôme Passa –, a fim de discutir a questão da indicação geográfica conforme disposta em leis nacionais e no direito internacional, bem como questões de direito de propriedade intelectual, que seriam aplicáveis à discussão. A conclusão de Passa (2014), contudo, encaminhou-se no sentido de que não haveria dispositivo jurídico nenhum que obrigasse a ICANN tanto a rejeitar quanto a aceitar o pedido da empresa Amazon, conforme é possível perceber abaixo:

> i) there is no rule of international, or even regional or national, law applicable in the field of geographical indications which obliges ICANN to reject the application;
> ii) there is no rule of international, or even regional or national, law applicable in the field of intellectual property and in particular of trade marks or in the field of fundamental rights, which obliges ICANN to accept this application. (PASSA, 2014)[13]

Verifica-se, portanto, que a disputa jurídica estava orientada ao fato de não haver em legislação doméstica ou internacional que restringisse a utilização do nome da floresta amazônica, centro da disputa.

Após receber as conclusões do analista independente, a ICANN deu ciência de seu conteúdo às partes interessadas, facultando-lhes a possibilidade de se manifestar. Assim, a ICANN recebeu manifestações dos governos do Peru, do Brasil e da empresa Amazon. De forma geral, comentavam as conclusões do analista independente designado pela ICANN no processo de autorização do nome de domínio genérico ".AMAZON".

Concluindo o procedimento, a decisão da ICANN teve de sopesar os diferentes interesses que concorriam na questão, mas no final acabou por decidir a favor dos países sul-americanos. Além do gTLD ".AMAZON", também estava sob discussão o registro de nomes de domínio internacionais em chinês e em japonês, que também foram rejeitados pela ICANN. Abaixo está a resolução final do ICANN:

> Resolved (2014.05.14.NG03), the NGPC accepts the GAC advice identified in the GAC Register of Advice as 2013-07-18-Obj-Amazon, and directs the President and CEO, or his designee, that the applications for .AMAZON (application number 1-1315-58086) and related IDNs in Japanese (application number 1-1318-83995) and Chinese (application number 1-1318-5581) filed by Amazon EU S.à r.l. should not proceed. By adopting the GAC advice, the NGPC notes that the decision is without prejudice to the continuing efforts

---

[13]Tradução livre: "i) não há regra de direito internacional, regional ou nacional aplicável ao campo de indicações geográficas que obriga a ICANN a rejeitar o pedido; ii) não há regra de direito internacional, regional ou nacional aplicável ao campo de propriedade intelectual e em particular de marcas ou no campo de direitos fundamentais que obrigue a ICANN a aceitar o pedido".

by Amazon EU S.à r.l. and members of the GAC to pursue dialogue
on the relevant issues. (ICANN, 2014)[14]

Conclusão

Com a decisão, a ICANN encerra a discussão acerca do gTLD ponto-amazon, mas levanta uma série de questões que ainda precisam ser resolvidas. Entre elas, percebemos a discussão sobre a legitimidade das decisões da ICANN (LINDSAY, 2007), bem como sobre sua atuação como agente regulador do sistema de nomes de domínio.

A partir da análise do procedimento adotado pela ICANN para a autorização de novos nomes de domínio genéricos, é possível analisar a atuação da referida entidade sob a luz da teoria da regulação. O caso aqui estudado guarda semelhanças e diferenças com a análise de Croley (2008). Talvez a diferença mais importante seja se tratar de uma entidade totalmente privada e, nessa qualidade, não faz parte da administração pública daquele país. Mesmo sendo uma empresa privada sem fins lucrativos, trata-se de entidade incumbida de gerir recursos críticos da Internet, essenciais para o funcionamento do setor considerado, o que permite compreender sua atuação como a de um agente regulador (MANHEIM e SOLUM, 2003).

Inclusive por esse motivo – que implica uma situação jurídica e política muito frágil –, a utilização de procedimentos claros, transparentes e justos acabam por se tornar uma ferramenta de proteção da própria ICANN diante dos vários interessados na governança da Internet. Lindsay (2007) aponta essa necessidade de procedimentalização, com a criação de uma *rule of law interna corporis*, como uma forma de garantir legitimidade de suas decisões, por ter uma fraca legitimidade do ponto de vista positivista, e por possuir uma natureza extraordinária. Para esse fim, a todo o momento, a ICANN deve se mostrar uma instância eficiente da administração do DNS.

Por outro lado, a partir da teoria do processo administrativo da regulação, proposta por Croley (2008), é possível avançar na análise sobre a governança da Internet, ultrapassando a questão da legitimidade e de sua "natureza jurídica" híbrida de empresa privada/órgão regulador, para verificar se sua atuação pode ser entendida como satisfatória, na medida que é capaz de fazer avançar o

---

[14]Tradução livre: "Decidido (2014.05.14.NG03), o NGPC aceita a orientação do GAC identificada como Registro de Orientação GAC de 2013-07-18-Obj-Amazon, e direciona o Presidente e CEO, ou seu designado, que o pedido para .AMAZON (número do pedido 1-1315-58086) e os IDNs relacionados em japonês (número do pedido 1-1318-83995) e chinês (número do pedido 1-1318-5581) apresentado por Amazon EU S.à r.l. não devem proceder. Ao adotar a orientação do GAC, o NGPC nota que a decisão é sem prejulgamento dos esforços contínuos de Amazon EU S.à.r.l. e dos membros do GAC a alcançarem o diálogo em questões relevantes".

interesse público envolvido no respectivo setor. Essa teoria também permite ao analista enxergar para além dos interesses de grupos poderosos envolvidos no processo, pois também no caso da ICANN as predições das teorias da *public choice* parecem falhar. De maneira semelhante ao estudado por Croley (2008), a ICANN utilizou-se de regras procedimentais para se inocular de críticas de grupos de interesse, bem como de parlamentares que suportassem o pleito da Amazon, e mostrou um órgão regulador preocupado em interesses de países que não se restringiam a questões econômicas, mas de interesse público geral, envolvendo questões ambientais, de conscientização da preservação do bioma amazônica, e impedir que uma importante indicação geográfica – apesar de não haver previsão legal que o impedisse – fosse apropriada por uma empresa privada.

Em outras palavras, sob a ótica da teoria do processo administrativo da regulação, podemos verificar que a regulação do sistema de nomes de domínio pode ser entendida como um exemplo de boa governança regulatória.

Referências bibliográficas

ARANHA, M. I. **Direito das Telecomunicações:** histórico normativo e conceitos fundamentais. Coleford, UK: Laccademia Publishing, 2014.

_____. **Manual de Direito Regulatório**. London: Laccademia Publishing, 2015.

BALDWIN, R.; CAVE, M.; LODGE, M. (.). **The Oxford Handbook of Regulation**. Oxford: Oxford University Press, 2010.

BENKLER, Y. **The Wealth of Networks**. New Haven: Yale University Press, 2006.

BLUMENTHAL, M.; CLARK, D. D. Rethinking the design of the Internet: the end-to-end arguments vc. the brave new world. **ACM Transactions on Internet Technology, vol. 1, n. 1**, agosto 2001. 70-109.

CARPENTER, B. Architectural Principles of the Internet. Request for Comments: 1958. **Internet Engineering Task Force**, junho 1996. Disponivel em: <http://www.ietf.org/rfc/rfc1958.txt>.

CROLEY, S. P. **Regulation and Public Interests:** the possibility of GOOD regulatory government. Princeton e Oxford: Princeton University Press, 2008.

FROOMKIN, A. M. Wrong Turn in Cyberspace: using ICANN to route around the APA and the Constitution. **Duke Law Journal 50**, 2000. 17-184.

FROOMKIN, A. M. Almost Free: an analysis of ICANN's 'Affirmation of Commitments'. **Journal of Telecommunications and High Technology Law, vol. 9. Miami Legal Studies Research Paper No. 2011-01**, 2011.

GELDBSTEIN, E.; KURBALIJA, J. **Internet Governance - issues, actor and divides**. Genebra: DiploFoundation, 2005.

GOLSMITH, J.; WU, T. **Who Controls the Internet?** Oxford: 2008, 2008.

HAFNER, K.; LYON, M. **Where Wizards stay up late:** the origins of the Internet. New York: Touchstone, 1996.

ICANN. ARTICLES OF INCORPORATION OF INTERNET CORPORATION FOR ASSIGNED NAMES AND NUMBERS, 21 novembro 1998. Disponivel em: <https://www.icann.org/resources/pages/governance/articles-en>.

ICANN. Uniform Domain Name Dispute Resolution Policy, 1999. Disponivel em: <https://www.icann.org/resources/pages/policy-2012-02-25-en>.

ICANN. At a Glace By the Numbers - ICANN new gTLDs, 13 junho 2012. Disponivel em: <http://newgtlds.icann.org/en/programstatus/statistics/applications-quick-facts-13jun12-en.pdf>.

ICANN. GAC Early Warning-Submittal Amazon-BR-PE-58086, 2012. Disponivel em: <https://gacweb.icann.org/download/attachments/27131927/Amazon-BRPE-58086.pdf?version=1&modificationDate=1353452622000&api=v2>.

ICANN. gTLD Applicant Guidebook, 2012. Disponivel em: <http://newgtlds.icann.org/en/applicants/agb>.

ICANN. New gTLD Application submitted to ICANN by: Amazon EU S.a.R.L., 2012. Disponivel em: <https://community.icann.org/download/attachments/35520774/ICANN+New+gTLD+Application+-+AMAZON.pdf?version=1&modificationDate=1343595148000>.

ICANN. GAC Durban Communique, 18 julho 2013. Disponivel em: <https://gacweb.icann.org/display/GACADV/2014-03-27+-+amazon>.

ICANN. Internet Domain Name Expansion Now Underway. Retrieved, 23 outubro 2013. Disponivel em: <http://www.icann.org/en/news/press/releases/release-23oct13-en>.

ICANN. Uniform Domain Name Dispute Resolution Policy Rules, 2013. Disponível em: <https://www.icann.org/resources/pages/udrp-rules-2015-03-11-en>.

ICANN. **GAC Singapore Communique**, 27 março 2014. Disponível em: <https://gacweb.icann.org/display/GACADV/2013-07-18-Obj-Amazon>.

ICANN.   Bylaws,   30   julho   2014.   Disponível   em: <https://www.icann.org/resources/pages/governance/bylaws-en>.

ICANN. NGPC Meeting of 5 February 2014, 5 fevereiro 2014. Disponível em: <https://www.icann.org/en/system/files/files/request-annex-uojca-19feb14-en.pdf>.

ICANN. NGPC Resolution 2014.05.14.NG02, 16 maio 2014. Disponível em: <https://www.icann.org/resources/board-material/resolutions-new-gtld-2014-05-14-en#2.b>.

ICANN. Announcement: New Contracting Statistics, 13 novembro 2015. Disponível   em: <http://newgtlds.icann.org/en/applicants/agb/base-agreement-contracting#stats>.

KEMPF, J.; AUSTEIN, R. The Rise of the Middle and the Future of End-to-End: reflections on the Evolution of the Internet Architecture. Request for Comments: 3724. **Internet Engineering Task Force**, março 2004. Disponível em: <http://www.ietf.org/rfc/rfc3724.txt>.

KIM, J. Territoriality Challenges in Protecting Trademark Interests in the System of Generic Top-Level Domain (gTLDs). **Marquette Intellectual Property Law Review, vol. 18, ed. 1, art. 7, n. 217**, 2014.

LESSIG, L. **Code 2.0**. New York: Basic Book, 2006.

LINDSAY, D. F. **International Domain Name Law:** ICANN and the UDRP. Oxford: Hart Publishing, 2007.

LINDSAY, D. F. What Do the.XXX Disputes Tell Us About Internet Governance?   ICANN's   Legitimacy   Deficit   in   Context. **Telecommunications Journal of Australia, Volume 63, Number 3. Monash University Faculty of Law Legal Studies Research Paper No. 2013/31**, 2013.

LIPTON, J. D. Bad Faith in Cybrespace: grounding domain name theory in trademark, property and restitution. **Harvard Journal of Law anf Technology. Case Legal Studies Research Paper No. 09-28.**, 2009.

LIPTON, J. D. **Internet Domain Name, Trademarks, and Free Speech**. Cheltenham: Edward Elgar Publishing, 2010.

LUCERO, E. **Governança da Internet:** aspectos da formação de um regime global e oportunidades para a ação diplomática. Brasilia: Fundação Alexandre Gusmão, 2011.

MANHEIM, K. M.; SOLUM, L. B. The Case for gTLD auctions: a framework for evaluating domain name policy. **Loyola-LA Public Law Research Paper No. 2003-11.**, 2003.

MATHIASON, J. **Internet Governance:** the new frontier of global institutions. London, New York: Routledge, 2009.

MUELLER, M. **Ruling the Root:** Internet Governance and the tamig of Cyberspace. Cambridge: The MIT Press , 2002.

MUELLER, M. **Networks and States:** the global politics of the Internet Governance. Cambridge: The MIT Press, 2010.

NTIA. U.S. STATEMENT ON GEOGRAPHIC NAMES IN ADVANCE OF ICANN DURBAN MEETING, julho 2013. Disponivel em: <http://www.ntia.doc.gov/files/ntia/publications/usg_nextsteps_0705201 3_0.pdf>.

OPPERMAN, D. A ICANN, o modelo multisetorial e o programa de novos nomes de domínio genéricos. **FONTE**, dezembro 2014.

PASSA, J. **Opinio on the wellfoundedness of various objections raised against the reservation of the new gTLD".amazon"**. Paris. 2014.

POSTEL, J. Domain Name System Structure and Delegation. Request for Comments: 1591. **Internet Engineering Task Force**, março 1994. Disponivel em: <http://www.ietf.org/rfc/rfc1591.txt>.

ROSE-ACKERMAN, S.; LINDSETH, P. L. **Comparative Administrative Law**. Cheltenham, UK: Edward Elgar, 2010.

VARGAS-LEON, P.; KUEHN, A. The Battler for Critical Internet Resources: South America vs. Amazon, Inc. **The Law, State and Telecommunications Review**, p. 37-58, 2015.

WGIG. **Report of the Working Group on Internet Governance**. Château de Bossey. 2005.

WU, T. **Impérios da Comunicação**. Rio de Janeiro: 2012, 2012.

YOO, C. S. **The Dynamic Internet**. Washington: AEI Press, 2012.

Subpolítica Reflexiva no Contexto da Mundialização Informativa aplicada à Regulação Supranacional da *Internet*
Reflexive Sub-Politics in the context of Globalization of Information and the Internet Supranational Regulation

Submetido(*submitted*): 13/12/2015
Parecer(*revised*): 09/01/2016
Aceito(*accepted*): 15/01/2016

Bruna Pinotti Garcia[*]

Resumo

Proposta – A rede mundial de computadores desponta não somente como um meio de comunicação, mas confere o caráter instrumental ao exercício de direitos, inclusive o de participação na subpolítica, de modo que passa a ser de interesse do indivíduo colocar-se como ator participativo no processo de discussão sobre a sua regulação. Nestes moldes, propõe-se a seguinte pergunta de pesquisa: é possível identificar no cenário comparativo da atuação de múltiplos atores na regulação da *Internet* traços de uma subpolítica reflexiva?

Metodologia/abordagem/design – Mostra-se relevante compreender a posição dos múltiplos atores no cenário de discussão sobre a regulação da *Internet*, o que somente é possível mediante o estudo de direito supranacional comparado contextualizado no que tange à subpolítica. A base empírica repousa em consultas sobre conferências da Organização das Nações Unidas, da Organização dos Estados Americanos, da União Europeia e do Conselho Europeu. Já a base teórica concentra-se em Ulrich Beck e Anthony Giddens e o conceito de modernidade reflexiva associado à política, conformando o que se denomina subpolítica reflexiva. Associando tais bases empíricas e teóricas apresenta-se uma pesquisa exploratória e qualitativa desenvolvida pelo método hipotético-dedutivo.

Resultados – Concluiu-se provada a hipótese de que, quanto à regulação da internet, percebe-se a emergência de agendas sobre a sua regulação que cada vez menos se restringem aos tradicionais atores regulamentares, permitindo uma maior participação do indivíduo nesse processo, com a verificação do delineamento da subpolítica em um conceito mais simplificado de mundialização, distanciado porém do que idealmente seria a subpolítica reflexiva.

Implicações práticas – O artigo fornece à comunidade científica e à sociedade fundamentos cognitivos necessários para a sua inserção como atores sociais em espaços virtuais no campo da regulação supranacional das novas tecnologias da informação, apresentando um panorama teórico-fático desses processos de interação subjetiva.

Originalidade/Relevância – Os termos globalização e mundialização possuem múltiplos significados, o que não diminui a importância de compreendê-los cientificamente. Por seu

*Professora universitária e advogada. Mestre-bolsista (CAPES/PROSUP Modalidade 1) em Direito pelo Centro Universitário "Eurípides Soares da Rocha" – UNIVEM. Professora de curso preparatório para concursos nas disciplinas Ética profissional, Filosofia, Direitos Humanos e Direito Constitucional. Professora universitária e coordenadora do Núcleo de Estudos e Pesquisa em Direito – NUPED na Faculdade do Noroeste de Minas – FINOM. Email: professorabrunapinottigarcia@gmail.com.

turno, evidencia-se que o fenômeno da mundialização impõe o reconhecimento de que não cabe falar na política – e na atividade de regulação – como algo restrito aos Estados. A relevância do tema a ser pesquisado não é acompanhada de uma produção científica suficiente na área, eis que raríssimas são as abordagens sobre a governança digital na regulação da rede em âmbito supranacional.

Palavras-chave: governança digital, direito global, regulação da internet, mundialização informativa, subpolítica reflexiva.

Abstract

Purpose *– The World Wide Web is emerging not only as a mean of communication but serves as instrumental to the exercise of rights, including participation in sub-politics, so that becomes the interest of the individual put up as participatory actor in the process of discussion of its regulation. In this way, this paper addresses the following research question: Can reflective sub-politics be identified in the comparative scenario of multiple players acting in the regulation of Internet features?*

Methodology/approach/design *– From the outset, the paper earmarks as relevant the understanding of the position of multiple players in the scenario of Internet regulation, which is possible only by supranational law comparative study contextualized with regard to sub-politics. The empirical basis of this paper lies in conferences of the United Nations, the Organization of American States, the European Union and the European Council. Its theoretical basis is focused on Ulrich Beck and Anthony Giddens and the concept of reflexive modernity associated with the policy, forming what is called reflexive sub-politics.*

Findings *– The paper has proved the hypothesis that, regarding regulation of Internet, agendas emerge about Internet regulation that are every step less restricted to the traditional regulatory actors, allowing a greater participation of the individual in this process, with the possibility of designing sub-politics in a more simplified concept of globalization.*

Practical implications *– The article provides to the scientific community and the society cognitive foundations necessary for inclusion of social actors in virtual spaces in the field of supranational regulation of new information technologies.*

Originality/value *– The terms globalization and mundialization have multiple meanings, which does not diminish the importance of understanding them scientifically. It is clear that the phenomenon of mundialization requires the recognition that it should not be perceived as something restricted to the states. The relevance of the subject has not been accompanied by sufficient scientific production in the field.*

Keywords: Digital governance, global law, Internet regulation, globalization of information, reflexive sub-politics.

Introdução

O fenômeno da mundialização impõe o reconhecimento de que não cabe falar na política – e na atividade de regulação – como algo restrito aos Estados, até mesmo porque enquanto este se restringe às limitações impostas pela soberania, a mundialização coloca novos atores contextualizados social, econômica, cultural e politicamente para atuarem além dessas fronteiras.

Compreendido o fenômeno da mundialização como multifacetado, desponta o aspecto da mundialização informativa como um dos que merece maior destaque, dado o intenso impacto que as tecnologias da informação e da comunicação, especialmente a *Internet*, geraram na sociedade. Com efeito, por mundialização informativa entende-se a emergência de uma rede global de informação na qual interagem diversos atores políticos, percebendo-se a quebra de um monopólio dos fluxos informativos pelos Estados. Tal seria um dos mais notáveis aspectos da mundialização compreendida sob uma perspectiva crítica, evidenciando-se que o rompimento de fronteiras com a mutação do conceito de soberania estatal devido à desterritorialização informacional.

Neste viés, a rede mundial de computadores desponta não somente como um meio de comunicação, mas confere o caráter instrumental ao exercício de direitos, inclusive o de participação na subpolítica, de modo que passa a ser de interesse de múltiplos atores – indivíduo, sociedade, comunidade acadêmica, mercado – colocarem-se como participativos no processo de discussão sobre a sua regulação. Logo, quando se fala em subpolítica reflexiva no contexto da mundialização informativa aplicada à regulação supranacional da *Internet* pretende-se efetuar um estudo sobre a participação destes atores no cenário político da regulação supranacional – seja no âmbito da Organização das Nações Unidas, seja no âmbito de organizações regionais – no que se refere às discussões sobre os rumos da regulação da rede mundial de computadores.

Além da base empírica consistente em normas, regulamentos e anais de conferências da Organização das Nações Unidas, da Organização dos Estados Americanos, da União Europeia e do Conselho Europeu, e legislação nacional reguladora do Comitê Gestor da *Internet*, o estudo é feito sob o marco teórico de Ulrich Beck e Anthony Giddens e o conceito de modernidade reflexiva associado à política, conformando o que se denomina subpolítica reflexiva.

Coloca-se a seguinte pergunta de pesquisa: *é possível identificar no cenário comparativo da atuação de múltiplos atores na regulação da Internet traços de uma subpolítica reflexiva?* Com utilização do método hipotético-dedutivo em pesquisa exploratória e analítica coloca-se como resposta provisória a hipótese de pesquisa de que *em relação à regulação da Internet percebe-se a emergência de agendas sobre a sua regulação que cada vez menos se restringem aos tradicionais atores regulamentares, permitindo uma maior participação do indivíduo neste processo, verificando-se o delineamento da subpolítica num conceito mais simplificado de mundialização, distanciado do que idealmente seria a subpolítica reflexiva.*

1 – Mundialização e regulação supranacional

Conceituar globalização e mundialização não é algo simplório, eis que inúmeras são as correntes de pensamento jurídicas, sociológicas e econômicas que pretendem fazê-lo. Para os propósitos do presente artigo, cabe expor as principais destas linhas teóricas para compreendê-las no cenário da regulação, traçando a ligação entre mundialização e regulação supranacional.

A expressão globalização, mais popular, emerge conceitualmente como um exclusivo processo econômico de rompimento de fronteiras dando origem a um mercado global sobreposto à intervenção política estatal. Segundo Beck (1999), o conceito clássico de globalização exterioriza na verdade o globalismo, ao qual o autor é um crítico ferrenho e que designa um processo de politização dos mercados, retirando as empresas das amarras impostas pelo Estado Democrático de Bem-Estar Social capitalista cujo poder soberano encontra limites territoriais avessos ao processo de globalização. Beck (1999, p. 27) afirma que o globalismo "designa a concepção de que o mercado mundial bane ou substitui, ele mesmo, a ação política", procedimento monocausal restrito ao aspecto econômico de origem conceitual neoliberalista.

Desmistificando o conceito globalista de globalização, Beck (1999) afirma que a globalidade reconhece que já se vive há tempos numa sociedade mundial, ao menos se pensado que a ideia de espaços isolados se tornou fictícia – não é de hoje que os países interagem econômica, social e politicamente.

> Globalização significa, diante deste quadro, os processos, em cujo andamento os Estados nacionais veem a sua soberania, sua identidade, suas redes de comunicação, suas chances de poder e suas orientações sofrerem a interferência cruzada de atores transnacionais. (BECK, 1999, p. 30)

Aranha (2006) isola duas correntes de pensamento, uma unívoca que se aproxima mais do clássico conceito de globalização denominada mundialização econômica, outra multiteórica que representa o reconhecimento das sociedades de conhecimento e de informação.

O primeiro tipo conceitual se concentra em quatro significados: forma de aceleração da mobilidade social como decorrência do declínio do Estado de Bem-Estar Social; política de mundialização numa postura disseminada nos Estados nacionais de submissão aos desígnios de um mercado transnacional; autogestão da atividade econômica com a subsequente possibilidade de imposição pelo mercado dos rumos da atividade política e do estabelecimento de limites aos Estados que não se aliarem ao padrão de demandas econômicas; e submissão da política estatal aos desígnios do mercado mundial e a mundialização como subpolítica – o denominado globalismo (ARANHA, 2006).

O segundo tipo conceitual se situa na era da pós-política internacional, caracterizada por presença de múltiplos atores, como organizações internacionais, companhias transnacionais, movimentos políticos e sociais transnacionais. A mundialização significaria um movimento convergente e dialético entre o global e o local em uma contraposição receptiva entre estes aspectos pertencente ao campo temático da sociologia da mundialização, defendendo-se que a ideia de espaços isolados seria fictícia, assegurando, com isso, a transcendência das fronteiras agora não sobre o enfoque econômico, mas como convivência cultural, econômica, política e social. (ARANHA, 2006).

Este segundo tipo conceitual é apontado por Aranha (2006) como o sentido viável à interferência política, por retirar do centro da discussão política a lógica do globalismo que é a questão econômica. Com efeito, a mundialização assim concebida abre espaço para a atuação de múltiplos atores na sociedade mundial, interferindo nas decisões políticas tomadas e exercendo o poder regulatório. Dentro da ligação proposta entre o tema mundialização e a regulação supranacional percebe-se que o fenômeno da mundialização demanda pela atividade regulatória para além das fronteiras nacionais de modo a equilibrar as forças de poder entre mercado, indivíduo, sociedade e Estado.

Os termos mundialização e globalização possuem significados plurais e longe de serem unívocos. Contudo, a ruptura das fronteiras dos Estados nacionais, além da negativa de que se vive e se interage dentro dos espaços fechados e mutuamente delimitados destes Estados, são constantes verificáveis nos diversos tipos conceituais sintetizados anteriormente (ARANHA, 2006).

Neste viés, pode-se afirmar que a regulação é importante para garantir os melhores rumos do processo de mundialização sem o predomínio de nenhum dos atores, bem como que a regulação há muito deixou de ser uma atividade restrita aos Estados nos limites de suas soberanias. Neste campo, fundam-se áreas do Direito como o Direito Internacional, o Direito Comunitário e os Direitos Humanos, emergindo-se a regulação como uma prática supranacional. Há que se frisar, por outro lado, que o sistema jurídico que emerge neste âmbito foge da típica estrutura formal a ele conferida.

> A teoria do direito, de diferentes perspectivas, sempre entendeu a ordem jurídica como um sistema. A globalização econômica relativiza essa ideia? Depende muito do que se considere sistema – unicidade, estatalidade das fontes, hierarquia das normas, completude do ordenamento, coerência – muito provavelmente a globalização desfigura completamente a noção de sistema jurídico. O direito da sociedade global expande-se num ambiente de crescente complexidade. (...) Os modos de produção do direito mundial são difusos, policêntricos, autorregulativos. (...) Não seria pela eventual nova configuração dos espaços do direito – descentralizados, paralelos ao Estado, informais, não-hierarquizados – que o sistema jurídico estaria se descaracterizando. Há que se perguntar, isto sim, se as novas formas jurídicas continuam operando como programas condicionais, garantindo expectativas normativas, atuando como ordem coercitiva e, principalmente, diferenciando-se do ambiente externo com

base no seu código particular (direito/não-direito). (CAMPILONGO, 1999, p. 80-82)

Pela própria natureza descentralizada e pluralista do sistema jurídico supranacional, a regulação não se deve restringir apenas aos Estados, mas abrir-se num processo democrático a todos os atores envolvidos. Quanto às fontes deste direito e o ambiente de sua produção, explica Sundfeld (1999, p. 157):

> O direito global extrapola largamente as fronteiras do Estado Nacional para buscar suas fontes também fora dele: desde os tratados multilaterais (como os que decidem integrações dos tipos Mercosul ou União Europeia, as Convenções de Direitos Humanos, etc.) até as normas emanadas dos organismos internacionais (a ONU, a Organização Mundial do Comércio, o Conselho da Europa, etc.), passando pela rica jurisprudência dos entes jurisdicionais internacionais (Corte Internacional de Justiça, Corte Interamericana de Direitos Humanos, e por aí vai).

A necessidade de regular pode se justificar por diversas razões, mas uma boa regulação não existe apenas em quantidade, é preciso medir ferramentas, instituições e políticas, notadamente por parâmetros como legitimidade, responsabilidade, devido processo, especialização e eficiência. Toda solução regulatória deve passar por um exame de riscos (potenciais efeitos causados pela regulação) e pela verificação da participação no processo de tomada da decisão (BALDWIN; CAVE; LODGE, 2013). O estudo do fenômeno regulatório não merece se restringir apenas ao que é regulado, mas também deve envolver a análise de por quem é desempenhada a atividade regulatória.

A evolução do entendimento sobre a regulação passa por três teorias centrais: teorias do interesse público, pela qual os interesses privados tendem a prejudicar os demais interesses; teorias do interesse privado, nas quais o papel do Estado é relacionado ora com o conceito de arena disputada pela formação de regimes normativos, ora com o de um ator diretamente envolvido no regime formado; e teorias institucionalistas, que conferem relevância às estruturas supraindividuais em vez do papel majorado que é atribuído pelos dois conjuntos precedentes aos indivíduos (VERONESE, 2011). A concepção da regulação como uma atividade eminentemente estatal é rompida pela evolução teórica.

> O Estado Regulador contribui para o reposicionamento da questão da legitimidade democrática ao reconhecer no regulado não mais um ser subserviente alheio ou utente de serviços, mas verdadeiro partícipe necessário da decisão política. Por regulado, deve-se entender todo player do ambiente regulatório, *independentemente das fronteiras nacionais*. Por regulador, deve-se entender a instituição regulatória, como ambiente de manifestação dos poderes regulatórios de administração das leis. (ARANHA, 2015)

Com efeito, a regulação multissetorial envolve atores humanos e não humanos para além das fronteiras nacionais, do que se extrai que o Estado está longe de ser o único agente envolvido na cadeira regulamentar e que a própria noção de Estado Nacional – soberano que regulamenta plenamente em seu território – é relativizada pela ação de atores supranacionais num contexto de mundialização, o que se denomina subpolítica.

2 – Mundialização, modernização reflexiva e subpolítica

A intensificação do fenômeno da mundialização transformou a sociedade moderna e influenciou no confronto com o próprio conceito de modernidade e com os modelos estatais e mercadológicos previamente fixados. Beck e Giddens abordam a modernização reflexiva como um resultado deste processo.

Giddens (1995) afirma que a fase da modernização reflexiva, marcada pelos processos concomitantes da globalização e da busca de contextos de ação mais tradicionais, altera o equilíbrio entre tradição e modernidade. Aprofundando, Giddens (1995, p. 112) entende que nas sociedades modernas as escolhas de estilo de vida são concomitantemente constitutivas da vida cotidiana e ligadas a sistemas abstratos, denotando-se uma percepção fundamental de que "o aparato institucional total da modernidade, uma vez afastada da tradição, depende de mecanismos potencialmente voláteis da confiança". À primeira vista, a globalização parece um fenômeno "externo", mas aos poucos se delineia como um fenômeno "intrínseco" e "exponencial".

A tradição está ligada ao ritual e tem suas conexões com a solidariedade social, mas não é a continuidade mecânica de preceitos que é aceita de modo inquestionável. Ela está ligada à memória coletiva, repetindo-se no tempo; envolve ritual, mediante a repetição de práticas; está ligada ao que se denomina de noção formular de verdade; possui "guardiães" e não especialistas; e, ao contrário do costume, tem uma força de união que combina conteúdo moral e emocional. Tradição diz respeito à organização de tempo e, portanto, também de espaço. Também a globalização se refere à organização espaço-temporal, exceto pelo fato de que uma corre em sentido contrário à outra. Enquanto a tradição controla o espaço mediante seu controle de tempo, com a globalização o que acontece é outra coisa – o controle do tempo e das perspectivas tradicionais pelo (des)controle do espaço. A globalização é, essencialmente, a "ação à distância"; a ausência predomina sobre a presença, não na sedimentação do tempo, mas graças à reestruturação do espaço. Logo, a sociedade pós-tradicional foi a primeira sociedade global que emergiu (GIDDENS, 1995).

Beck (1995, p. 12) está de acordo com a concepção de Giddens e entende que a modernização reflexiva abre a possibilidade de uma (auto)destruição criativa para toda uma era, aquela da sociedade industrial: "Esse novo estágio, em que o progresso pode se transformar em autodestruição, em que um tipo de modernização destrói outro e o modifica, é o que eu chamo de etapa da modernização reflexiva". A modernização pode ser colocada como um processo de inovação autônoma, o que evidencia que a sociedade industrial está obsoleta, emergindo a sociedade de risco. Com efeito, o conceito modernidade reflexiva implica em se falar numa modernidade que se *autoconfronta*.

No cenário da modernização reflexiva, segundo Beck (1995), conceitos éticos e legais *tradicionalmente* transmitidos – como responsabilidade, culpa e procedimentos de decisão política – estão falhando diante da vastidão e ambivalência dos fatos apresentados e considerados. Na teoria da modernização reflexiva não se busca fixar uma causa determinada para que isso ocorra, mas defende-se o acolhimento de uma base autônoma indeterminada, aceitando-se que a incerteza prolifera por toda a parte. Com efeito, não cabe atribuir à globalização econômica o ônus de ter feito emergir a sociedade de risco, nem a nenhum outro fator unívoco. O que se pode fazer é aceitar a nova configuração social e as exigências político-estruturais por ela demandadas.

Enquanto que Beck e Giddens não enxergam a globalização nem a emergência da sociedade de risco como fenômenos que necessariamente geram um impacto negativo, notadamente se prevalecer a subpolítica reflexiva, Bauman (1999) coloca em contraponto que a globalização nada mais é do que o processo de desordem da economia e das relações sociais cujo controle parece distante daqueles menos favorecidos na ordem global numa espécie de imobilidade e polarização dos miseráveis, que ainda sofrem com a imposição de um modelo de mercado, trabalho e consumo que é inatingível e se tornam meros espectadores da realidade e não atores envolvidos no processo de tomada de decisões políticas e jurídicas – é a denominada *modernidade líquida*. Modernidade líquida e modernidade reflexiva são conceitos que se confrontam, sendo que apenas o segundo aponta para uma direção na qual será possível reduzir os impactos negativos causados pelo processo de globalização, notadamente, o firmamento da subpolítica reflexiva.

Surge o conceito de subpolítica que se associa à emergência de atores políticos no cenário da sociedade de risco que deu lugar à sociedade moderna e constituiu novas perspectivas de responsabilidade individual e legitimação política e jurídica. O conceito de subpolítica se associa diretamente ao de individualização, que Beck (1995, p. 24) define como "a reincorporação dos modos de vida da sociedade industrial por outros modos novos, em que os indivíduos devem produzir, representar e acomodar suas próprias biografias". Individualização seria assim a desintegração das certezas da sociedade industrial, o que significa não só inventar novas certezas para si, mas também criar novas interdependências, inclusive globais – individualização e globalização são dois lados da modernização reflexiva (BECK, 1995).

Eis o que se denomina mundialização das biografias, fazendo com que as pessoas invoquem a individualização e seus efeitos no topo da poligamia transnacional, isto é, deslocando as pessoas para o eixo global-local. Entre outras maneiras, destaca-se a possibilidade de que os indivíduos no exercício da liberdade de reunião forcem os governantes a mudar a agenda de discussão política e a recuar e ceder (ARANHA, 2006).

As pessoas esperam encontrar a política apenas nas arenas a ela designadas e executada apenas por agentes autorizados, mas política não se confunde com Estado. Afinal, as tradicionais áreas de tomada de decisão estão sendo aprisionadas nas tempestades dos conflitos políticos da modernidade reflexiva. O político invade e irrompe além das responsabilidades e hierarquias formais (BECK, 1995).

> Subpolítica, então, significa moldar a sociedade de baixo para cima. Visto de cima, isto resulta na perda do poder de implementação, no encolhimento e na minimização da política. No despertar da subpolitização há oportunidades crescentes de se ter uma voz e uma participação no arranjo da sociedade para grupos que até então não estavam envolvidos na tecnificação essencial e no processo de industrialização: os cidadãos, a esfera pública, os movimentos sociais, os grupos especializados, os trabalhadores no local de trabalho. (...) Estas são condições em que os vários grupos e níveis de tomada de decisão e participação mobilizam uns contra os outros os recursos do estado constitucional. (BECK, 1995, p. 35)

Este modelo político que deve vigorar na sociedade de risco, denominado subpolítica reflexiva, deve se caracterizar por: 1) desmonopolização da especialização – os especialistas nem sempre sabem o que é certo e bom para todos; 2) informalização da jurisdição – círculos de grupos com permissão para participar não podem continuar fechados e devem se abrir conforme padrões sociais de importância; 3) abertura da estrutura de tomada da decisão – consciência geral de que as decisões ainda não foram tomadas e serão implementadas agora externamente; 4) criação de caráter público parcial – excluindo as negociações às portas fechadas entre especialistas e tomadores das decisões e ampliando o diálogo a outros agentes; 5) autolegislação e auto-obrigação – normas para este processo desenvolvidas em comum acordo e sancionadas (BECK, 1995). Evidencia-se que a proposta de Beck (1995, p. 51) se distancia da tradicional subpolítica, que pode ser resumida na abertura do processo político tradicional a atores múltiplos, e aproxima-se de um modelo reinventado que recria as regras do jogo:

Local e tipo do político	Qualidade ou período do político	
	Simples (orientado por regras)	Reflexivo (que altera as regras)
Política do sistema político	Política simbólica, crescimento, amplo emprego, progresso técnico e social	Reativação econômica ou metamorfose do Estado
Sub(sistema) político	Racionalidade especializada simples, domínio da ação tecnocrática e burocrática, esfera privada	Reforma da racionalidade, empresários políticos, a vocação como ação política
Condições da politização	Greves, maioria parlamentar, iniciativa governamental, soluções coletivas individualistas (por exemplo, seguro de automóvel)	Congestionamento, bloqueio e, como uma variante, a luta pelo consenso e a reforma das modernizações dentro e fora do sistema político

Tabela 1 – Distinção entre subpolítica e subpolítica reflexiva (BECK, 1995, p. 51)

Na opinião de Beck (1995), a tendência atual é a retirada do foco nos políticos e a concentração na auto-organização, que é a subpolitização reflexiva da sociedade, enquanto reunificação de forças livres na camada mais profunda da sociedade. Não significa a morte do Estado, mas seu enfraquecimento, o que não é necessariamente ruim. Entre outros aspectos que podem ser conduzidos, além da auto-organização, tem-se o da construção de uma ordem supranacional ou idealmente global.

3 – Mundialização informativa, *Internet* e subpolítica

A partir dos enfoques do segundo tipo conceitual de mundialização, pluralista e multicausal, a mundialização potencializaria a diversidade, mas necessariamente qualificada por conexões. O que se encontra fora do espaço nacional deixa de ser do outro e passa a ser de todos, direitos difusos que não podem ser apropriados por um só particular ou protegidos por um só Estado ou espaço territorial. Seria necessário o redirecionamento de cidadãos para o eixo global-local, que inova em três aspectos: espacial (ultrapassagem de fronteiras), temporal (aceleração do tempo) e de densidade social (redes de comunicação, que se tornam mais reais a cada manifestação informativa e coloca em posição de interesse diversos acontecimentos do globo) (ARANHA, 2006). Segundo Beck (1999), um dos fatores que torna a globalidade irreversível é a ininterrupta revolução dos meios tecnológicos de informação e comunicação.

Em verdade, a desterritorialização, eliminando o tradicional conceito de espaço-tempo se associa diretamente aos impactos na densidade social causados pelas redes de comunicação, justamente porque estas favorecem aquela. Se a questão é o rompimento de barreiras em tempo e espaço, com o ciberespaço o processo de globalização deu um grande passo, afinal, uma das características atribuídas ao ambiente virtual é justamente a sua desterritorialização (LÉVY, 2005). Neste sentido, o aspecto tecnológico da sociedade mundial é traduzido pelo termo *mundialização informativa* como rede global de informação, representado pela perda da soberania dos Estados nacionais quanto às informações e pela derrubada da possibilidade de monopólio dos fluxos informativos devido à simultaneidade destes (ARANHA, 2006).

Bauman (1999) enxerga consequências humanas nem sempre positivas neste processo ao afirmar que este encurtamento das distâncias e término da geografia é um efeito da velocidade das informações e dos meios de comunicação, assim como um crescente desenvolvimento de novas tecnologias, que ao invés de diminuir os espaços das diferenças homogeneizando-as, ele as tornou polarizadas. Segundo Bauman (1999), a informação que antes precisava de um mensageiro, alguém que levasse fisicamente, passou por um processo de desenvolvimento de meios técnicos que permitiu que o conteúdo viajasse independente dos portadores físicos e do que se tratava. No caso da rede de computadores, detectou-se um aumento crescente da velocidade de transmissão da informação, eliminando a noção de viagem e distância a ser percorrida. Contudo, para Bauman (1999), a comunicação barata inunda e sufoca a memória, em vez de alimentá-la e estabilizá-la.

Independentemente da perspectiva adotada tem-se que a mundialização informativa é um fenômeno irreversível e que altera as perspectivas acerca da globalização e de como a atividade regulatória se dará na sociedade global. Notadamente, a *Internet* abre perspectivas em relação à participação popular na tomada de decisões políticas, retirando a atividade regulatória das mãos do Estado e colocando-a como uma ação de múltiplos atores, na denominada governança digital.

"A *Internet* – refiro-me à Internet e a uma série de tecnologias afins da informação –, sendo uma tecnologia revolucionária, detém o potencial tecnológico para influenciar tanto a estrutura do Estado como a relação entre este e o cidadão" (FOUNTAIN, 2005). A governança refere-se aos esforços dos Estados e das estruturas políticas, mas não apenas a isto, pois os atores envolvidos na governança não são apenas os estatais. Quando se fala em governança digital se está diante de um instrumento que viabiliza a interação não estatal no processo de governança. De maneira mais específica, o tema governança na *Internet* refere-se às questões políticas e técnicas coordenadas que possuem relação com a troca de informações pela rede mundial de computadores (DENARDIS, 2013).

Frisa-se que nas atividades de governança digital a participação no poder regulamentar não se restringe às opiniões sobre a regulação dos fluxos de informação, de modo que a rede é um instrumento para a participação popular em qualquer decisão regulamentar ou executiva, a exemplo da escolha de políticas públicas. Tal é o caráter instrumental da *Internet* em prol do exercício de direitos.

Se o acesso livre à rede é mais que um direito civil coligado às dimensões da liberdade e desponta como instrumento ao exercício de direitos políticos, evidentemente que surge por parte dos atores que são atingidos pela majoração ou afetação de direitos o interesse de participar na tomada de decisões sobre a sua regulação – eis a subpolítica. No mais, por conta da desterritorialização do ciberespaço, tal regulação não se restringe à jurisdição estatal, cabendo voltar os olhares para a regulação supranacional da *Internet*. Por isso, parte-se ao estudo da subpolítica na regulação supranacional da *Internet*.

4 – Diagnóstico da subpolítica na regulação supranacional da *Internet*

Tomadas as bases teóricas necessárias, coloca-se a seguinte pergunta de pesquisa: *é possível identificar no cenário comparativo da atuação de múltiplos atores na regulação da Internet traços de uma subpolítica reflexiva?*

Os objetivos específicos para alcançar a resposta ao questionamento são: 1 – delimitar o cenário supranacional de regulação, notadamente pela definição de quais órgãos atuam neste; 2 – identificar as ações de regulação da *Internet* em cada qual destes órgãos, especialmente apontando os atores integrados no processo; 3 – verificar nos relatos de atuação de múltiplos atores se há predominância de uma subpolítica comum ou reflexiva.

No âmbito internacional o papel de proteção e regulação de direitos se dá no âmbito da Organização das Nações Unidas, estruturada num modelo clássico do direito internacional no qual Estados-membros se concentram perante a organização, sendo eventual a abertura para agentes externos em eventos específicos. Em outras palavras, atores não típicos, como a sociedade, o indivíduo e o mercado, são usualmente excluídos do processo de participação no sistema (ANNONI, 2004; COMPARATO, 2004; GARCIA; LAZARI, 2015; MELLO, 2000). Arendt (2007) afirma que o processo de alienação do mundo gerou consequências e, em seu último estágio, esta seria a formação de uma sociedade global na qual o cidadão-mundo assume uma posição paritária com os Estados; ainda assim, a formação do conceito de cidadão-mundo e a abertura do sistema internacional ao indivíduo ainda é um processo em formação, de modo que a maior parte das iniciativas de abertura são isoladas, mas muitas delas ocorrem no tema regulação do ciberespaço.

Neste sentido, são promovidos diversos eventos na temática direitos humanos no ciberespaço pelas Nações Unidas (2015), por exemplo:

- Conferência sobre o Ciberespaço, que conta com representantes da sociedade civil nas delegações dos países. Entretanto, o espaço para discussão nas três edições que ocorreram – Londres, Budapeste e Seul – acaba se concentrando na intervenção de chanceleres e governantes, nada se encontrando de relatos de membros da sociedade civil cuja opinião tenha sido considerada e cooptada para a definição dos rumos da regulação da rede.

- Evento especial de Cibersegurança e Desenvolvimento de 2011, restrito a membros do Conselho Econômico, Social e Cultural. Logo, o evento foi eminentemente estatal.

- Fórum sobre Governança na *Internet* – IGF, evento que reúne Estados, organismos internacionais, sociedade civil, técnicos em informação e representantes de empresas. No último encontro, ocorrido no Brasil em novembro de 2015, 44% dos presentes pertenciam à sociedade civil, 22% aos governos, 4% a organizações intergovernamentais, 12% ao setor privado, 10% da comunidade técnica e 8% da mídia. Cerca de 49% dos presentes pertenciam ao Brasil, seguido de 26% da Europa Ocidental e outros. Em um dos grupos de discussões no IGF mais recentes admitiu-se que usualmente quando se fala em gestão por múltiplos atores se trabalha no campo meramente teórico, motivo pelo qual se tem trabalhado num documento específico sobre a matéria que se concentra nas variações no conceito de democracia e na abertura do processo político. Tal grupo foi mediado por um membro da *Internet Corporation for Assigned Names and Numbers – ICANN* e nele predominou a atuação de membros da sociedade civil.

As Nações Unidas adotam um modelo que de uma maneira geral é pouco participativo, mas indicia uma maior abertura aos atores não estatais quando o assunto é a proteção de direitos no ciberespaço, como se observa pela estrutura de composição de eventos como o IGF. A preocupação com a abertura do processo democrático se consubstancia pela criação de iniciativa específica voltada à promoção da governança digital nos países, denominada *United Nations E-Government Development Database (UNeGovDD)*, que analisa o índice de governança digital nos países vinculados à organização, mas não aborda a participação nos processos decisórios supranacionais (ONU, 2014).

Quanto à atuação das agências especializadas, destaca-se a atuação da União Internacional das Telecomunicações voltada exclusivamente às tecnologias da informação e telecomunicação e comprometida com a conexão em nível global, adotando como áreas de atuação: acessibilidade, banda larga, diagnóstico de mudanças climáticas, cibersegurança, dívida digital, telecomunicações de emergência, política e governança digital na *Internet*, igualdade de gênero e promoção da juventude e da educação (UIT, 2015).

Consoante a característica da complementaridade do sistema internacional de proteção dos direitos humanos, de modo que a atuação da Organização das Nações Unidas deve ser complementada por uma atuação regional de âmbito continental que atenda às peculiaridades regionais em prol de efetividade, também atuam no campo da regulação supranacional dos direitos humanos na *Internet* organismos como a União Europeia, o Conselho da Europa e a Organização dos Estados Americanos. Contudo, tal atuação complementar não necessariamente se dá num diálogo tranquilo, como se percebe pela postura europeia de preocupação quanto às Nações Unidas assumirem a regulação da rede (EL PARLAMENTO..., 2012).

No âmbito europeu, dois organismos se destacam no campo do direito internacional dos direitos humanos, o Conselho da Europa e a União Europeia. Ambos os organismos são *essencialmente estatais*, ou seja, são compostos por Estados-membros reunidos perante a organização, mas eventos específicos e órgãos internos se abrem ao acesso externo.

Quanto a movimentos e eventos específicos, o Conselho da Europa é bastante ativo, notadamente na Conferência Global sobre Ciberespaço e no Fórum da Governança Digital – IGF. Especificamente na área da governança digital desenvolve o EuroDIG – Diálogo Europeu sobre Governança Digital, que reúne governos, organizações internacionais, setor privado, sociedade civil, usuários, academia e técnicos da rede para discutir os últimos desenvolvimentos e desafios em governança digital, destacando-se a constância de tópicos que abordam a discussão do modelo de múltiplos atores para a tomada de decisões políticas sobre a regulação da rede (CONSELHO DA EUROPA, 2015).

A União Europeia denota uma preocupação em regular a *Internet* e em discutir sobre tal regulação, possuindo uma agenda digital que mede o progresso da economia digital, notadamente em conectividade, capital humano, uso da rede, integração da tecnologia digital e serviços públicos digitais. Abre-se a possibilidade de participação na agenda digital europeia a partir de manifestação em sítio na rede e em eventos específicos (UNIÃO EUROPEIA, 2015).

Diversamente do cenário regional europeu, no âmbito interamericano não se faz presente um debate contundente sobre os direitos humanos no ciberespaço, tanto que no final do ano passado foi realizada pela primeira vez uma audiência pública sobre o impacto da rede na defesa e no exercício dos direitos humanos perante a Corte Interamericana de Direitos Humanos, quando se chamou atenção ao fato de que a Organização das Nações Unidas e a organização regional europeia já estavam tomando providências em aprofundar o debate na temática enquanto que perante a organização americana o debate permanecia restrito a temas correlatos à liberdade de expressão e ao combate ao terrorismo, nada se aprofundando em termos de proteção de outros bens jurídicos na era digital (BERTONI, 2015).

Em destaque, as relatorias para a liberdade de expressão no âmbito interamericano promovem um debate mais consistente sobre direitos humanos na rede, ainda que se restringindo a uma categoria de direitos. Em documento que sintetiza os trabalhos desenvolvidos pelas relatorias, já em estágio bastante avançado, aborda-se como diretiva a participação multissetorial (OEA, 2013). Especificamente quanto à última diretiva, a relatoria considera sobre a importância da governança da *Internet* de forma democrática e multissetorial com prevalência do princípio da cooperação, cabendo aos Estados "garantir a participação equitativa de todos os atores relevantes para a governança da *Internet*, fomentando a cooperação reforçada entre autoridades, academia, sociedade civil, comunidade técnica e setor privado, entre outros atores, tanto a nível internacional como nacional" (OEA, 2013). Em que pese a defesa do princípio, não há relatos de abertura de agenda no âmbito interamericano.

Numa visão inicial, aparenta o Brasil estar atendendo em boa parte as diretivas da Organização das Nações Unidas e da Organização dos Estados Americanos. Em termos estruturais, destacam-se iniciativas como o portal e-democracia, no qual são abertas comunidades legislativas, eventos interativos e espaços livres para a participação popular no processo legislativo (BRASIL, 2015a), embora nem sempre as opiniões ali levantadas sejam levadas em conta no processo final de aprovação do texto da lei e a transparência destes portais seja questionável (PRADO; RIBEIRO; DINIZ, 2012). Ainda, tem-se o Comitê Gestor da *Internet* no Brasil, que foi criado em 1995 pela Portaria Interministerial n. 147, alterada pelo Decreto n. 4829/03, o qual visa tornar efetiva a participação da sociedade civil (segmento acadêmico, empresarial e terceiro setor) nas decisões envolvendo a implantação, administração e uso da *Internet*, sendo que o modelo multissetorial do órgão tem sido considerado um parâmetro de referência em termos de governança digital (BRASIL, 2015b).

Cabe analisar se neste modelo de interação subjetiva na regulação supranacional da rede se detectam traços da subpolítica reflexiva idealizada em Beck e Giddens (1995), notadamente: desmonopolização da especialização, informalização da jurisdição, abertura da estrutura de tomada da decisão, criação de caráter público parcial, autolegislação e auto-obrigação. Contrariamente, no modelo simples de subpolítica ocorreria apenas uma adaptação do modelo existente, isto é, as regras do jogo não seriam alteradas, mas apenas adaptadas para buscar promover uma maior inclusão no típico processo de tomada de decisão política centrada em Estados.

O fato da abertura à discussão para membros da sociedade civil e não apenas à comunidade técnica, especialmente no IGF, denota a perda de monopólio da especialização. Este parece ser o único traço que se identifica razoavelmente com o modelo da subpolítica reflexiva. No entanto, tal perda, não parece tão significativa eis que usualmente a opinião técnica é tomada em detrimento da opinião geral ao final do processo de tomada da decisão, afastando-se o caráter público parcial que caracterizaria a subpolítica reflexiva.

Por sua vez, em que pese o maior grau de abertura nas discussões sobre a regulação da *Internet*, todas as abordagens parecem ocorrer num modelo *bottom-top* (de baixo para cima), isto é, discussões entre múltiplos atores para promoverem a tomada da decisão política final no âmbito da atuação dos Estados-membros nas organizações internacionais.

Quanto à informalização da jurisdição, não se percebe uma efetiva abertura no poder de dizer o direito abstrata ou concretamente no que tange às decisões sobre os rumos da regulação supranacional da rede. Permanece o modelo que se concentra, na jurisdição internacional, em órgãos e agências vinculados às organizações internacionais ou regionais; e, na jurisdição interna, ao exercício do poder regulamentar pelo Poder Legislativo e do poder decisório pelo Poder Judiciário.

A abertura à tomada de decisão é questionável, eis que parece emergir teoricamente, mas não na prática. Em outras palavras, reunir membros da sociedade civil e do setor privado em eventos sobre os rumos da regulação da rede não significa levar em conta a opinião destes atores quando da tomada da decisão política. No final das contas, o poder permanece centrado nas mãos dos Estados que têm o livre arbítrio de tomar ou não aquelas opiniões em conta quando da elaboração da norma regulamentar. Logo, não há uma real autolegislação ou auto-obrigação, pois as normas para este processo podem até estar sendo desenvolvidas em comum acordo, mas no momento da formalização e sanção há uma seletividade pelos Estados quanto ao conteúdo que será transformado em Direito.

Com efeito, a subpolítica pode até despontar como um traço marcante da mundialização informativa, mas o faz de maneira muito afastada do que idealmente deveria ser, pois poucos são os traços de subpolítica reflexiva que podem ser identificados no cenário atual da regulação supranacional da rede. Evidentemente, há um avanço crescente nas práticas de inclusão de atores no processo de discussão política, mas tal avanço não se estende na tomada das decisões políticas finais, o que faz questionar se a interação subjetiva no campo da regulação da rede não seria falaciosa.

Conclusão

Globalização e modernidade reflexiva são fenômenos coligados que impactam na atividade regulatória, formando um direito global. Contudo, este não pode ser uma mera releitura do tradicional direito doméstico, mas deve tomar novos rumos que permitam identificar um razoável grau de abertura democrática do sistema. Neste sentido, Beck e Giddens apontaram como solução o modelo da subpolítica reflexiva, no qual a abertura democrática do sistema internacional de proteção não seria meramente teórica, mas real. Daí o objetivo do presente de delimitar se este modelo tem ou não despontado e, em caso negativo, se não se está rumando ao lado negativo da sociedade de risco.

Entre os meios que poderiam viabilizar o modelo da subpolítica reflexiva está a rede mundial de computadores, cujo caráter instrumental ao exercício de direitos civis e políticos é evidente. Neste sentido, fala-se em mundialização informativa como um dos principais traços do modelo de globalização definido num tipo conceitual pluralista e multicausal. Por tal motivo, optou-se pelo estudo da subpolítica reflexiva no tema regulação supranacional da *Internet*, eis que uma regulação salutar deverá proteger as amplas possibilidades de atuação política que emergem da estrutura da rede.

Concluiu-se provada a hipótese de que quanto à regulação da *Internet* percebe-se a emergência de agendas sobre a sua regulação que cada vez menos se restringem aos tradicionais atores regulamentares, permitindo uma maior participação do indivíduo neste processo, com a verificação do delineamento da subpolítica num conceito mais simplificado de mundialização, distanciado, porém, do que idealmente seria a subpolítica reflexiva.

A inclusão de múltiplos atores no cenário de discussão acerca da regulação da *Internet* é real e pode ser percebida na composição e nos relatos dos eventos acerca do tema, destacando-se a preocupação com a abertura à sociedade civil dos debates. No entanto, os traços da subpolítica reflexiva – desmonopolização da especialização, informalização da jurisdição, abertura da estrutura de tomada da decisão, criação de caráter público parcial e autolegislação e auto-obrigação – não se fazem presentes substancialmente. Existe, assim, uma subpolítica que emerge na regulação supranacional da rede, mas esta se estrutura como uma adaptação das estruturas políticas tradicionais e não como uma reconstrução destas, o que a põe em questionamento.

Referências

ANNONI, Danielle. **Direitos humanos & acesso à justiça no direito internacional**. Curitiba: Juruá, 2004.

ARANHA, Marcio Iorio. **Manual de Direito Regulatório**. 3. ed. Londres: Laccademia Publishing, 2015.

_____. Mundialización informativa, informacional y cultural. **Política y Cultura**, Distrito Federal, México, n. 26, 2006.

ARENDT, Hannah. **A condição humana**. 10. ed. Tradução Roberto Raposo. Rio de Janeiro: Forense, 2007.

BALDWIN, Robert; CAVE, Martin; LODGE, Martin. **Understanding Regulation**: theory, strategy, and practice. 2. ed. Oxford: Oxford University Press, 2013.

BAUMAN, Zygmunt. **Globalização**: as consequências humanas. Tradução Marcus Penchel. Rio de Janeiro: Jorge Zahar Ed., 1999.

BECK, Ulrich. **O que é globalização?** Equívocos do globalismo, respostas à globalização. São Paulo: Paz e Terra, 1999.

_____. A reinvenção da política: rumo a uma teoria da modernização reflexiva. In: BECK, Ulrich; GIDDENS, Anthony; LASH, Scott. **Modernização reflexiva**: política, tradição e estética na ordem social moderna. Trad. Magda Lopes. São Paulo: Editora Unesp, 1995. p. 11-72.

BERTONI, Eduardo. A CIDH ouviu em audiência o impacto da *Internet* na defesa e no exercício dos Direitos Humanos. *Digital Rights*, n. 24, ano 3, jun./2015. Disponível em: <http://www.digitalrightslac.net/pt/la-cidh-escucho-en-audiencia-el-impacto-de-internet-en-la-defensa-y-el-ejercicio-de-los-derechos-humanos/>. Acesso em: 06 ago. 2015.

BRASIL. Câmara dos Deputados. **E-democracia**. Disponível em: <http://edemocracia.camara.gov.br/>. Acesso em: 06 ago. 2015a.

_____. **Comitê Gestor da *Internet* no Brasil**. Disponível em: <http://www.cgi.br/>. Acesso em: 06 ago. 2015b.

CAMPILONGO, Celso Fernandes. Teoria do Direito e globalização econômica. In: SUNDFELD, Carlos Ari; VIEIRA, Oscar Vilhena. **Direito global**. São Paulo: Max Limonad, 1999. p. 77-92.

COMPARATO, Fábio Konder. **A afirmação histórica dos direitos humanos**. 3. ed. São Paulo: Saraiva, 2004.

CONSELHO DA EUROPA. **Busca de notícias e documentos (palavra-chave: "*Internet*")**. Disponível em: <https://publicsearch.coe.int/Pages/results.aspx?k=internet#k=internet#s=91>. Acesso em: 05 ago. 2015.

DENARDIS, Laura. **The emerging field of *Internet* governance**. In.: DUTTON, William H. The Oxford Handbook of Internet Studies. Oxford: Oxford University Press, 2013. p. 555-575.

EL PARLAMENTO Europeo alerta contra la posibilidad de que la ONU "controle" Internet. **ELMUNDO.es**, 23 nov. 2012. Disponível em: <http://www.elmundo.es/elmundo/2012/11/23/navegante/1353657275.ht ml>. Acesso em: 06 ago. 2015.

FOUNTAIN, Jane. **Construindo um Estado Virtual**. Brasília: ENAP, 2005.

GARCIA, Bruna Pinotti; LAZARI, Rafael de. **Manual de Direitos Humanos**. 2. ed. Salvador: JusPodivm, 2015.

GIDDENS, Anthony. A vida em uma sociedade pós-tradicional. In: BECK, Ulrich; GIDDENS, Anthony; LASH, Scott. **Modernização reflexiva**: política, tradição e estética na ordem social moderna. Trad. Magda Lopes. São Paulo: Editora Unesp, 1995. p. 73-134.

ITU – UNIÃO INTERNACIONAL DAS TELECOMUNICAÇÕES. *Key Areas of Action*. Disponível em: <http://www.itu.int/en/action/Pages/default.aspx>. Acesso em: 06 ago. 2015.

LÉVY, Pierre. **O que é virtual?** Tradução Paulo Neves. São Paulo: Editora 34, 2005.

MELLO, Celso de Albuquerque. **Curso de direito internacional público**. 14. ed. São Paulo: Saraiva, 2000.

OEA – ORGANIZAÇÃO DOS ESTADOS AMERICANOS. Comissão Interamericana de Direitos Humanos. Relatoria Especial para a Liberdade de Expressão. **Liberdade de Expressão e *Internet***. Washington/EUA: OEA, 2013.

ONU – ORGANIZAÇÃO DAS NAÇÕES UNIDAS. **Busca de notícias e documentos (palavras-chave: "internet" e "ciberespaço")**. Disponível em: <http://search.un.org/>. Acesso em: 06 ago. 2015.

_____. **United Nations E-Government Survey 2014**: e-government for the future we want. Nova York: United Nations, 2014.

ONU: UM GRANDE passo para a privacidade na *Internet*. *Human Rights Watch*, 26 mar. 2015. Disponível em: <https://www.hrw.org/pt/news/2015/03/26/267606>. Acesso em: 06 ago. 2015.

PRADO, Otávio; RIBEIRO, Manuela Maia; DINIZ, Eduardo. Governo eletrônico e transparência: olhar crítico sobre os portais do governo federal brasileiro. In: PINHO, José Antonio Gomes de (Org.). **Estado, sociedade e interações digitais**: expectativas democráticas. Salvador: EDUFBA, 2012. p. 13-42.

SUNDFELD, Carlos Ari. A Administração Pública na era do direito global. In: SUNDFELD, Carlos Ari; VIEIRA, Oscar Vilhena. **Direito global**. São Paulo: Max Limonad, 1999. p. 158-168.

UNIÃO EUROPEIA. **Agenda Digital**. Disponível em: <http://ec.europa.eu/digital-agenda/telecoms-and-internet/#Article>. Acesso em: 05 ago. 2015.

VERONESE, Alexandre Kehrig. **A judicialização de políticas públicas de telecomunicações e as demandas dos consumidores**: o impacto da ação judicial. 2011. 386 f. Tese (Doutorado em Sociologia) – Universidade do Estado do Rio de Janeiro, Rio de Janeiro, 2011.

O Big Data e os desafios da modernidade: uma regulação necessária?[*]
Big Data and Modernity Challenges: A Required Regulation?

Submetido(*submitted*): 15/12/2014
Parecer(*revised*): 08/01/2015
Aceito(*accepted*): 24/08/2015

Victor Cravo[**]

Resumo

Propósito – Este artigo objetiva apresentar ao leitor à revolução paradigmática representada pelo Big Data, além de incentivá-lo a imaginar como o direito poderá lidar com os desafios que advirão da modernidade tecnológica.

Metodologia/abordagem/design – O texto foi construído a partir de pesquisa bibliográfica destinada a explicar o fenômeno do Big Data e a problematizar, à luz da teorização de Immanuel Wallerstein sobre a modernidade, suas implicações no direito.

Resultados – O artigo apresenta as principais características do fenômeno inovador do Big Data, com ênfase nas potenciais implicações danosas à participação democrática no processo regulatório, para, em seguida, relacioná-las com os conceitos de modernidade tecnológica e modernidade da libertação, elaborados por Immanuel Wallerstein.

Implicações práticas – O artigo serve como convite ao pesquisador interessado nas repercussões da modernidade tecnológica nas instituições jurídicas que modulam e legitimam o processo regulatório, com especial enfoque no Big Data.

Originalidade/relevância do texto – O estudo inova na pesquisa jurídica brasileira na medida em que auxilia na introdução, em língua portuguesa, da temática das implicações jurídicas do Big Data, cuja pesquisa, mesmo em língua inglesa, é ainda incipiente.

Palavras-chave: Big Data, regulação algorítmica, modernidade, Wallerstein.

Abstract

Purpose – This article introduces the reader to the paradigmatic revolution performed by Big Data, and encourages imagining how jurisprudence and the law can deal with the challenges that will result from modernity of technology.

Methodology/approach/design – It was composed from bibliographic research aimed at explaining the Big Data phenomenon and challenging its implications on the law, in light of the theory of Immanuel Wallerstein on modernity.

Findings – The main features of the novel phenomenon of Big Data are presented with emphasis on the potential harmful implications for democratic participation in the

---

[*]O presente artigo foi previamente publicado na Revista de Direito Setorial e Regulatório, v. 1, n° 2, de outubro de 2015.
[**]Procurador-Geral da Agência Nacional de Telecomunicações (ANATEL), graduado em direito pela Universidade Federal de Pernambuco (UFPE) e mestre em Direito, Estado e Constituição pela Universidade de Brasília (UnB), com especialização em Regulação das Telecomunicações pelo Inatel. É Procurador Federal/AGU, tendo ocupado postos na Procuradoria Federal Especializada junto à ANATEL e na Consultoria Jurídica do Ministério das Comunicações. Leciona a temática de Direito Administrativo e Regulatório. E-mail: victorcravo@hotmail.com.

regulatory process, in order to relate them to the concepts of modernity of technology and modernity of liberation developed by Immanuel Wallerstein.

Practical implications – The article serves as an invitation to the researcher interested in the impact of modernity of technology in the legal institutions that modulate and legitimate the regulatory process, with special focus on Big Data.

Originality/value – It innovates in the Brazilian legal research to the extent that it assists in delving the implications of Big Data in Portuguese speaking literature.

Keywords: Big Data, algorithmic regulation, modernity, Wallerstein.

Introdução

As múltiplas informações digitais recolhidas por empresas e governos sobre os mais variados aspectos relacionados à vida humana passaram a ter valor maior – não apenas econômico, mas social, científico e político – que o inicialmente esperado à época de sua coleta. Empresas paulatinamente perceberam que as informações deixadas para trás pelos indivíduos após uma venda ou prestação de serviço, se analisadas agregadamente sob um método particular, continham em si significado maior que a simples soma de suas partes. A partir dessas enormes quantidades de dados, passou a ser possível extrair novas ideias e perspectivas sobre a realidade, as quais tendem a levar não somente a uma maior eficiência, como também a produtos e serviços inovadores, e, quiçá, a novas formas de desenvolvimento de políticas públicas e de regulação estatal.

Essa revolucionária maneira de analisar a realidade é que vem sendo chamada de *Big Data*, cujos impactos na economia, na sociedade e na política já começam a serem sentidos, embora em um grau ainda inexpressivo comparado ao que ainda está por vir. Fruto da modernidade tecnológica, o Big Data segue seu curso de desenvolvimento ao ritmo ditado quase que exclusivamente pelo interesse das empresas detentoras das bases de dados (HAIRE e MAYER-SCHÖNBERGER, 2014). O tratamento legislativo tradicionalmente conferido ao uso de informações individuas coletadas por empresas – a exemplo do Marco Civil da Internet – aponta para o sigilo de dados dos consumidores, deixando escapar a compreensão do fenômeno do Big Data. O esforço por compreender o fenômeno há que ser iniciado para, em seguida, questionar-se sobre a necessidade de regulação estatal sobre seu desenvolvimento.

Nesse sentido, o artigo se inicia pela descoberta do Big Data como fenômeno em curso, mesmo que embrionário. São apresentadas suas facetas mais marcantes, ao mesmo tempo em que se antecipam muitas das rupturas que esse novo método tecnológico de enxergar a realidade acarretará à humanidade, tomando por base os estudos liderados por Viktor Mayer-Schönberger. Em sequência, serão introduzidos os conceitos formulados por Immanuel Wallerstein sobre a modernidade e suas diferentes acepções, com o objetivo de relacionar a ideia de progresso tecnológico com as conquistas sociais de participação democrática. Por último, o artigo enfatizará o lado obscuro da aplicação do Big Data à regulação estatal, antevendo dilemas que se apresentarão e como realçarão as contradições entre as duas distintas conotações de modernidade.

Ao final deste estudo, pretende-se que o leitor não apenas tome conhecimento da revolução paradigmática em que consiste o Big Data, mas também que se ponha a imaginar como o direito poderá lidar com os desafios que advirão da modernidade tecnológica. É responsabilidade do jurista repensar as formas jurídicas que institucionalizam as relações sociais no seio do Estado, no intento de conciliar o avanço da tecnologia com o incremento das formas de participação e legitimação democrática na elaboração da política regulatória. Mais ainda, há que se buscar pensar a tecnologia como alavanca para uma maior fruição das liberdades humanas.

Descobrindo o Big Data

O Big Data não possui, a rigor, uma definição precisa e formal. Estudiosos do tema o têm conceituado como a habilidade de dominar a informação mediante métodos inovadores, com o objetivo de produzir bens ou percepções úteis e serviços de valor significativo (MAYER-SCHÖNBERGER e CUKIER, 2013, p. 14). É uma descrição um tanto abstrata do fenômeno, e bastante árida para um leigo curioso sobre o assunto. A melhor forma de apresentar ao leitor uma correta noção sobre a dimensão do Big Data é, provavelmente, apontando para algumas ilustrações dessa nova realidade.

Em 2009, semanas antes de a gripe H1N1 se tornar alvo de preocupação disseminada mundo afora, engenheiros do Google publicaram artigo científico na revista Nature reportando como esse site de buscas virtuais conseguiu antecipar o alastramento da nova espécie de gripe nos EUA. Partindo dos mais de três bilhões de pesquisas registradas e armazenadas diariamente no Google, seus funcionários lograram relacionar certas palavras-chave buscadas com o surgimento da nova virose em determinadas localidades norte-americanas. Esse trabalho foi possível porque o Google possui vantagens comparativas evidentes, como um banco de dados extremamente amplo sobre as pesquisas realizadas por centenas de milhões de indivíduos, e também uma capacidade de processamento invejável, a qual possibilitou testar mais de 450 milhões de diferentes modelos matemáticos até chegar aos resultados esperados (MAYER-SCHÖNBERGER e CUKIER, 2013, p. 8-15). Conclusões semelhantes também foram encontradas por órgãos oficiais do governo dos EUA, mas apenas o Google obteve tais resultados em tempo real, acompanhando o desenrolar dos eventos enquanto aconteciam.

Em meados dos anos 2000, um cientista de computação resolveu investigar a formação de preços na oferta de assentos no mercado de aviação civil norte-americano. O interesse surgiu após perceber que, apesar da antecedência, havia comprado seu bilhete por um valor significativamente mais alto que o preço pago pelo vizinho de poltrona. Esse cientista, também empresário, analisou uma amostra de doze mil preços obtida de um site de viagens durante um período de 41 dias, e criou um modelo matemático capaz de predizer em que momento um consumidor deve comprar suas passagens aéreas pelo menor preço. O modelo não aponta porquês, apenas o quê. Isso significa que os cálculos realizados não explicam por que um bilhete sai mais barato se comprado em determinada companhia aérea com tal ou qual antecedência, mas somente revela que tal fenômeno acontece. O referido cientista fez desse modelo matemático um negócio, a Farecast, que pesquisava numa base de dados de aproximadamente 200 bilhões de registros de preços para realizar suas previsões. Em 2012, ao tempo em que sua empresa acertava 75% das análises de preço e proporcionava economia média de 50% ao consumidor, o cientista-empresário vendeu seu negócio por 110 milhões de dólares para a Microsoft, que incorporou o modelo matemático em seu buscador (MAYER-SCHÖNBERGER e CUKIER, 2013, p. 15-17).

Já são inúmeros os exemplos de aplicação do conceito de Big Data. Fabricantes de motores de avião podem prever quando uma peça irá quebrar, permitindo que seja substituída convenientemente, sem atrapalhar rotas e horários de voo. Uma empresa *startup* oferece aplicativos de celular que ajudam mais de 100 milhões de usuários a driblar o trânsito e encontrar o melhor caminho de casa, em tempo real. Uma prestadora de telefonia celular holandesa percebeu que poderia interpretar as alterações de potência do sinal de suas torres transmissoras como informações sobre o tempo, proporcionando uma nova e lucrativa forma de aproveitar informações meteorológicas mediante uma extensa rede de telecomunicações.

Em todos os casos mencionados, o denominador comum encontrado é a capacidade de obter novas perspectivas por meio da análise de gigantescas quantidades de informação, o que não seria viável em pequenas somas (HAIRE e MAYER-SCHÖNBERGER, 2014). Os dados, antes coletados para uma finalidade específica e posteriormente esquecidos, passaram a ser encarados como matéria bruta para negócios alternativos, mostrando-se como insumos vitais para criação de novas formas de valor econômico. Jamais houve tanta informação armazenada, e tamanha capacidade de processá-la.

Em estudo sobre a capacidade mundial de armazenar, comunicar e processar informação, HILBERT e LÓPEZ (2011) estimam que o quantitativo total de dados analógicos e digitais existente no mundo cresceu de 3 bilhões de gigabytes, em 1987, para 300 bilhões de gigabytes em 2007. Em 2013, calculam que o total de dados amealhados chegue a 1200 exabytes1, dos quais apenas 2% seriam analógicos. A capacidade de processamento de dados também aumentou de modo constante durante todo esse período, permitindo aos autores afirmarem a existência de uma analogia entre esse crescimento e a Lei de Moore.[2] Ao colocarem os números em perspectiva, HILBERT e LÓPEZ (2011) apontam que a quantidade de instruções que um computador pessoal conseguia processar em 1 segundo no ano 2007 – 6,4 x 1021 – equivalia ao máximo de impulsos nervosos executados por cérebro humano no mesmo tempo. Contudo, ao contrário das habilidades naturais de processamento de informações, a capacidade tecnológica mundial de processar dados vem crescendo a taxas visivelmente exponenciais. No futuro próximo, antevisto pela CISCO (2014), o tráfego anual total de dados pela internet passará da casa dos zettabytes[3] em fins de 2016, chegando a 1,6 zettabytes em 2018.

Sobre o incremento exponencial das capacidades de armazenamento e processamento nas últimas décadas, MAYER-SCHÖNBERGER e CUKIER (2013, p. 19) argumentam que a mudança de escala levou a uma alteração de estado. Em outras palavras, a mudança quantitativa transformou-se em qualitativa. O surgimento de escalas cada vez maiores possibilitou o florescimento do Big Data, que se refere justamente à habilidade de extrair de grades bases de dados perspectivas inovadoras ou novas formas de valor econômico, capazes de alterar mercados, organizações, relações sociais e governos. Lançando mão de analogias, percebe-se que ocorre com o Big Data situação inversa da nanotecnologia, na qual procura-se trabalhar no nível molecular da matéria, no ponto em que as propriedades físicas podem ser alteradas. Em nanoescalas, podem ser desenvolvidos materiais dotados de características irreplicáveis por outros métodos. De modo semelhante, em escala reduzida não existiria Big Data.

Na sua essência, o Big Data consiste em realizar previsões. Os mencionados autores explicam que, ao aplicar matemática a uma enorme quantidade de dados, consegue-se inferir probabilidades e correlações cujos usos são os mais variados possíveis, desde programas que detectam *spams* até sistemas que permitem a condução de um veículo sem a interferência humana. E, num futuro nem tão distante, será viável a aplicação do Big Data para

---

[1] 1 exabyte equivale a 1 bilhão de gigabytes.
[2] A Lei de Moore mede o progresso tecnológico do desempenho computacional ao contar o número de transistores num circuito integrado, constatando dobrarem a cada dois anos desde a década de 1960 (HILBERT e LÓPEZ, 2011).
[3] 1 zettabyte equivale a 1000 exabytes.

diagnosticar doenças, recomendar tratamentos e mesmo detectar potenciais criminosos antes mesmo que venham a cometer delitos. Nesse ponto, já é possível perceber que o Big Data será um dos principais motores da nova economia. Mais que isso, esse fenômeno promete alterar três diferentes aspectos relacionados à maneira como analisamos informação, com prováveis reflexos sobre a organização da sociedade moderna.

Em primeiro lugar, constata-se que o vertiginoso aumento das capacidades de armazenamento e processamento oportuniza o exame de muito mais informação, senão de todos os dados relacionados a um fenômeno específico. Se, nos últimos séculos, cultivamos metodologias matemáticas que proporcionavam resultados lastreados em amostras de dados, agora poderemos utilizar modelos matemáticos imensamente mais abrangentes. Uma vez que não mais existem limitações naturais à coleta, armazenamento e processamento de grandes quantidades de informação, ampliam-se, na mesma medida, os horizontes do Big Data (MAYER-SCHÖNBERGER e CUKIER, 2013, p. 23-27).

Na esteira dessa mudança de perspectiva, introduz-se a segunda guinada, consistente na menor exigência de exatidão em troca da maior abrangência da análise de dados. No paradigma anterior, marcado pelas dificuldades físicas de coletar dados, as amostras reduzidas eram submetidas a metodologias que não admitiam imprecisões. Findas as limitações, as amostragens tornam-se bastante mais extensas, fazendo com que um grau maior de inexatidão analítica seja tolerável. Em uma escala maior, aumentam os erros na mesma proporção sem que isso prejudique o desempenho geral do Big Data. Isso porque ele se propõe a apontar novas percepções e correlações a respeito de variados fatores, tarefa para a qual alta precisão não é o mais importante, mas, ao contrário, a larga abrangência dos dados analisados.

Por fim, e não menos decorrente das duas primeiras alterações paradigmáticas, o Big Data impulsiona o câmbio da investigação centrada em causalidade pela busca de padrões e correlações hábeis a fornecerem novas percepções da realidade. Ao invés de preocupar-se com o porquê da relação entre um evento e outro, passa-se a dar maior valor ao "o quê", ou seja, à pura descoberta da existência de correlações entre tais eventos, ainda que não se saiba explicá-los desde o princípio. Detectar a existência de uma nova doença enquanto os fatos se desenrolam possui um inestimável valor em si, embora pouco ou nada seja revelado a respeito da moléstia em questão. E na extensão em que virtualmente todas as informações podem ser traduzidas em dados digitais, e consequentemente analisáveis pelo Big Data, as correlações entre os múltiplos fatores ainda por serem descobertas são incontáveis.

Segundo descrevem MAYER-SCHÖNBERGER e CUKIER (2013, p. 27-30), o valor econômico no século XX passou da infraestrutura física para a propriedade intelectual, e hoje se expande para a informação, cada vez mais considerada um importante ativo empresarial, insumo vital para a economia, além de base para novos modelos de negócios. Nas palavras dos autores, os *dados serão o combustível que moverá a economia da informação*.

Nem todas as mudanças que o Big Data nos reserva, porém, cheiram a flores. As instituições que permeiam nossa vida social foram estabelecidas sob o paradigma de que decisões humanas são baseadas em informações notabilizadas pela suas pequena escala, exatidão e causalidade. Alterando-se o paradigma para decisões tomadas com base em informações em grande escala, processadas rapidamente e com relativa tolerância à inexatidão, nossas instituições fatalmente deverão ser repensadas. A alta velocidade imprimida aos processos decisórios fará com que muitas das escolhas sejam feitas por máquinas alimentadas por algoritmos engendrados com objetivo de decidir em função de probabilidades detectadas. Regular os algoritmos que deliberarão sobre as mais variadas facetas da vida humana será um grande desafio imposto pelo futuro que se aproxima.

Ao tempo em que novas faces da modernidade batem à nossa porta, é preciso examiná-las com critério antes de as deixarmos entrarem em nossas vidas, a fim de não colocarmos em risco os pilares que sustentam as liberdades de que hoje gozamos. Ajudarão nessa tarefa as categorizações formuladas por Immanuel Wallerstein a respeito das vicissitudes da modernidade, com o objetivo de analisarmos, na sequência, os perigos que o Big Data poderá acarretar ao processo regulatório num Estado Democrático de Direito.

Conciliando Duas Modernidades

Immanuel WALLERSTEIN (2002, p. 34-54) formulou elegante e coerente teoria segundo a qual o mundo é entendido como um sistema histórico único e internacional, cujas intrincadas relações de poder sofrem perturbações ao balanço de ritmos cíclicos mais ou menos longos, desde tempos imemoriais. Nesses termos, vivemos hoje megulhados no sistema histórico internacional capitalista, sendo sua economia:

> "(...) um sistema que envolve uma desigualdade hierárquica na distribuição, baseada na concentração de certos tipos de produção (relativamente monopólica e portanto de elevada lucratividade) em certas zonas limitadas, que desse modo e em consequência disso se tornam os pontos de maior acumulação de capital. Esta concentração permite o revigoramento das estruturas estatais, as quais por sua vez procuram garantir a sobrevivência dos monopólios relativos. No entanto, como os monopólios são inerentemente frágeis, tem havido uma relocalização constante, intermitente e ilimitada, embora significativa, desses núcleos de concentração ao longo de toda a história do sistema internacional moderno." (WALLERSTEIN, 2002, p. 35-36)

Os ritmos cíclicos são os mecanismos de mudança do sistema. Em analogia com outros tipos de sistemas, a exemplo de físicos, biológicos e sociais, o referido autor destaca que ritmos cíclicos são necessários para restabelecer um equilíbrio mínimo. Porém, além dos ciclos rítmicos, os sistemas históricos têm tendências seculares que exacerbam as contradições inatas a todos os sistemas, fazendo com que as flutuações sejam cada vez maiores, até que surja o caos. Nesse ponto de imprevisível inflexão, nascem bifurcações que podem levar à origem de novos sistemas, com diferentes estruturas e relações de poder.

Para WALLERSTEIN (2002, p. 83), modernidade é a combinação de uma determinada realidade social com uma determinada *Weltanschauung*, ou visão de mundo, que substituiu e até sepultou uma outra combinação que nós denominamos *Ancien Régime*. O caos provocado pela Revolução Francesa conduziu ao estabecimento de uma nova situação social, marcada por sucessivas e profundas mudanças políticas. Disso resultou uma ruptura da visão de mundo então dominante, inaugurando o que hoje chamamos de modernidade, ou, em outras palavras, a aceitação da mudança como fenômeno ordinário, normal, ao invés de excepcional.

O autor adverte, contudo, para a existência de duas conotações claras vinculadas à palavra "moderno":

> "Uma era positiva e esperançosa. Moderno significava a mais avançada tecnologia. O termo situava-se no marco conceitual da presumível infinitude do progresso tecnólogico e, por essa razão, das inovações constantes. Aquela modernidade era consequentemente fugidia porque o que hoje era moderno, no dia seguinte já era obsoleto. E ademais era bastante material em sua forma, pois tinha a ver com aviões, ar condicionado, televisão, computadores etc. (...)
>
> Porém havia uma segunda conotação primordial para o conceito de moderno, que era mais contestatória que afirmativa, e que se podia caracterizar como menos esperançosa que complacente (...), ou como menos material que ideológica. Essa modernidade era, brevemente, o presumido triunfo da liberdade humana contra as forças do mal e da ignorância, uma trajetória tão inevitavelmente progressiva como a do avanço tecnológico. Todavia, não era um triunfo da humanidade sobre a natureza; era, muito mais, um triunfo da humanidade sobre si mesma, e sobre aqueles que tinham privilégios. Seu caminho não era só de descobrimento intelectual, senão também de conflito social. Essa modernidade não era a da tecnologia, a do Prometeu desacorrentado, a da riqueza sem limites. Era, a rigor, a modernidade da libertação; a da democracia substancial (com uma lei do povo oposta à aristocrática, com essa lei do melhor); era a modernidade da satisfação das necessidades humanas e também da moderação. Essa modernidade da libertação não era, pois, modernidade presumida, mas eterna, porque uma vez conseguida, não se perderia nunca. (WALLERSTEIN, 1997)

Essas duas acepções – a modernidade tecnológica e a modernidade da libertação – foram sempre diferentes, embora historicamente entrelaçadas. Para WALLERSTEIN (2002, p. 134), os dois significados analisados constituem um par simbiótico, que representa a contradição cultural essencial do nosso moderno sistema internacional, o sistema do capitalismo histórico. Durante os primeiros séculos desse sistema, desde meados do século XV até o fim do XVII, as duas ideias de modernidade andaram a passos mais ou menos coordenados. Aqueles que defendiam a modernidade da tecnologia e os defensores da modernidade da libertação enfrentavam geralmente os mesmos inimigos políticos, sendo o Iluminismo a síntese desse pensamento convergente. O sismo causado pela Revolução Francesa descompassou a marcha das duas modernidades, revelando toda a sua contradição. Poder-se-ia dizer que os que desejavam especialmente a modernidade tecnológica de repente se assustaram com a força dos defensores da modernidade da libertação (WALLERSTEIN, 2002, p. 136).

A partir da Revolução Francesa, como estratégias discursivas cultivadas para lidar com as crenças na normalidade da mudança, surgiram as ideologias. De uma forma ou de outra, WALLERSTEIN (2002, p. 137) argumenta, as três principais ideologias – o conservadorismo, o liberalismo e mesmo o socialismo – visavam favorecer, em diferentes graus, a modernidade tecnológica em detrimento da modernidade da libertação:

> "(...) tanto no discurso político culto quanto no de cunho popular, geralmente se aceita que essas ideologias existem e representam três "tonalidades" diferentes, três diferentes estilos de fazer política respeitando a normalidade da mudança: a política da precaução e da prudência; a política da reforma racional e constante; e a política da transformação acelerada. Às vezes chamamos estas políticas de direita, centro e esquerda, respectivamente." (WALLERSTEIN, 2002, p. 237)

Em nome do progresso econômico e tecnológico, o aprofundamento da democracia e das liberdades humanas foram frequentemente postos em segundo plano, confiados ao ritmo lento e apizaguador das reformas eternamente prometidas e dificilmente completadas. Só em 1968, segundo o autor, a armadilha enganosa da modernidade tecnológica foi desvendada, no contexto das revoluções de estudantes ao redor do mundo, ao se darem conta de que a modernidade da libertação, como produto automático da realização da modernidade tecnológica, jamais lhes seria entregue.

WALLERSTEIN (2002, p. 150) defende que o sistema histórico atual está em declínio, e que a tensão entre as duas modernidades crescerá de forma a induzir um caos transformador. Os utópicos, segundo ele, terão a tarefa de imaginar e empenhar-se em criar a nova ordem social que se instalará a contar dos próximos cinquenta anos; uma nova ordem que possa compatibilizar de fato as duas modernidades, a tecnológica e da libertação, de modo a que todos possam gozar, com igualdade de oportunidades, dos benefícios do progresso da civilização.

Em tempos em que superprocessadores conseguem analisar e correlacionar virtualmente todas as informações disponíveis em meio digital, convém chamar os utópicos à discussão do futuro que se avista. A tecnologia muda o mundo, mas não necessariamente para o melhor proveito de todos os seres. Constitui antes de tudo um dever humano garantir que a modernidade tecnológica, do que é exemplo o Big Data, não apenas conserve as liberdades já conquistadas, mas também sirva de anteparo para saltos ainda mais distantes, rumo a uma verdadeira modernidade da libertação.

Conduzindo o Big Data

Tim O´Reilly, editor de tecnologia e empresário, notoriamente conhecido por ter cunhado a expressão "web 2.0", publicou em 2013 artigo ao mesmo tempo inovador e polêmico, em que propagandeia os benefícios do que chama regulação algorítmica. O autor compara o atual modelo regulatório com o cenário alternativo proposto. Enquanto o primeiro mira antes as normas que os resultados, a regulação algorítmica concentra-se integralmente nos resultados produzidos, por meio da combinação dos seguintes fatores necessários:

"1. Um profundo conhecimento dos resultados desejados;

2. Mensuração em tempo real, com o objetivo de determinar se os resultados estão sendo alcançados;

3. Algoritmos (ex.: um conjunto de regras) que fazem ajustes baseados nos novos dados;

4. Periódica e profunda análise sobre a correção dos próprios algoritmos, de forma a verificar se estão funcionando conforme esperado." (O'REILLY, 2013)

Na teoria apresentada por O'REILLY (2013), as leis devem se restringir a estabelecer direitos, resultados, competências e limites. Por seu turno, as normas regulatórias deveriam ser enxergadas da mesma forma como programadores veem os códigos e algoritmos que escrevem, ou seja, como uma ferramenta constantemente remodelada para atingir os resultados previstos nas leis. Nesses termos, o autor prega o ingresso do Estado na era do Big Data, mediante a adoção da regulação algorítmica como método proeminente de disciplinamento das relações sociais.

Seguindo essa linha de raciocínio, o citado autor defende que o Estado, numa analogia com as companhias Google, Microsoft e Apple, deveria considerar-se como uma plataforma destinada a garantir o sucesso da sociedade. E, como tal, deveria ser regulada como qualquer outra plataforma no mundo digital, o que somente seria possível no momento em que leis e normas regulatórias focassem apenas nos resultados desejados, em prejuízo dos procedimentos antes empregados na tarefa de alcançá-los (O'REILLY, 2013).

Em lugar de rígidos marcos regulatórios cujas instituições foram desenhadas para garantir transparência e participação social em sua elaboração normativa, o direito passaria a se ocupar exclusivamente com os produtos sociais almejados, relegando à tecnologia a tarefa de encontrar, de forma mais eficiente, o meio possível de os atingir.

Em lado diametralmente oposto da mesa de debates, Evgeny Morozov tece acerbas críticas às propostas de Tim O´Reilly. MOROZOV (2014) parte do ataque ao atual louvor às tecnologias que prometem a "inteligentificação" de todos os produtos empregados pelo ser humano. Os aparelhos "inteligentes" colhem os mais diversos dados vinculados ao comportamento humano, analisam-nos e os correlacionam de maneira a devolver ao consumidor percepções úteis sobre seu próprio comportamento, no afã de o tornar mais racional e eficiente. Nesse mundo desde já imerso no Big Data, Morozov questiona os supostos benefícios de se abandonar totalmente a tradicional abordagem regulatória, baseada mais em processos não empíricos que orientada em função de resultados constantemente mensurados.

> "Para ver a regulação algorítmica em ação, não precisa ir além dos filtros de *spam* em seu e-mail. Ao invés de se restringir a uma definição estreira de *spam*, o filtro do e-mail permite que seus usuários o ensine. Mesmo o Google não consegue escrever regras que protejam contra todas as engenhosas inovações elaboradas pelos profissionais do *spam*. O que ele pode fazer é, contudo, ensinar o sistema o que torna uma regra boa e reconhecer o momento de encontrar outra regra que permite achar uma regra boa – e assim por diante. Um algoritmo pode fazer isso, mas é o constante *feedback* em tempo real fornecido pelos seus usuários que permite ao sistema perceber ameaças jamais antevistas por seus elaboradores. (...)
>
> Em seu ensaio, O'Reilly retira vastas lições filosóficas de tais tecnologias, argumentando que funcionam em razão de um "profundo conhecimento dos resultados desejados" (spam é ruim!) e periodicamente checam se os algoritmos estão realmente performando como esperado (muitos e-mails legítimos estão sendo marcados como spam?)." (MOROZOV, 2014)

MOROZOV (2014) argumenta que a regulação algorítmica apregoada por O´Reilly se ampara em um princípio típico da cibernética chamado ultraestabilidade, o qual permite ao sistema manter sua estabilidade mediante os constantes aprendizado e adaptação às circunstâncias cambiantes. Com base nesse princípio, a regulação governamental já não necessitaria novos procedimentos para lidar com as contingências nascentes, sendo para tanto suficiente combinar algoritmos com feedback em tempo real. Em termos de eficiência, o novo método propiciado pelo Big Data seria inegavelmente superior ao tradicional modelo regulatório, munido de regras inflexíveis, elaboradas sem correlação necessária com a realidade.

O método engenhosamente proposto por O'REILLY (2013) escamoteia, porém, uma grave falha estrutural. Ao apontar os riscos do emprego da regulação algorítmica, esse autor apenas alerta para um eventual aumento do poder dos reguladores, o que levaria a abusos. Como resposta, defende a abertura ampla e irrestrira das informações utilizadas como base para a regulação algorítmica, possibilitanto a realização de auditorias e correições. O´Reilly deliberadamente retira o foco da elaboração dos algoritmos, da mesma forma como castra o papel reservado pela política à institucionalização dos procedimentos decisórios. Ao afirmar que a política e o direito deveriam se limitar a estabelecer os resultados desejados com clareza, apequena-se a política, em cuja seara os meios são tão importantes quantos os fins almejados, chegando os primeiros até mesmo a determinar estes últimos.

MOROZOV (2014) denuncia que, em nome da eficiência e da racionalidade, a regulação algorítmica retiraria do terreno da discussão política e democrática as decisões sobre como atingir os resultados desejados. Tais decisões seriam encaradas como aspectos puramente técnicos, confiados a especialiastas em algoritmos. Nesse aspecto, O'REILLY (2013) aparenta associar-se ao tipo de legitimidade buscada pelos burocratas franceses em fins do século XIX, os quais se arrogavam a função de realizar os objetivos da coletividade (ROSANVALLON, 2008). Assim como apresentada por O´Reilly, a proposta da regulação algorítmica parece desconhecer que, há décadas, as discussões sobre legitimidade avançaram de modo a agregar outras dimensões legitimadoras da atuação estatal.[4]

A utilização irrefletida do Big Data como panaceia para todas as necessidades regulatórias do Estado acaba por inverter a lógica usual das relações entre causa e efeito, fazendo com que a atuação estatal mire exclusivamente a remediação dos efeitos. MOROZOV (2014) detecta que a aplicação dessa metodologia regulatória implicará o crescimento das formas de controle sobre o comportamento individual, além de distanciar o disciplinamento dos efeitos da compreensão sobre suas causas, dificultando a percepção social sobre utilidade ou nocividade da própria regulação. A título ilustrativo, descreve:

> "Uma companhia seguradora subsidiaria de bom grado os custos de instalação de sensores nas casas de seus consumidores – desde que possa automaticamente alertar os bombeiros ou fazer as luzes da casa piscarem em caso de falha no detector de fumaça. Por enquanto, o uso de sistemas rastreadores como esse é geralmente considerado um benefício extra, capaz de nos poupar algum dinheiro. Mas quando cruzaremos o ponto em que não usá-los será considerado um desvio comportamental – ou, pior, uma tentativa de

---

[4]Para um maior aprofundamento do tema da legitimidade democrática do poder regulamentar, ver CRAVO (2014).

fraude – que mereça ser punido pelo pagamento de prêmios maiores? (MOROZOV, 2014)

Por trás da ideia da regulação algorítmica está a adoção, pelo Estado, de um sistema que permita avaliar os mais diversos comportamentos individuais com o objetivo de construir reputações, no alegado afã de proteger os cidadãos verdadeiramente responsáveis pelas externalidades negativas do desmantelamento do modelo regulatório tradicional. Enquanto O´Reilly argumenta que semelhante sistema deve ser adotado pelos governos em todas as áreas onde não apresentarem efeitos danosos, MOROZOV (2014) adverte que a tarefa de constatar tais efeitos danosos pertence justamente ao campo da política, o qual a regulação algorítmica intenta suprimir:

> "É fácil demonstrar os "efeitos danosos" se o objetivo da regulação é a eficiência, mas o que acontece se for outro o objetivo? (...)
>
> O imperativo de avaliar e demonstrar resultados e efeitos desde já pressupõe que o objetivo da regulação é a otimização da eficiência. Entretanto, sendo a democracia irredutível a uma fórmula matemática, a composição de seus valores irá sempre perder essa batalha: eles são muito mais difíceis de quantificar." (MOROZOV, 2014)

Quando a modernidade tecnológica anunciada pelo Big Data ameaça infirmar os alicerces que sustentam a ainda incompleta participação democrática, amealhada após séculos de sucessivas ondas de revoluções liberais, revela-se a hora dos utópicos, assim chamados por Wallerstein. É inútil lutar contra o avanço tecnológico, como já demonstraram os ludistas dois séculos atrás, na Inglaterra. Ao contrário, é preciso imaginar um sistema regulatório que abrace os benefícios do Big Data em prol da eficiência, sem abrir mão do espaço reservado à política, *locus* onde devem ser discutidos os objetivos e consequências dos multicitados algoritmos. Mais ainda, é preciso lutar para que a participação social seja mesmo aumentada, de modo a transformar a modernidade tecnológica em legítima modernidade da libertação.

Ao invés de se deixar conduzir pelo caminho do apequenamento do espaço da política em favor da centralidade do Big Data como instrumento de decisão regulatória, é preciso justamente desbravar a direção oposta. Resgatar a constituição política, tal como percebida em sua realidade empírica, deve ser o ponto de partida de uma nova teoria da regulação (CASTRO, 2014). Com isso, pretende-se levar em consideração a real efetividade dos direitos garantidos e das instituições estabelecidas no ordenamento jurídico, agregando à análise jurídica o estudo de outras disciplinas, bem como se valendo de novas tecnologias da informação e comunicação, a exemplo do Big Data, como instrumento catalisador da abertura democrática da atuação estatal. É necessário fomentar um projeto de democracia mobilizadora, conforme apontado por UNGER (1996), capaz de diminuir a distância entre sociedade civil e as tradicionais instâncias de poder estatal, fazendo com que a integridade do corpo social participe da vida política nacional (ROSANVALLON, 2008). Não é possível alcançar tal destino sem passar por uma revisão da teoria da regulação que abarque as transformações da modernidade tecnológica.

Conclusão

A explanação sobre as maravilhas e os perigos que caminham lado a lado com o Big Data pode ter soado alarmista. Mais ainda se apresentada à luz das teorias de WALLERSTEIN (2002, p. 252-253), segundo as quais estamos ora adentrando uma nova e nebulosa era, *navegando em mares inexplorados* rumo a um novo sistema internacional. *Nada justifica o otimismo nem o pessimismo. Tudo ainda é possível, mas tudo é incerto*, assere o renomado autor com certa dose de poesia.

Acrescentando que *utopias não são devaneios utópicos, e sim a sensata previsão de dificuldades e abertura à imaginação de estruturas institucionais alternativas*, Wallerstein dá concretude ao chamado por um maior aprofundamento teórico das contradições entre as duas distintas acepções da modernidade. É necessário que os desafios apresentados pelo Big Data sejam objeto de frequentes e intensos estudos, com o fim de nos anteciparmos aos dilemas que certamente virão.

Como lembram MAYER-SCHÖNBERGER e CUKIER (2013, p. 30), algumas certezas sobre as quais fundamos nossas conclusões poderão ser revistas. Diante disso, que papel sobrará para as instituições, para a incerteza, para o agir em contradição com a evidência, e para o aprendizado pela experiência? Será possível relegar a investigação das relações causais a segundo plano, alçando as correlações ao patamar de vetor primordial para condução das ações humanas? Embora ainda haja muito o que ser compreendido e debatido, é essencial não perder o rastro das lições de Wallerstein, para quem somente uma coordenada simbiose entre as modernidades tecnológica e da libertação poderá garantir ao homem a igualdade de oportunidades para a completa fruição de todos benefícios historicamente conquistados.

As advertências de MOROZOV (2014) sobre as externalidades perniciosas do Big Data nos levam a reapreciar o papel central que a política deve exercer sobre as decisões regulatórias. Assim como a estatística no século XIX e a econometria no século XX, o Big Data promete influir no processo de tomada de decisão estatal. O jurista comprometido com a concretização da modernidade da libertação, representada por uma efetiva abertura democrática da ação estatal, deve dedicar-se a revisitar as teorias da regulação com o objetivo de tornar as decisões regulatórias antes expressões de políticas democráticas que meras análises de eficiência calcadas exclusivamente em algoritmos. É preciso que a modernidade tecnológica representada pelo Big Data seja vista não como substituta da imaginação institucional, mas como um fermento da repolitização da democracia antevista por UNGER (1996) e ROSANVALLON (2008).

Referências Bibliográficas

CISCO. *The Zettabyte Era: Trends and Analysis*. 2014. Acesso em 9 de dezembro de 2014, disponível em Cisco Visual Networking Index (VNI): http://www.cisco.com/c/en/us/solutions/collateral/service-provider/visual-networking-index-vni/VNI_Hyperconnectivity_WP.html

CASTRO, M. F. *Globalização, Democracia e Direito Constitucional: legados recebidos e possibilidades de mudança*, p. 697-719. In: C. C. Merlin, & A. FREIRE, **Direitos Fundamentais e Jurisdição Constitucional: Análise Crítica e Contribuições**, São Paulo: Revista dos Tribunais, 2014.

CRAVO, V. **Poder Regulamentar e Legitimidade Democrática**. Curitiba: Editora Prismas, 2014.

HAIRE, A. J., & MAYER-SCHÖNBERGER, V. *Big Data - Opportunity or Threat*. **Global Symposium for Regulators**. Manama: International Telecommunications Union, 2014.

HILBERT, M., & LÓPEZ, P. *The World's Technological Capacity to Store, Communicate, and Compute Information*. **Science**, abril de 2011, p. 60-65.

MAYER-SCHÖNBERGER, V., & CUKIER, K. **Big Data: A Revolution That Will Transform How We Live, Work, and Think**. New York: Houghton Mifflin Harcourt, 2013.

MOROZOV, E. **The Rise of Data and the Death of Politics**. The Guardian. 20 de julho de 2014.

O'REILLY, T. *Open Data and Algorithmic Regulation*. p. 289-300. In: B. GOLDSTEIN, & L. DYSON, **Beyond Transparency: Open Data and the Future of Civic Innovation**. San Francisco: Code for America Press, 2013.

ROSANVALLON, P. **La Legitimité Democratique. Impartialité, réflexivité, proximité**. Paris: Éditions du Seuil, 2008.

UNGER, R. M. **What should legal analysis become?** London-New York: Verso, 1996.

WALLERSTEIN, I. **O Fim de Que Modernidade?** Estudos de Sociologia, v. 2, 1997, p. 3-8.

WALLERSTEIN, I. **Após o Liberalistmo: em busca da reconstrução do mundo**. Rio de Janeiro: Vozes, 2002.

A prática do *Zero Rating* e o Princípio da Neutralidade de Rede previsto na Lei nº 12.965/14: reflexões sobre o fenômeno da inclusão digital e o desenvolvimento de novas tecnologias

Zero Rating and Net Neutrality in Brazil's Internet Legal Framework: Digital Inclusion and Development of New Technologies

Submetido(*submitted*): 11/12/2015
Parecer(*revised*): 11/01/2016
Aceito(*accepted*): 02/03/2016

André Erhardt*

Resumo

Propósito – Este artigo objetiva suscitar discussão sobre as repercussões do *zero rating* sobre o princípio da neutralidade de rede e as transformações sociais e tecnológicas do Brasil.

Metodologia/abordagem/design – O texto foi construído a partir de pesquisa bibliográfica e coleta de dados publicados pela imprensa e por órgãos oficiais, a fim de explicar a prática da tarifação zero utilizada pelos provedores de acesso móvel, problematizando o tema à luz da crítica tecnodeterminista formulada por Ernest J. Wilson.

Resultados – O artigo apresenta as características da oferta do serviço de internet móvel no Brasil e avalia o *zero rating* no contexto da legislação e seus reflexos sobre a inclusão digital e o desenvolvimento tecnológico.

Implicações práticas – O artigo convida o leitor a perceber as repercussões econômicas, sociais e jurídicas da prática do *zero rating* e a refletir sobre a adequada regulamentação da matéria.

Originalidade/relevância do texto – O estudo inova na pesquisa jurídica brasileira sobre tema que interessa à população em geral e a todos os atores envolvidos na prestação do serviço de acesso à internet no Brasil, apresentando uma abordagem peculiar referente ao modelo proposto por Ernest J. Wilson na associação das transformações sociais ao desenvolvimento tecnológico.

Palavras-chave: zero rating, marco civil da internet, inclusão digital, inovação tecnológica, Ernest J. Wilson.

Abstract

Purpose – *This article discusses the effects of zero rating on the principle of network neutrality and social and technological transformations of Brazil.*

Methodology/approach/design – *It was composed from bibliographic research and data collection in order to explain the practice of zero rating, framing it in the theory formulated by Ernest J. Wilson.*

*Graduado em Direito pela Universidade Federal de Pernambuco. Especialista em Direito Processual Civil pela Universidade Católica de Pernambuco. Especialista em Direito da Concorrência pela Fundação Getúlio Vargas. Procurador Federal. Assessor de Ministro do Superior Tribunal de Justiça. Email: andre_erhardt@yahoo.com.br.

ERHARDT, A. *A prática do Zero Rating e o Princípio da Neutralidade de Rede previsto na Lei nº 12.965/14: reflexões sobre o fenômeno da inclusão digital e o desenvolvimento de novas tecnologias.* **Revista de Direito, Estado e Telecomunicações**, Brasília, v. 8, n. 1, p. 193-208, maio 2016.

Findings – The article presents in details the offer of mobile internet service in Brazil and evaluates zero rating under the legislation and its impact on digital inclusion and technological development.
Practical implications – The article serves as an invitation to the researcher interested in the social economic implications of zero rating and its regulation.
Originality/value – It innovates in the Brazilian legal research presenting a peculiar approach on the model proposed by Ernest J. Wilson analyzing social transformations on par with technological development.

Keywords: Zero rating, Internet Civil Mark, Internet, technological innovation, Ernst J. Wilson.

Introdução

A internet, a partir do momento em que passou a ser explorada comercialmente, em meados dos anos 90, caracterizou-se pela ampla liberdade de atuação dos agentes econômicos e usuários, sendo considerado um ambiente que deveria situar-se fora do âmbito das preocupações da regulação estatal (Barlow, 1996).

Com o passar do tempo, verificou-se que essa irrestrita liberdade poderia causar prejuízos aos atores envolvidos no ciberespaço, seja no tocante aos direitos autorais e à proteção da intimidade, seja quanto ao próprio desenvolvimento do mercado, com a prática de condutas restritivas da livre concorrência e do acesso à informação.

Essa concepção libertária, consequentemente, passou a ser combatida por aqueles que defendiam a intervenção do Estado, não como um mero censor do conteúdo veiculado na rede, mas como uma instituição responsável por garantir, ao mesmo tempo, a inovação tecnológica e o respeito às garantias e liberdades individuais (Lessig, 2006).

A ideia de neutralidade de rede surge diante desse embate, sendo defendida por pesquisadores que enxergavam a necessidade de se estabelecer regras de não discriminação dos dados que trafegam na internet com o objetivo de preservar a autonomia dos usuários e a higidez do ambiente concorrencial (Tim Wu, 2003).

No Brasil, a questão passou a ser regulamentada pela Lei 12.965/2014, conhecida por Marco Civil da Internet (MCI), tendo esse normativo adotado expressamente como princípio disciplinador do uso da internet a preservação e a garantia da neutralidade de rede.

A prática do *zero rating*, por seu turno, consiste em estratégias comerciais adotadas por provedores de internet de acesso móvel, os quais, após a celebração de acordos com outros fornecedores, conferem gratuidade no tráfego de dados de determinado serviço ou aplicação. Concede-se ao usuário o acesso ilimitado a determinados sites e aplicativos, sem cobrança adicional ou interferência no pacote de dados por ele contratado junto à operadora.

Cuida-se de conduta que tem confrontado a opinião de setores representativos da sociedade quanto às suas vantagens e desvantagens. De um lado, estão os que condenam o *zero rating* por ensejar uma espécie de controle social do conteúdo a ser difundido na internet, direcionando a classe menos favorecida economicamente ao uso exclusivo de determinadas aplicações pré-definidas pelo provedor da rede móvel, além de trazer prejuízos à livre concorrência por limitar o mercado de novos entrantes. Do outro, encontram-se os que sobrelevam os benefícios em decorrência da oferta gratuita de serviços na internet, possibilitando ao consumidor uma maior utilização e aproveitamento do plano de dados contratado.

O presente trabalho, portanto, pretende discutir a prática do *zero rating* no âmbito da neutralidade de rede prevista na Lei 12.965/14 e, ainda, da crítica ao paradigma tecnodeterminista formulada por Ernest J. Wilson (2004).

Inicialmente, será necessário explicitar os mecanismos propostos por Wilson para que a evolução tecnológica esteja associada à transformação social. Em seguida, buscar-se-á contextualizá-los com a neutralidade de rede, a tarifação zero e as preocupações externadas na consulta pública promovida pela Anatel para a regulamentação do tema.

A partir dessas premissas, pretende-se identificar repercussões negativas e positivas do *zero rating* no contexto social do Brasil relacionadas ao fenômeno da inclusão digital e ao desenvolvimento tecnológico, bem como as conclusões do autor sobre o melhor caminho a ser adotado pelo Estado regulador no enfrentamento do tema.

A evolução tecnológica provoca a revolução social?

É comum aceitar-se a ideia de que o desenvolvimento tecnológico acompanha a evolução da sociedade, principalmente quando se associa essa tese aos países desenvolvidos, com melhores índices econômicos e de desenvolvimento humano. No entanto, ao enfrentar-se a realidade dos países em desenvolvimento, observa-se que nem sempre essa afirmação é verdadeira.

Dados divulgados pela União Internacional das Telecomunicações (UIT), em 2015, anunciam a existência de 3,2 bilhões de internautas no mundo, com a maior parte desse grupo vivendo nos países em desenvolvimento. Para cada usuário da internet de um país desenvolvido, existem dois acessando a rede nos países em desenvolvimento.

Em reportagem veiculada no portal G1, em 13/05/15, há informações de que a maior parte dos habitantes de 406 cidades do Brasil acessa a internet com velocidade inferior à existente na Líbia, nação que enfrenta sérios conflitos

ERHARDT, A. *A prática do Zero Rating e o Princípio da Neutralidade de Rede previsto na Lei nº 12.965/14: reflexões sobre o fenômeno da inclusão digital e o desenvolvimento de novas tecnologias*. **Revista de Direito, Estado e Telecomunicações**, Brasília, v. 8, n. 1, p. 193-208, maio 2016.

sociais e com os piores índices de desenvolvimento do mundo. Por outro lado, em outros 456 municípios, a velocidade de conexão é similar a de países como Finlândia, Suíça e Japão (http://migre.me/smHae). Isso significa que, embora apresente recursos tecnológicos similares aos países mais desenvolvidos, com lares desfrutando do acesso à internet com altíssima velocidade, o Brasil possui um quadro de grandes e graves disparidades regionais.

De acordo com Wilson (2004), a evolução tecnológica é um caminho para a transformação social, mas não pode ser confundida com o mero maquinário de tecnologia da informação. O citado autor defende uma abordagem estrutural modificada para a compreensão do fenômeno da revolução informacional, considerando o plano de fundo das restrições políticas, econômicas e sociais de cada localidade.

Assim, segundo esse teórico, a preocupação não está em definir apenas qual o potencial tecnológico de determinado país, mas como esses recursos estão sendo explorados em cada realidade, o processo de disputa de poder para a definição das regras do jogo e quais os impactos que as novas ferramentas de TI geram sobre as diferentes grupos sociais e culturais.

Em outras palavras, não é adequado avaliar-se os dados de tecnologia da informação no agregado, isto é, sem considerar-se quem são os reais favorecidos e os prejudicados, quais os verdadeiros objetivos por trás de uma nova tecnologia e em qual contexto fático elas foram desenvolvidas.

Wilson propõe um modelo estratégico de reestruturação, no qual estejam compreendidas as variáveis políticas, institucionais, estruturais e fiscalizatórias no processo de difusão tecnológica, abordando-se também na análise outros elementos, como a distribuição dos recursos tecnológicos e econômicos é efetuada no cenário investigado.

Dessarte, para que a evolução tecnológica esteja atrelada à revolução social, faz-se necessário o harmônico funcionamento de quatro engrenagens referenciadas por Wilson (2004): tecnologia digital, iniciativa comercial, integração institucional e alianças políticas.

A primeira delas relaciona-se com a digitalização da informação, a fim de que possa ser compartilhada de maneira mais célere. O aspecto comercial refere-se à adaptação dos agentes econômicos à nova realidade tecnológica, seja no tocante ao processo de produção, seja quanto ao relacionamento de fornecedores e consumidores. O elemento institucional diz respeito às relações entre os atores de mercado e de governo, bem como ao ambiente normativo existente. Por fim, o aspecto político tem-se como imprescindível, pois reflete sobre as políticas públicas a serem adotadas no processo da revolução informacional.

Nas linhas a seguir, serão destacadas breves informações sobre o mercado de internet móvel, traçados conceitos sobre a neutralidade de rede positivada no ordenamento jurídico brasileiro, a prática do *zero rating* e sintetizadas as discussões constantes da consulta pública formulada pela Anatel a respeito da legitimidade dessa conduta. A partir daí, será possível conectar esses elementos com a teorização proposta por Wilson quanto aos efeitos da tarifação zero sobre o processo de inclusão digital e de transformação da sociedade brasileira.

Alguns dados sobre o acesso móvel à internet no Brasil

De acordo com a pesquisa TIC domicílios realizada pelo Comitê Gestor da Internet no Brasil, nos últimos três anos, mais que triplicou o número de brasileiros que usam o celular para acessar a internet. A pesquisa também demonstrou que cerca de 47% dos brasileiros com mais de 10 anos já utilizaram o telefone celular para navegar na internet. Dentre as principais ferramentas online utilizadas, estão as redes sociais, como Facebook e Instagram, além do aplicativo de comunicação Whatsapp (http://migre.me/smFV9).

Por outro lado, os dados colhidos também evidenciaram a existência de forte disparidade regional e social quanto ao número de domicílios com conexão à rede de computadores. Na região Sudeste, 60% dos entrevistados afirmaram possuir acesso à internet, enquanto que não região Norte esse percentual caiu para 35%. Na classe A, a conectividade está disponível para 98% das pessoas perguntadas. Já nas classes D e E, apenas 14% estavam conectados.

Em setembro de 2015, a Anatel divulgou que o Brasil registrou 275,89 milhões de linhas ativas na telefonia móvel, com uma teledensidade[1] de 134 acessos por 100 habitantes. Desse universo, 73,78% referem-se aos acessos pré-pagos e 26,22% pós-pagos (http://migre.me/smExJ).

Quanto aos agentes econômicos, o mercado encontra-se dominado por quatro empresas, com participação percentual que varia entre 28,78% a 17,93%.

Dessas operadores com expressiva fatia de mercado, duas adotam estratégias de *zero rating*. A Claro S/A oferece isenção de tarifa para acesso ao Facebook, Twitter e Whatsapp (http://migre.me/smGYM). Já a Tim Celular S/A, por seu turno, possui plano de acesso ao Whatsapp sem desconto no pacote de dados, bem como aos assinantes do Deezer (http://migre.me/smGXr).

Depreende-se, portanto, que o mercado de internet móvel está em crescimento no país, com grande predominância dos serviços pré-pagos e cujas práticas do *zero rating* são dirigidas aos aplicativos mais utilizados pelos consumidores, em especial os voltados para redes sociais.

---

[1]Teledensidade é um índice de distribuição de linhas telefônicas que pode ser obtido considerando-se como parâmetro uma determinada região ou por número de 100 habitantes.

ERHARDT, A. *A prática do Zero Rating e o Princípio da Neutralidade de Rede previsto na Lei nº 12.965/14: reflexões sobre o fenômeno da inclusão digital e o desenvolvimento de novas tecnologias*. **Revista de Direito, Estado e Telecomunicações**, Brasília, v. 8, n. 1, p. 193-208, maio 2016.

A neutralidade de rede e o marco civil da internet

A Lei 12.965/2014 representa um importante marco na forma de tratamento dos direitos e responsabilidades na utilização dos meios digitais. No âmbito legislativo, antes do início da discussão da então batizada Constituição da Internet com o PL 2.126 de 2011 e outros projetos propostos no mesmo ano (MOLON,2013), somente existiam iniciativas na esfera penal visando definir os crimes digitais e respectivas sanções. (E-Book CÂMARA DOS DEPUTADOS, 2014).

Os principais grupos envolvidos nessa fase de debate legislativo podem ser divididos entre: usuários (incluindo os movimentos sociais), provedores de conexão (as empresas de telecomunicações que proveem a banda larga), provedores de conteúdo nacionais e internacionais (as empresas responsáveis pelos sítios de internet), detentores de direitos autorais (gravadoras, estúdios e afins) e governo (incluindo autoridades regulatórias, judiciais e policiais).

O texto da lei se originou de um debate iniciado em 2009 pelo Ministério da Justiça em parceria com o Centro de Tecnologia e Sociedade, da Fundação Getúlio Vargas, contando com o apoio do Ministério da Cultura no uso da plataforma CulturaDigital.br. Com base nessas discussões, o Poder Executivo encaminhou o Projeto de Lei que deu origem ao atual Marco Civil da Internet. A lei foi aprovada e sancionada na conferência da Net Mundial, um dos principais eventos de telecomunicações do mundo (http://migre.me/smHaV).

Relevantes balizadores para a definição dos princípios estabelecidos no marco civil da internet foram os dez princípios para a governança e uso da internet do Comitê Gestor da Internet no Brasil – CGI (http://migre.me/smHbl), os quais devem ser considerados na interpretação, aplicação e regulamentação do MCI.

A Lei do MCI destacou a liberdade de expressão, comunicação, tráfego e de surgimento de modelos de negócios dentre os fundamentos e princípios para o uso da internet. Percebe-se da leitura do relatório final do Deputado Alessandro Molon que a justificativa encontrada no debate público e que motivou os trabalhos da Comissão Especial foi a necessidade de preservação e garantia da arquitetura da internet livre e descentralizada, assim como de seus protocolos e funcionamento. (Berners-Lee citado por Molon, 2013)

Um dos principais assuntos debatidos e alterados ao longo da discussão legislativa foi o conceito de neutralidade de rede. A redação inicial somente permitia como exceção à neutralidade de rede o gerenciamento do tráfego para resolução de problemas técnicos e para atendimento de serviços emergenciais. No texto final do MCI, esse conceito foi abrandado e permitiu-se que a degradação do tráfego seja feita para dar suporte a serviços de emergência e para atender requisitos técnicos indispensáveis. (E-Book CÂMARA DOS DEPUTADOS, 2014).

A Lei 12.965/14 referiu-se à neutralidade de rede nos seguintes dispositivos:

> Art. 3º A disciplina do uso da internet no Brasil tem os seguintes princípios:
>
> IV - preservação e garantia da neutralidade de rede;
>
> Art. 9º O responsável pela transmissão, comutação ou roteamento tem o dever de tratar de forma isonômica quaisquer pacotes de dados, sem distinção por conteúdo, origem e destino, serviço, terminal ou aplicação.
>
> § 1º A discriminação ou degradação do tráfego será regulamentada nos termos das atribuições privativas do Presidente da República previstas no inciso IV do art. 84 da Constituição Federal, para a fiel execução desta Lei, ouvidos o Comitê Gestor da Internet e a Agência Nacional de Telecomunicações, e somente poderá decorrer de:
>
> I - requisitos técnicos indispensáveis à prestação adequada dos serviços e aplicações; e
>
> II - priorização de serviços de emergência.
>
> § 2º Na hipótese de discriminação ou degradação do tráfego prevista no § 1º, o responsável mencionado no caput deve:
>
> I - abster-se de causar dano aos usuários, na forma do art. 927 da Lei nº 10.406, de 10 de janeiro de 2002 - Código Civil;
>
> II - agir com proporcionalidade, transparência e isonomia;
>
> III - informar previamente de modo transparente, claro e suficientemente descritivo aos seus usuários sobre as práticas de gerenciamento e mitigação de tráfego adotadas, inclusive as relacionadas à segurança da rede; e
>
> IV - oferecer serviços em condições comerciais não discriminatórias e abster-se de praticar condutas anticoncorrenciais.
>
> § 3º Na provisão de conexão à internet, onerosa ou gratuita, bem como na transmissão, comutação ou roteamento, é vedado bloquear, monitorar, filtrar ou analisar o conteúdo dos pacotes de dados, respeitado o disposto neste artigo.

Como se observa, o ordenamento jurídico pátrio estabelece a neutralidade de rede como um princípio norteador do uso da internet e, mais adiante, atribui como dever do responsável pela transmissão, comutação ou roteamento de dados o tratamento isonômico dos usuários, sendo vedada a discriminação por conteúdo, origem, destino, serviço, terminal ou aplicação.

ERHARDT, A. *A prática do Zero Rating e o Princípio da Neutralidade de Rede previsto na Lei nº 12.965/14: reflexões sobre o fenômeno da inclusão digital e o desenvolvimento de novas tecnologias.* **Revista de Direito, Estado e Telecomunicações**, Brasília, v. 8, n. 1, p. 193-208, maio 2016.

A neutralidade de rede, como princípio do MCI, também deve ser considerada como uma opção de política pública voltada para a inclusão digital na medida em que recrimina o tratamento discriminatório na rede.

Todavia, em face das considerações supra, foram indicadas exceções à neutralidade, em razão de questões técnicas indispensáveis à adequada prestação do serviço, bem como em virtude da priorização dos serviços emergenciais. O detalhamento da mitigação ao princípio da neutralidade foi relegado à regulamentação infralegal, com o suporte do Comitê Gestor da Internet - CGI e da Agência Nacional de Telecomunicações - Anatel.

Atualmente, está sendo discutida no âmbito do CGI e da Anatel, conforme previsão no MCI, a elaboração de regulamento sobre as exceções à neutralidade de rede. A regulamentação específica deverá buscar reduzir os efeitos negativos que um regime de neutralidade pode impor para os atores da internet, mas preservando os efeitos positivos (RAMOS, 2014).

Considerações sobre o *zero rating*

O *zero rating* pode ser conceituado como uma série de estratégias comerciais desenvolvidas por provedores de acesso de internet em parceria com provedores de aplicações em torno do objetivo de oferecer gratuidade no tráfego de dados para determinada aplicação e serviço específico.

A prática do modelo de negócios, como o acesso patrocinado ou acesso gratuito, a determinados serviços ou aplicativos, ao primeiro olhar, parece um benefício ao consumidor por proporcionar um financiamento da internet aos mais pobres. No entanto, a insegurança é que, em longo prazo, as barreiras da exclusão social cresçam, na medida em que os mais pobres seriam cada mais diferentes dos mais ricos no que se refere ao acesso de informação, ferramentas de comunicação e interação social.

As primeiras iniciativas de *zero rating* no mercado foram lançadas pelo Facebook, Twitter e Google, sendo atualmente conhecidas outras estratégias como na comunicação pelo Whatsapp e em aplicativos de música como o Deezer.

Existem diversas modalidades de *zero rating* ofertadas pelas prestadoras de telefonia, tais como (i) a prestadora escolhe a aplicação específica na qual o tráfego de acesso não será tarifado; (ii) há isenção tarifária para as aplicações de interesse público e sem fins comerciais; (iii) acesso patrocinado - o provedor de aplicação e conteúdo paga diretamente à prestadora pelo tráfego gerado por seus usuários (http://goo.gl/nCiHms).

A Anatel, após reflexão a respeito da experiência de outros países no tocante às práticas de tarifa zero, concluiu que "a maioria dos países evita adotar abordagem exaustiva na regulamentação destes temas para que não ocorra obsolescência prematura das regras vigentes, o que exigiria que fossem alteradas com relativa frequência" (http://goo.gl/TBWLH5).

Ramos (2015) não interpreta a análise caso a caso como totalmente prejudicial ao mercado, pois traria um possível aumento na experimentação tecnológica na camada de infraestrutura de rede. No entanto, entende que também seriam aumentadas as incertezas para os atores do mercado, podendo gerar consequências como aumento de custos regulatórios especialmente para os provedores de aplicações.

Sob a perspectiva mais superficial dessas condutas em relação à neutralidade de rede, é possível concluir-se que, de fato, há uma discriminação de acesso, sendo, em tese, vedada em nosso ordenamento jurídico.

No entanto, a discussão ganha maior vulto a partir do momento em que se aprofunda o conceito de discriminação e passa-se a interpretar essas práticas comerciais em função de todo o sistema regulatório da internet, consoante as discussões postas na consulta pública da Anatel a serem mais bem detalhadas a seguir.

A Consulta Pública da Anatel e o *zero rating*

Percebeu-se na proposta da Consulta Pública da Anatel (http://goo.gl/TBWLH5) que a preocupação em torno da regulamentação da matéria vai além de definir conceitos para permitir um entendimento mais claro das exceções legais à neutralidade de rede.

A agência trouxe questionamentos evidenciando que ainda é um desafio a definição do conceito de discriminação (RAMOS, 2014), dentre outros temas como o meio de garantia da proporcionalidade, transparência e isonomia entre os agentes envolvidos no ecossistema da internet; melhor maneira de conduzir a regulamentação (ou não) de modelos de negócios, citando a prática do *zero rating* ou tarifação zero.

Considerando-se o recorte proposto no presente trabalho, destacam-se os seguintes questionamentos formulados na referida consulta pública (http://goo.gl/TBWLH5):

> 1) Quais as vantagens e as desvantagens que ofertas tais como as mencionadas acima podem trazer para os usuários, para os prestadores de serviços de telecomunicações e para os provedores de aplicações e conteúdos?
>
> 2) Qual seria a melhor forma de conduzir a regulamentação da neutralidade de rede, dadas as vantagens e desvantagens para os diversos agentes envolvidos nestas ofertas, em especial os usuários?
>
> 3) Quais os benefícios para uma regulação prévia e exaustiva (ex-ante) de modelos de negócio possíveis à luz da neutralidade de rede ou, alternativamente, quais os benefícios de uma regulação baseada em critérios gerais, com a avaliação de casos específicos a posteriori (ex-post)?

4) Existiriam outras formas de abordagem da regulamentação que atendam aos objetivos e demais determinações do Marco Civil da Internet? Quais as vantagens e as desvantagens dessas opções para os diversos agentes envolvidos, em especial os usuários.

Dentre aqueles que entendem pela compatibilidade entre o *zero rating* e a neutralidade estabelecida no MCI, o argumento principal é o de que essa prática representa um modelo de negócio de captura de clientes, caracterizada por uma isenção tarifária temporária para incentivar os usuários a adquirirem planos de conexão completa[2].

Sob essa perspectiva, a racionalidade econômica da prática não estaria em privilegiar parceiros comerciais, mas estabelecer ofertas atraentes ao consumidor para o incremento da venda de pacotes e a correspondente cobrança pelos dados utilizados num momento futuro.

A Câmara Brasileira de Comércio Eletrônico - camara e.net advoga a tese de que a regulamentação deve ser mais flexível, propiciando uma maior liberdade dos agentes econômicos e o desenvolvimento tecnológico do país.[3]

Consoante a manifestação da Brasscom - Associação Brasileira das Empresas de Tecnologia e Comunicação, a existência de modelos subsidiados de oferta está em consonância com os princípios norteadores do MCI, tais como, os direitos humanos, o desenvolvimento da personalidade e o exercício da cidadania em meios digitais (art. 3º, II). Além disso, trata-se de prática que contribui com a abertura e a colaboração (art. 3º, IV), a liberdade dos modelos de negócios promovidos na internet (art. 3º, IV e VIII), a expansão e o uso da internet no Brasil (art. 24, II) (http://goo.gl/JK2BGq).

Do outro lado, no entanto, estão aqueles que sustentam a impossibilidade de o *zero rating* conviver com a neutralidade de rede prevista na Lei 12.965/14. O argumento central para essa corrente é o de que o MCI apenas permitiu a discriminação técnica e por motivo de urgência. Logo, qualquer iniciativa discriminatória assentada em justificativa comercial estaria proibida por lei (RAMOS, 2014)[4].

---

[2]De acordo com a Associação ibero-americana de Centros de Pesquisa e Empresas de Telecomunicação (AHCIET, http://goo.gl/HGTnlZ), as empresas de telecomunicações são as primeiras interessadas e contam com o maior incentivo para fazer que aqueles usuários do zero rating finalmente fiquem convertidos em usuários plenos de forma habitual, não há interesse nenhum em manter indefinidamente estes usuários com um acesso limitado a uma única aplicação. É, como já se disse, apenas uma via temporária para a conexão completa.
[3]Nesse mesmo sentido, veja-se a manifestação da Associação Brasileira de Direito da Tecnologia da Informação e das Comunicações (ABDTIC, http://goo.gl-lmCsgQ).
[4] Dentre as opiniões majoritárias manifestadas na Consulta Pública nº 8/2015, destacam-se a do Ministério Público Federal, Fundação Getúlio Vargas, Ministério da Fazenda e a de Pedro Ramos.

Seguiu-se, por seu turno, a mesma orientação existente em outros países que já regulamentaram a matéria, como o Chile, Canadá, Eslovênia, Holanda e Noruega. Um caso concreto em que se pôde verificar a reação positiva do mercado à proibição do *zero rating* ocorreu na Holanda. Diante da limitação à mencionada prática, a empresa líder de vendas, KPN, decidiu dobrar, sem custos para o usuário, o volume do limite de tráfego de seus planos para celular, promovendo uma maior utilização da internet móvel (http://goo.gl/HGTnlZ).

Na contribuição encaminhada pela Fundação Getúlio Vargas - FGV, ressaltou-se que o debate a respeito do modelo regulatório encontrou-se superado no ordenamento jurídico, pois o legislador optou por prestigiar a neutralidade *ex ante*, isto é, adotando como regra a vedação de medidas discriminatórias por parte dos provedores de internet, seja quanto ao conteúdo, origem e destino, serviço, terminal ou aplicação.

Nesse contexto, a discussão remontaria exclusivamente à abrangência das exceções contidas na lei, mais precisamente sobre as questões de ordem técnica e urgentes que autorizariam a mitigação do princípio da neutralidade (http://goo.gl/w0Reqi). Assim, embora a discriminação de dados possa ser realizada em situações justificadas, o *zero rating* não encontraria supedâneo técnico hábil à legitimação da prática, pois estaria imbricado, inevitavelmente, com questões de fundo mercadológico.

O Ministério Público Federal, por meio de Grupo de Trabalho da 3ª Câmara de Revisão e Coordenação manifestou-se no sentido de que, sob a perspectiva econômica, o aumento da participação dos provedores de aplicações e conteúdos no custeio das redes de acesso pode aumentar o bem-estar social.

Acrescentou, dessa maneira, que o consumidor tem à sua disposição uma oferta maior de dados para acessar a internet. Ainda que parte desses dados sejam dedicados a um único aplicativo, sobram mais dados da franquia paga pelo próprio usuário para utilizar como bem entender. Dessarte, as demais aplicações são indiretamente beneficiadas.

O *Parquet* concluiu que a averiguação sobre se há condições comerciais discriminatórias ou condutas anticoncorrenciais é complexa, sendo de difícil implementação num regulamento, sem colocar-se em risco o desenvolvimento de soluções dinâmicas (http://goo.gl/1L1YtZ).

A consulta foi encerrada dia 19 de maio de 2015 e, em seminário realizado pela Telesíntese em 10 de junho de 2015 (http://goo.gl/2ZPSIH) foi apresentado o seguinte resumo das contribuições recebidas pela Anatel:

> 1) Os acordos de "Tarifação Zero" prejudicariam o consumidor ao direcionar seu uso para determinadas aplicações gratuitas frente a aplicações similares de concorrentes, pagas.

ERHARDT, A. *A prática do Zero Rating e o Princípio da Neutralidade de Rede previsto na Lei nº 12.965/14: reflexões sobre o fenômeno da inclusão digital e o desenvolvimento de novas tecnologias.* **Revista de Direito, Estado e Telecomunicações**, Brasília, v. 8, n. 1, p. 193-208, maio 2016.

2) Como modelo de negócios alternativo, as aplicações passarão a ser também os clientes, e pagarão à rede pelo consumo que for responsável - zero rating x acesso patrocinado pelas aplicações e conteúdos.

3) Ideal seria apenas estabelecer diretrizes para avaliação pelo regulador à luz do direito concorrencial e dos consumidores.

4) Priorizações de ordem comercial ferem o conceito de neutralidade; apenas as razões de ordem técnica podem excetuar este princípio.

Conclusões

Como bem pontuado no modelo teórico idealizado por Wilson (2004), identificou-se que só é possível aferir adequadamente as repercussões que o desenvolvimento tecnológico apresenta para a transformação da sociedade, a partir de uma abordagem que considere as condições políticas, econômicas e sociais.

No Brasil, verificou-se que, apesar do aumento progressivo no número de pessoas com acesso à internet móvel, ainda é expressiva a parcela da população que se encontra alijada da rede mundial de computadores. Mesmo com relação aos que já possuem acesso a essa tecnologia, não se pode desconsiderar as desigualdades sociais e regionais existentes no país, as quais repercutem sobre a utilização do serviço de internet, mormente em razão de como ele é precificado, isto é, pela quantidade de dados utilizada pelo usuário.

A neutralidade de rede, como princípio consagrado no Marco Civil da Internet, pressupõe a impossibilidade de discriminação de dados por conteúdo, origem, destino, serviço, terminal ou aplicação. Visualiza-se, nesse particular, uma inequívoca opção de política pública voltada para a inclusão digital, na medida em que recrimina o tratamento discriminatório.

A isenção tarifária para as aplicações de interesse público e sem fins comerciais não deve ser considerada como ofensa à neutralidade de rede, pois está compreendida no conceito de isonomia previsto no MCI, haja vista que, nesse ambiente, não existem preocupações de natureza competitiva e econômica. Não se deve olvidar que o tratamento isonômico permite a existência de distinções na medida das desigualdades entre os agentes.

No tocante à prática do *zero rating* em aplicativos que possuam, ainda que indiretamente, finalidade lucrativa, o tratamento discriminatório, segundo a literalidade da Lei 12.965/14, estaria caracterizado, o que afrontaria a neutralidade. Contudo, a interpretação mais adequada do normativo não pode descurar-se dos fundamentos eleitos pelo legislador para a disciplina da internet no Brasil, os quais compreendem a livre iniciativa, a livre concorrência, a defesa do consumidor e a finalidade social da rede. Nesse contexto, a conduta deve ser condenada, caso seja capaz de alterar, de modo significativo e abusivo, as condições mercadológicas e concorrenciais, não havendo respaldo na proteção ao consumidor, nem em aspectos sociais da rede.

Pelo que se observou do comportamento das operadoras que adotam a tarifação zero, a escolha dos aplicativos 'beneficiados' pela prática encontra-se pautada pelo grau de aceitação e utilização por parte dos consumidores. Assim, os parceiros eleitos pelos provedores de internet móvel para o *zero rating* são apenas os serviços já amplamente acolhidos pelo mercado e que, naturalmente, já seriam os preferidos da maioria.

Ademais, a própria dinamicidade aferida no âmbito das utilidades tecnológicas serviria como uma porta aberta ao surgimento de novas aplicações, de modo que fidelidade do consumidor, a princípio, estaria muito mais relacionada com o atendimento de seus gostos e preferências do que com o fenômeno da isenção tarifária.

Nessas situações, ainda que não se verifique, *a priori*, relevantes prejuízos ao mercado, a autoridade regulatória deve manter-se vigilante quanto às tentativas de sua manipulação artificial, o que apenas se apresenta viável, por seu turno, diante dos casos concretos.

Quanto à inclusão digital, não obstante o *zero rating* não lhe seja sinônimo, não se desconhece que pode trazer benefícios ao consumidor, ampliando-lhe o acesso às ferramentas de internet. Isso porque, ainda que a isenção refira-se a um único aplicativo, sobram mais dados da franquia paga pelo próprio usuário para utilizar como bem entender. Por consequência, as demais aplicações são indiretamente beneficiadas.

O argumento de que a conduta contribuiria para o crescimento das barreiras da exclusão social, porquanto os mais pobres seriam cada mais diferentes dos mais ricos no que se refere ao acesso de informação, ferramentas de comunicação e interação social não convence. Isso porque nada garante que o contrário ocorreria, se a cobrança pelo uso dos dados de conexão fosse indistintamente realizada.

O debate público promovido na seara governamental, como o que se realizou na consulta promovida pela Anatel, tem se mostrado válido para ensejar o amadurecimento das reflexões sobre a temática, especialmente num cenário de incertezas quanto à eficiência da regulação na espécie, frente aos desafios tecnológicos, concorrenciais e de proteção aos interesses dos consumidores. Demonstra-se, nesse ponto, a preocupação política em se fomentar práticas colaborativas entre os atores envolvidos nesse processo, sendo medida extremamente salutar.

Aspecto fundamental, por conseguinte, é a fixação de parâmetros que conduzam a uma maior transparência nas relações de mercado e, diante disso, uma maior segurança jurídica, a partir da previsibilidade da conduta dos agentes,

ERHARDT, A. *A prática do Zero Rating e o Princípio da Neutralidade de Rede previsto na Lei nº 12.965/14: reflexões sobre o fenômeno da inclusão digital e o desenvolvimento de novas tecnologias*. **Revista de Direito, Estado e Telecomunicações**, Brasília, v. 8, n. 1, p. 193-208, maio 2016.

objetividade no controle pela autoridade regulatória e isonomia no tratamento do usuário da internet.

Referências Bibliográficas

BARLOW, J. P. *A Declaration of the Independence of Cyberspace*. 1996. Disponível em: < www.projects.eff.org/~barlow/Declaration-Final.html> Acesso em: 26.06.2015.

Contribuição do Centro de Tecnologia e Sociedade ao Diálogo – FGV- Anatel para regulamentação do Marco Civil da Internet. Disponível em< http://goo.gl/w0Reqi> Acesso em: 23.09.2015.

Contribuição da Câmara Brasileira de Comércio Eletrônico à Anatel. Disponível em < http://goo.gl/w0Reqi> Acesso em: 23.09.2015.

Contribuição da Associação brasileira de empresas de Tecnologia da Informação e Comunicação- Brasscom à Anatel. Disponível em < http://goo.gl/w0Reqi> Acesso em: 23.09.2015

LESSIG, L. *Code Version 2.0. New York*: Basic Books, 2006.

MOLON, Alessandro. Relatório Final do Marco Civil da Internet, 2013. Disponível em: <http://edemocracia.camara.gov.br/documents/679637/277cc749-e543-4636-9ddb-736144a9b654 > Acesso em: 23.06.2015.

Nota técnica do MPF à Consulta Pública nº 08-Anatel. Disponível em< http://goo.gl/xzsa6e> Acesso em: 23.06.2015.

Proposta de Consulta Pública nº 08 da Anatel. http://www.anatel.gov.br/Portal/documentos/sala_imprensa/31-3-2015--8h36min8s-Proposta%20CP_regulamenta%C3%A7%C3%A3oMCI_CP_v01.pdf

Projeto Pensando o Direito. Marco Civil da Internet. Disponível em: < http://participacao.mj.gov.br/marcocivil/> Acesso em: 23.06.2015.

Princípios para governança e uso da internet. Disponível em: <www.cgi.br/princípios> Acesso em: 23.06.2015.

RAMOS, P. H. S. **Diálogos NDIS 1 Neutralidade de rede na telefonia móvel?,**   2013b.   Disponível   em:

<http://ndisusp.wordpress.com/2013/11/01/dialogos -ndis-1-neutralidade-de-rede-na-telefonia-movel/>. Acesso em: 26 maio. 2015

_____. **O que é neutralidade da rede? Neutralidade da Rede: uma guia para discussão**, 2014a. Disponível em:< www.neutralidade.com.br> Acesso em: 26 de maio de 2015.

_____. **A neutralidade da rede e o Marco Civil contribuição ao debate público sobre a regulamentação específica**. 2015. Disponível em http://media.wix.com/ugd/aac617_4005aa29be854a669e61dd9e2a2cda3b .pdf Acesso em: 26 de maio de 2015.

Telesínte. Portal de Telecomunicaçoes, Internet e TIC's. **Comunicações, Justiça, empresas e sociedade debatem serviços gratuitos e neutralidade de rede**. Disponível em< http://www.telesintese.com.br/comunicacoes-justica-empresas-e-sociedade-civil-debatem-servico-gratuito-e-neutralidade-de-rede/>.

YOO, Christopher; S. Spulber & Daniel F. *Networks in Telecommunications: Economics and Law*. Chapter 11. The Regulation of Broadband Networks and the internet: Network Neutrality versus Network Diversity. Cambrige. p. 373-470.

WILSON, E. J. *The Information Revolution and Developing Countries*. Cambridge , 2004.

WU, T. *Network neutrality, broadband discrimination*. **Journal of Telecommunications and High Technology Law**, v. 2, p. 141, 2003.

Regulação do Setor de Telecomunicações em 2015

2015 Statutes and Regulations of the Telecommunication Sector

Márcio Iorio Aranha
João Alberto de Oliveira Lima
Renata Tonicelli de Mello Quelho

Sumário

Lista de Abreviaturas e Siglas

1G	Primeira Geração de Tecnologia de Telefonia Móvel (analógico).
2.5G	Geração 2.5 de Tecnologia de Telefonia Móvel (GPRS).
2G	Segunda Geração de Tecnologia de Telefonia Móvel (digital para dados, 9.6-14.4Kbps).
3G	Terceira Geração de Tecnologia de Telefonia Móvel (digital para voz e dados, mínimo de 144Kbps).
3G HS	3G High Speed (Rede celular de Terceira geração de Alto Desempenho).
3GPP	3rd Generation Partnership Project.
4G	Quarta Geração de Tecnologia de Telefonia Móvel (requisitos da UIT IMT-Advanced).
8K	Tecnologia de Ultra High Definition Television.
AACD	Associação de Assistência à Criança Deficiente.
ABA	Associação Brasileira de Anunciantes.
ABAP	Associação Brasileira de Agências de Propaganda.
ABAR	Associação Brasileira de Agências de Regulação.
ABCiber	Associação Brasileira de Pesquisadores em Cibercultura.
ABDTIC	Associação Brasileira de Direito das Tecnologias da Informação e das Comunicações.
ABEMTIC	Associação Brasileira de Entidades Municipais de Tecnologia da Informação e Comunicação.
ABEPEC	Associação Brasileira das Emissoras Públicas Educativas e Culturais.
ABEPEC	Associação Brasileira de Ensino e Pesquisa em Comunicação (inativa).
ABEPREST	Associação Brasileira de Empresas de Soluções de Telecomunicações e Informática.
ABERT	Associação Brasileira de Emissoras de Rádio e Televisão.
ABETS	Associação Brasileira das Empresas de Telecomunicações por Satélite.
ABIFUMO	Associação Brasileira da Indústria do Fumo.
ABINEE	Associação Brasileira da Indústria Elétrica e Eletrônica.
ABJC	Associação Brasileira de Jornalismo Científico.
ABNT	Associação Brasileira de Normas Técnicas.
ABPI-TV	Associação Brasileira de Produtores Independentes de Televisão.
ABPITV	Associação Brasileira das Empresas Produtoras Independentes de Televisão.
ABPTA	Associação Brasileira dos Programadores de TV por Assinatura.
ABR Telecom	Associação Brasileira de Recursos de Telecomunicações (Portabilidade Numérica).
ABRA	Associação Brasileira de Radiodifusores.
ABRACOM	Associação Brasileira de Antenas Comunitárias.
ABRADECEL	Associação Brasileira de Defesa dos Moradores e Usuários Intraquilos com Equipamentos de Telecomunicações Celular.
ABRAFIC	Associação Brasileira de Film Commissions (Brazilian Association of Film Commissions).
ABRAFIX	Associação Brasileira de Concessionárias de Serviço Telefônico Fixo Comutado.
ABRAMULTI	Associação Brasileira dos Operadores de Telecomunicações e Provedores de Internet.

ABRAPPIT	Associação Brasileira de Pequenos Provedores de Internet e Telecomunicações.
ABRATEL	Associação Brasileira de Radiodifusão, Tecnologia e Telecomunicações.
ABRATER	Associação Brasileira de Telecomunicações Rurais.
ABRINT	Associação Brasileira de Provedores de Internet e Telecomunicações.
Abrintel	Associação Brasileira de Infraestrutura para Telecomunicações.
ABRISAN	Associação Brasileira de Registro de Obras Audiovisuais.
ABTA	Associação Brasileira de TV por Assinatura.
ABTU	Associação Brasileira de TVs Universitárias.
Acel	Associação Nacional das Operadoras Celulares.
ACERP	Associação de Comunicação Educativa Roquette Pinto.
ACLR	Adjacent Channel Leakage Ratio.
AD	Adicional por Chamada (Serviço Móvel Pessoal).
ADGI	Gerência Geral de Gestão da Informação (ANATEL).
ADI	Ação Direta de Inconstitucionalidade (Jurisdição).
ADPF	Gerência Geral de Planejamento, Orçamento e Finanças (ANATEL).
ADSL	Asymmetric Digital Subscriber Line.
AEB	Agência Espacial Brasileira.
AET	Associação dos Engenheiros de Telecomunicações.
AFTN	Aeronautical Fixed Telecommunications Network (Rede Internacional Fixa de Telecomunicações Aeronáuticas).
AGVSEL	Agravo em Suspensão de Execução de Liminar.
Ah	Ampère-hora.
AHCIET	Asociación Iberoamericana de Centros de Investigación y Empresas de Telecomunicaciones.
AI	Acesso Instalado.
AI	Agravo de Instrumento (Jurisdição).
AI/E	Acesso Instalado da Estação de Comutação.
AICE	Acesso Individual Classe Especial.
AIE	Acesso Instalado Equivalente.
AIRR	Agravo de Instrumento em Recurso de Revista (Tribunal Superior do Trabalho).
ALAIC	Asociación Latinoamericana de Investigadores de la Comunicación.
ALCA	Área de Livre Comércio das Américas.
ALCAR	Associação Brasileira dos Pesquisadores de História da Mídia.
AM	Amplitude Modulation (Modulação em Amplitude).
AM-DSB-SC	Amplitude Modulation, Double-Sided Band, Suppressed Carrier (Modulação em Amplitude, em Faixa Lateral Dupla, com Portadora Suprimida).
AME	Valor de Ativo Moderno Equivalente (Separação e Alocação de Contas).
AMMB	Associação de Marketing Móvel do Brasil.
AMN	Artificial Mains Network (Rede Fictícia em V).
AMNT	Assembléia Mundial de Normalização das Telecomunicações.
AMPS	Advanced Mobile Phone System (Rede celular 1G).
AN	Área de Numeração.
AN	Área de Numeração (Serviço Telefônico Fixo Comutado).
ANACOM	Autoridade Nacional de Comunicações (de Portugal).

ANATEL	Agência Nacional de Telecomunicações.
ANCINE	Agência Nacional do Cinema.
ANEEL	Agência Nacional de Energia Elétrica.
ANER	Associação Nacional das Empresas de Revistas.
ANER	Associação Nacional dos Servidores Efetivos das Agências Reguladoras.
ANJ	Associação Nacional de Jornais.
ANOp	Auditoria de Natureza Operacional (Tribunal de Contas da União).
ANP	Agência Nacional do Petróleo.
ANSI	American National Standards Institute.
ANTT	Agência Nacional de Transportes Terrestres.
APEX-Brasil	Agência de Promoção de Exportações do Brasil.
APS	Área de Prestação do Serviço (Serviço de Acesso Condicionado).
Aptel	Associação de Empresas Proprietárias de Infra-Estrutura e de Sistemas Privados de Telecomunicações.
AR	Área de Registro.
AR	Área de Registro (Serviço Móvel Especializado).
AR	Área de Registro (Serviço Móvel Pessoal).
AR	Área de Registro (Serviço Telefônico Fixo Comutado).
ARCTEL	Associação de Reguladores das Comunicações e Telecomunicações da Comunidade de Países de Língua Portuguesa.
ARIB	Association of Radio Industries and Businesses (Japão).
ARICEA	Association of Regulators of Information and Communications for Eastern and Southern Africa.
ARM	Acordo de Reconhecimento Mútuo (Certificação e Homologação).
ART	Anotação de Responsabilidade Técnica.
ARTAC	Association des régulateurs de telecommunications de l'Afrique central – Telecommunication Regulators' Association of Central Africa.
ASTM	American Society for Testing and Materials.
AT	Área de Tarifação (Serviço Móvel Especializado).
AT	Área de Tarifação (Serviço Móvel Pessoal).
ATA	Analog Telephone Adaptor.
ATB	Área de Tarifa Básica.
ATB	Área de Tarifação Básica (Serviço Telefônico Fixo Comutado).
ATC	Ativos de Tecnologia Corrente (Separação e Alocação de Contas).
ATS	Ativos de Tecnologia Substituída (Separação e Alocação de Contas).
ATSC	Advanced Television Systems Committee (Padrão de TV Digital – Estados Unidos da América).
AVADAN	Avaliação de Danos - Formulário (Sistema Nacional de Defesa Civil).
BACEN	Banco Central do Brasil.
BAL	Balanceamento Longitudinal.
BASIS	Business Action to Support the Information Society (Câmara Internacional de Comércio – ICC).
BB	Banda-Base.
BBC	British Broadcasting Corporation (Reino Unido).
BCB	Banco Central do Brasil.
BDO	Base de Dados Operacional (Portabilidade).
BDR	Base de Dados de Referência (Portabilidade).

BDR	Base de Dados Nacional de Referência da Portabilidade.
BDT	Bureau de Développement des Télécommunications (Escritório de Desenvolvimento das Telecomunicações da UIT).
BDTA	Banco de Dados Técnicos e Administrativos (Radiofreqüência).
BGAN	Broadband Global Area Network (INMARSAT).
BIA	Bens e Instalações em Andamento (Separação e Alocação de Contas).
BID	Banco Interamericano de Desenvolvimento.
BIRD	Banco Internacional para Reconstrução e Desenvolvimento (Banco Mundial).
BIS	Bens e Instalações em Serviço (Separação e Alocação de Contas).
Bn	Largura da Faixa Necessária (Certificação).
BNDES	Banco Nacional de Desenvolvimento Econômico e Social.
BPL	Broadband over Power Lines (Banda larga por meio de redes de energia elétrica).
BR	Bureau des Radiocommunications (Escritório de Radiocomunicações da UIT).
BRASSCOM	Associação Brasileira de Empresas de Tecnologia da Informação e Comunicação.
BS	Base Station (Estação Rádio Base).
BSR	Bloqueador de Sinais de Radiocomunicações.
BT	Linha de distribuição de Baixa Tensão.
BWA	Broadband Wireless Access (4G).
C-INI	Comitê sobre Infra-estrutura Nacional de Informações.
C0,25	Capacidade nominal para regime de alta intensidade de descarga (C0,25).
C10	Capacidade nominal para regime de média intensidade de descarga (C10).
C120	Capacidade nominal para regime de baixa intensidade de descarga (C120).
CA	Corrente Alternada.
CAACI	Conferência de Autoridades Audiovisuais e Cinematográficas Ibero-Americana.
CADE	Conselho Administrativo de Defesa Econômica.
CADIN	Cadastro Informativo de Créditos não Quitados do Setor Público Federal.
CAMR	Conferência Administrativa Mundial de Radiocomunicações.
CAPDA	Comitê das Atividades de Pesquisa e Desenvolvimento na Amazônia.
CAPT	Controle Automático da Potência Transmitida.
CARR	Conferência Administrativa Regional de Radiocomunicações.
CATIS	Centro de Acesso a Tecnologias para a Inclusão Social.
CBC	Comissão Brasileira de Comunicações.
CBC 1	Comissão Brasileira de Comunicações nº 1 – Redes de Dados e Características de Sistemas Telemáticos (extinta).
CBC 2	Comissão Brasileira de Comunicações nº 2 – Transmissão de Áudio e Vídeo e Sistemas Multimídia (extinta).
CBC 3	Comissão Brasileira de Comunicações nº 3 - Tarifas e Princípios Contábeis (extinta).
CBC 4	Comissão Brasileira de Comunicações nº 4 - Definição de Serviços, Planos Estruturais e Gerência de Redes (extinta).
CBC 5	Comissão Brasileira de Comunicações nº 5 - Sinalização, Comutação, Protocolos, Linguagens e Aspectos Gerais de Redes (extinta).

CBC 6	Comissão Brasileira de Comunicações n° 6 - Planta Externa e Compatibilidade Eletromagnética (extinta).
CBC 7	Comissão Brasileira de Comunicações n° 7 - Desenvolvimento das Telecomunicações (extinta).
CBC 8	Comissão Brasileira de Comunicações n° 8 - Serviços Móveis, de Radiodeterminação e de Radioamador (extinta).
CBC 9	Comissão Brasileira de Comunicações n° 9 - Serviços Fixos e Científicos (extinta).
CBC 1	Comissão Brasileira de Comunicações n° 1 - Governança e Regimes Internacionais.
CBC 10	Comissão Brasileira de Comunicações n° 10 - Administração do Espectro Radioelétrico e Propagação (extinta).
CBC 11	Comissão Brasileira de Comunicações n° 11 - Radiodifusão (extinta).
CBC 12	Comissão Brasileira de Comunicações n° 12 - Negociações Internacionais em Telecomunicações (extinta).
CBC 13	Comissão Brasileira de Comunicações n° 13 – Governança da Internet (extinta).
CBC 2	Comissão Brasileira de Comunicações n° 2 - Radiocomunicações.
CBC 3	Comissão Brasileira de Comunicações n° 3 - Normalização de Telecomunicações.
CBC 4	Comissão Brasileira de Comunicações n° 4 - Desenvolvimento das Telecomunicações.
CBC Temp.	Comissão Brasileira de Telecomunicações Temporária.
CBDT	Coleção Brasileira de Direito Regulatório das Telecomunicações.
CBF	Confederação Brasileira de Futebol.
CBLC	Comissão Brasileira de Liquidação e Custódia.
CBR	Comissão Brasileira de Radiocomunicações.
CBT	Código Brasileiro de Telecomunicações (Lei n° 4.117/62).
CBTTs	Comissões Brasileiras de Telecomunicações.
CC	Corrente Contínua.
CCA	Base de Custos Correntes.
CCC	Central de Comutação e Controle (Serviço Móvel Pessoal).
CCC	Central de Comutação e Controle (Sistemas de Acesso sem Fio do STFC).
CCC	Central de Controle e Comutação do SMC (Internacional).
CCIR	Comitê Consultivo Internacional das Radiocomunicações.
CCITT	Comitê Consultivo Internacional de Telegrafia e Telefonia.
CCJC	Comissão de Constituição e Justiça e de Cidadania.
CCOM	Centro de Políticas, Direito, Economia e Tecnologias das Comunicações da UnB.
CCOMGEX	Centro de Comunicações e Guerra Eletrônica do Exército.
CCP.I	Comitê Consultivo Permanente n° 1 da Comissão Interamericana de Telecomunicações.
CCP.II	Comitê Consultivo Permanente n° 2 da Comissão Interamericana de Telecomunicações.
CCP.III	Comitê Consultivo Permanente n° 3 da Comissão Interamericana de Telecomunicações.
CCPs-CITEL	Comitês Consultivos Permanentes da CITEL.
CCT	Cargo Comissionado Técnico (Agências Reguladoras).

CCT	Comissão de Ciência, Tecnologia, Inovação, Comunicação e Informática (Senado Federal).
CCT	Conselho Nacional de Ciência e Tecnologia.
CCTCI	Comissão de Ciência e Tecnologia, Comunicação e Informática (Câmara dos Deputados).
ccTLD	country code Top Level Domain (Domínio de Primeiro Nível) (INTERNET).
CDA	Certidão de Dívida Ativa.
CDC	Código de Defesa do Consumidor.
CDEIC	Comissão de Desenvolvimento Econômico, Indústria e Comércio (Câmara dos Deputados).
CDI	Cadastro de Demonstração de Interesse (Radiodifusão Comunitária).
CDI	Comutação Digital Integrada.
CDMA	Code Division Multiple Access (Múltiplo Acesso por Divisão em Código).
CDMA 1xEV-DO	CDMA Evolution Data-Optimized (Rede celular 3G).
CDMA 1xEV-DV	CDMA Evolution, Data and Voice (Rede celular 3G).
CDN	Content Delivery Network (Rede de Entrega de Conteúdo).
CDUST	Comitê de Defesa dos Usuários de Serviços de Telecomunicações.
CEDEC	Coordenadoria Estadual de Defesa Civil (Sistema Nacional de Defesa Civil).
CEFET	Centro Federal de Educação Tecnológica.
CEITEC	Centro Nacional de Tecnologia Eletrônica Avançada S.A.
CENAD	Centro Nacional de Gerenciamento de Riscos e Desastres (Sistema Nacional de Defesa Civil).
CENELEC	European Commitee for Electrotechnical Standardization.
CEPED	Centro Universitário de Ensino e Pesquisa sobre Desastres (Sistema Nacional de Defesa Civil).
CERT.br	Centro de Estudos, Resposta e Tratamento de Incidentes de Segurança no Brasil (Comitê Gestor da Internet no Brasil).
CETIC.br	Centro de Estudos sobre as Tecnologias da Informação e da Comunicação (Comitê Gestor da Internet no Brasil).
CFM	Conselho Federal de Medicina.
CFTV	Serviço Especial de Circuito Fechado de Televisão com Utilização de Radioenlace.
CG-CBC	Grupo de Coordenação das Comissões Brasileiras de Comunicações.
CG-ProTIC	Comitê Gestor do Programa de Apoio à Pesquisa, Desenvolvimento e Inovação em Tecnologias Digitais de Informação e Comunicação.
CGCOB	Coordenação-Geral de Cobrança e Recuperação de Créditos.
CGIbr	Comitê Gestor da Internet no Brasil.
CGPD	Comitê Gestor de Políticas de Inclusão das Pessoas com Deficiência (Presidência da República).
CGPID	CGPID.
CGRBT	Comitê Gestor de Articulação Institucional da Rede Brasil de Tecnologia.
Cia C²	Companhia de Comando e Controle (Exército Brasileiro).
CIC	Central de Intermediação de Comunicação Telefônica.
CIDE	Contribuição de Intervenção no Domínio Econômico.
CIP	Câmara Interbancária de Pagamentos.
CIPA	Comissão Interna de Prevenção de Acidentes.

CISCOMIS	Comissão de Desenvolvimento do Projeto e da Implantação do Sistema de Comunicações Militares por Satélite.
CITEL	Comissão Interamericana de Telecomunicações.
CJF	Conselho da Justiça Federal.
CMDT	Conferência Mundial de Desenvolvimento das Telecomunicações.
CMGLO	Gerência de Engenharia, Planejamento e Controle de Licitações e Outorgas.
CMI	Cúpula Mundial da Informação.
CMPC	Custo Médio Ponderado de Capital.
CMPRL	Gerência de Autorização do Uso de Radiofrequências e Licenciamento de Estações (ANATEL).
CMR	Conferência Mundial de Radiocomunicações.
CMSI	Cúpula Mundial sobre a Sociedade da Informação (World Summit on the Information Society – WSIS).
CN	Código Nacional.
CNAL	Cadastro Nacional de Áreas Locais.
CNC	Conselho Nacional de Comunicações.
CNDI	Conselho Nacional de Desenvolvimento Industrial.
CNI	Confederação Nacional da Indústria.
CNPq	Conselho Nacional de Desenvolvimento Científico e Tecnológico.
CNPq-MCT	Centro Nacional de Pesquisa do Ministério da Ciência e Tecnologia.
COE	Coeficiente de Onda Estacionária.
COE	Coeficiente de Reflexão.
COER	Certificado de Operador de Estação de Radioamador.
COFDM	Coded Orthogonal Frequency Division Multiplexing.
COFINS	Contribuição para o Financiamento da Seguridade Social.
COG	Cabo Óptico Geral.
COGEF	Comissão de Gerência do Espectro de Radiofreqüência de Interesse do Ministério da Defesa.
COL	Copa do Mundo FIFA 2014 - Comitê Organizador Brasileiro Ltda.
COMDEC	Coordenadoria Municipal de Defesa Civil (Sistema Nacional de Defesa Civil).
COMESA	Common Market for Eastern and Southern Africa.
COMPÓS	Associação Nacional das Pós-Graduações em Comunicação.
CONANDA	Conselho Nacional dos Direitos da Criança e do Adolescente.
Conapsi	Conselho Nacional dos Provedores de Serviço de Internet.
CONAR	Conselho Nacional de Auto-Regulamentação Publicitária.
CONARQ	Conselho Nacional de Arquivos.
CONCAR	Comissão Nacional de Cartografia.
CONDEC	Conselho Nacional de Defesa Civil (Sistema Nacional de Defesa Civil).
CONDECINE	Contribuição para o Desenvolvimento da Indústria Cinematográfica Nacional.
CONFAZ	Conselho Nacional de Política Fazendária.
CONFECOM	Conferência Nacional de Comunicação.
CONTCOP	Confederação Nacional dos Trabalhadores em Comunicações e Publicidade (Representação profissional).
CONTEL	Conselho Nacional de Telecomunicações (Extinto em 25/02/1967).

COP	Cabo Óptico "Plenum".
CoPol	Copolar (Antena).
COR	Cabo Óptico "Riser".
CORDE	Coordenadoria Nacional para Integração da Pessoa Portadora de Deficiência.
CORDEC	Coordenadoria Regional de Defesa Civil (Sistema Nacional de Defesa Civil).
CP	Código Penal.
CP	Consulta Pública.
CPADS	Comissão Permanente de Avaliação de Documentos Sigilosos.
CPC	Código de Processo Civil.
CPCT	Central Privada de Comutação Telefônica.
CPCT	Central Privativa de Comutação Telefônica (Serviço Telefônico Fixo Comutado).
CPGF	Cartão de Pagamento do Governo Federal.
CPI	Comissão Parlamentar de Inquérito.
CPLP	Comunidade de Países de Língua Portuguesa.
CPP	Código de Processo Penal.
CPP	Contribuição Patronal Previdenciária (Seguridade Social).
CPqD	CPqD.
CPqD	Fundação CPqD Centro de Pesquisa e Desenvolvimento em Telecomunicações.
Cr0,25	Capacidade real em regime nominal para alta intensidade de descarga (Cr0,25).
Cr10	Capacidade real em regime nominal para média intensidade de descarga (Cr10).
Cr120	Capacidade real em regime nominal para baixa intensidade de descarga (Cr120).
CRASA	Communications Regulators' Association of Southern Africa.
CRE	Contrato de Receita Extraordinária (Concessionária de Rodovia).
CREA	Conselho Regional de Engenharia e Arquitetura.
CRS	Sistemas de Rádios Cognitivos.
CSLL	Contribuição Social sobre o Lucro Líquido.
CSP	Código de Seleção de Prestadora.
CTBC	Companhia de Telecomunicações do Brasil Central.
CTs-SGT.1-MERCOSUL	Comissões Temáticas do Subgrupo de Trabalho de Comunicações do MERCOSUL.
CVM	Comissão de Valores Mobiliários.
CVR	Relações Custo-Volume (Separação e Alocação de Contas).
C³I	Command, Control, Communications and Intelligence (Doutrina Militar).
D-AMPS	Digital Advanced Mobile Phone System.
DAC	Departamento de Aviação Civil.
DAS	Direção e Assessoramento Superiores.
dB	Decibel.
dB SPL	Decibel relativo a 20 µPa.
dB SPL(A)	Decibel relativo a 20 µPa medido com ponderação A (IEC 60651).
dB V	Decibel Relativo a 1 V.

DBDG	Diretório Brasileiro de Dados Geoespaciais (DBDG).
dBk	Potência, em dB, relativa a 1 kW.
dBmp	Decibel medido com ponderação psofométrica (Rec. O.41 da ITU-T).
dBPa	Decibel Relativo a 1 Pascal.
dBPa(A)	Decibel relativo a 1 Pa medido com ponderação A (IEC 60651).
dBμ	Decibel Relativo a 1 mW.
dBμ	Intensidade de campo, em dB, relativa a 1μV/m.
DCOR	Diretoria de Concessões e Operações Rodoviárias.
DCS	Digital Cellular Network.
DDG	Discagem Direta Gratuita.
DDI	Discagem Direta Internacional.
DDoS	Distributed Denial-of-Service (Ataque de Negação de Serviço na Internet).
DDR	Discagem Direta a Ramal.
DEA	Data Envelopment Analysis.
DECEA	Departamento de Controle do Espaço Aéreo.
DECT	Digital European Cordless Telephone.
DEICT	Departamento de Indústria, Ciência e Tecnologia, da Secretaria de Telecomunicações (Ministério das Comunicações).
DEINT	Departamento de Negociações Internacionais da Secretaria de Comércio Exterior do Ministério da Indústria, do Comércio e do Turismo.
DEJUS	Departamento de Justiça, Classificação, Títulos e Qualificação (Ministério da Justiça, Secretaria Nacional de Justiça).
DENTEL	Departamento Nacional de Telecomunicações (Extinto em 15/03/1990).
DEPEN	Departamento Penitenciário Nacional.
DEPV	Diretoria de Eletrônica e Proteção ao Vôo (Min. Aeronáutica), substituída pelo DECEA.
DETRAF	Documento de Declaração de Tráfego e de Prestação de Serviços.
DG	Distribuidor Geral (Serviço Telefônico Fixo Comutado).
DIC	Discagem Interurbana a Cobrar.
DISTV	Serviço de Distribuição de Sinais de TV por Meios Físicos.
DJ	Diário da Justiça (Imprensa Nacional).
DJe	Diário da Justiça eletrônico.
DLC	Discagem Local a Cobrar.
DNER	Departamento Nacional de Estradas de Rodagem.
DNS	Domain Name System.
DOP	Documento Operacional de Prazos da Portabilidade.
DoS	Denial-of-Service (Internet).
DPDC	Departamento de Proteção e Defesa do Consumidor.
DRM	Digital Radio Mondiale (padrão europeu de rádio digital).
DS-CDMA	Múltiplo Acesso por Divisão em Código com Seqüência Direta.
DSAC	Documento de Separação e Alocação de Contas.
DSB	Double Side Band 'Modulation' (Modulação em Faixa Lateral Dupla).
DSC	Documento Sigiloso Controlado.
DSL	Digital Subscriber Line.
DTH	Direct-to-Home (Serviço de Distribuição de Sinais de Televisão e de Áudio por Assinatura Via Satélite).
DTMF	Dual Tone Multi-Frequency.

DVB	Digital Video Broadcasting (Padrão de TV Digital – União Européia).
DVB-H	Digital Video Broadcasting Handheld.
e-DJF1	Diário da Justiça Federal da Primeira Região eletrônico (TRF 1ª Região).
e-SIC	Sistema Eletrônico do Serviço de Informação ao Cidadão (ANATEL).
e.i.r.p.	Potência Equivalente Isotropicamente Radiada.
e.r.p.	Potência Efetiva Radiada (Campo Eletromagnético).
e.r.p.	Potência Efetivamente Irradiada.
EACO	East African Communications Organisation.
EARPTO	East Africa Regulatory, Postal and Telecommunications Organization.
EB	Estação Base.
EBC	Empresa Brasil de Comunicação.
EBITDA	Earning Before Interest, Tax, Depreciation and Amortization.
EC	Estação de Controle.
Ec / ec	Campo Característico, respectivamente em dBµ e mV/m.
ECA	Estatuto da Criança e do Adolescente.
ECAD	Escritório Central de Arrecadação e Distribuição.
ECD	Equipamento de Comunicação de Dados.
ECP	Entidade Cedente de Programação.
ECT	Empresa Brasileira de Correios e Telégrafos.
EDA	Entidade Detentora de Autorização (Serviço de RTVA).
EDGE	Enhanced Data Rates for Global Evolution (Rede celular 2.5G).
EEII	Empresa Exploradora de Troncos Interestaduais e Internacionais.
EESPT	Entidade Exploradora de Serviços Públicos de Telecomunicações (em desuso).
EHF	Extremely High Frequency.
EILD	Exploração Industrial de Linha Dedicada.
ELI	Estágio de Linha Integrado.
ELR	Estágio de Linha Remoto.
EM	Estação Móvel.
ENISA	European Union Agency for Network and Information Security.
Enom / enom	Intensidade de campo nominal utilizável, respectivamente em dBµ e mV/m.
ENUM	Telephony Numbering Mapping (Protocolo desenvolvido pela IETF).
EPMU	Equal Proporcionate Mark Up (Alocação Proporcional e Eqüitativa – Separação e Alocação de Contas).
EPON	Ethernet Passive Optical Network.
ER	Estação Repetidora.
ER	Estágio Remoto (Serviço Telefônico Fixo Comutado).
ERB	Estação Rádio Base.
ERC	Estação Radioelétrica Central.
ERG	European Regulators Group.
ERP	Potência Efetiva Radiada.
ERUE	Eficiência Relativa de Uso do Espectro (ERUE).
ESC	Equipamento a Ser Certificado.
ESV	Earth Station on Board Vessel.
ESV	Estação Terrena a Bordo de Embarcação.

ET	Estação Terminal.
ETA	Estação Terminal de Acesso.
ETD	Equipamento Terminal de Dados.
ETIR	Equipe de Tratamento e Resposta a Incidentes de Segurança da Informação (ANATEL).
ETSI	European Telecommunications Standards Institute.
Eu / eu	Intensidade de campo utilizável, respectivamente em dBμ e mV/m.
EUE	Eficiência de Uso do Espectro (EUE).
FA	Fator de Amortecimento.
FAC	Fully Allocated Costs (Custos Totalmente Alocados).
FCC	Federal Communications Commission (United States of America).
FCM	Financial Capital Maintenance.
FCPT	Fórum de Certificação de Produtos para Telecomunicações.
FCT	Função Comissionada Técnica.
FCT	Funções Comissionadas de Telecomunicações.
FDD	Frequency Division Duplexing (Duplexação por Divisão na Frequência).
FDMA	Frequency Division Multiple Access (Múltiplo Acesso por Divisão em Frequência).
FEBRAPEL	Federação Brasileira de Telecomunicações (Representação empresarial).
FEC	Código de Correção de Erro.
FENAJ	Federação Nacional dos Jornalistas.
FGP	Fundo Garantidor de Parcerias Público-Privadas.
FGTS	Fundo de Garantia por Tempo de Serviço.
FH-CDMA	Múltiplo Acesso por Divisão em Código com Saltos de Freqüência.
FI	Frequência Intermediária.
FIFA	Fédération Internationale de Football Association.
FINEP	Financiadora de Estudos e Projetos.
FINSOCIAL	Fundo de Investimento Social.
FISTEL	Fundo de Fiscalização das Telecomunicações.
FITTEL	Federação Interestadual dos Trabalhadores em Telecomunicações.
FM	Frequência Modulada.
FMCA	Fixed-Mobile Convergence Alliance.
FME	Frequência Modulada com Fins Exclusivamente Educativos.
FNC	Fundo Nacional da Cultura.
FNDCT	Fundo Nacional de Desenvolvimento Científico e Tecnológico.
FNPJ	Fórum Nacional de Professores de Jornalismo.
FNT	Fundo Nacional de Telecomunicações.
Fonacate	Fórum Nacional Permanente de Carreiras Típicas de Estado.
FORCINE	Fórum Brasileiro de Ensino de Cinema e Audiovisual.
FS	Fornecedora de Sinal.
FTTB	Fiber to the Building.
FTTC	Fiber to the Curb.
FTTH	Fiber to the Home.
FTTN	Fiber to the Node.
FUNCAP	Fundo Especial para Calamidades Públicas (Sistema Nacional de Defesa Civil).

Fundomic	Fundo de Universalização do Acesso a Serviços de Telecomunicação (Minas Gerais).
Funtec	Fundo Tecnológico (BNDES).
FUNTTEL	Fundo para o Desenvolvimento Tecnológico das Telecomunicações.
FUST	Fundo de Universalização dos Serviços de Telecomunicações.
FWA	Fixed Wireless Access.
GCOM	Grupo Interdisciplinar de Políticas, Direito, Economia e Tecnologias das Comunicações (UnB).
GESAC	Governo Eletrônico – Serviço de Atendimento ao Cidadão.
GETEL	Grupo de Estudos em Direito das Telecomunicações (UnB).
GGRR	Grupo de Gestão de Riscos e Acompanhamento do Desempenho das Redes de Telecomunicações.
GGSN	Gateway GPRS Support Node.
GIP	Grupo de Implantação da Portabilidade.
GIP	Grupo de Implementação da Portabilidade.
GIPAQ	Grupo de Implantação de Processos de Aferição da Qualidade.
GIRED	Grupo de Implantação do Processo de Redistribuição e Digitalização de Canais de TV e RTV – GIRED.
GMC	Grupo Mercado Comum.
GMDSS	Sistema Global de Socorro e Segurança Marítima.
GNR	Guia Nacional de Recolhimento de Tributos Estaduais.
GPON	Gigabit Passive Optical Network.
GPRS	General Packet Radio Service (Rede celular 2.5G).
GPS	Global Positioning System (Sistema de Posicionamento Global).
GSM	Global System Mobile -Global System for Mobile Communications (Originariamente Groupe Spécial Mobile).
GTDS	Grupo de Trabalho de Desburocratização e Simplificação dos Processos de Outorga e Pós-Outorga de Serviços de Radiodifusão (Ministério das Comunicações).
GTI	Grupo de Trabalho Interministerial.
GVT	GLOBAL VILLAGE TELECOM LTDA.
HCA	Base de Custos Históricos (Separação e Alocação de Contas).
HCA	Historical Cost Accounting (Base de Custos Históricos na Separação e Alocação de Contas).
HCI	Altura do Centro de Fase do Sistema Irradiante.
HF	High Frequency (Alta Freqüência).
HFBC	Conferência Administrativa Mundial de Radiocomunicações para o planejamento das faixas de ondas decamétricas atribuídas ao serviço de radiodifusão, realizada em 1987.
HMM	Hora de Maior Movimento.
HNMT	Altura da Antena sobre o Nível Médio do Terreno.
HNMT	Altura do Sistema Irradiante em Relação ao Nível Médio do Terreno (Radiodifusão).
HSDPA	High Speed Downlink Packet Access (Rede celular 3G).
HSPA	High-Speed Packet Access (tipo de padrão de telefonia móvel por dados) (Rede celular 3G).
HSUPA	High Speed Uplink Packet Access (Rede celular 3G).
IAF	International Accreditation Forum (Certificação e Homologação).

IAMCR	International Association for Media and Communication Research.
IAP	Índice de Atendimento Pessoal.
IAP	Interamerican Proposal.
IARP	International Amateur Radio Permission (Permissão Internacional de Radioamador).
IARU	União Internacional de Radioamadores (International Amateur Radio Union).
IBGE	Instituto Brasileiro de Geografia e Estatística.
IBICT	Instituto Brasileiro de Informação em Ciência e Tecnologia.
IBOC	In-Band On-Channel (padrão norte-americano de rádio digital).
ICANN	Internet Corporation for Assigned Names and Numbers (Corporação da Internet para a Atribuição de Nomes e Números).
ICAO	Organização Internacional de Aviação Civil.
ICC	Índice de Chamadas Completadas.
ICC	International Chamber of Commerce (Câmara Internacional de Comércio).
ICCo	Índice de Cessação de Cobrança.
ICMS	Imposto sobre Operações Relativas à Circulação de Mercadorias e Sobre Prestações de Serviços de Transporte Interestadual, Intermunicipal e de Comunicações.
ICNIRP	International Commission on Non Ionizing Radiation Protection (Comissão Internacional de Proteção Contra Radiações Não Ionizantes).
ICP-Brasil	Infraestrutura de Chaves Públicas Brasileira.
ICR	Índice de Correspondências Respondidas.
ICT	Instituição Científica e Tecnológica.
ICT4D	Information and Communication Technologies for Development.
IDA	Índice de Desempenho no Atendimento (aplicado ao STFC).
IDDF	Informações de Demanda e Dados Físicos (Separação e Alocação de Contas).
IDEC	Instituto de Defesa do Consumidor.
IDH	Índice de Desenvolvimento Humano.
IDQ	Índice de Desempenho de Qualidade (aplicado ao STFC).
IEC	International Electrotechnical Commission.
IEEE	Institute of Electrical and Electronics Engineers.
IETF	Internet Engineering Task Force (Força Tarefa de Engenharia da Internet).
IFCA	International Federation of Mass Communication Associations.
Ifd	Fator de Degradação.
IFRB	Junta Internacional de Registro de Frequências.
IFS	Serviço Franqueado Internacional.
IGF	Internet Governance Fórum (Fórum de Governança da Internet vinculado à ONU).
IGP-DI	Índice Geral de Preços - Disponibilidade Interna.
IGP-M	Índice Geral de Preços - Mercado.
IGQO	Índice Geral de Qualidade Operacional (aplicado ao STFC).
IGQP	Índice Geral de Qualidade Percebida (aplicado ao STFC).
II	Imposto de Importação.
IIS	Índice de Instalação do Serviço.
IITS	Índice de Interrupções Solucionadas.

ILA	Índice de Ligações Atendidas.
ILAC	International Laboratories Accreditation Cooperation (Certificação e Homologação).
IME	Índice Mínimo de EUE (IME).
IMEI	International Mobile Station Equipment Identity.
IMO	Organização Marítima Internacional.
IMSI	International Mobile Subscriber Identity (Identificação Internacional de Acesso Móvel).
IMT-2000	International Mobile Telecommunications-2000.
IMT-Advanced	International Mobile Telecommunication Advanced (requisitos UIT).
INDE	Infraestrutura Nacional de Dados Espaciais (INDE).
INFRAERO	Empresa Brasileira de Infra-estrutura Aeroportuária.
INI	Infraestrutura Nacional de Informações.
INMARSAT	Organização Internacional de Telecomunicações Marítimas por Satélite.
INMETRO	Instituto Nacional de Metrologia, Normalização e Qualidade Industrial.
INTELSAT	International Telecommunications Satellite Consortium (Organização Internacional de Telecomunicações por Satélite).
Intercom	Sociedade Brasileira de Estudos Interdisciplinares da Comunicação.
IoT	Internet of Things (Internet das Coisas).
IP	Índice de Preços.
IP	Internet Protocol (Protocolo de Internet).
IPAOG/FGV	Índice de Preços por Atacado - Oferta Global.
IPCA/IBGE	Índice de Preços ao Consumidor Amplo.
IPI	Imposto sobre Produtos Industrializados.
IPTF DEA	Índice de Produtividade Total de Fatores DEA.
IPTF F	Índice de Produtividade Total de Fatores Fisher.
IPTV	Internet Protocol TV.
IQF	Índice de Quantidade dos Fatores de Produção (Reajuste Tarifário do STFC).
IQP	Índice de Fator de Produção.
IQP	Índice de Quantidade dos Produtos (Reajuste Tarifário do STFC).
IR	Imposto de Renda.
IREDC	Índice de Reclamação por Erro em Documento de Cobrança.
IRPJ	Imposto sobre a Renda da Pessoa Jurídica.
IRS	Índice de Reclamação do Serviço.
ISAN	International Standard Audiovisual Number.
ISDB	Integrated Services Digital Broadcasting.
ISDB-C	Integrated Services Digital Broadcasting Cable.
ISDB-S	Integrated Services Digital Broadcasting Satellite Television.
ISDB-T	Integrated Services Digital Broadcasting Terrestrial (Serviços Integrados de Radiodifusão Digital Terrestre).
ISDTV	International System for Digital TV (novo nome do SBTVD).
ISM	Aplicações Industriais, Científicas e Médicas.
ISO	International Standards Organisation.
ISP	Internet Service Provider (vide PSCI).
ISRA	Índice de Solicitações de Reparos Atendidas.
ISS	Imposto sobre Serviços de Qualquer Natureza.

IST	Índice de Serviços de Telecomunicações.
ISYDS	Integrated System for Decision Support (vide SIAD).
ITE	Índice Temporal de EUE.
ITI	Instituto Nacional de Tecnologia da Informação (Autarquia vinculada à Casa Civil da Presidência da República).
ITU	International Telecommunication Union (União Internacional de Telecomunicações).
l	Comprimento de Onda.
LABRE	Liga de Amadores Brasileiros de Rádio Emissão.
LAN	Local Area Network.
LaPCom	Laboratório de Políticas de Comunicação da UnB.
LBS	Location Based Services.
LDI	Longa Distância Internacional.
LDN	Longa Distância Nacional.
LED	Light Emitting Diode (Diodo Emissor de Luz).
LEP	Lei de Execuções Penais.
LF	Low Frequency.
LGT	Lei Geral de Telecomunicações.
LIBRAS	Língua Brasileira de Sinais.
LLU	Local Loop Unbundling.
LMDS	Local Point-Multipoint Distribution Service.
LPFM	Low-Power FM stations (Rádios Comunitárias).
LRGP	Loudness Rating Guard-Ring Position.
LRIC	Long Run Incremental Costs (Custos Incrementais de Longo Prazo) (Serviço Telefônico Fixo Comutado).
LSI	Laboratório de Sistemas Integráveis da USP.
LSZH	"Low Smoke and Zero Halogen".
LTE	Long Term Evolution.
LTOG	Lista Telefônica Obrigatória e Gratuita.
LUSOCOM	Federação Lusófona de Ciências da Comunicação.
M2M	Machine to Machine (comunicação entre máquinas).
MAN	Metropolitan Area Network.
MdE	Memorando de Entendimento - MdE.
MDGs	Millenium Development Goals (UN Millenium Summit 2000).
MEF	Mobile Entertainment Forum.
MERCOSUL	Mercado Comum do Sul.
MF	Medium Frequency (Média Freqüência).
MICS	Sistemas de Comunicações de Implantes Médicos.
MIFR	Master International Frequency Register (Registro Mestre da UIT).
MIN	Valor do Minuto de Tarifação (Serviço Telefônico Fixo Comutado).
MINFRA	Ministério da Infraestrutura (Extinto pela Lei 8.422, de 13/05/1992).
MMDS	Multichannel Multipoint Distribution Service (Serviço de Distribuição de Sinais Multiponto Multicanal).
MMS	Multimedia Message.
MMSI	Identidade do Serviço Limitado Móvel Marítimo.
MMSI	Maritime Mobile Service Identity.

MNO	Mobile Network Operator (Operador de Rede Móvel).
MOB	Conferência Administrativa Mundial de Radiocomunicações para os serviços móveis.
MOB-87	Conferência Administrativa Mundial de Radiocomunicações para os Serviços Móveis, realizada em 1987.
MORAN	Modelo Ran Sharing.
MOS	Mean Opinion Score (Pontuação Média de Opinião).
MSCID	Mobile Switching Center Identification.
MT	Linha de distribuição de Média Tensão.
MVNO	Mobile Virtual Network Operator (Operador de Rede Virtual Móvel).
MVPD	Multichannel Video Programming Distributors (Provedores de Programação de Vídeo Multicanal).
NBM	Nomenclatura Brasileira de Mercadorias.
NC	Noise Criteria.
NCL	Nested Context Language (Interatividade do ISDB-T: linguagem do ambiente Ginga-NCL).
NCM	Nomenclatura Comum do Mercosul.
NFC	Near Field Communications.
NFST	Nota Fiscal de Serviço de Telecomunicações.
NGN	Next Generation Network.
NGT	Norma Geral de Telecomunicações (Ministério das Comunicações).
NMI	NetMundial Initiative.
NOPRED	Notificação Preliminar de Desastres - Formulário (Sistema Nacional de Defesa Civil).
NPOESS	National Polar-Orbiting Environmental Satellite System.
NRA	National Regulatory Authorities (União Européia).
NSR	Nível do Sinal Recebido.
NUDEC	Núcleo Comunitário de Defesa Civil (Sistema Nacional de Defesa Civil).
NWA	Nomadic Wireless Access (Aplicação Nomádica).
NWICO	New World Information and Communication Order.
OCC	Organismo de Certificação Credenciado.
OCD	Organismo de Certificação Designado.
OCDE	Organização para Cooperação e Desenvolvimento Econômico.
OECD	Organisation for Economic Co-operation and Development (Organização para Cooperação e Desenvolvimento Econômico).
OFDM	Orthogonal Frequency Division Multiplexing (Multiplexação Ortogonal por Divisão de Freqüência).
OFDMA	Orthogonal Frequency-Division Multiple Access.
OIT	Oxidative Induction Time (Tempo de Indução Oxidativa).
OL	Oscilador Local.
OM	Onda Média.
OMC	Organização Mundial do Comércio.
OPGW	Optical Ground Wire (Cabos Pára-raios com Fibras Ópticas).
OPI	Oferta Pública de Interconexão.
ORB-85	Conferência Administrativa Mundial de Radiocomunicações para uso da Órbita de Satélites Geoestacionários e o Planejamento dos Serviços Espaciais que a Utilizam, realizada em 1985.
OSA	Opportunistic Spectrum Access.

OSCIP	Organização da Sociedade Civil de Interesse Público.
OT	Onda Tropical.
OTI	Organización de Televisión Iberoamericana.
P&D	Pesquisa e Desenvolvimento.
PAC	Plano Anual de Capacitação (Capacitação Profissional nas Agências Reguladoras).
PAC	Programa de Aceleração do Crescimento (Programa de Governo de Janeiro de 2007).
PADIS	Programa de Apoio ao Desenvolvimento Tecnológico da Indústria de Semicondutores (PADIS).
PADO	Procedimento Administrativo para Apuração de Descumprimento de Obrigações (Agência Nacional de Telecomunicações).
PAF	Processo Administrativo Fiscal (ANATEL).
PAI	Processo de Apuração de Infração.
PAR	Plano de Aplicação de Recursos (FUNTTEL).
PAR-C	Plano de Atendimento Rural Complementar (STFC).
PAR-F	Plano de Atendimento Rural Facultativo (STFC).
PAR-S	Plano de Atendimento Rural Suplementar (STFC).
PASEP	Programa de Formação do Patrimônio do Servidor Público.
PASI	Provedor de Acesso a Serviços de Internet.
PASOO	Plano Alternativo de Serviço de Oferta Obrigatória.
PAT	Parcela Adicional de Transição.
PATVD	Programa de Apoio ao Desenvolvimento Tecnológico da Indústria de Equipamentos para a TV Digital.
PATVD	Programa de Incentivos ao Setor da TV Digital (Integrante do PAC).
PBFM	Plano Básico de Distribuição de Canais de Radiodifusão Sonora em Freqüência Modulada.
PBOC	Plano Básico de Distribuição de Canais de Radiodifusão Sonora em Onda Curta.
PBOM	Plano Básico de Distribuição de Canais de Radiodifusão Sonora em Onda Média.
PBOT	Plano Básico de Distribuição de Canais de Radiodifusão Sonora em Onda Tropical.
PBRTV	Plano Básico de Distribuição de Canais de Retransmissão de Televisão em VHF e UHF.
PBTV	Plano Básico de Distribuição de Canais de Televisão em VHF e UHF.
PBTVA	Plano Básico de Distribuição de Canais de Televisão por Assinatura.
PBTVD	Plano Básico de Distribuição de Canais de Televisão Digital.
PBX	Private Branch Exchange.
PCNR	Parcela de Custo Não Recuperável pela Exploração Eficiente do Serviço (Fundo de Universalização dos Serviços de Telecomunicações).
PCS	Personal Communication Service.
PDE	Plano de Desenvolvimento da Educação.
PDG	Programa de Dispêndios Globais (Empresas Estatais Federais).
PDP	Plasma Display Pannel (Painel Mostrador de Plasma).
PDRTVD	Plano de Designação de Canais de Retransmissão de Televisão Digital.
PDTVD	Plano de Designação de Canais de Televisão Digital.
PEP	Peak Envelope Power (Potência de Pico da Envoltória).

PF	Procuradoria Federal no Estado.
PGA	Plano Geral de Autorizações.
PGA-SME	Plano Geral de Autorizações do Serviço Móvel Especializado.
PGA-SMP	Plano Geral de Autorizações do Serviço Móvel Pessoal.
PGCN	Plano Geral de Códigos Nacionais.
PGMC	Plano Geral de Metas de Competição.
PGMQ	Plano Geral de Metas de Qualidade.
PGMQ-2006	Plano Geral de Metas de Qualidade do STFC para a Renovação dos Contratos de Concessão.
PGMQ-SMP	Plano Geral de Metas de Qualidade para o Serviço Móvel Pessoal.
PGMU	Plano Geral de Metas de Universalização.
PGMU-2006	Plano Geral de Metas para Universalização do STFC no Regime Público para a Renovação dos Contratos de Concessão.
PGO	Plano Geral de Outorgas.
PGR	Plano Geral de Atualização da Regulamentação das Telecomunicações no Brasil.
PGRiscos	Plano de Gestão de Riscos.
PICT	Projeto de Proteção da Infraestrutura Crítica de Telecomunicações (Anatel e CPqD).
PIS	Programa de Integração Social.
PISP	Plano de Indenização por Serviços Prestados (Telebras).
PLC	Power Line Communications.
PMD	Polarization Mode Dispersion (Modo de Polarização por Dispersão) (Cabo de Fibra Óptica).
PMM	Período de Maior Movimento (Televisão por Assinatura (Gênero)).
PMM1	Período de Maior Movimento diurno, das 9h às 11h (STFC).
PMM2	Período de Maior Movimento noturno, das 20h às 22h (STFC).
PMS	Poder de Mercado Significativo.
PMT	Período de Maior Tráfego (PMT).
PNBL	Programa Nacional de Banda Larga.
POI	Ponto de Interconexão.
POP	Post Office Protocol (INTERNET).
POSIC/Anatel	Política de Segurança da Informação e Comunicações da ANATEL.
PP	Conferência de Plenipotenciários da UIT.
PPA	Plano Plurianual.
PPB	Processo Produtivo Básico.
PPDESS	Preço Público pelo Direito de Exploração de Serviços de Telecomunicações e pelo Direito de Exploração de Satélite.
PPDF	Previsão de Demanda e Dados Físicos (Separação e Alocação de Contas).
PPDUR	Preço Público pelo Direito de Uso de Radiofreqüencias.
ppm	partes por milhão.
PPP	Parceria Público-Privada.
PR	Perda de Retorno.
PRB	Ponto de Referência da Boca.
PRF	Procuradoria Regional Federal.
PRO-REG	Programa de Fortalecimento da Capacidade Institucional para Gestão em Regulação.

PROCON	Promotoria de Defesa do Consumidor.
PRODIST	PRODIST – Procedimentos de Distribuição (Energia Elétrica).
PROINFO	Programa Nacional de Informática na Educação.
PROM	Plano Regional de Distribuição de Canais de Radiodifusão Sonora em Onda Média ou Plano do Rio de Janeiro (Radiodifusão Sonora).
PROTESTE	Associação Brasileira de Defesa do Consumidor.
ProTIC	Programa de Apoio à Pesquisa, Desenvolvimento e Inovação em Tecnologias Digitais de Informação e Comunicação.
PROUCA	Programa Um Computador por Aluno.
PRRadCom	Plano de Referência para Distribuição de Canais do Serviço de Radiodifusão Comunitária.
PSCI	Provedor de Serviço de Conexão à INTERNET.
PSM	Posto de Multifacilidades.
PSM	Posto de Serviço Multifacilidades.
PSO	Procedimento Simplificado de Outorga.
PSP	Potência de Saída da Portadora.
PST	Posto de Serviço de Telecomunicações.
PTR	Ponto de Terminação de Rede.
PTT	Ponto de Troca de Tráfego (Internet).
PUC	Prestação, Utilidade ou Comodidade (Serviço Telefônico Fixo Comutado).
PVCP	Gerência Geral de Comunicações Pessoais Terrestres (ANATEL).
PVR	Personal Video Recorder.
QuISI	Índice Qualcomm da Sociedade da Inovação.
RadCom	Serviço de Radiodifusão Comunitária.
RAN Sharing	Radio Access Network Sharing.
RBR	Relação de Bens Reversíveis.
RBT	Rede Brasil de Tecnologia.
RBT	Rede de distribuição de Baixa Tensão.
RCBR	Regulamento de Controle de Bens Reversíveis.
RDSI	Rede Digital de Serviços Integrados.
RDSI-FE	Rede Digital de Serviços Integrados - Faixa Estreita.
RDSI-FL	Rede Digital de Serviços Integrados - Faixa Larga.
RE	Recurso Extraordinário.
RECAP	Regime Especial de Aquisição de Bens de Capital para Empresas Exportadoras.
RECOMPE	Regime Especial de Aquisição de Computadores para Uso Educacional.
REDEC	Regional Estadual de Defesa Civil (Sistema Nacional de Defesa Civil).
REGISTRO.br	Registro de Domínios para a Internet no Brasil (Comitê Gestor da Internet no Brasil).
REGULATEL	Foro Latino-Americano de Autoridades Reguladoras das Telecomunicações.
REICOMP	Regime Especial de Incentivo a Computadores para Uso Educacional.
RENEC	Rede Nacional de Estações Costeiras.
RENER	Rede Nacional de Emergência de Radioamadores.
RENET	Rede Nacional de Emergência de Prestadoras de Telecomunicações.
REPES	Regime Especial de Tributação para a Plataforma de Exportação de Serviços de Tecnologia da Informação.

REPNBL-Redes	Regime Especial de Tributação do Programa Nacional de Banda Larga para Implantação de Redes de Telecomunicações.
REsp	Recurso Especial.
RF	Radiofrequência.
RF	Radiofrequência (Campo Eletromagnético).
RFID	Radio Frequency Identification Device (Sistema de Identificação por Radiofreqüência).
RGC	Regulamento Geral de Direitos do Consumidor de Serviços de Telecomunicações.
RGP	Regulamento Geral de Portabilidade.
RGQ-SCM	Regulamento de Gestão da Qualidade do Serviço de Comunicação Multimídia.
RGQ-SMP	Regulamento de Gestão da Qualidade da Prestação do Serviço Móvel Pessoal.
RIQ	Regulamento de Indicadores de Qualidade do Serviço Telefônico Fixo Comutado.
RITU	Rede de Intercâmbio de Televisão Universitária.
RLL	Radio in the Local Loop.
RMT	Rede de distribuição de Média Tensão.
RNI	Radiação Não Ionizante (Campo Eletromagnético).
RNP	Rede Nacional de Pesquisa.
RNR	Rede Nacional de Radiovideometria.
ROL	Receita Operacional Líquida.
RPF	Request for Proposal.
RpTV	Serviço de Repetição de Televisão.
RR	Regulamento de Radiocomunicações da UIT.
RRD	Restricted Radiation Device.
RRV-SMP	SMP por meio de Rede Virtual.
RSAC	Regulamento de Separação e Alocação de Contas.
RSQ	Raiz quadrada da soma dos quadrados.
RTAC	Regulamento de Celebração e Acompanhamento de Termo de Compromisso de Ajustamento de Conduta.
RTFM	Regulamento Técnico para Emissoras de Radiodifusão Sonora em Frequência Modulada.
RTV	Serviço de Retransmissão de Televisão.
RTVA	Serviço de Retransmissão de Televisão com utilização de tecnologia analógica.
RTVC	Serviço de RTV Comercial.
RTVD	Retransmissão de Televisão com Utilização da Tecnologia Digital.
RTVD	Serviço de Retransmissão de Televisão com utilização de tecnologia digital.
RTVE	Serviço de RTV Educativo.
RTVI	Serviço de RTV Institucional.
RUE	Regulamento de Uso do Espectro.
RUER	Regulamento de Uso do Espectro de Radiofrequências.
RVU-M	Valor de Referência de VU-M.
SA	Specific Absorption (Absorção Específica).
SAC	Serviço de Atendimento ao Consumidor.

SAC	Stand Alone Cost (Custo Total Individual – Separação e Alocação de Contas).
SACP	Sistema de Acompanhamento de Consulta Pública.
SAM	Serviço Avançado de Mensagens.
SAMU	Serviço de Atendimento Móvel de Urgência.
SAP	Secondary Audio Programming (Programa Secundário de Áudio).
SAPN	Sistema de Administração dos Recursos de Numeração.
SAR	Specific Absorption Rate (Taxa de Absorção Específica).
SARC	Serviço Auxiliar de Radiodifusão e Correlatos.
SART	Transponder de busca e salvamento.
SATVA	Sistema de Acompanhamento das Obrigações das Prestadoras de TV por Assinatura.
SBC	Sistema Brasileiro de Certificação.
SBPJOR	Sociedade Brasileira de Pesquisadores em Jornalismo.
SBRD	Sistema Brasileiro de Rádio Digital.
SBTVD	Sistema Brasileiro de Televisão Digital.
SBTVD-T	Sistema Brasileiro de Televisão Digital Terrestre.
SCI	Serviço de Conexão à INTERNET.
SCM	Serviço de Comunicação Multimídia.
SCMa	Serviço de Comunicação de Massa por assinatura.
SCR	Serviço de Comunicações de Interesse Restrito.
SDE	Secretaria de Direito Econômico (Ministério da Justiça).
SDK	Software Development Kit.
SDN	Software Defined Networking.
SDR	Rádios Definidos por Software.
SeAC	Serviço de Acesso Condicionado.
SEAE	Secretaria de Acompanhamento Econômico (Ministério da Fazenda).
SECEX	Secretaria de Controle Externo (Tribunal de Contas da União).
SEDH	Secretaria Especial de Direitos Humanos da Presidência da República.
SEFID	Secretaria de Fiscalização de Desestatização (Tribunal de Contas da União).
SEI	Sistema Eletrônico de Informações (Ministério das Comunicações).
SELIC	Sistema Especial de Liquidação e Custódia.
SER	Serviço Especial de Radiochamada, Regime Regulatório.
SERDS	Serviço Especial de Radiodeterminação por Satélite.
SET	Sociedade Brasileira de Engenharia de Televisão.
SETA	Sindicato Nacional das Empresas Operadoras de Sistemas de Televisão por Assinatura (Representação empresarial).
SFS	Serviço Fixo por Satélite.
SGAL	Sistema de Gerenciamento de Áreas Locais.
SGB	Sistema Geodésico Brasileiro.
SGB	Sistema Geoestacionário Brasileiro.
SGDC	Satélite Geoestacionário de Defesa e Comunicações Estratégicas.
SGIQ	Sistema de Gerenciamento de Indicadores de Qualidade.
SGME	Sistema de Gestão e Monitoragem do Espectro.
SGT.1	Subgrupo de Trabalho nº 1 – Comunicações do Mercosul.

SHF	Super High Frequency.
SI	Sociedade da Informação.
SIAD	Sistema Integrado de Apoio à Decisão (Programa para obtenção dos Valores de Eficiência DEA).
SIAFI	Sistema Integrado de Administração Financeira do Governo Federal.
SIC	Segurança da Informação e Comunicações (ANATEL).
SICAP	Sistema de Controle de Rastreamento de Documentos e Processos.
SICI	Sistema de Coleta de Informação.
SICOM	Sistema de Comunicação de Governo do Poder Executivo (Publicidade da Administração Pública Federal).
SIGAnatel	Sistema de Informações Geográficas do Brasil.
SIGEC	Sistema Integrado de Gestão de Créditos da ANATEL.
SINAMOB	Sistema Nacional de Mobilização.
SINAPI/IBGE	Sistema Nacional de Pesquisa de Custos e Índices da Construção Civil.
SINAR	Sistema Nacional de Arquivos.
SINCAB	Sindicato Nacional dos Trabalhadores em Sistemas de TV por Assinatura e Serviços Especiais de Telecomunicações (Representação profissional).
SINDEC	Sistema Nacional de Defesa Civil.
SINDEC	Sistema Nacional de Defesa do Consumidor.
SINDER	Sindicato Nacional das Empresas de Radiocomunicações (Representação empresarial).
SINDESB	Sistema de Informações sobre Desastres no Brasil (Sistema Nacional de Defesa Civil).
SINDISAT	Sindicato Nacional das Empresas de Telecomunicações por Satélite (Representação empresarial).
SINDITELEBRASIL	Sindicato Nacional das Empresas Operadoras de Serviços de Telecomunicações (Representação empresarial).
SINSTAL	Sindicato Nacional das Empresas Instaladoras de Sistemas e Redes de TV por Assinatura e Telecomunicações (Representação empresarial).
SINTEIS	Sindicatos Estaduais dos Trabalhadores em Telecomunicações (Representação profissional).
SIPAM	Sistema de Proteção da Amazônia.
SIT	Sistema com Transponder Interrogador.
SITARWEB	Sistema de Informações Técnicas para Administração das Radiocomunicações WEB.
SLD	Serviço por Linha Dedicada.
SLDA	Serviço por Linha Dedicada para Sinais Analógicos.
SLDD	Serviço por Linha Dedicada para Sinais Digitais.
SLDT	Serviço por Linha Dedicada para Sinais Telegráficos.
SLE	Serviço Limitado Especializado.
SLMM	Serviço Limitado Móvel Marítimo.
SLMP	Serviço Limitado Móvel Privativo.
SLP	Serviço Limitado Privado.
SLPR	Serviço Limitado Privado de Radiochamada.
SMA	Serviço Móvel Aeronáutico.
SMC	Serviço Móvel Celular.
SMD	Surface Mounted Device.
SME	Serviço Móvel Especializado.

SMGS	Serviço Móvel Global por Satélite.
SMM	Serviço Móvel Marítimo.
SMP	Serviço Móvel Pessoal.
SMS	Serviço Móvel por Satélite.
SMS	Short Message Service.
SMT	Surface Mounted Technology.
SNC	Secretaria Nacional de Comunicações (MINFRA).
SNOA	Sistema de Negociação das Ofertas de Atacado (PGMC).
Socicom	Federação Brasileira das Associações Científicas e Acadêmicas de Comunicação.
SOCINE	Sociedade Brasileira de Estudos de Cinema.
SOR	Superintendência de Outorga e Recursos à Prestação (ANATEL).
SORM	System of Operative-Investigative Measures (sistema russo de interceptação legal de comunicações eletrônicas).
SPV	Superintendência de Serviços Privados.
SRA	Serviço de Radiocomunicação Aeronáutica Público-Restrito.
SRC	Superintendência de Relações com Consumidores.
SRD	Short Range Device.
SRD	Sistema de Controle de Radiodifusão.
SRE	Serviço de Radiotáxi Especializado, Regime Regulatório.
SRS	Serviço de Pesquisa Espacial.
SRT	Serviço de Radiotáxi.
SRTT	Serviço de Rede de Transporte de Telecomunicações.
SSB	Single Side Band 'Modulation' (Modulação em Faixa Lateral Simples).
STE	Secretaria de Telecomunicações (Ministério das Comunicações).
STEL	Sistema de Serviços de Telecomunicações.
STF	Supremo Tribunal Federal.
STFC	Serviço Telefônico Fixo Comutado Destinado ao Uso do Público em Geral.
STJ	Superior Tribunal de Justiça.
STM	Superior Tribunal Militar.
STP	Serviço Telefônico Público (em desuso).
STS	Serviço de Transporte de Sinais de Telecomunicações por Satélite.
SUDAM	Superintendencia de Desenvolvimento da Amazônia.
SUDECO	Superintendência de Desenvolvimento do Centro-Oeste.
SUFRAMA	Superintendência da Zona Franca de Manaus.
SVA	Serviço de Valor Adicionado.
TAB	Tarifa Aduaneira do Brasil.
TAC	Termo de Ajuste de Conduta.
TAC	Termo de Compromisso de Ajustamento de Conduta.
TAP	Television Association of Programmers (Estados Unidos da América).
TAP	Terminal de Acesso Público.
TAP	Terminal de Acesso Público (Serviço Telefônico Fixo Comutado).
TBSMC	Tarifa Básica do Serviço Móvel Celular.
TCD	Termo de Compromisso de Desempenho.
TCP	Transport Control Protocol (INTERNET).

TCU	Tribunal de Contas da União.
TDD	Time Division Duplexing (Duplexação por Divisão no Tempo).
TDMA	Time Division Multiple Access (Múltiplo Acesso por Divisão em Tempo).
TEB	Taxa de Erro de Bits.
TEC	Tarifa Externa Comum.
TelComp	Associação Brasileira das Prestadoras de Serviços de Telecomunicações Competitivas.
TELEBRAS	Telecomunicações Brasileiras S.A..
TELEBRASIL	Associação Brasileira de Telecomunicações.
TELEX	Comutação Telegráfica.
TFDR	Taxa de Licenciamento para Uso ou Ocupação das Faixas de Domínio das Rodovias (TFDR).
TFEL	Thin-Film Electroluminescent (Displays Eletroluminescentes a Filme Fino).
TFF	Taxa de Fiscalização do Funcionamento.
TFI	Taxa de Fiscalização da Instalação.
THD	Distorção harmônica total.
TIC	Information and Communication Technology.
TIPI	Tabela de Incidência do Imposto sobre Produtos Industrializados.
TISA	Traveller Information Services Association.
TIV	Tecnologia de Informação Veicular (Rastreamento de Veículos).
TMC	Traffic Message Channel (Canal de Mensagem de Trânsito).
TME	Tarifa de Mudança de Endereço (Serviço Telefônico Fixo Comutado).
TMN	Telecommunications Management Network.
TOE	Taxa de Onda.
TR	Taxa Referencial.
TRASA	Telecommunications Regulators' Association of Southern Africa.
TRD	Taxa Referencial Diária.
TRF	Tribunal Regional Federal.
TRF1	Tribunal Regional Federal da 1ª Região.
TRI	Termo de Responsabilidade de Instalação.
TRX	Transceptor.
TSC	Terminal Móvel de Acesso a Ser Certificado.
TSC	Terminal Portátil a Ser Certificado.
TSE	Tribunal Superior Eleitoral.
TST	Tribunal Superior do Trabalho.
TT	Tronco/Canal Telefônico de Entrada.
TU	Tarifa de Uso (Serviço Telefônico Fixo Comutado).
TU-COM	Tarifa de Uso de Comutação (Serviço Telefônico Fixo Comutado).
TU-M	Tarifa de Uso Móvel.
TU-RIU	Tarifa de Uso de Rede Interurbana.
TU-RIU1	Tarifa de Uso de Rede Interurbana Nível 1 (Serviço Telefônico Fixo Comutado).
TU-RIU2	Tarifa de Uso de Rede Interurbana Nível 2.
TU-RL	Tarifa de Uso de Rede Local.
TUP	Telefone de Uso Público.

TUP	Telefone de Uso Público (Serviço Telefônico Fixo Comutado).
TVA	Serviço Especial de Televisão por Assinatura.
TVA	Televisão por Assinatura (Espécie de Serviço Especial).
TVC	TV a Cabo.
Tve	Televisão Educativa.
TVRO	Television Receive Only (TV aberta recebida por satélite, via antena parabólica).
UAC	Unidade de Atendimento de Cooperativa.
UCS	Unidade de Controle do Sistema (Sistemas de Acesso sem Fio do STFC).
UHDTV	Ultra High Definition Television (Radiodifusão 8K).
UHF	Ultra High Frequency (Freqüência Ultra Alta).
UIT	União Internacional de Telecomunicações (Union Internationale des Télécommunications / Unión Internacional de Telecommunicaciones).
UIT-R	Setor de Radiocomunicações da União Internacional de Telecomunicações.
UIT-R-SA	Recomendações da UIT sobre Aplicações Espaciais e Meteorologia.
ULEPICC	Unión Latina de Economía Política de la Información, la Comunicación y la Cultura.
UMB	Ultra Mobile Broadband.
UMTS	Universal Mobile Telecommunications Service (Rede celular 3G).
UNE-P	Desagregação de Plataforma.
UNICEF	United Nations Children's Fund (Fundo das Nações Unidas para a Infância).
UO	Unidade Operacional.
UPS	Uninterruptable Power Supply.
UR	Unidade Retificadora.
URA	Unidade de Resposta Audível (SMP – Gestão da Qualidade).
URA	Unidade de Resposta Automática.
URA	Unidade Remota de Assinante.
URD	Unidade Receptora Decodificadora (Serviço de Acesso Condicionado).
URV	Unidade Real de Valor.
USG	Unidade de Supervisão e Gerência (Sistemas de Acesso sem Fio do STFC).
USSD	Unstructured Supplementary Service Data (Redes Móveis).
UTP	Unidade de Tarifação para TUP e TAP (Serviço Telefônico Fixo Comutado).
UTRAN	Universal Terrestrial Radio Access Network.
UWB	Ultrawideband.
UWIA	Ubiquitous Wireless Internet Access.
VBI	Vertical Blanking Interval (Intervalo de Apagamento Vertical).
VC	Valor de Comunicação (Serviço Telefônico Fixo Comutado).
VC-1	Valor de Comunicação 1.
VC-2	Valor de Comunicação 2.
VC-3	Valor de Comunicação 3.
VC-T	Valor de Comunicação (Serviço Móvel Especializado).
VC-VST-R	Valor de Comunicação do Visitante em Roaming.
VC1	Valor de Comunicação 1 (Serviço Móvel Pessoal).
VCA	Valor de Chamada Atendida (Serviço Telefônico Fixo Comutado).

VELOX	Serviço de acesso à internet de banda larga comercializado pela empresa Oi.
VHF	Very High Frequency (Freqüência Muito Alta).
VIGP	Variação do Índice Geral de Preços - Disponibilidade Interna.
VLF	Very Low Frequency.
VM	Valor da Multa (Radiodifusão – Regulamento de Sanções Administrativas).
VMA	Valor de Uso de Meio Adicional (STFC fora da Área de Tarifa Básica).
VMA	Valor de Utilização de Meios Adicionais.
VPA	Valor Patrimonial da Ação.
Vpe	Volt por elemento.
VR	Valor de Referência (Radiodifusão – Regulamento de Sanções Administrativas).
VSAT	Estação Terrena de Pequeno Porte.
VSAT	Very Small Aperture Terminal (Certificação).
VSWR	Relação de Onda Estacionária.
VTP	Valor da Unidade de Tarifação para TUP e TAP (Serviço Telefônico Fixo Comutado).
VU-M	Valor de Remuneração de Uso de Rede do SMP.
VU-M	Valor de Uso de Rede Móvel.
VU-T	Valor de Remuneração de Uso de Rede do SME.
WACC	Weighted Average Cost of Capital (Custo Médio Ponderado de Capital na Separação e Alocação de Contas).
WAN	Wide Area Network.
WAP	Wireless Application Protocol.
WATRA	West Africa Telecommunications Regulators Assembly.
WCDMA	Wideband CDMA (CDMA de banda larga).
WDM	Wavelength Division Multiplexing (Multiplexação por Divisão de Comprimento de Onda).
WDMA	Wavelegth Division Multiple Access (Acesso Múltiplo por Divisão de Comprimento de Onda).
Wi-Fi	Wireless Fidelity (padrão IEEE 802.11).
WIMAX	Worldwide Interoperability for Microwave Access.
WiMesh	WiMesh – Wireless Mesh.
WISP	Wireless Internet Service Provider.
WLAN	Wireless Local Area Network.
WLL	Wireless Local Loop (Rede Local sem Fio).
WMAN	Wireless Metropolitan Area Network.
WP5D	Working Party 5D (Grupo de trabalho da UIT-R responsável pelo IMT).
WSIS	World Summit on the Information Society (Cúpula Mundial sobre a Sociedade da Informação – CMSI).
WTPF-09	Fórum Mundial sobre Políticas de Telecomunicações.
WTPF-09	World Telecommunication Policy Forum.
xDSL	x Digital Subscriber Line.
XPD	Cross Polarization Discrimination.
XPOL	Polarização Cruzada.
θ ini	Ângulo Teta Inicial.

Normas e Atos de 2015

Fundamentos

Aspectos Históricos

 Atos
Relatório da Ouvidoria da ANATEL 2015

Conceitos Fundamentais

 Jurisprudência

Supremo Tribunal Federal - Habeas Corpus 128567/MG (HC 128567/MG, de 08 de setembro de 2015) - Relator: Min. Teori Zavascki - Segunda Turma do STF - Unânime - j. 08-09-2015 - Diário da Justiça Eletrônico, 23-09-2015. [Catalogação de Márcio Iório Aranha]

> Crime de exploração clandestina de atividade de telecomunicação (art. 183 da LGT) não se caracteriza como hipótese de aplicação do princípio da insignificância. Baixa potência do equipamento de telecomunicações utilizado não autoriza atipicidade do crime por aplicação do princípio da insignificância. Trata-se de crime formal, ou seja, que não exige resultado naturalístico, de perigo abstrato, consumando-se com o mero desenvolvimento clandestino da atividade, O eventual dano a terceiro em determinado caso concreto configura causa de aumento de pena e também não autoriza a aplicação do princípio da insignificância, pois o crime não tem como pressuposto a ocorrência do prejuízo econômico: ele visa à proteção de um bem difuso de potencial risco de lesão ao regular funcionamento do sistema de telecomunicações. Desde que caracterizada a habitualidade exigida na tipificação do art. 183 da LGT, que o diferencia da conduta tipificada no art. 70 do CBT, aquele que coloca em funcionamento rádio comunitária de forma irregular com equipamentos de potência superior ao permitido e capaz de interferir em outras atividades de telecomunicações não se beneficia do princípio da insignificância, pois ausentes os requisitos da inexpressividade da lesão jurídica e da mínima ofensividade da conduta.

Era da Informação

 Jurisprudência

Superior Tribunal de Justiça - Agravo Regimental no Recurso Especial nº 1384340 (STJ - RESP 1384340 AgRg/DF - Distrito Federal) - Relator: Min. Paulo de Tarso Sanseverino - Terceira Turma do STJ - Unânime - j. 05-05-2015 - Diário da Justiça Eletrônico, 12-05-2015. [Catalogação de Márcio Iório Aranha]

> O Marco Civil da Internet (Lei 12.965/2014) não se aplica a fatos pretéritos a sua edição. Comentário ofensivo postado no ORKUT é de responsabilidade do provedor de hospedagem devidamente notificado que não providenciou a identificação do IP do autor da defesa, mesmo que a impossibilidade de identificação do ofensor resulte de caso fortuito ou força maior ocorridos durante o atraso na identificação do IP do autor da ofensa.

Normatização

Lei nº 13.146, de 6 de julho de 2015 - Institui a Lei Brasileira de Inclusão da Pessoa com Deficiência (Estatuto da Pessoa com Deficiência)

✔ Exigência de obrigatória acessibilidade nos sítios da internet mantidos por empresas com sede ou representação comercial no País ou por órgãos de governo, para uso por pessoa com deficiência.

Liberdade de Expressão

 Jurisprudência

Superior Tribunal de Justiça - Agravo Regimental no Recurso Especial nº 1384340 (STJ - RESP 1384340 AgRg/DF - Distrito Federal) - Relator: Min. Paulo de Tarso Sanseverino - Terceira Turma do STJ - Unânime - j. 05-05-2015 - Diário da Justiça Eletrônico, 12-05-2015. [Catalogação de Márcio Iório Aranha]
O Marco Civil da Internet (Lei 12.965/2014) não se aplica a fatos pretéritos a sua edição. Comentário ofensivo postado no ORKUT é de responsabilidade do provedor de hospedagem devidamente notificado que não providenciou a identificação do IP do autor da defesa, mesmo que a impossibilidade de identificação do ofensor resulte de caso fortuito ou força maior ocorridos durante o atraso na identificação do IP do autor da ofensa.

 Normatização

Lei nº 13.188, de 11 de novembro de 2015 - Dispõe sobre o direito de resposta ou retificação do ofendido em matéria divulgada, publicada ou transmitida por veículo de comunicação social

Direito à Privacidade

Tema Conexo: Políticas de Telecomunicações : Sigilo em Telecomunicações.

 Normatização

Lei nº 13.129, de 26 de maio de 2015 - Altera a Lei no 9.307, de 23 de setembro de 1996, e a Lei no 6.404, de 15 de dezembro de 1976, para ampliar o âmbito de aplicação da arbitragem e dispor sobre a escolha dos árbitros quando as partes recorrem a órgão arbitral, a interrupção da prescrição pela instituição da arbitragem, a concessão de tutelas cautelares e de urgência nos casos de arbitragem, a carta arbitral e a sentença arbitral, e revoga dispositivos da Lei no 9.307, de 23 de setembro de 1996.

✔ A arbitragem que envolva a administração pública respeita o princípio da publicidade.

Lei nº 13.188, de 11 de novembro de 2015 - Dispõe sobre o direito de resposta ou retificação do ofendido em matéria divulgada, publicada ou transmitida por veículo de comunicação social

Infraestrutura e Recursos do Setor de Telecomunicações

 Normatização

Resolução da ANATEL nº 655, de 5 de Agosto de 2015 - Aprova o Regulamento do Acompanhamento de Compromissos de Aquisição de Produtos e Sistemas

Nacionais e estabelece regras específicas para o cumprimento do Compromisso de Aquisição de Produtos de Tecnologia Nacional
➡ **Anexo** - Regulamento do Acompanhamento de Compromissos de Aquisição de Produtos e Sistemas Nacionais

Infraestrutura de Telecomunicações

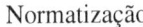 Normatização

Lei nº 13.116, de 20 de abril de 2015 - (Lei Geral das Antenas) Estabelece normas gerais para implantação e compartilhamento da infraestrutura de telecomunicações e altera as Leis nos 9.472, de 16 de julho de 1997, 11.934, de 5 de maio de 2009, e 10.257, de 10 de julho de 2001.

✔ Exclusiva competência da União sobre a regulamentação e a fiscalização de aspectos técnicos das redes e dos serviços de telecomunicações, inclusive sobre seleção de tecnologia, topologia das redes e qualidade dos serviços prestados.

Compartilhamento de Infraestrutura

 Normatização

Lei nº 13.116, de 20 de abril de 2015 - (Lei Geral das Antenas) Estabelece normas gerais para implantação e compartilhamento da infraestrutura de telecomunicações e altera as Leis nos 9.472, de 16 de julho de 1997, 11.934, de 5 de maio de 2009, e 10.257, de 10 de julho de 2001.

✔ Obrigatoriedade do compartilhamento de infraestrutura da capacidade excedente da infraestrutura de suporte, exceto justificado motivo técnico e respeitado o patrimônio urbanístico, histórico, cultural, turístico e paisagístico.

Bem Público (utilização e restrição)

 Normatização

Lei nº 13.116, de 20 de abril de 2015 - (Lei Geral das Antenas) Estabelece normas gerais para implantação e compartilhamento da infraestrutura de telecomunicações e altera as Leis nos 9.472, de 16 de julho de 1997, 11.934, de 5 de maio de 2009, e 10.257, de 10 de julho de 2001.

Resolução da ANATEL nº 660, de 28 de dezembro de 2015 - Altera o Regulamento do Preço Público Relativo à Administração dos Recursos de Numeração, aprovado pela Resolução nº 451, de 8 de dezembro de 2006

Redes de Telecomunicações

 Normatização

Lei nº 13.116, de 20 de abril de 2015 - (Lei Geral das Antenas) Estabelece normas gerais para implantação e compartilhamento da infraestrutura de telecomunicações e altera as Leis nos 9.472, de 16 de julho de 1997, 11.934, de 5 de maio de 2009, e 10.257, de 10 de julho de 2001.

✔ Exclusiva competência da União sobre a regulamentação e a fiscalização de aspectos técnicos das redes e dos serviços de telecomunicações, inclusive sobre seleção de tecnologia, topologia das redes e qualidade dos serviços prestados.

Interconexão

 Atos

Acórdão do Conselho Diretor da ANATEL, de 5 de novembro de 2015 (Ref. nº 480/2015) - É ilícito o incentivo à realização de acessos discados à internet em horário de tarifa reduzida sob a promessa de que os usuários de STFC sejam remunerados pelo tempo de conexão ao provedor de acesso à internet, caracterizando a conduta prevista no art. 29 do Regulamento Geral de Interconexão, aprovado pela Resolução nº 410/2015, de uso indevido das rotas de interconexão para cursar tráfego artificialmente gerado além do "estritamente necessário à prestação do serviço" (art. 152 da LGT), bem como é possível a imposição de determinação administrativa de interrupção de tráfego, ou bloqueio de interconexão, para correção da conduta e devolução de valores pagos a mais, independentemente de ampla defesa e contraditório, por se tratar de ato de ofício da ANATEL para coibir conduta ilícita de regulado.

Numeração dos Serviços

 Normatização

Resolução da ANATEL nº 660, de 28 de dezembro de 2015 - Altera o Regulamento do Preço Público Relativo à Administração dos Recursos de Numeração, aprovado pela Resolução nº 451, de 8 de dezembro de 2006

Equipamentos de Telecomunicações

Antenas

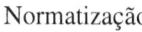 Normatização

Lei nº 13.097, de 19 de janeiro de 2015 - Reduz a zero as alíquotas da Contribuição para o PIS/PASEP, da COFINS, da Contribuição para o PIS/Pasep-Importação e da Cofins-Importação incidentes sobre a receita de vendas e na importação de partes utilizadas em aerogeradores; prorroga os benefícios previstos nas Leis nos 9.250, de 26 de dezembro de 1995, 9.440, de 14 de março de 1997, 10.931, de 2 de agosto de 2004, 11.196, de 21 de novembro de 2005, 12.024, de 27 de agosto de 2009, e 12.375, de 30 de dezembro de 2010; altera o art. 46 da Lei no12.715, de 17 de setembro de 2012, que dispõe sobre a devolução ao exterior ou a destruição de mercadoria estrangeira cuja importação não seja autorizada; altera as Leis nos 9.430, de 27 de dezembro de 1996, 12.546, de 14 de dezembro de 2011, 12.973, de 13 de maio de 2014, 9.826, de 23 de agosto de 1999, 10.833, de 29 de dezembro de 2003, 10.865, de 30 de abril de 2004, 11.051, de 29 de dezembro de 2004, 11.774, de 17 de setembro de 2008, 10.637, de 30 de dezembro de 2002, 12.249, de 11 de junho de 2010, 10.522, de 19 de julho de 2002, 12.865, de 9 de outubro de 2013, 10.820, de 17 de dezembro de 2003, 6.634, de 2 de maio de 1979, 7.433, de 18 de dezembro de 1985, 11.977, de 7 de julho de 2009, 10.931, de 2 de agosto de 2004, 11.076, de 30 de dezembro de 2004, 9.514, de 20 de novembro de 1997, 9.427, de 26 de dezembro de 1996, 9.074, de 7 de julho de 1995, 12.783, de 11 de janeiro de 2013, 11.943, de 28 de maio de 2009, 10.848, de 15 de março de 2004, 7.565, de 19 de dezembro de 1986, 12.462, de 4 de agosto de 2011, 9.503, de 23 de setembro de 1997, 11.442, de 5 de janeiro de 2007, 8.666, de 21 de junho de 1993, 9.782, de 26 de janeiro de 1999, 6.360, de 23 de setembro de 1976, 5.991, de 17 de dezembro de 1973, 12.850, de 2 de agosto de 2013, 5.070, de 7 de julho

de 1966, 9.472, de 16 de julho de 1997, 10.480, de 2 de julho de 2002, 8.112, de 11 de dezembro de 1990, 6.530, de 12 de maio de 1978, 5.764, de 16 de dezembro de 1971, 8.080, de 19 de setembro de 1990, 11.079, de 30 de dezembro de 2004, 13.043, de 13 de novembro de 2014, 8.987, de 13 de fevereiro de 1995, 10.925, de 23 de julho de 2004, 12.096, de 24 de novembro de 2009, 11.482, de 31 de maio de 2007, 7.713, de 22 de dezembro de 1988, a Lei Complementar no 123, de 14 de dezembro de 2006, o Decreto-Lei no 745, de 7 de agosto de 1969, e o Decreto no 70.235, de 6 de março de 1972; revoga dispositivos das Leis nos 4.380, de 21 de agosto de 1964, 6.360, de 23 de setembro de 1976, 7.789, de 23 de novembro de 1989, 8.666, de 21 de junho de 1993, 9.782, de 26 de janeiro de 1999, 10.150, de 21 de dezembro de 2000, 9.430, de 27 de dezembro de 1996, 12.973, de 13 de maio de 2014, 8.177, de 1o de março de 1991, 10.637, de 30 de dezembro de 2002, 10.833, de 29 de dezembro de 2003, 10.865, de 30 de abril de 2004, 11.051, de 29 de dezembro de 2004 e 9.514, de 20 de novembro de 1997, e do Decreto-Lei no 3.365, de 21 de junho de 1941; e dá outras providências.

✔ Isenta do pagamento das Taxas de Fiscalização de Instalação e de Funcionamento de estações de telecomunicações as estações rádio base, e repetidoras, de baixa potência dos serviços de telecomunicações de interesse coletivo cuja potência de pico máxima, medida na saída do transmissor, não seja superior a 5W e 10W sofrerão a cobrança de 10% dos valores de taxas de fiscalização de instalação aplicáveis às demais estações rádio base.

Lei nº 13.116, de 20 de abril de 2015 - (Lei Geral das Antenas) Estabelece normas gerais para implantação e compartilhamento da infraestrutura de telecomunicações e altera as Leis nos 9.472, de 16 de julho de 1997, 11.934, de 5 de maio de 2009, e 10.257, de 10 de julho de 2001.

Estações de Telecomunicações

 Normatização

Lei nº 13.097, de 19 de janeiro de 2015 - Reduz a zero as alíquotas da Contribuição para o PIS/PASEP, da COFINS, da Contribuição para o PIS/Pasep-Importação e da Cofins-Importação incidentes sobre a receita de vendas e na importação de partes utilizadas em aerogeradores; prorroga os benefícios previstos nas Leis nos 9.250, de 26 de dezembro de 1995, 9.440, de 14 de março de 1997, 10.931, de 2 de agosto de 2004, 11.196, de 21 de novembro de 2005, 12.024, de 27 de agosto de 2009, e 12.375, de 30 de dezembro de 2010; altera o art. 46 da Lei no12.715, de 17 de setembro de 2012, que dispõe sobre a devolução ao exterior ou a destruição de mercadoria estrangeira cuja importação não seja autorizada; altera as Leis nos 9.430, de 27 de dezembro de 1996, 12.546, de 14 de dezembro de 2011, 12.973, de 13 de maio de 2014, 9.826, de 23 de agosto de 1999, 10.833, de 29 de dezembro de 2003, 10.865, de 30 de abril de 2004, 11.051, de 29 de dezembro de 2004, 11.774, de 17 de setembro de 2008, 10.637, de 30 de dezembro de 2002, 12.249, de 11 de junho de 2010, 10.522, de 19 de julho de 2002, 12.865, de 9 de outubro de 2013, 10.820, de 17 de dezembro de 2003, 6.634, de 2 de maio de 1979, 7.433, de 18 de dezembro de 1985, 11.977, de 7 de julho de 2009, 10.931, de 2 de agosto de 2004, 11.076, de 30 de dezembro de 2004, 9.514, de 20 de novembro de 1997, 9.427, de 26 de dezembro de 1996, 9.074, de 7 de julho de 1995, 12.783, de 11 de janeiro de 2013, 11.943, de 28 de maio de 2009, 10.848, de 15 de março de 2004, 7.565, de 19 de dezembro de 1986, 12.462, de 4 de agosto de 2011, 9.503, de 23 de setembro de 1997, 11.442, de 5 de janeiro de 2007, 8.666, de 21 de junho de 1993, 9.782, de 26 de janeiro de 1999, 6.360, de 23 de setembro de 1976, 5.991, de 17 de dezembro de 1973, 12.850, de 2 de agosto de 2013, 5.070, de 7 de julho

de 1966, 9.472, de 16 de julho de 1997, 10.480, de 2 de julho de 2002, 8.112, de 11 de dezembro de 1990, 6.530, de 12 de maio de 1978, 5.764, de 16 de dezembro de 1971, 8.080, de 19 de setembro de 1990, 11.079, de 30 de dezembro de 2004, 13.043, de 13 de novembro de 2014, 8.987, de 13 de fevereiro de 1995, 10.925, de 23 de julho de 2004, 12.096, de 24 de novembro de 2009, 11.482, de 31 de maio de 2007, 7.713, de 22 de dezembro de 1988, a Lei Complementar no 123, de 14 de dezembro de 2006, o Decreto-Lei no 745, de 7 de agosto de 1969, e o Decreto no 70.235, de 6 de março de 1972; revoga dispositivos das Leis nos 4.380, de 21 de agosto de 1964, 6.360, de 23 de setembro de 1976, 7.789, de 23 de novembro de 1989, 8.666, de 21 de junho de 1993, 9.782, de 26 de janeiro de 1999, 10.150, de 21 de dezembro de 2000, 9.430, de 27 de dezembro de 1996, 12.973, de 13 de maio de 2014, 8.177, de 1o de março de 1991, 10.637, de 30 de dezembro de 2002, 10.833, de 29 de dezembro de 2003, 10.865, de 30 de abril de 2004, 11.051, de 29 de dezembro de 2004 e 9.514, de 20 de novembro de 1997, e do Decreto-Lei no 3.365, de 21 de junho de 1941; e dá outras providências.

✔ Isenta do pagamento das Taxas de Fiscalização de Instalação e de Funcionamento de estações de telecomunicações as estações rádio base, e repetidoras, de baixa potência dos serviços de telecomunicações de interesse coletivo cuja potência de pico máxima, medida na saída do transmissor, não seja superior a 5W e 10W sofrerão a cobrança de 10% dos valores de taxas de fiscalização de instalação aplicáveis às demais estações rádio base.

Lei nº 13.116, de 20 de abril de 2015 - (Lei Geral das Antenas) Estabelece normas gerais para implantação e compartilhamento da infraestrutura de telecomunicações e altera as Leis nos 9.472, de 16 de julho de 1997, 11.934, de 5 de maio de 2009, e 10.257, de 10 de julho de 2001.

Terminais

Normatização

Lei nº 13.097, de 19 de janeiro de 2015 - Reduz a zero as alíquotas da Contribuição para o PIS/PASEP, da COFINS, da Contribuição para o PIS/Pasep-Importação e da Cofins-Importação incidentes sobre a receita de vendas e na importação de partes utilizadas em aerogeradores; prorroga os benefícios previstos nas Leis nos 9.250, de 26 de dezembro de 1995, 9.440, de 14 de março de 1997, 10.931, de 2 de agosto de 2004, 11.196, de 21 de novembro de 2005, 12.024, de 27 de agosto de 2009, e 12.375, de 30 de dezembro de 2010; altera o art. 46 da Lei no12.715, de 17 de setembro de 2012, que dispõe sobre a devolução ao exterior ou a destruição de mercadoria estrangeira cuja importação não seja autorizada; altera as Leis nos 9.430, de 27 de dezembro de 1996, 12.546, de 14 de dezembro de 2011, 12.973, de 13 de maio de 2014, 9.826, de 23 de agosto de 1999, 10.833, de 29 de dezembro de 2003, 10.865, de 30 de abril de 2004, 11.051, de 29 de dezembro de 2004, 11.774, de 17 de setembro de 2008, 10.637, de 30 de dezembro de 2002, 12.249, de 11 de junho de 2010, 10.522, de 19 de julho de 2002, 12.865, de 9 de outubro de 2013, 10.820, de 17 de dezembro de 2003, 6.634, de 2 de maio de 1979, 7.433, de 18 de dezembro de 1985, 11.977, de 7 de julho de 2009, 10.931, de 2 de agosto de 2004, 11.076, de 30 de dezembro de 2004, 9.514, de 20 de novembro de 1997, 9.427, de 26 de dezembro de 1996, 9.074, de 7 de julho de 1995, 12.783, de 11 de janeiro de 2013, 11.943, de 28 de maio de 2009, 10.848, de 15 de março de 2004, 7.565, de 19 de dezembro de 1986, 12.462, de 4 de agosto de 2011, 9.503, de 23 de setembro de 1997, 11.442, de 5 de janeiro de 2007, 8.666, de 21 de junho de 1993, 9.782, de 26 de janeiro de 1999, 6.360, de 23 de setembro de 1976, 5.991, de 17 de dezembro de 1973, 12.850, de 2 de agosto de 2013, 5.070, de 7 de julho

de 1966, 9.472, de 16 de julho de 1997, 10.480, de 2 de julho de 2002, 8.112, de 11 de dezembro de 1990, 6.530, de 12 de maio de 1978, 5.764, de 16 de dezembro de 1971, 8.080, de 19 de setembro de 1990, 11.079, de 30 de dezembro de 2004, 13.043, de 13 de novembro de 2014, 8.987, de 13 de fevereiro de 1995, 10.925, de 23 de julho de 2004, 12.096, de 24 de novembro de 2009, 11.482, de 31 de maio de 2007, 7.713, de 22 de dezembro de 1988, a Lei Complementar no 123, de 14 de dezembro de 2006, o Decreto-Lei no 745, de 7 de agosto de 1969, e o Decreto no 70.235, de 6 de março de 1972; revoga dispositivos das Leis nos 4.380, de 21 de agosto de 1964, 6.360, de 23 de setembro de 1976, 7.789, de 23 de novembro de 1989, 8.666, de 21 de junho de 1993, 9.782, de 26 de janeiro de 1999, 10.150, de 21 de dezembro de 2000, 9.430, de 27 de dezembro de 1996, 12.973, de 13 de maio de 2014, 8.177, de 1o de março de 1991, 10.637, de 30 de dezembro de 2002, 10.833, de 29 de dezembro de 2003, 10.865, de 30 de abril de 2004, 11.051, de 29 de dezembro de 2004 e 9.514, de 20 de novembro de 1997, e do Decreto-Lei no 3.365, de 21 de junho de 1941; e dá outras providências.

✔ Isenta do pagamento das Taxas de Fiscalização de Instalação e de Funcionamento de estações de telecomunicações as estações rádio base, e repetidoras, de baixa potência dos serviços de telecomunicações de interesse coletivo cuja potência de pico máxima, medida na saída do transmissor, não seja superior a 5W e 10W sofrerão a cobrança de 10% dos valores de taxas de fiscalização de instalação aplicáveis às demais estações rádio base.

Lei nº 13.146, de 6 de julho de 2015 - Institui a Lei Brasileira de Inclusão da Pessoa com Deficiência (Estatuto da Pessoa com Deficiência)

✔ O art. 66 da Lei 13.146/2015 estabelece o dever do poder público de incentivar a oferta de aparelhos de telefonia fixa e móvel celular com acessibilidade, entre outras tecnologias assistivas.

Espectro de Radiofrequência

Atribuição, Destinação e Distribuição de Radiofrequência

 Normatização
Resolução da ANATEL nº 648, de 11 de fevereiro de 2015 - Destina faixas de radiofrequências para o Serviço de Acesso Condicionado (SeAC)

Condições de Uso de Radiofrequência e Canalização (Distribuição de Canais)

 Normatização
Portaria MC nº 1.581, de 9 de abril de 2015 - Regulamenta o uso da faixa de 174 MHz a 216 MHz (VHF alto) para TV Digital
Resolução da ANATEL nº 657, de 3 de novembro de 2015 - Altera o Regulamento sobre Condições de Uso de Radiofrequências nas Faixas de 800 MHz, 900 MHz, 1.800 MHz, 1.900 MHz e 2.100 MHz, aprovado pela Resolução nº 454, de 11 de dezembro de 2006

Direito de Uso de Radiofrequência

 Atos
Acórdão do Conselho Diretor da ANATEL, de 24 de fevereiro de 2015 (Ref. nº 53/2015) - A renúncia de outorgas de radiofrequências para cumprimento de

exigência editalícia em licitação realizada pela ANATEL opera efeitos de extinção das outorgas renunciadas imediatamente após decorrido o prazo fixado no compromisso aposto aos autos do processo e a despeito da comprovação de início de negociações para transferência das outorgas correspondentes, não cabendo à licitante opor ao ato de extinção o fato de que não teria ultimado a transferência das outorgas ou do controle societário das empresas que detivessem outorgas nas subfaixas e áreas de prestação renunciadas pela licitante para pessoa não pertencente a seu grupo econômico. Alcançado o termo final do prazo compromissado sem a transferência de outorgas ou de controle societário das empresas que as detiverem, compete à ANATEL extinguir unilateralmente as outorgas abdicadas como exigência licitatória, independentemente da demora nas negociações privadas, exceto o caso de mora atribuível a ato ou inação da Administração Pública na anuência prévia correspondente.

Administração do Setor de Telecomunicações

Fiscalização das Telecomunicações

 Jurisprudência

Tribunal de Contas da União - Acórdão do TCU nº 3311, de 09 de dezembro de 2015 - Relator: Min. Benjamin Zymler - Plenário do TCU - Unânime - j. 09-12-2015. [Catalogação de Márcio Iório Aranha]

> Determinações à ANATEL sobre o acompanhamento dos bens reversíveis das concessões de Serviço Telefônico Fixo Comutado, bem como exigência de que a ANATEL disponibilize em seu sítio eletrônico, no prazo de 210 dias de ciência do acórdão, todas as relações de bens reversíveis de 2009 a 2014, contendo todos os dados classificados como sendo de caráter público, em formato de arquivo aberto, não-proprietário, estruturado e legível por máquina.

Supremo Tribunal Federal - Habeas Corpus 128567/MG (HC 128567/MG, de 08 de setembro de 2015) - Relator: Min. Teori Zavascki - Segunda Turma do STF - Unânime - j. 08-09-2015 - Diário da Justiça Eletrônico, 23-09-2015. [Catalogação de Márcio Iório Aranha]

> Crime de exploração clandestina de atividade de telecomunicação (art. 183 da LGT) não se caracteriza como hipótese de aplicação do princípio da insignificância. Baixa potência do equipamento de telecomunicações utilizado não autoriza atipicidade do crime por aplicação do princípio da insignificância. Trata-se de crime formal, ou seja, que não exige resultado naturalístico, de perigo abstrato, consumando-se com o mero desenvolvimento clandestino da atividade, O eventual dano a terceiro em determinado caso concreto configura causa de aumento de pena e também não autoriza a aplicação do princípio da insignificância, pois o crime não tem como pressuposto a ocorrência do prejuízo econômico: ele visa à proteção de um bem difuso de potencial risco de lesão ao regular funcionamento do sistema de telecomunicações. Desde que caracterizada a habitualidade exigida na tipificação do art. 183 da LGT, que o diferencia da conduta tipificada no art. 70 do CBT, aquele que coloca em funcionamento rádio comunitária de forma irregular com equipamentos de potência superior ao permitido e capaz de interferir em outras atividades de telecomunicações não se beneficia do princípio da insignificância, pois ausentes os requisitos da inexpressividade da lesão jurídica e da mínima ofensividade da conduta.

Normatização

Lei nº 13.129, de 26 de maio de 2015 - Altera a Lei no 9.307, de 23 de setembro de 1996, e a Lei no 6.404, de 15 de dezembro de 1976, para ampliar o âmbito de aplicação da arbitragem e dispor sobre a escolha dos árbitros quando as partes recorrem a órgão arbitral, a interrupção da prescrição pela instituição da arbitragem, a concessão de tutelas cautelares e de urgência nos casos de arbitragem, a carta arbitral e a sentença arbitral, e revoga dispositivos da Lei no 9.307, de 23 de setembro de 1996.

✔ Impossibilidade de submissão de direitos indisponíveis à arbitragem envolvendo a administração pública.

Portaria MC nº 294, de 30 de janeiro de 2015 - Estabelece o valor máximo da multa por infração às disposições da Lei 4.117/62 ou demais normas aplicáveis aos serviços de radiodifusão e seus ancilares.

Resolução da ANATEL nº 654, de 13 de julho de 2015 - Aprova o Regulamento das Condições de Aferição do Grau de Satisfação e da Qualidade Percebida Junto aos Usuários de Serviços de Telecomunicações

➡ - Regulamento das Condições de Aferição do Grau de Satisfação e da Qualidade Percebida Junto aos Usuários de Serviços de Telecomunicações

Tributação no Setor de Telecomunicações

Jurisprudência

Tribunal de Contas da União - Acórdão TCU 2320, de 16 de setembro de 2015 - Relator: Min. Ministro Vital do Rêgo - Plenário do TCU - Unânime - j. 16-09-2015. [Catalogação de Márcio Iório Aranha]
Uso indevido de recursos do Fundo de Fiscalização das Telecomunicações (FISTEL) para abertura de créditos adicionais destinados ao custeio de ações estranhas aos serviços de custeio, manutenção e aperfeiçoamento da fiscalização dos serviços de telecomunicações fere a caracterização de tais recursos como fontes vinculadas. É possível, entretanto, a desvinculação de tais recursos mediante transferência de receita excedente ao Tesouro Nacional. A receita excedente deve constar, segundo determinação do TCU À ANATEL, de quadro demonstrativo do planejamento plurianual das receitas e despesas que acompanhe as propostas orçamentárias da autarquia e do FISTEL. Entendimento majoritário de que a afetação de receitas é característica das contribuições e não das taxas, desde que norma específica dê tratamento de uso livre dos saldos e que sejam preservadas continuamente as finalidades inicialmente estabelecidas pela taxa.

Normatização

Lei nº 13.097, de 19 de janeiro de 2015 - Reduz a zero as alíquotas da Contribuição para o PIS/PASEP, da COFINS, da Contribuição para o PIS/Pasep-Importação e da Cofins-Importação incidentes sobre a receita de vendas e na importação de partes utilizadas em aerogeradores; prorroga os benefícios previstos nas Leis nos 9.250, de 26 de dezembro de 1995, 9.440, de 14 de março de 1997, 10.931, de 2 de agosto de 2004, 11.196, de 21 de novembro de 2005, 12.024, de 27 de agosto de 2009, e 12.375, de 30 de dezembro de 2010; altera o art. 46 da Lei no12.715, de 17 de setembro de 2012, que dispõe sobre a devolução ao exterior ou a destruição de mercadoria estrangeira cuja importação não seja autorizada; altera as Leis nos

9.430, de 27 de dezembro de 1996, 12.546, de 14 de dezembro de 2011, 12.973, de 13 de maio de 2014, 9.826, de 23 de agosto de 1999, 10.833, de 29 de dezembro de 2003, 10.865, de 30 de abril de 2004, 11.051, de 29 de dezembro de 2004, 11.774, de 17 de setembro de 2008, 10.637, de 30 de dezembro de 2002, 12.249, de 11 de junho de 2010, 10.522, de 19 de julho de 2002, 12.865, de 9 de outubro de 2013, 10.820, de 17 de dezembro de 2003, 6.634, de 2 de maio de 1979, 7.433, de 18 de dezembro de 1985, 11.977, de 7 de julho de 2009, 10.931, de 2 de agosto de 2004, 11.076, de 30 de dezembro de 2004, 9.514, de 20 de novembro de 1997, 9.427, de 26 de dezembro de 1996, 9.074, de 7 de julho de 1995, 12.783, de 11 de janeiro de 2013, 11.943, de 28 de maio de 2009, 10.848, de 15 de março de 2004, 7.565, de 19 de dezembro de 1986, 12.462, de 4 de agosto de 2011, 9.503, de 23 de setembro de 1997, 11.442, de 5 de janeiro de 2007, 8.666, de 21 de junho de 1993, 9.782, de 26 de janeiro de 1999, 6.360, de 23 de setembro de 1976, 5.991, de 17 de dezembro de 1973, 12.850, de 2 de agosto de 2013, 5.070, de 7 de julho de 1966, 9.472, de 16 de julho de 1997, 10.480, de 2 de julho de 2002, 8.112, de 11 de dezembro de 1990, 6.530, de 12 de maio de 1978, 5.764, de 16 de dezembro de 1971, 8.080, de 19 de setembro de 1990, 11.079, de 30 de dezembro de 2004, 13.043, de 13 de novembro de 2014, 8.987, de 13 de fevereiro de 1995, 10.925, de 23 de julho de 2004, 12.096, de 24 de novembro de 2009, 11.482, de 31 de maio de 2007, 7.713, de 22 de dezembro de 1988, a Lei Complementar no 123, de 14 de dezembro de 2006, o Decreto-Lei no 745, de 7 de agosto de 1969, e o Decreto no 70.235, de 6 de março de 1972; revoga dispositivos das Leis nos 4.380, de 21 de agosto de 1964, 6.360, de 23 de setembro de 1976, 7.789, de 23 de novembro de 1989, 8.666, de 21 de junho de 1993, 9.782, de 26 de janeiro de 1999, 10.150, de 21 de dezembro de 2000, 9.430, de 27 de dezembro de 1996, 12.973, de 13 de maio de 2014, 8.177, de 1o de março de 1991, 10.637, de 30 de dezembro de 2002, 10.833, de 29 de dezembro de 2003, 10.865, de 30 de abril de 2004, 11.051, de 29 de dezembro de 2004 e 9.514, de 20 de novembro de 1997, e do Decreto-Lei no 3.365, de 21 de junho de 1941; e dá outras providências.

✔ Isenta do pagamento das Taxas de Fiscalização de Instalação e de Funcionamento de estações de telecomunicações as estações rádio base, e repetidoras, de baixa potência dos serviços de telecomunicações de interesse coletivo cuja potência de pico máxima, medida na saída do transmissor, não seja superior a 5W e 10W sofrerão a cobrança de 10% dos valores de taxas de fiscalização de instalação aplicáveis às demais estações rádio base.

Prestação de Serviços

Licitação

 Normatização

Lei nº 13.097, de 19 de janeiro de 2015 - Reduz a zero as alíquotas da Contribuição para o PIS/PASEP, da COFINS, da Contribuição para o PIS/Pasep-Importação e da Cofins-Importação incidentes sobre a receita de vendas e na importação de partes utilizadas em aerogeradores; prorroga os benefícios previstos nas Leis nos 9.250, de 26 de dezembro de 1995, 9.440, de 14 de março de 1997, 10.931, de 2 de agosto de 2004, 11.196, de 21 de novembro de 2005, 12.024, de 27 de agosto de 2009, e 12.375, de 30 de dezembro de 2010; altera o art. 46 da Lei no12.715, de 17 de setembro de 2012, que dispõe sobre a devolução ao exterior ou a destruição de mercadoria estrangeira cuja importação não seja autorizada; altera as Leis nos 9.430, de 27 de dezembro de 1996, 12.546, de 14 de dezembro de 2011, 12.973, de 13 de maio de 2014, 9.826, de 23 de agosto de 1999, 10.833, de 29 de dezembro de 2003, 10.865, de 30 de abril de 2004, 11.051, de 29 de dezembro de 2004, 11.774, de 17 de setembro de 2008, 10.637, de 30 de dezembro de 2002, 12.249, de 11 de junho de 2010, 10.522, de 19 de julho de 2002, 12.865, de 9 de outubro de 2013, 10.820, de 17 de dezembro de 2003, 6.634, de 2 de maio de 1979, 7.433, de 18 de dezembro de 1985, 11.977, de 7 de julho de 2009, 10.931, de 2 de agosto de 2004, 11.076, de 30 de dezembro de 2004, 9.514, de 20 de novembro de 1997, 9.427, de 26 de dezembro de 1996, 9.074, de 7 de julho de 1995, 12.783, de 11 de janeiro de 2013, 11.943, de 28 de maio de 2009, 10.848, de 15 de março de 2004, 7.565, de 19 de dezembro de 1986, 12.462, de 4 de agosto de 2011, 9.503, de 23 de setembro de 1997, 11.442, de 5 de janeiro de 2007, 8.666, de 21 de junho de 1993, 9.782, de 26 de janeiro de 1999, 6.360, de 23 de setembro de 1976, 5.991, de 17 de dezembro de 1973, 12.850, de 2 de agosto de 2013, 5.070, de 7 de julho de 1966, 9.472, de 16 de julho de 1997, 10.480, de 2 de julho de 2002, 8.112, de 11 de dezembro de 1990, 6.530, de 12 de maio de 1978, 5.764, de 16 de dezembro de 1971, 8.080, de 19 de setembro de 1990, 11.079, de 30 de dezembro de 2004, 13.043, de 13 de novembro de 2014, 8.987, de 13 de fevereiro de 1995, 10.925, de 23 de julho de 2004, 12.096, de 24 de novembro de 2009, 11.482, de 31 de maio de 2007, 7.713, de 22 de dezembro de 1988, a Lei Complementar no 123, de 14 de dezembro de 2006, o Decreto-Lei no 745, de 7 de agosto de 1969, e o Decreto no 70.235, de 6 de março de 1972; revoga dispositivos das Leis nos 4.380, de 21 de agosto de 1964, 6.360, de 23 de setembro de 1976, 7.789, de 23 de novembro de 1989, 8.666, de 21 de junho de 1993, 9.782, de 26 de janeiro de 1999, 10.150, de 21 de dezembro de 2000, 9.430, de 27 de dezembro de 1996, 12.973, de 13 de maio de 2014, 8.177, de 1o de março de 1991, 10.637, de 30 de dezembro de 2002, 10.833, de 29 de dezembro de 2003, 10.865, de 30 de abril de 2004, 11.051, de 29 de dezembro de 2004 e 9.514, de 20 de novembro de 1997, e do Decreto-Lei no 3.365, de 21 de junho de 1941; e dá outras providências.

✔ Autorização legal para parcelamento de preço público devido em razão da outorga de serviços de radiodifusão.

 Atos

Acórdão do Conselho Diretor da ANATEL, de 24 de fevereiro de 2015 (Ref. nº 53/2015) - A renúncia de outorgas de radiofrequências para cumprimento de exigência editalícia em licitação realizada pela ANATEL opera efeitos de extinção das outorgas renunciadas imediatamente após decorrido o prazo fixado no compromisso aposto aos autos do processo e a despeito da comprovação de início de negociações para transferência das outorgas correspondentes, não cabendo à licitante opor ao ato de extinção o fato de que não teria ultimado a transferência das outorgas ou do controle societário das empresas que detivessem outorgas nas subfaixas e áreas de prestação renunciadas pela licitante para pessoa não pertencente a seu grupo econômico. Alcançado o termo final do prazo compromissado sem a transferência de outorgas ou do controle societário das empresas que as detiverem, compete à ANATEL extinguir unilateralmente as outorgas abdicadas como exigência licitatória, independentemente da demora nas negociações privadas, exceto o caso de mora atribuível a ato ou inação da Administração Pública na anuência prévia correspondente.

Espécies de Outorga

Concessão (regras aplicáveis)

 Jurisprudência

Tribunal de Contas da União - Acórdão do TCU nº 3311, de 09 de dezembro de 2015 - Relator: Min. Benjamin Zymler - Plenário do TCU - Unânime - j. 09-12-2015. [Catalogação de Márcio Iório Aranha]
Determinações à ANATEL sobre o acompanhamento dos bens reversíveis das concessões de Serviço Telefônico Fixo Comutado, bem como exigência de que a ANATEL disponibilize em seu sítio eletrônico, no prazo de 210 dias da ciência do acórdão, todas as relações de bens reversíveis de 2009 a 2014, contendo todos os dados classificados como sendo de caráter público, em formato de arquivo aberto, não-proprietário, estruturado e legível por máquina.

Supremo Tribunal Federal - Agravo Regimental no Recurso Extraordinário 811620 (RE 811620 AgR/MG) - Relator: Min. Edson Fachin - Plenário do STF - Unânime - j. 13-10-2015 - Diário da Justiça Eletrônico, 28-10-2015. [Catalogação de Márcio Iório Aranha]
Inconstitucionalidade de disciplina estadual para cobrança de taxa de uso e ocupação de solo e espaço aéreo de instalações de equipamentos necessários à prestação de serviço público de telecomunicações por invasão de competência legislativa da União.

Supremo Tribunal Federal - Ação Direta de Inconstitucionalidade nº 2.615 (ADI 2.615 - Santa Catarina) - Relator: Min. Eros Grau - Plenário do STF - Maioria - j. 11-03-2015 - Diário da Justiça Eletrônico, 11-03-2015. [Catalogação de Márcio Iório Aranha]
Inconstitucionalidade de disciplina estadual sobre as condições de cobrança do valor da assinatura básica por invasão de competência da União. O argumento de que se trata de direito do consumidor não autoriza estado-membro da federação a legislar sobre assinatura básica.

Supremo Tribunal Federal - Embargos de Declaração no Recurso Extraordinário 456534 Embargos de Declaração - (RE 456534/RS) - Relator: Min. Luís Roberto Barroso - Relator para o Acórdão: Min. Aldir Passarinho - Primeira Turma do STF - Unânime - j. 23-06-2015 - Diário da Justiça Eletrônico, 06-08-2015. [Catalogação de Márcio Iório Aranha]
Constitucionalidade de disciplina municipal para cobrança de taxa de licença para instalação e de verificação da permanência das condições técnicas iniciais dos equipamentos destinados à energia elétrica e ao fornecimento de serviços de telecomunicações. A cobrança da taxa em razão do exercício do poder de polícia municipal para fiscalização quanto ao atendimento de regras de posturas municipais, desde que prevista em lei, é constitucional. O exercício de poder de polícia *in casu* é presumido.

 Normatização

Lei nº 13.140, de 26 de junho de 2015 - Dispõe sobre a mediação entre particulares como meio de solução de controvérsias e sobre a autocomposição de conflitos no âmbito da administração pública; altera a Lei no 9.469, de 10 de julho de 1997, e o Decreto no 70.235, de 6 de março de 1972; e revoga o § 2o do art. 6o da Lei no 9.469, de 10 de julho de 1997.

✔ O art. 32, §5º da Lei 13.140/2015 dispõe que se compreende na competência das câmaras de prevenção e resolução administrativa de conflitos as questões que envolvam equilíbrio econômico-financeiro de contratos celebrados pela administração com particulares.

Portaria MC nº 4.335, de 17 de setembro de 2015 - Dispõe sobre os procedimentos de permissão e concessão para execução dos serviços de radiodifusão sonora em frequência modulada e de sons e imagens, com finalidade exclusivamente educativa

➥ **Anexo I** - Requerimento de Demonstração de Interesse

➥ **Anexo II** - Proposta para Pessoa Jurídica de Direito Público Interno

➥ **Anexo III** - Proposta para Pessoa Jurídica de Direito Privado

➥ **Anexo IV** - Documentos Necessários para Habilitação

➥ **Anexo V** - Requerimento de Renovação de Outorga – Pessoa Jurídica de Direito Público Interno

➥ **Anexo VI** - Requerimento de Renovação de Outorga – Pessoa Jurídica de Direito Privado

➥ **Anexo VII** - Alteração de Quadro Diretivo

Resolução da ANATEL nº 654, de 13 de julho de 2015 - Aprova o Regulamento das Condições de Aferição do Grau de Satisfação e da Qualidade Percebida Junto aos Usuários de Serviços de Telecomunicações

➥ - Regulamento das Condições de Aferição do Grau de Satisfação e da Qualidade Percebida Junto aos Usuários de Serviços de Telecomunicações

Resolução da ANATEL nº 659, de 28 de dezembro de 2015 - Aprova a alteração da Cláusula 3.2 do Contrato de Concessão para a prestação do Serviço Telefônico Fixo Comutado - STFC, nas modalidades de serviço Local, Longa Distância Nacional - LDN e Longa Distância Internacional - LDI, para ampliar prazo para a realização de alterações referentes ao período de 2016 a 2020

✔ Altera a data da penúltima revisão quinquenal dos contratos de concessão do STFC de 31 de dezembro de 2015 para 30 de abril de 2016.

Permissão (regras aplicáveis)

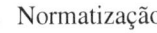 Normatização

Lei nº 13.140, de 26 de junho de 2015 - Dispõe sobre a mediação entre particulares como meio de solução de controvérsias e sobre a autocomposição de conflitos no âmbito da administração pública; altera a Lei no 9.469, de 10 de julho de 1997, e o Decreto no 70.235, de 6 de março de 1972; e revoga o § 2o do art. 6o da Lei no 9.469, de 10 de julho de 1997.

✔ O art. 32, §5º da Lei 13.140/2015 dispõe que se compreende na competência das câmaras de prevenção e resolução administrativa de conflitos as questões que envolvam equilíbrio econômico-financeiro de contratos celebrados pela administração com particulares.

Portaria MC nº 4.335, de 17 de setembro de 2015 - Dispõe sobre os procedimentos de permissão e concessão para execução dos serviços de radiodifusão sonora em frequência modulada e de sons e imagens, com finalidade exclusivamente educativa

➥ **Anexo I** - Requerimento de Demonstração de Interesse

➡ **Anexo II** - Proposta para Pessoa Jurídica de Direito Público Interno

➡ **Anexo III** - Proposta para Pessoa Jurídica de Direito Privado

➡ **Anexo IV** - Documentos Necessários para Habilitação

➡ **Anexo V** - Requerimento de Renovação de Outorga – Pessoa Jurídica de Direito Público Interno

➡ **Anexo VI** - Requerimento de Renovação de Outorga – Pessoa Jurídica de Direito Privado

➡ **Anexo VII** - Alteração de Quadro Diretivo

Autorização (regras aplicáveis)

 Jurisprudência

Supremo Tribunal Federal - Agravo Regimental no Recurso Extraordinário 811620 (RE 811620 AgR/MG) - Relator: Min. Edson Fachin - Plenário do STF - Unânime - j. 13-10-2015 - Diário da Justiça Eletrônico, 28-10-2015. [Catalogação de Márcio Iório Aranha]

Inconstitucionalidade de disciplina estadual para cobrança de taxa de uso e ocupação de solo e espaço aéreo de instalações de equipamentos necessários à prestação de serviço público de telecomunicações por invasão de competência legislativa da União.

Supremo Tribunal Federal - Ação Direta de Inconstitucionalidade n° 2.615 (ADI 2.615 - Santa Catarina) - Relator: Min. Eros Grau - Plenário do STF - Maioria - j. 11-03-2015 - Diário da Justiça Eletrônico, 11-03-2015. [Catalogação de Márcio Iório Aranha]

Inconstitucionalidade de disciplina estadual sobre as condições de cobrança do valor da assinatura básica por invasão de competência da União. O argumento de que se trata de direito do consumidor não autoriza estado-membro da federação a legislar sobre assinatura básica.

Supremo Tribunal Federal - Embargos de Declaração no Recurso Extraordinário 456534 Embargos de Declaração - (RE 456534/RS) - Relator: Min. Luís Roberto Barroso - Relator para o Acórdão: Min. Aldir Passarinho - Primeira Turma do STF - Unânime - j. 23-06-2015 - Diário da Justiça Eletrônico, 06-08-2015. [Catalogação de Márcio Iório Aranha]

Constitucionalidade de disciplina municipal para cobrança de taxa de licença para instalação e de verificação da permanência das condições técnicas iniciais dos equipamentos destinados à energia elétrica e ao fornecimento de serviços de telecomunicações. A cobrança da taxa em razão do exercício do poder de polícia municipal para fiscalização quanto ao atendimento de regras de posturas municipais, desde que prevista em lei, é constitucional. O exercício de poder de polícia *in casu* é presumido.

Preço Público e Preço Privado

 Normatização

Lei n° 13.097, de 19 de janeiro de 2015 - Reduz a zero as alíquotas da Contribuição para o PIS/PASEP, da COFINS, da Contribuição para o PIS/Pasep-Importação e da Cofins-Importação incidentes sobre a receita de vendas e na importação de partes utilizadas em aerogeradores; prorroga os benefícios previstos nas Leis nos

9.250, de 26 de dezembro de 1995, 9.440, de 14 de março de 1997, 10.931, de 2 de agosto de 2004, 11.196, de 21 de novembro de 2005, 12.024, de 27 de agosto de 2009, e 12.375, de 30 de dezembro de 2010; altera o art. 46 da Lei no12.715, de 17 de setembro de 2012, que dispõe sobre a devolução ao exterior ou a destruição de mercadoria estrangeira cuja importação não seja autorizada; altera as Leis nos 9.430, de 27 de dezembro de 1996, 12.546, de 14 de dezembro de 2011, 12.973, de 13 de maio de 2014, 9.826, de 23 de agosto de 1999, 10.833, de 29 de dezembro de 2003, 10.865, de 30 de abril de 2004, 11.051, de 29 de dezembro de 2004, 11.774, de 17 de setembro de 2008, 10.637, de 30 de dezembro de 2002, 12.249, de 11 de junho de 2010, 10.522, de 19 de julho de 2002, 12.865, de 9 de outubro de 2013, 10.820, de 17 de dezembro de 2003, 6.634, de 2 de maio de 1979, 7.433, de 18 de dezembro de 1985, 11.977, de 7 de julho de 2009, 10.931, de 2 de agosto de 2004, 11.076, de 30 de dezembro de 2004, 9.514, de 20 de novembro de 1997, 9.427, de 26 de dezembro de 1996, 9.074, de 7 de julho de 1995, 12.783, de 11 de janeiro de 2013, 11.943, de 28 de maio de 2009, 10.848, de 15 de março de 2004, 7.565, de 19 de dezembro de 1986, 12.462, de 4 de agosto de 2011, 9.503, de 23 de setembro de 1997, 11.442, de 5 de janeiro de 2007, 8.666, de 21 de junho de 1993, 9.782, de 26 de janeiro de 1999, 6.360, de 23 de setembro de 1976, 5.991, de 17 de dezembro de 1973, 12.850, de 2 de agosto de 2013, 5.070, de 7 de julho de 1966, 9.472, de 16 de julho de 1997, 10.480, de 2 de julho de 2002, 8.112, de 11 de dezembro de 1990, 6.530, de 12 de maio de 1978, 5.764, de 16 de dezembro de 1971, 8.080, de 19 de setembro de 1990, 11.079, de 30 de dezembro de 2004, 13.043, de 13 de novembro de 2014, 8.987, de 13 de fevereiro de 1995, 10.925, de 23 de julho de 2004, 12.096, de 24 de novembro de 2009, 11.482, de 31 de maio de 2007, 7.713, de 22 de dezembro de 1988, a Lei Complementar no 123, de 14 de dezembro de 2006, o Decreto-Lei no 745, de 7 de agosto de 1969, e o Decreto no 70.235, de 6 de março de 1972; revoga dispositivos das Leis nos 4.380, de 21 de agosto de 1964, 6.360, de 23 de setembro de 1976, 7.789, de 23 de novembro de 1989, 8.666, de 21 de junho de 1993, 9.782, de 26 de janeiro de 1999, 10.150, de 21 de dezembro de 2000, 9.430, de 27 de dezembro de 1996, 12.973, de 13 de maio de 2014, 8.177, de 1o de março de 1991, 10.637, de 30 de dezembro de 2002, 10.833, de 29 de dezembro de 2003, 10.865, de 30 de abril de 2004, 11.051, de 29 de dezembro de 2004 e 9.514, de 20 de novembro de 1997, e do Decreto-Lei no 3.365, de 21 de junho de 1941; e dá outras providências.

✔ Autorização legal para parcelamento de preço público devido em razão da outorga de serviços de radiodifusão.

Lei nº 13.129, de 26 de maio de 2015 - Altera a Lei no 9.307, de 23 de setembro de 1996, e a Lei no 6.404, de 15 de dezembro de 1976, para ampliar o âmbito de aplicação da arbitragem e dispor sobre a escolha dos árbitros quando as partes recorrem a órgão arbitral, a interrupção da prescrição pela instituição da arbitragem, a concessão de tutelas cautelares e de urgência nos casos de arbitragem, a carta arbitral e a sentença arbitral, e revoga dispositivos da Lei no 9.307, de 23 de setembro de 1996.

✔ Possibilidade de arbitragem envolvendo a administração pública, desde que sobre direitos patrimoniais disponíveis.

Lei nº 13.140, de 26 de junho de 2015 - Dispõe sobre a mediação entre particulares como meio de solução de controvérsias e sobre a autocomposição de conflitos no âmbito da administração pública; altera a Lei no 9.469, de 10 de julho de 1997, e o Decreto no 70.235, de 6 de março de 1972; e revoga o § 2o do art. 6o da Lei no 9.469, de 10 de julho de 1997.

✔ O art. 32, §5º da Lei 13.140/2015 dispõe que se compreende na competência das câmaras de prevenção e resolução administrativa de conflitos as questões que envolvam equilíbrio econômico-financeiro de contratos celebrados pela administração com particulares.

Resolução da ANATEL n° 660, de 28 de dezembro de 2015 - Altera o Regulamento do Preço Público Relativo à Administração dos Recursos de Numeração, aprovado pela Resolução n° 451, de 8 de dezembro de 2006

Processo Administrativo

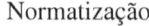 Normatização

Portaria MC n° 4.335, de 17 de setembro de 2015 - Dispõe sobre os procedimentos de permissão e concessão para execução dos serviços de radiodifusão sonora em frequência modulada e de sons e imagens, com finalidade exclusivamente educativa

➥ **Anexo I** - Requerimento de Demonstração de Interesse

➥ **Anexo II** - Proposta para Pessoa Jurídica de Direito Público Interno

➥ **Anexo III** - Proposta para Pessoa Jurídica de Direito Privado

➥ **Anexo IV** - Documentos Necessários para Habilitação

➥ **Anexo V** - Requerimento de Renovação de Outorga – Pessoa Jurídica de Direito Público Interno

➥ **Anexo VI** - Requerimento de Renovação de Outorga – Pessoa Jurídica de Direito Privado

➥ **Anexo VII** - Alteração de Quadro Diretivo

 Atos

Acórdão do Conselho Diretor da ANATEL, de 31 de julho de 2015 (Ref. n° 305/2015) - Tempestividade de recurso administrativo deve ser certificada do momento do seu recebimento no protocolo da Agência, não da postagem do documento.

Políticas de Telecomunicações

Política Industrial

Normatização

Resolução da ANATEL n° 655, de 5 de Agosto de 2015 - Aprova o Regulamento do Acompanhamento de Compromissos de Aquisição de Produtos e Sistemas Nacionais e estabelece regras específicas para o cumprimento do Compromisso de Aquisição de Produtos de Tecnologia Nacional

➥ **Anexo** - Regulamento do Acompanhamento de Compromissos de Aquisição de Produtos e Sistemas Nacionais

Concorrência no Setor de Telecomunicações

Concorrência no Setor de Telecomunicações

O Serviço de Comunicação Multimídia apresenta-se como serviço convergente com pretensão de introduzir utilidades concorrentes às fornecidas por serviços tradicionais do setor.

Normatização

Lei nº 13.116, de 20 de abril de 2015 - (Lei Geral das Antenas) Estabelece normas gerais para implantação e compartilhamento da infraestrutura de telecomunicações e altera as Leis nos 9.472, de 16 de julho de 1997, 11.934, de 5 de maio de 2009, e 10.257, de 10 de julho de 2001.

Atos

Acórdão do Conselho Diretor da ANATEL, de 24 de fevereiro de 2015 (Ref. nº 53/2015) - A renúncia de outorgas de radiofrequências para cumprimento de exigência editalícia em licitação realizada pela ANATEL opera efeitos de extinção das outorgas renunciadas imediatamente após decorrido o prazo fixado no compromisso aposto aos autos do processo e a despeito da comprovação de início de negociações para transferência das outorgas correspondentes, não cabendo à licitante opor ao ato de extinção o fato de que não teria ultimado a transferência das outorgas ou do controle societário das empresas que detivessem outorgas nas subfaixas e áreas de prestação renunciadas pela licitante para pessoa não pertencente a seu grupo econômico. Alcançado o termo final do prazo compromissado sem a transferência de outorgas ou de controle societário das empresas que as detiverem, compete à ANATEL extinguir unilateralmente as outorgas abdicadas como exigência licitatória, independentemente da demora nas negociações privadas, exceto o caso de mora atribuível a ato ou inação da Administração Pública na anuência prévia correspondente.

Ato do Conselho Diretor da ANATEL nº 448, de 22 de janeiro de 2015 - Concede anuência prévia à transferência do controle integral da GVT PARTICIPAÇÕES S/A para a TELEFÔNICA BRASIL S/A, mediante condicionamentos de eliminação de sobreposição de outorgas do STFC, de assunção pela adquirente das obrigações de manutenção de cobertura geográfica e continuidade de atendimento do STFC, SCM e SeAC, de manutenção das ofertas de planos de serviços e ofertas conjuntas de STFC, SCM e SeAC então vigentes pelo prazo mínimo de 18 meses, de manutenção dos contratos em vigor com os usuários ao tempo da operação pelo prazo mínimo de 18 meses, de expansão da cobertura da rede e dos princípios serviços de telecomunicações envolvidos na operação, dentre outros.

Universalização e Massificação

Normatização

Lei nº 13.116, de 20 de abril de 2015 - (Lei Geral das Antenas) Estabelece normas gerais para implantação e compartilhamento da infraestrutura de telecomunicações e altera as Leis nos 9.472, de 16 de julho de 1997, 11.934, de 5 de maio de 2009, e 10.257, de 10 de julho de 2001.

Acesso às Telecomunicações

Portador de Deficiência

 Normatização

Lei nº 13.146, de 6 de julho de 2015 - Institui a Lei Brasileira de Inclusão da Pessoa com Deficiência (Estatuto da Pessoa com Deficiência)

✔ Determina que as empresas prestadoras de serviços de telecomunicações deverão garantir pleno acesso à pessoa com deficiência, conforme regulamentação específica. Também determina que os serviços de radiodifusão de sons e imagens devem permitir o uso dos recursos de subdtitulação por meio de legenda oculta, janela com intérprete de Libras, e autodescrição, bem como torna obrigatória a acessibilidade nos sítios da internet mantidos por empresas com sede ou representação comercial no País ou por órgãos de governo, para uso por pessoa com deficiência.

Financiamento da Universalização e Massificação

 Normatização

Portaria MC nº 4.699, de 14 de outubro de 2015 - Altera a Portaria nº 376, de 19 de agosto de 2011, referente à instituição do Projeto de Implantação e Manutenção das Cidades Digitais

✔ Previsão de que a execução de ações de implantação de infraestrutura de conexão entre órgãos e equipamentos públicos locais e à internet, inclusive por meio de contrução de backhaul, poderão ser executadas por meio de recursos oriundos de emendas parlamentares.

Metas de Universalização

 Normatização

Resolução da ANATEL nº 659, de 28 de dezembro de 2015 - Aprova a alteração da Cláusula 3.2 do Contrato de Concessão para a prestação do Serviço Telefônico Fixo Comutado - STFC, nas modalidades de serviço Local, Longa Distância Nacional - LDN e Longa Distância Internacional - LDI, para ampliar prazo para a realização de alterações referentes ao período de 2016 a 2020

✔ Altera a data da penúltima revisão quinquenal dos contratos de concessão do STFC de 31 de dezembro de 2015 para 30 de abril de 2016.

Fundos Setoriais de Telecomunicações

FISTEL

 Jurisprudência

Tribunal de Contas da União - Acórdão TCU 2320, de 16 de setembro de 2015 - Relator: Min. Ministro Vital do Rêgo - Plenário do TCU - Unânime - j. 16-09-2015. [Catalogação de Márcio Iório Aranha]

Uso indevido de recursos do Fundo de Fiscalização das Telecomunicações (FISTEL) para abertura de créditos adicionais destinados ao custeio de ações estranhas aos serviços de custeio, manutenção e aperfeiçoamento da fiscalização dos serviços de telecomunicações fere a caracterização de tais recursos como fontes vinculadas. É possível, entretanto, a desvinculação de tais recursos mediante transferência de receita excedente ao Tesouro Nacional. A receita excedente deve constar, segundo determinação do TCU À ANATEL, de quadro demonstrativo do planejamento plurianual das receitas e despesas que acompanhe as propostas orçamentárias da autarquia e do FISTEL. Entendimento majoritário de que a afetação de receitas é característica das contribuições e não das taxas, desde que norma específica dê tratamento de uso livre dos saldos e que sejam preservadas continuamente as finalidades inicialmente estabelecidas pela taxa.

Normatização

Lei nº 13.097, de 19 de janeiro de 2015 - Reduz a zero as alíquotas da Contribuição para o PIS/PASEP, da COFINS, da Contribuição para o PIS/Pasep-Importação e da Cofins-Importação incidentes sobre a receita de vendas e na importação de partes utilizadas em aerogeradores; prorroga os benefícios previstos nas Leis nos 9.250, de 26 de dezembro de 1995, 9.440, de 14 de março de 1997, 10.931, de 2 de agosto de 2004, 11.196, de 21 de novembro de 2005, 12.024, de 27 de agosto de 2009, e 12.375, de 30 de dezembro de 2010; altera o art. 46 da Lei no12.715, de 17 de setembro de 2012, que dispõe sobre a devolução ao exterior ou a destruição de mercadoria estrangeira cuja importação não seja autorizada; altera as Leis nos 9.430, de 27 de dezembro de 1996, 12.546, de 14 de dezembro de 2011, 12.973, de 13 de maio de 2014, 9.826, de 23 de agosto de 1999, 10.833, de 29 de dezembro de 2003, 10.865, de 30 de abril de 2004, 11.051, de 29 de dezembro de 2004, 11.774, de 17 de setembro de 2008, 10.637, de 30 de dezembro de 2002, 12.249, de 11 de junho de 2010, 10.522, de 19 de julho de 2002, 12.865, de 9 de outubro de 2013, 10.820, de 17 de dezembro de 2003, 6.634, de 2 de maio de 1979, 7.433, de 18 de dezembro de 1985, 11.977, de 7 de julho de 2009, 10.931, de 2 de agosto de 2004, 11.076, de 30 de dezembro de 2004, 9.514, de 20 de novembro de 1997, 9.427, de 26 de dezembro de 1996, 9.074, de 7 de julho de 1995, 12.783, de 11 de janeiro de 2013, 11.943, de 28 de maio de 2009, 10.848, de 15 de março de 2004, 7.565, de 19 de dezembro de 1986, 12.462, de 4 de agosto de 2011, 9.503, de 23 de setembro de 1997, 11.442, de 5 de janeiro de 2007, 8.666, de 21 de junho de 1993, 9.782, de 26 de janeiro de 1999, 6.360, de 23 de setembro de 1976, 5.991, de 17 de dezembro de 1973, 12.850, de 2 de agosto de 2013, 5.070, de 7 de julho de 1966, 9.472, de 16 de julho de 1997, 10.480, de 2 de julho de 2002, 8.112, de 11 de dezembro de 1990, 6.530, de 12 de maio de 1978, 5.764, de 16 de dezembro de 1971, 8.080, de 19 de setembro de 1990, 11.079, de 30 de dezembro de 2004, 13.043, de 13 de novembro de 2014, 8.987, de 13 de fevereiro de 1995, 10.925, de 23 de julho de 2004, 12.096, de 24 de novembro de 2009, 11.482, de 31 de maio de 2007, 7.713, de 22 de dezembro de 1988, a Lei Complementar no 123, de 14 de dezembro de 2006, o Decreto-Lei no 745, de 7 de agosto de 1969, e o Decreto no 70.235, de 6 de março de 1972; revoga dispositivos das Leis nos 4.380, de 21 de agosto de 1964, 6.360, de 23 de setembro de 1976, 7.789, de 23 de novembro de 1989, 8.666, de 21 de junho de 1993, 9.782, de 26 de janeiro de 1999, 10.150, de 21 de dezembro de 2000, 9.430, de 27 de dezembro de 1996, 12.973, de 13 de maio de 2014, 8.177, de 1o de março de 1991, 10.637, de 30 de dezembro de 2002, 10.833, de 29 de dezembro de 2003, 10.865, de 30 de abril de 2004, 11.051, de 29 de dezembro de 2004 e 9.514, de 20 de novembro de 1997, e do Decreto-Lei no 3.365, de 21 de junho de 1941; e dá outras providências.

✔ Isenta do pagamento das Taxas de Fiscalização de Instalação e de Funcionamento de estações de telecomunicações as estações rádio base, e repetidoras, de baixa potência dos serviços de telecomunicações de interesse coletivo cuja potência de pico máxima, medida na saída do transmissor, não seja superior a 5W e 10W sofrerão a cobrança de 10% dos valores de taxas de fiscalização de instalação aplicáveis às demais estações rádio base.

Qualidade do Serviço

 Normatização

Resolução da ANATEL n° 654, de 13 de julho de 2015 - Aprova o Regulamento das Condições de Aferição do Grau de Satisfação e da Qualidade Percebida Junto aos Usuários de Serviços de Telecomunicações
➡ - Regulamento das Condições de Aferição do Grau de Satisfação e da Qualidade Percebida Junto aos Usuários de Serviços de Telecomunicações

Controle Social, Hierárquico e Interorgânico

 Normatização

Lei n° 13.129, de 26 de maio de 2015 - Altera a Lei no 9.307, de 23 de setembro de 1996, e a Lei no 6.404, de 15 de dezembro de 1976, para ampliar o âmbito de aplicação da arbitragem e dispor sobre a escolha dos árbitros quando as partes recorrem a órgão arbitral, a interrupção da prescrição pela instituição da arbitragem, a concessão de tutelas cautelares e de urgência nos casos de arbitragem, a carta arbitral e a sentença arbitral, e revoga dispositivos da Lei no 9.307, de 23 de setembro de 1996.
✔ Impossibilidade de submissão de direitos indisponíveis à arbitragem envolvendo a administração pública.

Resolução da ANATEL n° 654, de 13 de julho de 2015 - Aprova o Regulamento das Condições de Aferição do Grau de Satisfação e da Qualidade Percebida Junto aos Usuários de Serviços de Telecomunicações
➡ - Regulamento das Condições de Aferição do Grau de Satisfação e da Qualidade Percebida Junto aos Usuários de Serviços de Telecomunicações

 Atos
 Relatório da Ouvidoria da ANATEL 2015

Sigilo em Telecomunicações

Tema Conexo: Fundamentos : Conceitos Fundamentais : Direito à Privacidade.

Classificações de Serviços no Setor de Telecomunicações

Quanto ao Regime Jurídico de Prestação

 Jurisprudência

Supremo Tribunal Federal - Agravo Regimental no Recurso Extraordinário 811620 (RE 811620 AgR/MG) - Relator: Min. Edson Fachin - Plenário do STF - Unânime - j. 13-10-2015 - Diário da Justiça Eletrônico, 28-10-2015. [Catalogação de Márcio Iório Aranha]

Inconstitucionalidade de disciplina estadual para cobrança de taxa de uso e ocupação de solo e espaço aéreo de instalações de equipamentos necessários à prestação de serviço público de telecomunicações por invasão de competência legislativa da União.

Quanto ao Interesse

Serviço de Interesse Coletivo

 Normatização

Lei nº 13.146, de 6 de julho de 2015 - Institui a Lei Brasileira de Inclusão da Pessoa com Deficiência (Estatuto da Pessoa com Deficiência)
✔ Determina que as empresas prestadoras de serviços de telecomunicações deverão garantir pleno acesso à pessoa com deficiência, conforme regulamentação específica.

Resolução da ANATEL nº 654, de 13 de julho de 2015 - Aprova o Regulamento das Condições de Aferição do Grau de Satisfação e da Qualidade Percebida Junto aos Usuários de Serviços de Telecomunicações
➡ - Regulamento das Condições de Aferição do Grau de Satisfação e da Qualidade Percebida Junto aos Usuários de Serviços de Telecomunicações

Serviço de Interesse Restrito

 Normatização

Resolução da ANATEL nº 651, de 13 de abril de 2015 - Aprova o Regulamento do Serviço Limitado Móvel Aeronáutico e do Serviço Limitado Móvel Marítimo
➡ **Anexo** - Regulamento do Serviço Limitado Móvel Aeronáutico e do Serviço Limitado Móvel Marítimo

Quanto ao Gênero

Serviço Limitado

Normatização

Resolução da ANATEL nº 651, de 13 de abril de 2015 - Aprova o Regulamento do Serviço Limitado Móvel Aeronáutico e do Serviço Limitado Móvel Marítimo
➡ **Anexo** - Regulamento do Serviço Limitado Móvel Aeronáutico e do Serviço Limitado Móvel Marítimo

Serviço de Valor Adicionado

 Normatização

Lei nº 13.146, de 6 de julho de 2015 - Institui a Lei Brasileira de Inclusão da Pessoa com Deficiência (Estatuto da Pessoa com Deficiência)
✔ Exigência de obrigatória acessibilidade nos sítios da internet mantidos por empresas com sede ou representação comercial no País ou por órgãos de governo, para uso por pessoa com deficiência.

Serviço de Radiodifusão

Tema Conexo: Serviços no Setor de Telecomunicações : Radiodifusão.

Serviços no Setor de Telecomunicações

Internet

 Normatização

Lei nº 13.146, de 6 de julho de 2015 - Institui a Lei Brasileira de Inclusão da Pessoa com Deficiência (Estatuto da Pessoa com Deficiência)

✔ Exigência de obrigatória acessibilidade nos sítios da internet mantidos por empresas com sede ou representação comercial no País ou por órgãos de governo, para uso por pessoa com deficiência.

Lei nº 13.188, de 11 de novembro de 2015 - Dispõe sobre o direito de resposta ou retificação do ofendido em matéria divulgada, publicada ou transmitida por veículo de comunicação social

Portaria MC nº 320, de 12 de janeiro de 2015 - Altera a Portaria nº 55, de 12 de março de 2013, do Ministério das Comunicações, que regulamenta os procedimentos para submissão, análise, aprovação, acompanhamento e fiscalização dos projetos apresentados ao Ministério das Comunicações referentes ao Regime Especial de Tributação do Programa Nacional de Banda Larga para Implantação de Redes de Telecomunicações - REPNBL-Redes.

➠ **Anexo** - Alterações dos percentuais mínimos para equipamentos e componentes de redes produzidos de acordo com o respectivo PPB e desenvolvidos com tecnologia nacional

Radiodifusão

Temas Conexos: Classificações de Serviços no Setor de Telecomunicações : Quanto ao Gênero : Serviço de Radiodifusão e Atores no Setor de Telecomunicações : Poder Executivo : Ministério das Comunicações.

Competência da Presidência da República para outorgar, por meio de concessão, a exploração dos serviços de radiodifusão de sons e imagens, e do Ministério das Comunicações para outorgar, por meio de concessão, permissão ou autorização, a exploração dos serviços de radiodifusão sonora.

 Normatização

Lei nº 13.097, de 19 de janeiro de 2015 - Reduz a zero as alíquotas da Contribuição para o PIS/PASEP, da COFINS, da Contribuição para o PIS/Pasep-Importação e da Cofins-Importação incidentes sobre a receita de vendas e na importação de partes utilizadas em aerogeradores; prorroga os benefícios previstos nas Leis nos 9.250, de 26 de dezembro de 1995, 9.440, de 14 de março de 1997, 10.931, de 2 de agosto de 2004, 11.196, de 21 de novembro de 2005, 12.024, de 27 de agosto de 2009, e 12.375, de 30 de dezembro de 2010; altera o art. 46 da Lei no12.715, de 17 de setembro de 2012, que dispõe sobre a devolução ao exterior ou a destruição de mercadoria estrangeira cuja importação não seja autorizada; altera as Leis nos 9.430, de 27 de dezembro de 1996, 12.546, de 14 de dezembro de 2011, 12.973, de 13 de maio de 2014, 9.826, de 23 de agosto de 1999, 10.833, de 29 de dezembro de 2003, 10.865, de 30 de abril de 2004, 11.051, de 29 de dezembro de 2004,

11.774, de 17 de setembro de 2008, 10.637, de 30 de dezembro de 2002, 12.249, de 11 de junho de 2010, 10.522, de 19 de julho de 2002, 12.865, de 9 de outubro de 2013, 10.820, de 17 de dezembro de 2003, 6.634, de 2 de maio de 1979, 7.433, de 18 de dezembro de 1985, 11.977, de 7 de julho de 2009, 10.931, de 2 de agosto de 2004, 11.076, de 30 de dezembro de 2004, 9.514, de 20 de novembro de 1997, 9.427, de 26 de dezembro de 1996, 9.074, de 7 de julho de 1995, 12.783, de 11 de janeiro de 2013, 11.943, de 28 de maio de 2009, 10.848, de 15 de março de 2004, 7.565, de 19 de dezembro de 1986, 12.462, de 4 de agosto de 2011, 9.503, de 23 de setembro de 1997, 11.442, de 5 de janeiro de 2007, 8.666, de 21 de junho de 1993, 9.782, de 26 de janeiro de 1999, 6.360, de 23 de setembro de 1976, 5.991, de 17 de dezembro de 1973, 12.850, de 2 de agosto de 2013, 5.070, de 7 de julho de 1966, 9.472, de 16 de julho de 1997, 10.480, de 2 de julho de 2002, 8.112, de 11 de dezembro de 1990, 6.530, de 12 de maio de 1978, 5.764, de 16 de dezembro de 1971, 8.080, de 19 de setembro de 1990, 11.079, de 30 de dezembro de 2004, 13.043, de 13 de novembro de 2014, 8.987, de 13 de fevereiro de 1995, 10.925, de 23 de julho de 2004, 12.096, de 24 de novembro de 2009, 11.482, de 31 de maio de 2007, 7.713, de 22 de dezembro de 1988, a Lei Complementar no 123, de 14 de dezembro de 2006, o Decreto-Lei no 745, de 7 de agosto de 1969, e o Decreto no 70.235, de 6 de março de 1972; revoga dispositivos das Leis nos 4.380, de 21 de agosto de 1964, 6.360, de 23 de setembro de 1976, 7.789, de 23 de novembro de 1989, 8.666, de 21 de junho de 1993, 9.782, de 26 de janeiro de 1999, 10.150, de 21 de dezembro de 2000, 9.430, de 27 de dezembro de 1996, 12.973, de 13 de maio de 2014, 8.177, de 1o de março de 1991, 10.637, de 30 de dezembro de 2002, 10.833, de 29 de dezembro de 2003, 10.865, de 30 de abril de 2004, 11.051, de 29 de dezembro de 2004 e 9.514, de 20 de novembro de 1997, e do Decreto-Lei no 3.365, de 21 de junho de 1941; e dá outras providências.

✔ Autorização legal para parcelamento de preço público devido em razão da outorga de serviços de radiodifusão.

Lei nº 13.140, de 26 de junho de 2015 - Dispõe sobre a mediação entre particulares como meio de solução de controvérsias e sobre a autocomposição de conflitos no âmbito da administração pública; altera a Lei no 9.469, de 10 de julho de 1997, e o Decreto no 70.235, de 6 de março de 1972; e revoga o § 2o do art. 6o da Lei no 9.469, de 10 de julho de 1997.

✔ O art. 32, §5º da Lei 13.140/2015 dispõe que se compreende na competência das câmaras de prevenção e resolução administrativa de conflitos as questões que envolvam equilíbrio econômico-financeiro de contratos celebrados pela administração com particulares.

Lei nº 13.188, de 11 de novembro de 2015 - Dispõe sobre o direito de resposta ou retificação do ofendido em matéria divulgada, publicada ou transmitida por veículo de comunicação social

Portaria MC nº 294, de 30 de janeiro de 2015 - Estabelece o valor máximo da multa por infração às disposições da Lei 4.117/62 ou demais normas aplicáveis aos serviços de radiodifusão e seus ancilares.

Portaria MC nº 6.413, de 20 de novembro de 2015 - Altera a Norma Regulamentar do Canal de Cidadania, aprovado pela Portaria nº 489, de 18 de dezembro de 2012

Radiodifusão Comunitária

 Jurisprudência

Supremo Tribunal Federal - Habeas Corpus 128567/MG (HC 128567/MG, de 08 de setembro de 2015) - Relator: Min. Teori Zavascki - Segunda Turma do STF - Unânime - j. 08-09-2015 - Diário da Justiça Eletrônico, 23-09-2015. [Catalogação de Márcio Iório Aranha]

Crime de exploração clandestina de atividade de telecomunicação (art. 183 da LGT) não se caracteriza como hipótese de aplicação do princípio da insignificância. Baixa potência do equipamento de telecomunicações utilizado não autoriza atipicidade do crime por aplicação do princípio da insignificância. Trata-se de crime formal, ou seja, que não exige resultado naturalístico, de perigo abstrato, consumando-se com o mero desenvolvimento clandestino da atividade, O eventual dano a terceiro em determinado caso concreto configura causa de aumento de pena e também não autoriza a aplicação do princípio da insignificância, pois o crime não tem como pressuposto a ocorrência do prejuízo econômico: ele visa à proteção de um bem difuso de potencial risco de lesão ao regular funcionamento do sistema de telecomunicações. Desde que caracterizada a habitualidade exigida na tipificação do art. 183 da LGT, que o diferencia da conduta tipificada no art. 70 do CBT, aquele que coloca em funcionamento rádio comunitária de forma irregular com equipamentos de potência superior ao permitido e capaz de interferir em outras atividades de telecomunicações não se beneficia do princípio da insignificância, pois ausentes os requisitos da inexpressividade da lesão jurídica e da mínima ofensividade da conduta.

Rádio Aberta

 Normatização

Portaria MC nº 4.335, de 17 de setembro de 2015 - Dispõe sobre os procedimentos de permissão e concessão para execução dos serviços de radiodifusão sonora em frequência modulada e de sons e imagens, com finalidade exclusivamente educativa

➥ **Anexo I** - Requerimento de Demonstração de Interesse

➥ **Anexo II** - Proposta para Pessoa Jurídica de Direito Público Interno

➥ **Anexo III** - Proposta para Pessoa Jurídica de Direito Privado

➥ **Anexo IV** - Documentos Necessários para Habilitação

➥ **Anexo V** - Requerimento de Renovação de Outorga – Pessoa Jurídica de Direito Público Interno

➥ **Anexo VI** - Requerimento de Renovação de Outorga – Pessoa Jurídica de Direito Privado

➥ **Anexo VII** - Alteração de Quadro Diretivo

Televisão Aberta

 Normatização

Lei nº 13.146, de 6 de julho de 2015 - Institui a Lei Brasileira de Inclusão da Pessoa com Deficiência (Estatuto da Pessoa com Deficiência)

✔ O art. 67 da Lei 13.146/2015 determina que os serviços de radiodifusão de sons e imagens devem permitir o uso dos recursos de subdtitulação por meio de legenda oculta, janela com intérprete de Libras, e autodescrição.

TV Digital

Normatização

Lei n° 13.159, de 10 de agosto de 2015 - Altera a Lei no 11.484, de 31 de maio de 2007, que dispõe sobre os incentivos às indústrias de equipamentos para TV Digital e de componentes eletrônicos semicondutores e sobre a proteção à propriedade intelectual das topografias de circuitos integrados, instituindo o Programa de Apoio ao Desenvolvimento Tecnológico da Indústria de Semicondutores - PADIS e o Programa de Apoio ao Desenvolvimento Tecnológico da Indústria de Equipamentos para a TV Digital - PATVD.

Portaria MC n° 6.738, de 21 de dezembro de 2015 - Dispõe sobre os procedimentos de autorização para a execução do Serviço de Retransmissão de Televisão, em caráter secundário, com utilização de tecnologia digital e dá outras providências

➥ **Anexo I** - Manifestação Formal de Interesse

➥ **Anexo II** - Documentos Necessários para Habilitação de Pessoas de Direito Público Interno (Estados, Distrito Federal e Municípios)

➥ **Anexo III** - Documentos Necessários para Habilitação de Pessoas Jurídicas integrantes da Administração Indireta Federal, Estadual, Distrital e Municipal

➥ **Anexo IV** - Documentos Necessários para Habilitação de Concessionárias do Serviço de Radiodifusão de Sons e Imagens interessadas na Execução do Serviço de RTV para Retransmitir seus próprios sinais

➥ **Anexo V** - Documentos Necessários para Habilitação de Demais Pessoas Jurídicas

➥ **Anexo VI** - Declaração de Concordância

Portaria MC n° 1.581, de 9 de abril de 2015 - Regulamenta o uso da faixa de 174 MHz a 216 MHz (VHF alto) para TV Digital

Portaria MC n° 4.287, de 21 de setembro de 2015 - Dispõe sobre os procedimentos de seleção pública e de autorização para a execução do Serviço de Retransmissão de Televisão, com utilização de tecnologia digital, ancilar ao Serviço de Radiodifusão de Sons e Imagens, durante a transição do sistema de transmissão analógica para o sistema de transmissão digital e dá outras providências

➥ **Anexo I** - Continuidade do Serviço de RTV em Tecnologia Digital

➥ **Anexo II** - Alteração de Características Técnicas para o Serviço de RTVD

➥ **Anexo III** - Proposta para Aprovação de Locais e Equipamentos – RTVD

➥ **Anexo IV** - Continuidade do Serviço de RTV em Tecnologia Digital

Portaria MC n° 6.580, de 2 de dezembro de 2015 - Requer relatório consubstanciado sobre a evolução do processo de transição para a TV Digital do Grupo de Implantação do Processo de Redistribuição e Digitalização de Canais de TV e RTV (GIRED), bem como altera a Portaria MC n° 4.287, de 22 de setembro de 2015 e a Portaria MC n° 925, de 22 de agosto de 2014 para, dentre outras coisas, autorizar o desligamento antecipado do sinal analógico nos casos que especifica

Portaria Interministerial n° 2.098, de 14 de maio de 2015 - Estabelece as diretrizes para operacionalização do Canal da Educação no âmbito do Sistema Brasileiro de Televisão Digital Terrestre - SBTVD-T

Portaria Interministerial n° 4.074, de 26 de Agosto de 2015 - Estabelece as diretrizes para operacionalização do Canal da Cultura no Sistema Brasileiro de Televisão Digital Terrestre

Serviço Limitado Especializado (SLE)

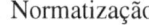 Normatização

Resolução da ANATEL n° 647, de 9 de fevereiro de 2015 - Aprova a Norma de adaptação dos instrumentos de permissão e de autorização do Serviço Móvel Especializado (SME) para o Serviço Móvel Pessoal (SMP), Serviço Limitado Privado (SLP) ou Serviço Limitado Especializado (SLE), na forma do Anexo a esta Resolução, altera a Resolução n° 454/2006 e seus anexo, e dá outras disposições.

➡ **Anexo** - Norma de adaptação dos instrumentos de permissão e de autorização do Serviço Móvel Especializado (SME) para o Serviço Móvel Pessoal (SMP), Serviço Limitado Privado (SLP) ou Serviço Limitado Especializado (SLE)

Serviço Limitado Móvel Privado

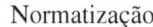 Normatização

Resolução da ANATEL n° 647, de 9 de fevereiro de 2015 - Aprova a Norma de adaptação dos instrumentos de permissão e de autorização do Serviço Móvel Especializado (SME) para o Serviço Móvel Pessoal (SMP), Serviço Limitado Privado (SLP) ou Serviço Limitado Especializado (SLE), na forma do Anexo a esta Resolução, altera a Resolução n° 454/2006 e seus anexo, e dá outras disposições.

➡ **Anexo** - Norma de adaptação dos instrumentos de permissão e de autorização do Serviço Móvel Especializado (SME) para o Serviço Móvel Pessoal (SMP), Serviço Limitado Privado (SLP) ou Serviço Limitado Especializado (SLE)

> ✔ Determina que não sejam expedidas novas autorizações de uso de radiofrequencias, prorrogado o prazo de autorizações em vigor, licenciada nova estação ou consignada nova radiofrequencia nos canais de 1 a 500 na faixa de 806 a 821 MHz e 851 a 866 MHz para o SLMP.

Serviço Limitado Privado

 Normatização

Resolução da ANATEL n° 647, de 9 de fevereiro de 2015 - Aprova a Norma de adaptação dos instrumentos de permissão e de autorização do Serviço Móvel Especializado (SME) para o Serviço Móvel Pessoal (SMP), Serviço Limitado Privado (SLP) ou Serviço Limitado Especializado (SLE), na forma do Anexo a esta Resolução, altera a Resolução n° 454/2006 e seus anexo, e dá outras disposições.

➡ **Anexo** - Norma de adaptação dos instrumentos de permissão e de autorização do Serviço Móvel Especializado (SME) para o Serviço Móvel Pessoal (SMP), Serviço Limitado Privado (SLP) ou Serviço Limitado Especializado (SLE)

Serviço Móvel Especializado ou Trunking ou Trunk ou Sistema Troncalizado

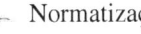 Normatização

Resolução da ANATEL nº 647, de 9 de fevereiro de 2015 - Aprova a Norma de adaptação dos instrumentos de permissão e de autorização do Serviço Móvel Especializado (SME) para o Serviço Móvel Pessoal (SMP), Serviço Limitado Privado (SLP) ou Serviço Limitado Especializado (SLE), na forma do Anexo a esta Resolução, altera a Resolução nº 454/2006 e seus anexo, e dá outras disposições.

➡ **Anexo** - Norma de adaptação dos instrumentos de permissão e de autorização do Serviço Móvel Especializado (SME) para o Serviço Móvel Pessoal (SMP), Serviço Limitado Privado (SLP) ou Serviço Limitado Especializado (SLE)

Serviço Móvel Marítimo

 Normatização

Resolução da ANATEL nº 651, de 13 de abril de 2015 - Aprova o Regulamento do Serviço Limitado Móvel Aeronáutico e do Serviço Limitado Móvel Marítimo
➡ **Anexo** - Regulamento do Serviço Limitado Móvel Aeronáutico e do Serviço Limitado Móvel Marítimo

Serviço Móvel Pessoal (SMP)

Normatização

Lei nº 13.116, de 20 de abril de 2015 - (Lei Geral das Antenas) Estabelece normas gerais para implantação e compartilhamento da infraestrutura de telecomunicações e altera as Leis nos 9.472, de 16 de julho de 1997, 11.934, de 5 de maio de 2009, e 10.257, de 10 de julho de 2001.

Lei nº 13.146, de 6 de julho de 2015 - Institui a Lei Brasileira de Inclusão da Pessoa com Deficiência (Estatuto da Pessoa com Deficiência)
✔ Determina que as empresas prestadoras de serviços de telecomunicações deverão garantir pleno acesso à pessoa com deficiência, conforme regulamentação específica.

Resolução da ANATEL nº 647, de 9 de fevereiro de 2015 - Aprova a Norma de adaptação dos instrumentos de permissão e de autorização do Serviço Móvel Especializado (SME) para o Serviço Móvel Pessoal (SMP), Serviço Limitado Privado (SLP) ou Serviço Limitado Especializado (SLE), na forma do Anexo a esta Resolução, altera a Resolução nº 454/2006 e seus anexo, e dá outras disposições.

➡ **Anexo** - Norma de adaptação dos instrumentos de permissão e de autorização do Serviço Móvel Especializado (SME) para o Serviço Móvel Pessoal (SMP), Serviço Limitado Privado (SLP) ou Serviço Limitado Especializado (SLE)

✔ Destinação das subfaixas de 806 a 821 MHz e 851 a 866 MHz ao SMP sem prejuízo de destinação ao Serviço Móvel Especializado - SME.

Resolução da ANATEL nº 654, de 13 de julho de 2015 - Aprova o Regulamento das Condições de Aferição do Grau de Satisfação e da Qualidade Percebida Junto aos Usuários de Serviços de Telecomunicações
➡ - Regulamento das Condições de Aferição do Grau de Satisfação e da Qualidade Percebida Junto aos Usuários de Serviços de Telecomunicações

Resolução da ANATEL nº 656, de 17 de Agosto de 2015 - Aprova o Regulamento sobre Gestão de Risco das Redes de Telecomunicações e Uso de Serviços de Telecomunicações em Desastres, Situações de Emergência e Estado de Calamidade Pública

➥ **Anexo** - Regulamento sobre Gestão de Risco das Redes de Telecomunicações e Uso de Serviços de Telecomunicações em Desastres, Situações de Emergência e Estado de Calamidade Pública

Serviço Telefônico Fixo Comutado (STFC)

Jurisprudência

Tribunal de Contas da União - Acórdão do TCU nº 3311, de 09 de dezembro de 2015 - Relator: Min. Benjamin Zymler - Plenário do TCU - Unânime - j. 09-12-2015. [Catalogação de Márcio Iório Aranha]
Determinações à ANATEL sobre o acompanhamento dos bens reversíveis das concessões de Serviço Telefônico Fixo Comutado, bem como exigência de que a ANATEL disponibilize em seu sítio eletrônico, no prazo de 210 dias da ciência do acórdão, todas as relações de bens reversíveis de 2009 a 2014, contendo todos os dados classificados como sendo de caráter público, em formato de arquivo aberto, não-proprietário, estruturado e legível por máquina.

Supremo Tribunal Federal - Agravo Regimental no Recurso Extraordinário 811620 (RE 811620 AgR/MG) - Relator: Min. Edson Fachin - Plenário do STF - Unânime - j. 13-10-2015 - Diário da Justiça Eletrônico, 28-10-2015. [Catalogação de Márcio Iório Aranha]
Inconstitucionalidade de disciplina estadual para cobrança de taxa de uso e ocupação de solo e espaço aéreo de instalações de equipamentos necessários à prestação de serviço público de telecomunicações por invasão de competência legislativa da União.

Supremo Tribunal Federal - Ação Direta de Inconstitucionalidade nº 2.615 (ADI 2.615 - Santa Catarina) - Relator: Min. Eros Grau - Plenário do STF - Maioria - j. 11-03-2015 - Diário da Justiça Eletrônico, 11-03-2015. [Catalogação de Márcio Iório Aranha]
Inconstitucionalidade de disciplina estadual sobre as condições de cobrança do valor da assinatura básica por invasão de competência da União. O argumento de que se trata de direito do consumidor não autoriza estado-membro da federação a legislar sobre assinatura básica.

Normatização

Lei nº 13.116, de 20 de abril de 2015 - (Lei Geral das Antenas) Estabelece normas gerais para implantação e compartilhamento da infraestrutura de telecomunicações e altera as Leis nos 9.472, de 16 de julho de 1997, 11.934, de 5 de maio de 2009, e 10.257, de 10 de julho de 2001.

Lei nº 13.140, de 26 de junho de 2015 - Dispõe sobre a mediação entre particulares como meio de solução de controvérsias e sobre a autocomposição de conflitos no âmbito da administração pública; altera a Lei no 9.469, de 10 de julho de 1997, e o Decreto no 70.235, de 6 de março de 1972; e revoga o § 2o do art. 6o da Lei no 9.469, de 10 de julho de 1997.

✔ O art. 32, §5º da Lei 13.140/2015 dispõe que se compreende na competência das câmaras de prevenção e resolução administrativa de conflitos as questões que envolvam equilíbrio econômico-financeiro de contratos celebrados pela administração com particulares.

Lei nº 13.146, de 6 de julho de 2015 - Institui a Lei Brasileira de Inclusão da Pessoa com Deficiência (Estatuto da Pessoa com Deficiência)

✔ Determina que as empresas prestadoras de serviços de telecomunicações deverão garantir pleno acesso à pessoa com deficiência, conforme regulamentação específica.

Resolução da ANATEL nº 652, de 27 de maio de 2015 - Altera os Anexos I e II do Regulamento sobre Áreas Locais para o Serviço Telefônico Fixo Comutado Destinado ao Uso do Público em Geral - STFC

Resolução da ANATEL nº 653, de 13 de julho de 2015 - Aprova alteração do Anexo I ao Regulamento de Tarifação do Serviço Telefônico Fixo Comutado Destinado ao Uso do Público em Geral - STFC Prestado no Regime Público, aprovado pela Resolução nº 424, de 6 de dezembro de 2005, e do Plano Geral de Códigos Nacionais - PGCN, Anexo II à Resolução nº 263, de 8 de junho de 2001, para inserir: a) o município de Paraíso das Águas, no estado do Mato Grosso do Sul, na Área de Tarifação 672K (Costa Rica) e atribuir-lhe o Código Nacional 67; b) o município de Mojuí dos Campos, no estado do Pará, na Área de Tarifação 915 (Santarém) e atribuir-lhe o Código Nacional 93; c) o município de Pinto Bandeira, no estado do Rio Grande do Sul, na Área de Tarifação 542C (Bento Gonçalves) e atribuir-lhe o Código Nacional 54; d) o município de Pescaria Brava, no estado de Santa Catarina, na Área de Tarifação 486 (Tubarão) e atribuir-lhe o Código Nacional 48; e, e) o município de Balneário Rincão, no estado de Santa Catarina, na Área de Tarifação 484 (Criciúma) e atribuir-lhe o Código Nacional 48

➡ **Anexo I** - Alterações do Anexo I ao Regulamento de Tarifação do Serviço Telefônico Fixo Comutado Destinado ao Uso do Público em Geral - STFC Prestado no Regime Público

➡ **Anexo II** - Alterações do Anexo II do Plano Geral de Códigos Nacionais - PGCN

Resolução da ANATEL nº 654, de 13 de julho de 2015 - Aprova o Regulamento das Condições de Aferição do Grau de Satisfação e da Qualidade Percebida Junto aos Usuários de Serviços de Telecomunicações

➡ - Regulamento das Condições de Aferição do Grau de Satisfação e da Qualidade Percebida Junto aos Usuários de Serviços de Telecomunicações

Resolução da ANATEL nº 659, de 28 de dezembro de 2015 - Aprova a alteração da Cláusula 3.2 do Contrato de Concessão para a prestação do Serviço Telefônico Fixo Comutado - STFC, nas modalidades de serviço Local, Longa Distância Nacional - LDN e Longa Distância Internacional - LDI, para ampliar prazo para a realização de alterações referentes ao período de 2016 a 2020

✔ Altera a data da penúltima revisão quinquenal dos contratos de concessão do STFC de 31 de dezembro de 2015 para 30 de abril de 2016.

 Atos

Acórdão do Conselho Diretor da ANATEL, de 5 de janeiro de 2015 (Ref. nº 6/2015) - Possibilidade de celebração de TAC sobre infração de natureza grave relativa a indícios de prestação não outorgada de STFC, mesmo que a conduta já tenha sido regularizada. A celebração de TAC submete-se ao juízo da autoridade sobre a conveniência e oportunidade do acordo negocial como solução alternativa ao tradicional rito do procedimento sancionador para regularização de condutas infrativas

Ato do Conselho Diretor da ANATEL nº 448, de 22 de janeiro de 2015 - Concede anuência prévia à transferência do controle integral da GVT PARTICIPAÇÕES S/A para a TELEFÔNICA BRASIL S/A, mediante condicionamentos de eliminação de sobreposição de outorgas do STFC, de assunção pela adquirente das obrigações de manutenção de cobertura geográfica e continuidade de atendimento do STFC, SCM e SeAC, de manutenção das ofertas de planos de serviços e ofertas conjuntas de STFC, SCM e SeAC então vigentes pelo prazo mínimo de 18 meses, de manutenção dos contratos em vigor com os usuários ao tempo da operação pelo prazo mínimo de 18 meses, de expansão da cobertura da rede e dos princípios serviços de telecomunicações envolvidos na operação, dentre outros.

Serviço de Acesso Condicionado (SeAC)

 Jurisprudência

Supremo Tribunal Federal - Embargos de Declaração no Recurso Extraordinário 456534 Embargos de Declaração - (RE 456534/RS) - Relator: Min. Luís Roberto Barroso - Relator para o Acórdão: Min. Aldir Passarinho - Primeira Turma do STF - Unânime - j. 23-06-2015 - Diário da Justiça Eletrônico, 06-08-2015. [Catalogação de Márcio Iório Aranha]

> Constitucionalidade de disciplina municipal para cobrança de taxa de licença para instalação e de verificação da permanência das condições técnicas iniciais dos equipamentos destinados à energia elétrica e ao fornecimento de serviços de telecomunicações. A cobrança da taxa em razão do exercício do poder de polícia municipal para fiscalização quanto ao atendimento de regras de posturas municipais, desde que prevista em lei, é constitucional. O exercício de poder de polícia *in casu* é presumido.

 Normatização

Lei nº 13.146, de 6 de julho de 2015 - Institui a Lei Brasileira de Inclusão da Pessoa com Deficiência (Estatuto da Pessoa com Deficiência)
> ✔ Determina que as empresas prestadoras de serviços de telecomunicações deverão garantir pleno acesso à pessoa com deficiência, conforme regulamentação específica.

Lei nº 13.188, de 11 de novembro de 2015 - Dispõe sobre o direito de resposta ou retificação do ofendido em matéria divulgada, publicada ou transmitida por veículo de comunicação social

Resolução da ANATEL nº 648, de 11 de fevereiro de 2015 - Destina faixas de radiofrequências para o Serviço de Acesso Condicionado (SeAC)

Resolução da ANATEL nº 654, de 13 de julho de 2015 - Aprova o Regulamento das Condições de Aferição do Grau de Satisfação e da Qualidade Percebida Junto aos Usuários de Serviços de Telecomunicações
> ➡ - Regulamento das Condições de Aferição do Grau de Satisfação e da Qualidade Percebida Junto aos Usuários de Serviços de Telecomunicações

Resolução da ANATEL nº 656, de 17 de Agosto de 2015 - Aprova o Regulamento sobre Gestão de Risco das Redes de Telecomunicações e Uso de Serviços de Telecomunicações em Desastres, Situações de Emergência e Estado de Calamidade Pública
> ➡ **Anexo** - Regulamento sobre Gestão de Risco das Redes de Telecomunicações e Uso de Serviços de Telecomunicações em Desastres, Situações de Emergência e Estado de Calamidade Pública

 Atos
Ato do Conselho Diretor da ANATEL nº 448, de 22 de janeiro de 2015 - Concede anuência prévia à transferência do controle integral da GVT PARTICIPAÇÕES S/A para a TELEFÔNICA BRASIL S/A, mediante condicionamentos de eliminação de sobreposição de outorgas do STFC, de assunção pela adquirente das obrigações de manutenção de cobertura geográfica e continuidade de atendimento do STFC, SCM e SeAC, de manutenção das ofertas de planos de serviços e ofertas conjuntas de STFC, SCM e SeAC então vigentes pelo prazo mínimo de 18 meses, de manutenção dos contratos em vigor com os usuários ao tempo da operação pelo prazo mínimo de 18 meses, de expansão da cobertura da rede e dos princípios serviços de telecomunicações envolvidos na operação, dentre outros.

Serviço de Comunicação Multimída (SCM)

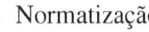 Normatização
Resolução da ANATEL nº 654, de 13 de julho de 2015 - Aprova o Regulamento das Condições de Aferição do Grau de Satisfação e da Qualidade Percebida Junto aos Usuários de Serviços de Telecomunicações
➡ - Regulamento das Condições de Aferição do Grau de Satisfação e da Qualidade Percebida Junto aos Usuários de Serviços de Telecomunicações

 Atos
Ato do Conselho Diretor da ANATEL nº 448, de 22 de janeiro de 2015 - Concede anuência prévia à transferência do controle integral da GVT PARTICIPAÇÕES S/A para a TELEFÔNICA BRASIL S/A, mediante condicionamentos de eliminação de sobreposição de outorgas do STFC, de assunção pela adquirente das obrigações de manutenção de cobertura geográfica e continuidade de atendimento do STFC, SCM e SeAC, de manutenção das ofertas de planos de serviços e ofertas conjuntas de STFC, SCM e SeAC então vigentes pelo prazo mínimo de 18 meses, de manutenção dos contratos em vigor com os usuários ao tempo da operação pelo prazo mínimo de 18 meses, de expansão da cobertura da rede e dos princípios serviços de telecomunicações envolvidos na operação, dentre outros.

Serviço de Telecomunicações Aeronáuticas

Serviço Móvel Aeronáutico

Normatização
Resolução da ANATEL nº 651, de 13 de abril de 2015 - Aprova o Regulamento do Serviço Limitado Móvel Aeronáutico e do Serviço Limitado Móvel Marítimo
➡ **Anexo** - Regulamento do Serviço Limitado Móvel Aeronáutico e do Serviço Limitado Móvel Marítimo

Ramos Jurídicos Afins

Direito da Concorrência

 Atos

Ato do Conselho Diretor da ANATEL nº 448, de 22 de janeiro de 2015 - Concede anuência prévia à transferência do controle integral da GVT PARTICIPAÇÕES S/A para a TELEFÔNICA BRASIL S/A, mediante condicionamentos de eliminação de sobreposição de outorgas do STFC, de assunção pela adquirente das obrigações de manutenção de cobertura geográfica e continuidade de atendimento do STFC, SCM e SeAC, de manutenção das ofertas de planos de serviços e ofertas conjuntas de STFC, SCM e SeAC então vigentes pelo prazo mínimo de 18 meses, de manutenção dos contratos em vigor com os usuários ao tempo da operação pelo prazo mínimo de 18 meses, de expansão da cobertura da rede e dos princípios serviços de telecomunicações envolvidos na operação, dentre outros.

Direito Urbanístico

 Normatização

Lei nº 13.116, de 20 de abril de 2015 - (Lei Geral das Antenas) Estabelece normas gerais para implantação e compartilhamento da infraestrutura de telecomunicações e altera as Leis nos 9.472, de 16 de julho de 1997, 11.934, de 5 de maio de 2009, e 10.257, de 10 de julho de 2001.

Aplicações de Telecomunicações

Internet

 Jurisprudência

Superior Tribunal de Justiça - Agravo Regimental no Recurso Especial nº 1384340 (STJ - RESP 1384340 AgRg/DF - Distrito Federal) - Relator: Min. Paulo de Tarso Sanseverino - Terceira Turma do STJ - Unânime - j. 05-05-2015 - Diário da Justiça Eletrônico, 12-05-2015. [Catalogação de Márcio Iório Aranha]
O Marco Civil da Internet (Lei 12.965/2014) não se aplica a fatos pretéritos a sua edição. Comentário ofensivo postado no ORKUT é de responsabilidade do provedor de hospedagem devidamente notificado que não providenciou a identificação do IP do autor da defesa, mesmo que a impossibilidade de identificação do ofensor resulte de caso fortuito ou força maior ocorridos durante o atraso na identificação do IP do autor da ofensa.

 Normatização

Lei nº 13.146, de 6 de julho de 2015 - Institui a Lei Brasileira de Inclusão da Pessoa com Deficiência (Estatuto da Pessoa com Deficiência)
   ✔ Exigência de obrigatória acessibilidade nos sítios da internet mantidos por empresas com sede ou representação comercial no País ou por órgãos de governo, para uso por pessoa com deficiência.

Lei nº 13.188, de 11 de novembro de 2015 - Dispõe sobre o direito de resposta ou retificação do ofendido em matéria divulgada, publicada ou transmitida por veículo de comunicação social

Acessibilidade

Normatização

Lei nº 13.146, de 6 de julho de 2015 - Institui a Lei Brasileira de Inclusão da Pessoa com Deficiência (Estatuto da Pessoa com Deficiência)

Acesso a Serviços de Interesse Público e Uso de Radiofrequência por tais Serviços

Normatização

Resolução da ANATEL nº 656, de 17 de Agosto de 2015 - Aprova o Regulamento sobre Gestão de Risco das Redes de Telecomunicações e Uso de Serviços de Telecomunicações em Desastres, Situações de Emergência e Estado de Calamidade Pública

➥ **Anexo** - Regulamento sobre Gestão de Risco das Redes de Telecomunicações e Uso de Serviços de Telecomunicações em Desastres, Situações de Emergência e Estado de Calamidade Pública

Banda Larga

Normatização

Portaria MC nº 320, de 12 de janeiro de 2015 - Altera a Portaria nº 55, de 12 de março de 2013, do Ministério das Comunicações, que regulamenta os procedimentos para submissão, análise, aprovação, acompanhamento e fiscalização dos projetos apresentados ao Ministério das Comunicações referentes ao Regime Especial de Tributação do Programa Nacional de Banda Larga para Implantação de Redes de Telecomunicações - REPNBL-Redes.

➥ **Anexo** - Alterações dos percentuais mínimos para equipamentos e componentes de redes produzidos de acordo com o respectivo PPB e desenvolvidos com tecnologia nacional

Resolução da ANATEL nº 655, de 5 de Agosto de 2015 - Aprova o Regulamento do Acompanhamento de Compromissos de Aquisição de Produtos e Sistemas Nacionais e estabelece regras específicas para o cumprimento do Compromisso de Aquisição de Produtos de Tecnologia Nacional

➥ **Anexo** - Regulamento do Acompanhamento de Compromissos de Aquisição de Produtos e Sistemas Nacionais

Atores no Setor de Telecomunicações

Jurisprudência

Tribunal de Contas da União - Acórdão TCU 2320, de 16 de setembro de 2015 - Relator: Min. Ministro Vital do Rêgo - Plenário do TCU - Unânime - j. 16-09-2015. [Catalogação de Márcio Iório Aranha]

Uso indevido de recursos do Fundo de Fiscalização das Telecomunicações (FISTEL) para abertura de créditos adicionais destinados ao custeio de ações estranhas aos serviços de custeio, manutenção e aperfeiçoamento da fiscalização dos serviços de telecomunicações fere a caracterização de tais recursos como fontes vinculadas. É possível, entretanto, a desvinculação de tais recursos mediante transferência de receita excedente ao Tesouro Nacional. A receita excedente deve constar, segundo determinação do TCU À ANATEL, de quadro demonstrativo do planejamento plurianual das receitas e despesas que acompanhe as propostas orçamentárias da autarquia e do FISTEL. Entendimento majoritário de que a afetação de receitas é característica das contribuições e não das taxas, desde que norma específica dê tratamento de uso livre dos saldos e que sejam preservadas continuamente as finalidades inicialmente estabelecidas pela taxa.

Supremo Tribunal Federal - Agravo Regimental no Recurso Extraordinário 811620 (RE 811620 AgR/MG) - Relator: Min. Edson Fachin - Plenário do STF - Unânime - j. 13-10-2015 - Diário da Justiça Eletrônico, 28-10-2015. [Catalogação de Márcio Iório Aranha]
Inconstitucionalidade de disciplina estadual para cobrança de taxa de uso e ocupação de solo e espaço aéreo de instalações de equipamentos necessários à prestação de serviço público de telecomunicações por invasão de competência legislativa da União.

Supremo Tribunal Federal - Ação Direta de Inconstitucionalidade nº 2.615 (ADI 2.615 - Santa Catarina) - Relator: Min. Eros Grau - Plenário do STF - Maioria - j. 11-03-2015 - Diário da Justiça Eletrônico, 11-03-2015. [Catalogação de Márcio Iório Aranha]
Inconstitucionalidade de disciplina estadual sobre as condições de cobrança do valor da assinatura básica por invasão de competência da União. O argumento de que se trata de direito do consumidor não autoriza estado-membro da federação a legislar sobre assinatura básica.

Supremo Tribunal Federal - Embargos de Declaração no Recurso Extraordinário 456534 Embargos de Declaração - (RE 456534/RS) - Relator: Min. Luís Roberto Barroso - Relator para o Acórdão: Min. Aldir Passarinho - Primeira Turma do STF - Unânime - j. 23-06-2015 - Diário da Justiça Eletrônico, 06-08-2015. [Catalogação de Márcio Iório Aranha]
Constitucionalidade de disciplina municipal para cobrança de taxa de licença para instalação e de verificação da permanência das condições técnicas iniciais dos equipamentos destinados à energia elétrica e ao fornecimento de serviços de telecomunicações. A cobrança da taxa em razão do exercício do poder de polícia municipal para fiscalização quanto ao atendimento de regras de posturas municipais, desde que prevista em lei, é constitucional. O exercício de poder de polícia *in casu* é presumido.

ANATEL

 Normatização

Lei nº 13.129, de 26 de maio de 2015 - Altera a Lei no 9.307, de 23 de setembro de 1996, e a Lei no 6.404, de 15 de dezembro de 1976, para ampliar o âmbito de aplicação da arbitragem e dispor sobre a escolha dos árbitros quando as partes recorrem a órgão arbitral, a interrupção da prescrição pela instituição da arbitragem, a concessão de tutelas cautelares e de urgência nos casos de arbitragem, a carta arbitral e a sentença arbitral, e revoga dispositivos da Lei no 9.307, de 23 de setembro de 1996.

  ✔ Possibilidade de arbitragem envolvendo a administração pública, desde que sobre direitos patrimoniais disponíveis e respeite os princípios da legalidade e da publicidade.

Lei nº 13.140, de 26 de junho de 2015 - Dispõe sobre a mediação entre particulares como meio de solução de controvérsias e sobre a autocomposição de conflitos no âmbito da administração pública; altera a Lei no 9.469, de 10 de julho de 1997, e o Decreto no 70.235, de 6 de março de 1972; e revoga o § 2o do art. 6o da Lei no 9.469, de 10 de julho de 1997.

  ✔ O art. 32, §5º da Lei 13.140/2015 dispõe que se compreende na competência das câmaras de prevenção e resolução administrativa de conflitos as questões que envolvam equilíbrio econômico-financeiro de contratos celebrados pela administração com particulares.

Resolução da ANATEL nº 650, de 16 de março de 2015 - Aprova o Regimento Interno do Comitê de Defesa dos Usuários de Serviços de Telecomunicações – CDUST

➡ **Anexo** - Regimento Interno do Comitê de Defesa dos Usuários de Serviços de Telecomunicações (CDUST)

Resolução da ANATEL nº 658, de 11 de dezembro de 2015 - Revoga o Plano Geral de Atualização da Regulamentação das Telecomunicações no Brasil (PGR)

 Atos

Acórdão do Conselho Diretor da ANATEL, de 24 de fevereiro de 2015 (Ref. nº 53/2015) - A renúncia de outorgas de radiofrequências para cumprimento de exigência editalícia em licitação realizada pela ANATEL opera efeitos de extinção das outorgas renunciadas imediatamente após decorrido o prazo fixado no compromisso aposto aos autos do processo e a despeito da comprovação de início de negociações para transferência das outorgas correspondentes, não cabendo à licitante opor ao ato de extinção o fato de que não teria ultimado a transferência das outorgas ou do controle societário das empresas que detivessem outorgas nas subfaixas e áreas de prestação renunciadas pela licitante para pessoa não pertencente a seu grupo econômico. Alcançado o termo final do prazo compromissado sem a transferência de outorgas ou do controle societário das empresas que as detiverem, compete à ANATEL extinguir unilateralmente as outorgas abdicadas como exigência licitatória, independentemente da demora nas negociações privadas, exceto o caso de mora atribuível a ato ou inação da Administração Pública na anuência prévia correspondente.

Acórdão do Conselho Diretor da ANATEL, de 31 de julho de 2015 (Ref. nº 305/2015) - Tempestividade de recurso administrativo deve ser certificada do momento do seu recebimento no protocolo da Agência, não da postagem do documento.

Acórdão do Conselho Diretor da ANATEL, de 5 de janeiro de 2015 (Ref. nº 6/2015) - Possibilidade de celebração de TAC sobre infração de natureza grave relativa a indícios de prestação não outorgada de STFC, mesmo que a conduta já tenha sido regularizada. A celebração de TAC submete-se ao juízo da autoridade sobre a conveniência e oportunidade do acordo negocial como solução alternativa ao tradicional rito do procedimento sancionador para regularização de condutas infrativas

Acórdão do Conselho Diretor da ANATEL, de 5 de novembro de 2015 (Ref. nº 480/2015) - É ilícito o incentivo à realização de acessos discados à internet em horário de tarifa reduzida sob a promessa de que os usuários de STFC sejam remunerados pelo tempo de conexão ao provedor de acesso à internet, caracterizando a conduta prevista no art. 29 do Regulamento Geral de Interconexão, aprovado pela Resolução nº 410/2015, de uso indevido das rotas de interconexão para cursar tráfego artificialmente gerado além do "estritamente necessário à prestação do serviço" (art. 152 da LGT), bem como é possível a imposição de determinação administrativa de interrupção de tráfego, ou bloqueio de interconexão, para correção da conduta e devolução de valores pagos a mais, independentemente de ampla defesa e contraditório, por se tratar de ato de ofício da ANATEL para coibir conduta ilícita de regulado.

Relatório da Ouvidoria da ANATEL 2015

Poder Legislativo

Tribunal de Contas da União

 Jurisprudência

Tribunal de Contas da União - Acórdão TCU 2320, de 16 de setembro de 2015 - Relator: Min. Ministro Vital do Rêgo - Plenário do TCU - Unânime - j. 16-09-2015. [Catalogação de Márcio Iório Aranha]

Uso indevido de recursos do Fundo de Fiscalização das Telecomunicações (FISTEL) para abertura de créditos adicionais destinados ao custeio de ações estranhas aos serviços de custeio, manutenção e aperfeiçoamento da fiscalização dos serviços de telecomunicações fere a caracterização de tais recursos como fontes vinculadas. É possível, entretanto, a desvinculação de tais recursos mediante transferência de receita excedente ao Tesouro Nacional. A receita excedente deve constar, segundo determinação do TCU À ANATEL, de quadro demonstrativo do planejamento plurianual das receitas e despesas que acompanhe as propostas orçamentárias da autarquia e do FISTEL. Entendimento majoritário de que a afetação de receitas é característica das contribuições e não das taxas, desde que norma específica dê tratamento de uso livre dos saldos e que sejam preservadas continuamente as finalidades inicialmente estabelecidas pela taxa.

Tribunal de Contas da União - Acórdão do TCU nº 3311, de 09 de dezembro de 2015 - Relator: Min. Benjamin Zymler - Plenário do TCU - Unânime - j. 09-12-2015. [Catalogação de Márcio Iório Aranha]

Determinações à ANATEL sobre o acompanhamento dos bens reversíveis das concessões de Serviço Telefônico Fixo Comutado, bem como exigência de que a ANATEL disponibilize em seu sítio eletrônico, no prazo de 210 dias da ciência do acórdão, todas as relações de bens reversíveis de 2009 a 2014, contendo todos os dados classificados como sendo de caráter público, em formato de arquivo aberto, não-proprietário, estruturado e legível por máquina.

Poder Executivo

 Normatização

Lei nº 13.129, de 26 de maio de 2015 - Altera a Lei no 9.307, de 23 de setembro de 1996, e a Lei no 6.404, de 15 de dezembro de 1976, para ampliar o âmbito de aplicação da arbitragem e dispor sobre a escolha dos árbitros quando as partes recorrem a órgão arbitral, a interrupção da prescrição pela instituição da arbitragem, a concessão de tutelas cautelares e de urgência nos casos de arbitragem, a carta arbitral e a sentença arbitral, e revoga dispositivos da Lei no 9.307, de 23 de setembro de 1996.

✔ Possibilidade de arbitragem envolvendo a administração pública, desde que sobre direitos patrimoniais disponíveis e respeite os princípios da legalidade e da publicidade.

Presidência da República

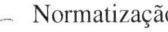 Normatização

Lei nº 13.159, de 10 de agosto de 2015 - Altera a Lei no 11.484, de 31 de maio de 2007, que dispõe sobre os incentivos às indústrias de equipamentos para TV Digital e de componentes eletrônicos semicondutores e sobre a proteção à propriedade intelectual das topografias de circuitos integrados, instituindo o Programa de Apoio ao Desenvolvimento Tecnológico da Indústria de Semicondutores - PADIS e o Programa de Apoio ao Desenvolvimento Tecnológico da Indústria de Equipamentos para a TV Digital - PATVD.

Ministério das Comunicações

Tema Conexo: Serviços no Setor de Telecomunicações : Radiodifusão.

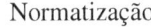 Normatização

Portaria MC nº 4.335, de 17 de setembro de 2015 - Dispõe sobre os procedimentos de permissão e concessão para execução dos serviços de radiodifusão sonora em frequência modulada e de sons e imagens, com finalidade exclusivamente educativa

➡ **Anexo I** - Requerimento de Demonstração de Interesse

➡ **Anexo II** - Proposta para Pessoa Jurídica de Direito Público Interno

➡ **Anexo III** - Proposta para Pessoa Jurídica de Direito Privado

➡ **Anexo IV** - Documentos Necessários para Habilitação

➡ **Anexo V** - Requerimento de Renovação de Outorga – Pessoa Jurídica de Direito Público Interno

➡ **Anexo VI** - Requerimento de Renovação de Outorga – Pessoa Jurídica de Direito Privado

➡ **Anexo VII** - Alteração de Quadro Diretivo

Ministério da Educação

 Normatização

Portaria Interministerial nº 2.098, de 14 de maio de 2015 - Estabelece as diretrizes para operacionalização do Canal da Educação no âmbito do Sistema Brasileiro de Televisão Digital Terrestre - SBTVD-T

Ministério da Cultura

Normatização

Portaria Interministerial nº 4.074, de 26 de Agosto de 2015 - Estabelece as diretrizes para operacionalização do Canal da Cultura no Sistema Brasileiro de Televisão Digital Terrestre

Poder Judiciário

STF

Jurisprudência

Supremo Tribunal Federal - Agravo Regimental no Recurso Extraordinário 811620 (RE 811620 AgR/MG) - Relator: Min. Edson Fachin - Plenário do STF - Unânime - j. 13-10-2015 - Diário da Justiça Eletrônico, 28-10-2015. [Catalogação de Márcio Iório Aranha]
    Inconstitucionalidade de disciplina estadual para cobrança de taxa de uso e ocupação de solo e espaço aéreo de instalações de equipamentos necessários à prestação de serviço público de telecomunicações por invasão de competência legislativa da União.

Supremo Tribunal Federal - Ação Direta de Inconstitucionalidade nº 2.615 (ADI 2.615 - Santa Catarina) - Relator: Min. Eros Grau - Plenário do STF - Maioria - j. 11-03-2015 - Diário da Justiça Eletrônico, 11-03-2015. [Catalogação de Márcio Iório Aranha]
    Inconstitucionalidade de disciplina estadual sobre as condições de cobrança do valor da assinatura básica por invasão de competência da União. O argumento de que se trata de direito do consumidor não autoriza estado-membro da federação a legislar sobre assinatura básica.

Supremo Tribunal Federal - Embargos de Declaração no Recurso Extraordinário 456534 Embargos de Declaração - (RE 456534/RS) - Relator: Min. Luís Roberto Barroso - Relator para o Acórdão: Min. Aldir Passarinho - Primeira Turma do STF - Unânime - j. 23-06-2015 - Diário da Justiça Eletrônico, 06-08-2015. [Catalogação de Márcio Iório Aranha]
    Constitucionalidade de disciplina municipal para cobrança de taxa de licença para instalação e de verificação da permanência das condições técnicas iniciais dos equipamentos destinados à energia elétrica e ao fornecimento de serviços de telecomunicações. A cobrança da taxa em razão do exercício do poder de polícia municipal para fiscalização quanto ao atendimento de regras de posturas municipais, desde que prevista em lei, é constitucional. O exercício de poder de polícia *in casu* é presumido.

Supremo Tribunal Federal - Habeas Corpus 128567/MG (HC 128567/MG, de 08 de setembro de 2015) - Relator: Min. Teori Zavascki - Segunda Turma do STF - Unânime - j. 08-09-2015 - Diário da Justiça Eletrônico, 23-09-2015. [Catalogação de Márcio Iório Aranha]
    Crime de exploração clandestina de atividade de telecomunicação (art. 183 da LGT) não se caracteriza como hipótese de aplicação do princípio da insignificância. Baixa potência do equipamento de telecomunicações utilizado não autoriza atipicidade do crime por aplicação do princípio da insignificância. Trata-se de crime formal, ou seja, que não exige resultado naturalístico, de perigo abstrato, consumando-se com o mero desenvolvimento clandestino da

atividade, O eventual dano a terceiro em determinado caso concreto configura causa de aumento de pena e também não autoriza a aplicação do princípio da insignificância, pois o crime não tem como pressuposto a ocorrência do prejuízo econômico: ele visa à proteção de um bem difuso de potencial risco de lesão ao regular funcionamento do sistema de telecomunicações. Desde que caracterizada a habitualidade exigida na tipificação do art. 183 da LGT, que o diferencia da conduta tipificada no art. 70 do CBT, aquele que coloca em funcionamento rádio comunitária de forma irregular com equipamentos de potência superior ao permitido e capaz de interferir em outras atividades de telecomunicações não se beneficia do princípio da insignificância, pois ausentes os requisitos da inexpressividade da lesão jurídica e da mínima ofensividade da conduta.

STJ

 Jurisprudência

Superior Tribunal de Justiça - Agravo Regimental no Recurso Especial nº 1384340 (STJ - RESP 1384340 AgRg/DF - Distrito Federal) - Relator: Min. Paulo de Tarso Sanseverino - Terceira Turma do STJ - Unânime - j. 05-05-2015 - Diário da Justiça Eletrônico, 12-05-2015. [Catalogação de Márcio Iório Aranha] O Marco Civil da Internet (Lei 12.965/2014) não se aplica a fatos pretéritos a sua edição. Comentário ofensivo postado no ORKUT é de responsabilidade do provedor de hospedagem devidamente notificado que não providenciou a identificação do IP do autor da defesa, mesmo que a impossibilidade de identificação do ofensor resulte de caso fortuito ou força maior ocorridos durante o atraso na identificação do IP do autor da ofensa.

Prestadora / Operadora

 Normatização

Lei nº 13.116, de 20 de abril de 2015 - (Lei Geral das Antenas) Estabelece normas gerais para implantação e compartilhamento da infraestrutura de telecomunicações e altera as Leis nos 9.472, de 16 de julho de 1997, 11.934, de 5 de maio de 2009, e 10.257, de 10 de julho de 2001.

Lei nº 13.129, de 26 de maio de 2015 - Altera a Lei no 9.307, de 23 de setembro de 1996, e a Lei no 6.404, de 15 de dezembro de 1976, para ampliar o âmbito de aplicação da arbitragem e dispor sobre a escolha dos árbitros quando as partes recorrem a órgão arbitral, a interrupção da prescrição pela instituição da arbitragem, a concessão de tutelas cautelares e de urgência nos casos de arbitragem, a carta arbitral e a sentença arbitral, e revoga dispositivos da Lei no 9.307, de 23 de setembro de 1996.

✔ Possibilidade de arbitragem envolvendo a administração pública, desde que sobre direitos patrimoniais disponíveis e respeite os princípios da legalidade e da publicidade.

Lei nº 13.140, de 26 de junho de 2015 - Dispõe sobre a mediação entre particulares como meio de solução de controvérsias e sobre a autocomposição de conflitos no âmbito da administração pública; altera a Lei no 9.469, de 10 de julho de 1997, e o Decreto no 70.235, de 6 de março de 1972; e revoga o § 2o do art. 6o da Lei no 9.469, de 10 de julho de 1997.

✔ O art. 32, §5º da Lei 13.140/2015 dispõe que se compreende na competência das câmaras de prevenção e resolução administrativa de conflitos as questões que envolvam equilíbrio econômico-financeiro de contratos celebrados pela administração com particulares.

 Atos

Acórdão do Conselho Diretor da ANATEL, de 5 de janeiro de 2015 (Ref. nº 6/2015) - Possibilidade de celebração de TAC sobre infração de natureza grave relativa a indícios de prestação não outorgada de STFC, mesmo que a conduta já tenha sido regularizada. A celebração de TAC submete-se ao juízo da autoridade sobre a conveniência e oportunidade do acordo negocial como solução alternativa ao tradicional rito do procedimento sancionador para regularização de condutas infrativas

Ato do Conselho Diretor da ANATEL nº 448, de 22 de janeiro de 2015 - Concede anuência prévia à transferência do controle integral da GVT PARTICIPAÇÕES S/A para a TELEFÔNICA BRASIL S/A, mediante condicionamentos de eliminação de sobreposição de outorgas do STFC, de assunção pela adquirente das obrigações de manutenção de cobertura geográfica e continuidade de atendimento do STFC, SCM e SeAC, de manutenção das ofertas de planos de serviços e ofertas conjuntas de STFC, SCM e SeAC então vigentes pelo prazo mínimo de 18 meses, de manutenção dos contratos em vigor com os usuários ao tempo da operação pelo prazo mínimo de 18 meses, de expansão da cobertura da rede e dos princípios serviços de telecomunicações envolvidos na operação, dentre outros.

Usuário / Consumidor

 Jurisprudência

Superior Tribunal de Justiça - Agravo Regimental no Recurso Especial nº 1384340 (STJ - RESP 1384340 AgRg/DF - Distrito Federal) - Relator: Min. Paulo de Tarso Sanseverino - Terceira Turma do STJ - Unânime - j. 05-05-2015 - Diário da Justiça Eletrônico, 12-05-2015. [Catalogação de Márcio Iório Aranha]
O Marco Civil da Internet (Lei 12.965/2014) não se aplica a fatos pretéritos a sua edição. Comentário ofensivo postado no ORKUT é de responsabilidade do provedor de hospedagem devidamente notificado que não providenciou a identificação do IP do autor da defesa, mesmo que a impossibilidade de identificação do ofensor resulte de caso fortuito ou força maior ocorridos durante o atraso na identificação do IP do autor da ofensa.

 Normatização

Resolução da ANATEL nº 650, de 16 de março de 2015 - Aprova o Regimento Interno do Comitê de Defesa dos Usuários de Serviços de Telecomunicações – CDUST
➥ **Anexo** - Regimento Interno do Comitê de Defesa dos Usuários de Serviços de Telecomunicações (CDUST)

Provedor de Aplicações de Intenet

 Jurisprudência

Superior Tribunal de Justiça - Agravo Regimental no Recurso Especial nº 1384340 (STJ - RESP 1384340 AgRg/DF - Distrito Federal) - Relator: Min. Paulo de Tarso Sanseverino - Terceira Turma do STJ - Unânime - j. 05-05-2015 - Diário da Justiça Eletrônico, 12-05-2015. [Catalogação de Márcio Iório Aranha] O Marco Civil da Internet (Lei 12.965/2014) não se aplica a fatos pretéritos a sua edição. Comentário ofensivo postado no ORKUT é de responsabilidade do provedor de hospedagem devidamente notificado que não providenciou a identificação do IP do autor da defesa, mesmo que a impossibilidade de identificação do ofensor resulte de caso fortuito ou força maior ocorridos durante o atraso na identificação do IP do autor da ofensa.

Normas Referenciadas

Lei Ordinária

Lei nº 13.097, de 19 de janeiro de 2015 - Reduz a zero as alíquotas da Contribuição para o PIS/PASEP, da COFINS, da Contribuição para o PIS/Pasep-Importação e da Cofins-Importação incidentes sobre a receita de vendas e na importação de partes utilizadas em aerogeradores; prorroga os benefícios previstos nas Leis nos 9.250, de 26 de dezembro de 1995, 9.440, de 14 de março de 1997, 10.931, de 2 de agosto de 2004, 11.196, de 21 de novembro de 2005, 12.024, de 27 de agosto de 2009, e 12.375, de 30 de dezembro de 2010; altera o art. 46 da Lei no12.715, de 17 de setembro de 2012, que dispõe sobre a devolução ao exterior ou a destruição de mercadoria estrangeira cuja importação não seja autorizada; altera as Leis nos 9.430, de 27 de dezembro de 1996, 12.546, de 14 de dezembro de 2011, 12.973, de 13 de maio de 2014, 9.826, de 23 de agosto de 1999, 10.833, de 29 de dezembro de 2003, 10.865, de 30 de abril de 2004, 11.051, de 29 de dezembro de 2004, 11.774, de 17 de setembro de 2008, 10.637, de 30 de dezembro de 2002, 12.249, de 11 de junho de 2010, 10.522, de 19 de julho de 2002, 12.865, de 9 de outubro de 2013, 10.820, de 17 de dezembro de 2003, 6.634, de 2 de maio de 1979, 7.433, de 18 de dezembro de 1985, 11.977, de 7 de julho de 2009, 10.931, de 2 de agosto de 2004, 11.076, de 30 de dezembro de 2004, 9.514, de 20 de novembro de 1997, 9.427, de 26 de dezembro de 1996, 9.074, de 7 de julho de 1995, 12.783, de 11 de janeiro de 2013, 11.943, de 28 de maio de 2009, 10.848, de 15 de março de 2004, 7.565, de 19 de dezembro de 1986, 12.462, de 4 de agosto de 2011, 9.503, de 23 de setembro de 1997, 11.442, de 5 de janeiro de 2007, 8.666, de 21 de junho de 1993, 9.782, de 26 de janeiro de 1999, 6.360, de 23 de setembro de 1976, 5.991, de 17 de dezembro de 1973, 12.850, de 2 de agosto de 2013, 5.070, de 7 de julho de 1966, 9.472, de 16 de julho de 1997, 10.480, de 2 de julho de 2002, 8.112, de 11 de dezembro de 1990, 6.530, de 12 de maio de 1978, 5.764, de 16 de dezembro de 1971, 8.080, de 19 de setembro de 1990, 11.079, de 30 de dezembro de 2004, 13.043, de 13 de novembro de 2014, 8.987, de 13 de fevereiro de 1995, 10.925, de 23 de julho de 2004, 12.096, de 24 de novembro de 2009, 11.482, de 31 de maio de 2007, 7.713, de 22 de dezembro de 1988, a Lei Complementar no 123, de 14 de dezembro de 2006, o Decreto-Lei no 745, de 7 de agosto de 1969, e o Decreto no 70.235, de 6 de março de 1972; revoga dispositivos das Leis nos 4.380, de 21 de agosto de 1964, 6.360, de 23 de setembro de 1976, 7.789, de 23 de novembro de 1989, 8.666, de 21 de junho de 1993, 9.782, de 26 de janeiro de 1999, 10.150, de 21 de dezembro de 2000, 9.430, de 27 de dezembro de 1996, 12.973, de 13 de maio de 2014, 8.177, de 1o de março de 1991, 10.637, de 30 de dezembro de 2002, 10.833, de 29 de dezembro de 2003, 10.865, de 30 de abril de 2004, 11.051, de 29 de dezembro de 2004 e 9.514, de 20 de novembro de 1997, e do Decreto-Lei no 3.365, de 21 de junho de 1941; e dá outras providências.	
Nota Vigência	Data de publicação no DOU
Dispositivos	CF, Art. 21, inciso XII, alínea a (em 15/08/1995); CF, Art. 223, caput; LGT, Art. 211, caput.
Altera	Lei nº 5.070/1966 - Cria o Fundo de Fiscalização das Telecomunicações e dá outras providências. Alterada pela Lei nº 9.472/97 (LGT).
Correlata	Medida Provisória nº 656, de 7 de outubro de 2014

Publicação	Diário Oficial da União, Seção 1, 20/01/2015, pág. p.1
Temas	Temas : Administração do Setor de Telecomunicações : Outorgas : Licitação
	Temas : Administração do Setor de Telecomunicações : Outorgas : Preço Público e Preço Privado
	Temas : Administração do Setor de Telecomunicações : Tributação no Setor de Telecomunicações
	Temas : Infraestrutura e Recursos do Setor de Telecomunicações : Equipamentos de Telecomunicações : Antenas
	Temas : Infraestrutura e Recursos do Setor de Telecomunicações : Equipamentos de Telecomunicações : Estações de Telecomunicações
	Temas : Infraestrutura e Recursos do Setor de Telecomunicações : Equipamentos de Telecomunicações : Terminais
	Temas : Políticas de Telecomunicações : Fundos Setoriais de Telecomunicações : FISTEL
	Temas : Serviços no Setor de Telecomunicações : Radiodifusão

Lei nº 13.116, de 20 de abril de 2015 - (Lei Geral das Antenas) Estabelece normas gerais para implantação e compartilhamento da infraestrutura de telecomunicações e altera as Leis nos 9.472, de 16 de julho de 1997, 11.934, de 5 de maio de 2009, e 10.257, de 10 de julho de 2001.	
Nota Vigência	Data de publicação no DOU
Dispositivos	CF, Art. 21, inciso XI (em 15/08/1995); CF, Art. 21, inciso XII, alínea a (em 15/08/1995); LGT, Art. 74 (em 20/04/2015); LGT, Art. 173, caput.
Altera	Lei nº 9.472/1997 - Dispõe sobre a organização dos serviços de telecomunicações, a criação e funcionamento de um órgão regulador e outros aspectos institucionais, nos termos da Emenda Constitucional nº 8, de 1995.
	Lei 10.257, de 10 de julho de 2001
	Lei nº 11.934/2009 - Dispõe sobre limites à exposição humana a campos elétricos, magnéticos e eletromagnéticos; altera a Lei no 4.771, de 15 de setembro de 1965; e dá outras providências.
Correlata	Resolução ANATEL-ANEEL nº 4, de 16 de dezembro de 2014 - Aprova o preço de referência para o compartilhamento de postes entre distribuidoras de energia elétrica e prestadoras de serviços de telecomunicações, a ser utilizado nos processos de resolução de conflitos, e estabelece regras para uso e ocupação dos Pontos de Fixação
Publicação	Diário Oficial da União, Seção 1, 22-04-2015, pág. p. 10
Temas	Temas : Atores no Setor de Telecomunicações : Prestadora / Operadora
	Temas : Infra-estrutura e Recursos do Setor de Telecomunicações : Infraestrutura de Telecomunicações : Bem Público (utilização e restrição)
	Temas : Infraestrutura e Recursos do Setor de Telecomunicações : Equipamentos de Telecomunicações : Antenas
	Temas : Infraestrutura e Recursos do Setor de Telecomunicações : Equipamentos de Telecomunicações : Estações de Telecomunicações
	Temas : Infraestrutura e Recursos do Setor de Telecomunicações : Infra-estrutura de Telecomunicações : Compartilhamento de Infraestrutura
	Temas : Infraestrutura e Recursos do Setor de Telecomunicações : Infraestrutura de Telecomunicações
	Temas : Infraestrutura e Recursos do Setor de Telecomunicações : Redes de Telecomunicações
	Temas : Políticas de Telecomunicações : Concorrência no Setor de Telecomunicações
	Temas : Políticas de Telecomunicações : Universalização e Massificação
	Temas : Ramos Jurídicos Afins : Direito Urbanístico
	Temas : Serviços no Setor de Telecomunicações : Serviço Móvel Pessoal (SMP)

	Temas : Serviços no Setor de Telecomunicações : Serviço Telefônico Fixo Comutado (STFC)

Lei nº 13.129, de 26 de maio de 2015 - Altera a Lei no 9.307, de 23 de setembro de 1996, e a Lei no 6.404, de 15 de dezembro de 1976, para ampliar o âmbito de aplicação da arbitragem e dispor sobre a escolha dos árbitros quando as partes recorrem a órgão arbitral, a interrupção da prescrição pela instituição da arbitragem, a concessão de tutelas cautelares e de urgência nos casos de arbitragem, a carta arbitral e a sentença arbitral, e revoga dispositivos da Lei no 9.307, de 23 de setembro de 1996.

Nota Vigência	Após 60 dias da data de publicação.
Dispositivos	CF, Art. 21, inciso XI; CF, Art. 21, inciso XII, alínea a (em 15/08/1995); LGT, Art. 1º, Parágrafo Único; LGT, Art. 19, inciso XVII; LGT, Art. 83, Parágrafo Único; LGT, Art. 93, inciso XV; LGT, Art. 103, caput; LGT, Art. 127, caput.
Altera	Lei nº 6.404/1976 Lei da Arbitragem - Dispõe sobre a arbitragem.
Publicação	Diário Oficial da União, Seção 1, 27-05-2015, pág. p.1
Temas	Temas : Administração do Setor de Telecomunicações : Fiscalização das Telecomunicações Temas : Administração do Setor de Telecomunicações : Outorgas : Preço Público e Preço Privado Temas : Atores no Setor de Telecomunicações : ANATEL Temas : Atores no Setor de Telecomunicações : Poder Executivo Temas : Atores no Setor de Telecomunicações : Prestadora / Operadora Temas : Fundamentos : Conceitos Fundamentais : Direito à Privacidade Temas : Políticas de Telecomunicações : Controle Social, Hierárquico e Interorgânico

Lei nº 13.140, de 26 de junho de 2015 - Dispõe sobre a mediação entre particulares como meio de solução de controvérsias e sobre a autocomposição de conflitos no âmbito da administração pública; altera a Lei no 9.469, de 10 de julho de 1997, e o Decreto no 70.235, de 6 de março de 1972; e revoga o § 2o do art. 6o da Lei no 9.469, de 10 de julho de 1997.

Nota Vigência	180 dias após sua publicação no DOU
Dispositivos	CF, Art. 21, inciso XI (em 15/08/1995); CF, Art. 21, inciso XII, alínea a (em 15/08/1995); LGT, Art. 1º, Parágrafo Único; LGT, Art. 19, inciso XVII; LGT, Art. 83, Parágrafo Único; LGT, Art. 93, inciso XV; LGT, Art. 110, inciso III.
Altera	Lei nº 9.469/ 1997 Decreto nº 70.235, de 6 de março de 1972
Publicação	Diário Oficial da União, Seção 1, 29-06-2015, pág. p.4
Temas	Temas : Administração do Setor de Telecomunicações : Outorgas : Concessão (regras aplicáveis) Temas : Administração do Setor de Telecomunicações : Outorgas : Permissão (regras aplicáveis) Temas : Administração do Setor de Telecomunicações : Outorgas : Preço Público e Preço Privado Temas : Atores no Setor de Telecomunicações : ANATEL Temas : Atores no Setor de Telecomunicações : Prestadora / Operadora Temas : Serviços no Setor de Telecomunicações : Radiodifusão Temas : Serviços no Setor de Telecomunicações : Serviço Telefônico Fixo Comutado (STFC)

Lei nº 13.146, de 6 de julho de 2015 - Institui a Lei Brasileira de Inclusão da Pessoa com Deficiência (Estatuto da Pessoa com Deficiência)

Nota Vigência	Início da vigência: 180 dias após sua publicação no DOU

	Prorrogação até 31 de dezembro de 2021 da vigência da Lei 8989, de 24 de fevereiro de 1995.
Dispositivos	CF, Art. 21, inciso XI (em 15/08/1995); CF, Art. 21, inciso XII, alínea a (em 15/08/1995); LGT, Art. 79, § 1°; LGT, Art. 156, § 1°.
Altera	Lei n° 4.737/1965
	Lei n° 7.853/1989
	Lei n° 8.036, de 11 de maio de 1990 - Dispõe sobre o Fundo de Garantia do Tempo de Serviço e dá outras providências.
	Lei n° 8.078/1990 - Código de Defesa do Consumidor.
	Lei n° 8.213, de 24 de julho de 1991
	Lei n° 8.313/1991
	Lei n° 8.429, 02/06/1992 - Dispõe sobre as sanções aplicáveis aos agentes públicos nos casos de enriquecimento ilícito no exercício de mandato, cargo, emprego ou função na administração pública direta, indireta ou fundacional e dá outras providências.
	Lei n° 8.666/93 - Regulamenta o artigo 37, inciso XXI, da Constituição Federal, institui normas para licitações e contratos da Administração Pública e dá outras providências.
	Lei n° 8.742, 07/12/1993 - Dispõe sobre a organização da Assistência Social e dá outras providências.
	Lei 9.008, de 21 de março de 1995
	Lei n° 9.029/1995
	Lei 9.250, de 26 de dezembro de 1995
	Lei 9.503/1997
	Lei 9.615, de 24 de março de 1998
	Lei n° 10.048/2000 - Dá prioridade de atendimento às pessoas que especifica, e dá outras providências.
	Lei n° 10.098/2000 - Estabelece normas gerais e critérios básicos para a promoção da acessibilidade das pessoas portadoras de deficiência ou com mobilidade reduzida, e dá outras providências.
	Lei 10.257, de 10 de julho de 2001
	Lei n° 10.406/2002
	Lei 11.904, de 14 de janeiro de 2009
	Lei 12.587, de 3 de janeiro de 2012
	Decreto-Lei n° 5.452/1943
Correlata	Lei n° 8.313/1991
	Lei n° 8.429, 02/06/1992 - Dispõe sobre as sanções aplicáveis aos agentes públicos nos casos de enriquecimento ilícito no exercício de mandato, cargo, emprego ou função na administração pública direta, indireta ou fundacional e dá outras providências.
	Lei n° 9.472/1997 - Dispõe sobre a organização dos serviços de telecomunicações, a criação e funcionamento de um órgão regulador e outros aspectos institucionais, nos termos da Emenda Constitucional n° 8, de 1995.
	Decreto Legislativo n° 186, de 9 de julho de 2008
	Decreto 6.949, de 25 de agosto de 2009
Publicação	Diário Oficial da União, Seção 1, 07-07-2015, pág. p.2
Temas	Temas : Aplicações de Telecomunicações : Acessibilidade
	Temas : Aplicações de Telecomunicações : Internet
	Temas : Classificações de Serviços no Setor de Telecomunicações : Quanto ao Gênero : Serviço de Valor Adicionado
	Temas : Classificações de Serviços no Setor de Telecomunicações : Quanto ao Interesse : Serviço de Interesse Coletivo
	Temas : Fundamentos : Conceitos Fundamentais : Era da Informação
	Temas : Infraestrutura e Recursos do Setor de Telecomunicações : Equipamentos de Telecomunicações : Terminais

Temas : Políticas de Telecomunicações : Universalização : Acesso à Telecomunicações : Portador de Deficiência
Temas : Serviços no Setor de Telecomunicações : Internet
Temas : Serviços no Setor de Telecomunicações : Radiodifusão : Televisão Aberta
Temas : Serviços no Setor de Telecomunicações : Serviço Móvel Pessoal (SMP)
Temas : Serviços no Setor de Telecomunicações : Serviço Telefônico Fixo Comutado (STFC)
Temas : Serviços no Setor de Telecomunicações : Serviço de Acesso Condicionado (SeAC)

Lei nº 13.159, de 10 de agosto de 2015 - Altera a Lei no 11.484, de 31 de maio de 2007, que dispõe sobre os incentivos às indústrias de equipamentos para TV Digital e de componentes eletrônicos semicondutores e sobre a proteção à propriedade intelectual das topografias de circuitos integrados, instituindo o Programa de Apoio ao Desenvolvimento Tecnológico da Indústria de Semicondutores - PADIS e o Programa de Apoio ao Desenvolvimento Tecnológico da Indústria de Equipamentos para a TV Digital - PATVD.	
Nota Vigência	Data de publicação no DOU
Dispositivos	LGT, Art. 2º, inciso VI; LGT, Art. 211, caput.
Altera	Lei nº 11.484/ 2007 - Dispõe sobre os incentivos às indústrias de equipamentos para TV Digital e de componentes eletrônicos semicondutores e sobre a proteção à propriedade intelectual das topografias de circuitos integrados, instituindo o Programa de Apoio ao Desenvolvimento Tecnológico da Indústria de Semicondutores e o Programa de Apoio ao Desenvolvimento Tecnológico da Indústria de Equipamentos para a TV Digital – PATVD; altera a Lei no 8.666, de 21 de junho de 1993; e revoga o art. 26 da Lei no 11.196, de 21 de novembro de 2005.
Publicação	Diário Oficial da União, Edição Extra, 11-08-2015, pág. p.1
Temas	Temas : Atores no Setor de Telecomunicações : Poder Executivo : Presidência da República
	Temas : Serviços no Setor de Telecomunicações : Radiodifusão : Televisão Aberta : TV Digital

Lei nº 13.188, de 11 de novembro de 2015 - Dispõe sobre o direito de resposta ou retificação do ofendido em matéria divulgada, publicada ou transmitida por veículo de comunicação social	
Nota Vigência	Data de publicação no DOU
Dispositivos	CF, Art. 5º, inciso V; CF, Art. 220, § 1º; CF, Art. 221, inciso IV; CF, Art. 222, § 3º; LGT, Art. 3º, inciso V; LGT, Art. 3º, inciso XII; LGT, Art. 211, caput.
Altera	Código Penal
Correlata	Lei nº 5.250/1967 - Regula a liberdade de manifestação do pensamento e de informação.
	Lei nº 12.965/2014 - Estabelece princípios, garantias, direitos e deveres para o uso da Internet no Brasil.
Regulamenta	Constituição da República Federativa do Brasil de 1988
Publicação	Diário Oficial da União, Seção 1, 12-11-2015, págs. p. 1-2
Temas	Temas : Aplicações de Telecomunicações : Internet
	Temas : Fundamentos : Conceitos Fundamentais : Direito à Privacidade
	Temas : Fundamentos : Conceitos Fundamentais : Liberdade de Expressão
	Temas : Serviços no Setor de Telecomunicações : Internet
	Temas : Serviços no Setor de Telecomunicações : Radiodifusão
	Temas : Serviços no Setor de Telecomunicações : Serviço de Acesso Condicionado (SeAC)

Decreto

Portaria MC nº 6.738, de 21 de dezembro de 2015 - Dispõe sobre os procedimentos de autorização para a execução do Serviço de Retransmissão de Televisão, em caráter secundário, com utilização de tecnologia digital e dá outras providências	
Nota Vigência	Data de publicação no DOU
Anexos	Anexo I - Manifestação Formal de Interesse
	Anexo II - Documentos Necessários para Habilitação de Pessoas de Direito Público Interno (Estados, Distrito Federal e Municípios)
	Anexo III - Documentos Necessários para Habilitação de Pessoas Jurídicas integrantes da Administração Indireta Federal, Estadual, Distrital e Municipal
	Anexo IV - Documentos Necessários para Habilitação de Concessionárias do Serviço de Radiodifusão de Sons e Imagens interessadas na Execução do Serviço de RTV para Retransmitir seus próprios sinais
	Anexo V - Documentos Necessários para Habilitação de Demais Pessoas Jurídicas
	Anexo VI - Declaração de Concordância
Dispositivos	CF, Art. 21, inciso XII, alínea a (em 15/08/1995); CF, Art. 223, caput; LGT, Art. 211, caput.
Altera	Portaria MC nº 366, de 14 de agosto de 2012 - Dispõe sobre os procedimentos de autorização para a execução dos serviços de retransmissão e repetição de televisão.
Correlata	Portaria MC nº 477, de 20 de junho de 2014 - Estabelece o cronograma de transição da transmissão analógica dos serviços de radiodifusão de sons e imagens e de retransmissão de televisão para o SBTVD-T.
	Portaria nº 481/2014 - Disciplina as condições de cobertura para desligamento da transmissão analógica dos serviços de radiodifusão de sons e imagens e de retransmissão de televisão e o papel da Anatel no processo de desligamento.
Regulamenta	Decreto nº 5.371/2005 - Aprova o Regulamento do Serviço de Retransmissão de Televisão e do Serviço de Repetição de Televisão, ancilares ao Serviço de Radiodifusão de Sons e Imagens.
Publicação	Diário Oficial da União, Seção 1, 23-12-2015, págs. p. 109-111
Temas	Temas : Serviços no Setor de Telecomunicações : Radiodifusão : Televisão Aberta : TV Digital

Decreto nº 8.632, de 30 de dezembro de 2015 - Aprova o Programa de Dispêndios Globais - PDG para 2016 das empresas estatais federais, e dá outras providências	
Nota Vigência	Data de publicação no DOU
Anexos	Anexo I - Programa de Dispêndios Globais – PDG para 2016 das empresas estatais federais
	Anexo II - Resultado Primário das Empresas Estatais Federais: Metas para o Exercício de 2016
Dispositivos	LGT, Art. 186, caput.
Publicação	Diário Oficial da União, Seção 1, 31-12-2015, págs. p. 41-68

Portaria Ministerial

Portaria MC nº 1.581, de 9 de abril de 2015 - Regulamenta o uso da faixa de 174 MHz a 216 MHz (VHF alto) para TV Digital	
Órgão Emissor	Ministério das Comunicações - Gabinete do Ministro.
Nota Vigência	Data de publicação no DOU.
Dispositivos	CF, Art. 21, inciso XII, alínea a (em 15/08/1995); CF, Art. 223, caput; LGT, Art. 19, inciso VIII; LGT, Art. 158, § 1º, inciso III; LGT, Art. 211, caput.

Correlata	Decreto nº 5.820/2006 - Dispõe sobre a implantação do SBTVD-T, estabelece diretrizes para a transição do sistema de transmissão analógica para o sistema de transmissão digital do serviço de radiodifusão de sons e imagens e do serviço de retransmissão de televisão, e dá outras providências. Portaria nº 481/2014 - Disciplina as condições de cobertura para desligamento da transmissão analógica dos serviços de radiodifusão de sons e imagens e de retransmissão de televisão e o papel da Anatel no processo de desligamento.
Publicação	Diário Oficial da União, Seção 1, 13-04-2015, pág. p. 57
Temas	Temas : Infraestrutura e Recursos do Setor de Telecomunicações : Espectro de Radiofrequência : Condições de Uso de Radiofrequência e Canalização (Distribuição de Canais) Temas : Serviços no Setor de Telecomunicações : Radiodifusão : Televisão Aberta : TV Digital

Portaria MC nº 320, de 12 de janeiro de 2015 - Altera a Portaria nº 55, de 12 de março de 2013, do Ministério das Comunicações, que regulamenta os procedimentos para submissão, análise, aprovação, acompanhamento e fiscalização dos projetos apresentados ao Ministério das Comunicações referentes ao Regime Especial de Tributação do Programa Nacional de Banda Larga para Implantação de Redes de Telecomunicações - REPNBL-Redes.

Órgão Emissor	Ministério das Comunicações - Gabinete do Ministro.
Nota Vigência	Data de publicação no DOU.
Anexos	Anexo - Alterações dos percentuais mínimos para equipamentos e componentes de redes produzidos de acordo com o respectivo PPB e desenvolvidos com tecnologia nacional
Dispositivos	LGT, Art. 2º, inciso I; LGT, Art. 2º, inciso V; LGT, Art. 3º, inciso I.
Altera	Portaria MC nº 55, de 12 de março de 2013 - Regulamenta os procedimentos para submissão, análise, aprovação, acompanhamento e fiscalização dos projetos apresentados ao Ministério das Comunicações referentes ao Regime Especial de Tributação do Programa Nacional de Banda Larga para Implantação de Redes de Telecomunicações - REPNBL-Redes, de que trata a Lei nº 12.715, de 17 de setembro de 2012 e o Decreto nº 7.921, de 15 de fevereiro de 2013. Anexo 2 – Percentuais mínimos para equipamentos e componentes de redes produzidos de acordo com o respectivo PPB e desenvolvidos com tecnologia nacional - Percentuais mínimos para equipamentos e componentes de redes produzidos de acordo com o respectivo PPB e desenvolvidos com tecnologia nacional.
Regulamenta	Lei nº 12.715/2012 - Altera a alíquota das contribuições previdenciárias sobre a folha de salários devidas pelas empresas que especifica; institui o Programa de Incentivo à Inovação Tecnológica e Adensamento da Cadeia Produtiva de Veículos Automotores, o Regime Especial de Tributação do Programa Nacional de Banda Larga para Implantação de Redes de Telecomunicações, o Regime Especial de Incentivo a Computadores para Uso Educacional, o Programa Nacional de Apoio à Atenção Oncológica e o Programa Nacional de Apoio à Atenção da Saúde da Pessoa com Deficiência; restabelece o Programa Um Computador por Aluno; altera o Programa de Apoio ao Desenvolvimento Tecnológico da Indústria de Semicondutores, instituído pela Lei no 11.484, de 31 de maio de 2007; altera as Leis nos 9.250, de 26 de dezembro de 1995, 11.033, de 21 de dezembro de 2004, 9.430, de 27 de dezembro de 1996, 10.865, de 30 de abril de 2004, 11.774, de 17 de setembro 2008, 12.546, de 14 de dezembro de 2011, 11.484, de 31 de maio de 2007, 10.637, de 30 de dezembro de 2002, 11.196, de 21 de novembro de 2005, 10.406, de 10 de janeiro de 2002, 9.532, de 10 de dezembro de 1997, 12.431, de 24 de junho de 2011, 12.414, de 9 de junho de 2011, 8.666, de 21 de junho de 1993, 10.925, de 23 de julho de 2004, os Decretos-Leis nos 1.455, de 7 de abril de 1976, 1.593, de 21 de dezembro de 1977, e a Medida Provisória no 2.199-14, de 24 de agosto de 2001; e dá outras providências. Decreto nº 7.921, de 15 de fevereiro de 2013 - Regulamenta a aplicação do Regime Especial de Tributação do Programa Nacional de Banda Larga para Implantação de Redes de Telecomunicações - REPNBL-Redes, de que trata a Lei nº 12.715, de 17 de setembro de 2012.

Publicação	Diário Oficial da União, Seção 1, 14-01-2015, págs. p. 45-46
	Diário Oficial da União, Seção 1, 16-01-2015, pág. p. 45 [Retificação]
Temas	Temas : Aplicações de Telecomunicações : Banda Larga
	Temas : Serviços no Setor de Telecomunicações : Internet

Portaria MC nº 294, de 30 de janeiro de 2015 - Estabelece o valor máximo da multa por infração às disposições da Lei 4.117/62 ou demais normas aplicáveis aos serviços de radiodifusão e seus ancilares.

Órgão Emissor	Ministério das Comunicações - Gabinete do Ministro.
Nota Vigência	Data de publicação no DOU.
Dispositivos	LGT, Art. 211, caput.
Regulamenta	Lei nº 4.117/1962 - Institui o Código Brasileiro de Telecomunicações.
Publicação	Diário Oficial da União, Seção 1, 04-02-2015, pág. p. 28
Temas	Temas : Administração do Setor de Telecomunicações : Fiscalização das Telecomunicações
	Temas : Serviços no Setor de Telecomunicações : Radiodifusão

Portaria MC nº 4.335, de 17 de setembro de 2015 - Dispõe sobre os procedimentos de permissão e concessão para execução dos serviços de radiodifusão sonora em frequência modulada e de sons e imagens, com finalidade exclusivamente educativa

Órgão Emissor	Ministério das Comunicações - Gabinete do Ministro.
Nota Vigência	Data de publicação no DOU
Anexos	Anexo I - Requerimento de Demonstração de Interesse
	Anexo II - Proposta para Pessoa Jurídica de Direito Público Interno
	Anexo III - Proposta para Pessoa Jurídica de Direito Privado
	Anexo IV - Documentos Necessários para Habilitação
	Anexo V - Requerimento de Renovação de Outorga – Pessoa Jurídica de Direito Público Interno
	Anexo VI - Requerimento de Renovação de Outorga – Pessoa Jurídica de Direito Privado
	Anexo VII - Alteração de Quadro Diretivo
Dispositivos	CF, Art. 221, inciso I; CF, Art. 223, caput; LGT, Art. 211, caput.
Correlata	Decreto-Lei nº 236/1967 - Complementa e modifica a Lei número 4.117 de 27 de agôsto de 1962.
	Decreto nº 52.795/1963 - Aprova o Regulamento dos Serviços de Radiodifusão.
Publicação	Diário Oficial da União, Seção 1, 21-09-2015, págs. 80-83
	Diário Oficial da União, Seção 1, 22-09-2015, pág. p. 57 [Retificação]
Temas	Temas : Administração do Setor de Telecomunicações : Outorgas : Concessão (regras aplicáveis)
	Temas : Administração do Setor de Telecomunicações : Outorgas : Permissão (regras aplicáveis)
	Temas : Administração do Setor de Telecomunicações : Processo Administrativo
	Temas : Atores no Setor de Telecomunicações : Poder Executivo : Ministério das Comunicações
	Temas : Serviços no Setor de Telecomunicações : Radiodifusão : Rádio Aberta

Portaria MC nº 4.287, de 21 de setembro de 2015 - Dispõe sobre os procedimentos de seleção pública e de autorização para a execução do Serviço de Retransmissão de Televisão, com utilização de tecnologia digital, ancilar ao Serviço de Radiodifusão de Sons e Imagens, durante a transição do sistema de transmissão analógica para o sistema de transmissão digital e dá outras providências

Órgão Emissor	Ministério das Comunicações - Gabinete do Ministro.

Nota Vigência	Data de publicação no DOU
Anexos	Anexo I - Continuidade do Serviço de RTV em Tecnologia Digital Anexo II - Alteração de Características Técnicas para o Serviço de RTVD Anexo III - Proposta para Aprovação de Locais e Equipamentos – RTVD Anexo IV - Continuidade do Serviço de RTV em Tecnologia Digital
Dispositivos	CF, Art. 21, inciso XII, alínea a (em 15/08/1995); CF, Art. 221, inciso I; CF, Art. 223, caput; LGT, Art. 211, caput.
Altera	Portaria MC n° 652/2006 - Estabelece critérios, procedimentos e prazos para a consignação de canais de radiofreqüência destinados à transmissão digital do serviço de radiodifusão de sons e imagens do serviço de retransmissão de televisão, no âmbito do Sistema Brasileiro de Televisão Digital Terrestre – SBTVD-T. Portaria MC n° 925, de 22 de agosto de 2014 - Regulamenta os Requisitos Técnicos dos Serviços abrangidos pelo Sistema Brasileiro de TV Digital Terrestre. Portaria MC n° 932, de 22 de Agosto de 2014 - Dispõe sobre Normas Complementares dos Serviços de RTV e de RpTV.
Revoga	Anexo I à Portaria n° 329, de 04 de julho de 2012 - Documentos Necessários à Instrução dos Processos de Renovação de Outorgas de Concessões, Permissões e Autorizações para a Execução de Serviços de Radiodifusão, deferidas a Pessoas Jurídicas de Direito Público Interno, em original ou cópia autenticada. Anexo III à Portaria n° 329, de 04 de julho de 2012 - Documentos Necessários à Instrução dos Processos de Renovação de Outorgas de Concessões e Permissões para a Execução de Serviços de Radiodifusão Exclusivamente Educativos, deferidas a Pessoas Jurídicas de Natureza Privada, em original ou cópia autenticada. Portaria MC n° 355, de 12 de julho de 2012 - Dispõe sobre procedimentos para outorga dos serviços de radiodifusão sonora e de sons e imagens com fins exclusivamente educativos.
Correlata	Decreto n° 5.820/2006 - Dispõe sobre a implantação do SBTVD-T, estabelece diretrizes para a transição do sistema de transmissão analógica para o sistema de transmissão digital do serviço de radiodifusão de sons e imagens e do serviço de retransmissão de televisão, e dá outras providências. Portaria MC n° 486, de 18 de dezembro de 2012 - Altera a Norma n° 01/2010 – Norma Técnica para Execução dos Serviços de Radiodifusão de Sons e Imagens e de Retransmissão de Televisão com utilização de tecnologia digital, aprovada pela Portaria MC n° 276, de 26 de março de 2010.
Publicação	Diário Oficial da União, Seção 1, 22-09-2015, págs. p. 55-56
Temas	Temas : Serviços no Setor de Telecomunicações : Radiodifusão : Televisão Aberta : TV Digital

Portaria MC n° 4.699, de 14 de outubro de 2015 - Altera a Portaria n° 376, de 19 de agosto de 2011, referente à instituição do Projeto de Implantação e Manutenção das Cidades Digitais

Órgão Emissor	Ministério das Comunicações - Gabinete do Ministro.
Nota Vigência	Data de publicação no DOU
Dispositivos	LGT, Art. 2°, inciso I; LGT, Art. 187, inciso I.
Altera	Portaria MC n° 376/2011 - Institui o Projeto de Implantação e Manutenção das Cidades Digitais.
Publicação	Diário Oficial da União, Seção 1, 16-10-2015, pág. p. 52
Temas	Temas : Atores no Setor de Telecomunicações : Telebras Temas : Políticas de Telecomunicações : Universalização : Financiamento da Universalização

Portaria MC n° 6.413, de 20 de novembro de 2015 - Altera a Norma Regulamentar do Canal de Cidadania, aprovado pela Portaria n° 489, de 18 de dezembro de 2012

Órgão Emissor	Ministério das Comunicações - Gabinete do Ministro.
Nota Vigência	Data de publicação no DOU
Dispositivos	CF, Art. 223, caput; LGT, Art. 211, caput.
Regulamenta	Decreto nº 5.820/2006 - Dispõe sobre a implantação do SBTVD-T, estabelece diretrizes para a transição do sistema de transmissão analógica para o sistema de transmissão digital do serviço de radiodifusão de sons e imagens e do serviço de retransmissão de televisão, e dá outras providências.
Publicação	Diário Oficial da União, Seção 1, 02.12.2015, pág. p. 43
Temas	Temas : Serviços no Setor de Telecomunicações : Radiodifusão

Portaria MC nº 6.467, de 24 de novembro de 2015 - Alterar a Portaria nº 127, de 12 de março de 2014, publicada no Diário Oficial da União de 13 de março de 2014, que dispõe sobre os procedimentos adaptação de outorga de radiodifusão sonora em ondas médias para o serviço de radiodifusão sonora em frequência modulada, e dá outras providências

Órgão Emissor	Ministério das Comunicações - Gabinete do Ministro.
Nota Vigência	21 de dezembro de 2015
Anexos	Anexo 1 - Anexo III da Portaria nº 127, de 2014
	Anexo II - Anexo IV da Portaria nº 127, de 2014
	Anexo III - Anexo V da Portaria nº 127, de 2014
	Anexo IV - Anexo VI da Portaria nº 127, de 2014
Dispositivos	CF, Art. 21, inciso XII, alínea a (em 15/08/1995); LGT, Art. 211, caput.
Altera	Portaria nº 127/2014 - Disciplina o procedimento a ser adotado para as solicitações de adaptação de outorga do serviço de radiodifusão sonora em ondas médias para o serviço de radiodifusão sonora em frequência modulada, nos termos do Decreto nº 8.139, de 7 de novembro de 2013.
Correlata	Decreto nº 52.795/1963 - Aprova o Regulamento dos Serviços de Radiodifusão.
Regulamenta	Decreto nº 8139/2013 - Dispõe sobre as condições para extinção do serviço de radiodifusão sonora em ondas médias de caráter local, sobre a adaptação das outorgas vigentes para execução deste serviço e dá outras providências.
Publicação	Diário Oficial da União, Seção 1, 25-11-2015, págs. p. 36-45

Portaria MC nº 6.580, de 2 de dezembro de 2015 - Requer relatório consubstanciado sobre a evolução do processo de transição para a TV Digital do Grupo de Implantação do Processo de Redistribuição e Digitalização de Canais de TV e RTV (GIRED), bem como altera a Portaria MC nº 4.287, de 22 de setembro de 2015 e a Portaria MC nº 925, de 22 de agosto de 2014 para, dentre outras coisas, autorizar o desligamento antecipado do sinal analógico nos casos que especifica

Órgão Emissor	Ministério das Comunicações - Gabinete do Ministro.
Nota Vigência	Data de publicação no DOU
Dispositivos	CF, Art. 21, inciso XII; LGT, Art. 211, caput.
Regulamenta	Decreto nº 5.820/2006 - Dispõe sobre a implantação do SBTVD-T, estabelece diretrizes para a transição do sistema de transmissão analógica para o sistema de transmissão digital do serviço de radiodifusão de sons e imagens e do serviço de retransmissão de televisão, e dá outras providências.
	Decreto nº 8.061, de 29 de julho de 2013 - Altera o Decreto nº 5.820, de 29 de junho de 2006, o Regulamento dos Serviços de Radiodifusão, aprovado pelo Decreto nº 52.795, de 31 de outubro de 1963, e dá outras providências.
Publicação	Diário Oficial da União, Seção 1, 04-12-2015, pág. p. 50
Temas	Temas : Serviços no Setor de Telecomunicações : Radiodifusão : Televisão Aberta : TV Digital

Portaria Interministerial

Portaria Interministerial nº 2.098, de 14 de maio de 2015 - Estabelece as diretrizes para operacionalização do Canal da Educação no âmbito do Sistema Brasileiro de Televisão Digital Terrestre - SBTVD-T	
Órgão Emissor	Ministério das Comunicações - Gabinete do Ministro; Ministério da Educação e do Desporto - Gabinete do Ministro.
Dispositivos	CF, Art. 221, inciso I; CF, Art. 223, caput; LGT, Art. 211, caput.
Regulamenta	Decreto nº 5.820/2006 - Dispõe sobre a implantação do SBTVD-T, estabelece diretrizes para a transição do sistema de transmissão analógica para o sistema de transmissão digital do serviço de radiodifusão de sons e imagens e do serviço de retransmissão de televisão, e dá outras providências.
Publicação	Diário Oficial da União, Seção 1, 15-05-2015, pág. p. 40
Temas	Temas : Atores no Setor de Telecomunicações : Poder Executivo : Ministério da Educação
	Temas : Serviços no Setor de Telecomunicações : Radiodifusão : Televisão Aberta : TV Digital

Portaria Interministerial nº 4.074, de 26 de Agosto de 2015 - Estabelece as diretrizes para operacionalização do Canal da Cultura no Sistema Brasileiro de Televisão Digital Terrestre	
Órgão Emissor	Ministério das Comunicações - Gabinete do Ministro.
Nota Vigência	Data de publicação no DOU
Dispositivos	CF, Art. 221, inciso I; CF, Art. 223, caput; LGT, Art. 211, caput.
Altera	Decreto nº 5.820/2006 - Dispõe sobre a implantação do SBTVD-T, estabelece diretrizes para a transição do sistema de transmissão analógica para o sistema de transmissão digital do serviço de radiodifusão de sons e imagens e do serviço de retransmissão de televisão, e dá outras providências.
Publicação	Diário Oficial da União, Seção 1, 27-08-2015, pág. p. 56
Temas	Temas : Atores no Setor de Telecomunicações : Poder Executivo : Ministério da Cultura
	Temas : Serviços no Setor de Telecomunicações : Radiodifusão : Televisão Aberta : TV Digital

Resolução

Resolução da ANATEL nº 647, de 9 de fevereiro de 2015 - Aprova a Norma de adaptação dos instrumentos de permissão e de autorização do Serviço Móvel Especializado (SME) para o Serviço Móvel Pessoal (SMP), Serviço Limitado Privado (SLP) ou Serviço Limitado Especializado (SLE), na forma do Anexo a esta Resolução, altera a Resolução nº 454/2006 e seus anexo, e dá outras disposições.	
Órgão Emissor	ANATEL - Conselho Diretor.
Nota Vigência	Data de publicação no DOU
Anexos	Anexo - Norma de adaptação dos instrumentos de permissão e de autorização do Serviço Móvel Especializado (SME) para o Serviço Móvel Pessoal (SMP), Serviço Limitado Privado (SLP) ou Serviço Limitado Especializado (SLE)
Dispositivos	LGT, Art. 130-A, Páragrafo Único.
Altera	Resolução da ANATEL nº 454/2006 - Aprova o Regulamento sobre Condições de Uso de Radiofreqüências nas Faixas de 800 MHz, 900 MHz, 1.800 MHz, 1.900 MHz e 2.100 MHz.
Correlata	Resolução da ANATEL nº 477/2007 - Aprova o Regulamento do Serviço Móvel Pessoal – SMP.
	Resolução da ANATEL nº 516/2008 - Aprova o Plano Geral de Atualização da Regulamentação das Telecomunicações no Brasil (PGR).

	Resolução da ANATEL nº 518/2008 - Aprova alteração no Regulamento do Serviço Móvel Especializado –SME. - Anexo - Alteração do Regulamento do Serviço Móvel Especializado –SME.
Regulamenta	Lei nº 9.472/1997 - Dispõe sobre a organização dos serviços de telecomunicações, a criação e funcionamento de um órgão regulador e outros aspectos institucionais, nos termos da Emenda Constitucional nº 8, de 1995.
Publicação	Diário Oficial da União, Seção 1, 11-02-2015, págs. p. 49-50
Temas	Temas : Serviços no Setor de Telecomunicações : Serviço Limitado Especializado (SLE)
	Temas : Serviços no Setor de Telecomunicações : Serviço Limitado Móvel Privado
	Temas : Serviços no Setor de Telecomunicações : Serviço Limitado Privado
	Temas : Serviços no Setor de Telecomunicações : Serviço Móvel Especializado ou Trunking ou Trunk ou Sistema Troncalizado
	Temas : Serviços no Setor de Telecomunicações : Serviço Móvel Pessoal (SMP)

Resolução da ANATEL nº 648, de 11 de fevereiro de 2015 - Destina faixas de radiofrequências para o Serviço de Acesso Condicionado (SeAC)	
Órgão Emissor	ANATEL - Conselho Diretor.
Nota Vigência	Data de publicação no DOU
Dispositivos	LGT, Art. 19, inciso VIII; LGT, Art. 127, inciso VII; LGT, Art. 157, caput; LGT, Art. 159, caput; LGT, Art. 160, Parágrafo Único.
Correlata	Lei nº 12.485/2011 - Dispõe sobre a comunicação audiovisual de acesso condicionado; altera a Medida Provisória no 2.228-1, de 6 de setembro de 2001, e as Leis nºs 11.437, de 28 de dezembro de 2006, 5.070, de 7 de julho de 1966, 8.977, de 6 de janeiro de 1995, e 9.472, de 16 de julho de 1997; e dá outras providências.
	Resolução da ANATEL nº 516/2008 - Aprova o Plano Geral de Atualização da Regulamentação das Telecomunicações no Brasil (PGR).
	Resolução da ANATEL nº 544/ 2010 - Modificar a Destinação de Radiofrequências nas Faixas de 2.170 MHz a 2.182 MHz e de 2.500 MHz a 2.690 MHz e republicar, com alterações, o Regulamento sobre Condições de Uso de Radiofrequências nas Faixas de 2.170 MHz a 2.182 MHz e de 2.500 MHz a 2.690 MHz.
	Resolução da ANATEL nº 563/2011 - Alteração na Destinação das Faixas de Radiofrequências de 12,2 GHz a 12,7 GHz e de 17,3 GHz a 17,7 GHz.
	Resolução nº 581/2012 - Aprova o Regulamento do Serviço de Acesso Condicionado (SeAC) bem como a prestação do Serviço de TV a Cabo (TVC), do Serviço de Distribuição de Sinais Multiponto Multicanal (MMDS), do Serviço de Distribuição de Sinais de Televisão e de Áudio por Assinatura via Satélite (DTH) e do Serviço Especial de Televisão por Assinatura (TVA
Regulamenta	Lei nº 9.472/1997 - Dispõe sobre a organização dos serviços de telecomunicações, a criação e funcionamento de um órgão regulador e outros aspectos institucionais, nos termos da Emenda Constitucional nº 8, de 1995.
Publicação	Diário Oficial da União, Seção 1, 12-02-2015, pág. p. 91
Temas	Temas : Infra-estrutura e Recursos do Setor de Telecomunicações : Espectro de Radiofrequência : Atribuição, Destinação e Distribuição de Radiofrequência
	Temas : Serviços no Setor de Telecomunicações : Serviço de Acesso Condicionado (SeAC)

Resolução da ANATEL nº 650, de 16 de março de 2015 - Aprova o Regimento Interno do Comitê de Defesa dos Usuários de Serviços de Telecomunicações – CDUST	
Órgão Emissor	ANATEL - Conselho Diretor.
Nota Vigência	Data de publicação no DOU
Anexos	Anexo - Regimento Interno do Comitê de Defesa dos Usuários de Serviços de Telecomunicações (CDUST)

Dispositivos	LGT, Art. 2º, inciso III; LGT, Art. 3º, caput; LGT, Art. 5º, caput; LGT, Art. 19, inciso XVIII.
Regulamenta	Lei nº 9.472/1997 - Dispõe sobre a organização dos serviços de telecomunicações, a criação e funcionamento de um órgão regulador e outros aspectos institucionais, nos termos da Emenda Constitucional nº 8, de 1995.
Publicação	Diário Oficial da União, Seção 1, 17-03-2015, págs. p. 83-85
Temas	Temas : Atores no Setor de Telecomunicações : ANATEL
	Temas : Atores no Setor de Telecomunicações : Usuário / Consumidor

Resolução da ANATEL nº 651, de 13 de abril de 2015 - Aprova o Regulamento do Serviço Limitado Móvel Aeronáutico e do Serviço Limitado Móvel Marítimo

Órgão Emissor	ANATEL - Conselho Diretor.
Nota Vigência	180 dias após a data de publicação no DOU
Anexos	Anexo - Regulamento do Serviço Limitado Móvel Aeronáutico e do Serviço Limitado Móvel Marítimo
Dispositivos	LGT, Art. 1º, Parágrafo Único; LGT, Art. 19, inciso X; LGT, Art. 62, Parágrafo Único.
Altera	Anexo à Resolução da ANATEL nº 386, de 3 de novembro de 2004 - Regulamento de Cobrança de Preço Público pelo Direito de Exploração de Serviços de Telecomunicações e pelo Direito de Exploração de Satélite.
Revoga	Portaria nº 968, de 19 de agosto de 1976 - Procedimento para Vistoria e Licenciamento das Estações-rádio Instaladas em Navios e Embarcações
	Portaria nº 1786/81, de 11 de junho de 1981 - Aprova Formulário DNT-034 Licença de Estação de Navio
Regulamenta	Lei nº 9.472/1997 - Dispõe sobre a organização dos serviços de telecomunicações, a criação e funcionamento de um órgão regulador e outros aspectos institucionais, nos termos da Emenda Constitucional nº 8, de 1995.
Publicação	Diário Oficial da União, Seção 1, 14-04-2015, págs. p. 45-47
Temas	Temas : Classificações de Serviços no Setor de Telecomunicações : Quanto ao Gênero : Serviço Limitado
	Temas : Classificações de Serviços no Setor de Telecomunicações : Quanto ao Interesse : Serviço de Interesse Restrito
	Temas : Serviços no Setor de Telecomunicações : Serviço Móvel Marítimo
	Temas : Serviços no Setor de Telecomunicações : Serviço de Telecomunicações Aeronáuticas : Serviço Móvel Aeronáutico

Resolução da ANATEL nº 652, de 27 de maio de 2015 - Altera os Anexos I e II do Regulamento sobre Áreas Locais para o Serviço Telefônico Fixo Comutado Destinado ao Uso do Público em Geral - STFC

Órgão Emissor	ANATEL - Conselho Diretor.
Nota Vigência	Data de publicação no DOU
Dispositivos	LGT, Art. 64, Parágrafo Único.
Revoga	Anexo à Resolução da ANATEL nº 560, de 21 de janeiro de 2011 - Regulamento sobre Áreas Locais para o Serviço Telefônico Fixo Comutado Destinado ao Uso do Público em Geral – STFC.
Regulamenta	Lei nº 9.472/1997 - Dispõe sobre a organização dos serviços de telecomunicações, a criação e funcionamento de um órgão regulador e outros aspectos institucionais, nos termos da Emenda Constitucional nº 8, de 1995.
Publicação	Diário Oficial da União, Seção 1, 29-05-2015, págs. p. 94-95

Temas	Temas : Serviços no Setor de Telecomunicações : Serviço Telefônico Fixo Comutado (STFC)

Resolução da ANATEL n° 653, de 13 de julho de 2015 - Aprova alteração do Anexo I ao Regulamento de Tarifação do Serviço Telefônico Fixo Comutado Destinado ao Uso do Público em Geral - STFC Prestado no Regime Público, aprovado pela Resolução n° 424, de 6 de dezembro de 2005, e do Plano Geral de Códigos Nacionais - PGCN, Anexo II à Resolução n° 263, de 8 de junho de 2001, para inserir: a) o município de Paraíso das Águas, no estado do Mato Grosso do Sul, na Área de Tarifação 672K (Costa Rica) e atribuir-lhe o Código Nacional 67; b) o município de Mojuí dos Campos, no estado do Pará, na Área de Tarifação 915 (Santarém) e atribuir-lhe o Código Nacional 93; c) o município de Pinto Bandeira, no estado do Rio Grande do Sul, na Área de Tarifação 542C (Bento Gonçalves) e atribuir-lhe o Código Nacional 54; d) o município de Pescaria Brava, no estado de Santa Catarina, na Área de Tarifação 486 (Tubarão) e atribuir-lhe o Código Nacional 48; e, e) o município de Balneário Rincão, no estado de Santa Catarina, na Área de Tarifação 484 (Criciúma) e atribuir-lhe o Código Nacional 48	
Órgão Emissor	ANATEL - Conselho Diretor.
Nota Vigência	180 dias após a publicação
Anexos	Anexo I - Alterações do Anexo I ao Regulamento de Tarifação do Serviço Telefônico Fixo Comutado Destinado ao Uso do Público em Geral - STFC Prestado no Regime Público
	Anexo II - Alterações do Anexo II do Plano Geral de Códigos Nacionais - PGCN
Dispositivos	LGT, Art. 64, Parágrafo Único.
Altera	Anexo à Resolução da ANATEL n° 263, de 8 de junho de 2001 - Plano Geral de Códigos Nacionais – PGCN.
	Anexo à Resolução da ANATEL n° 424, de 6 de dezembro de 2005 - Regulamento de Tarifação do Serviço Telefônico Fixo Comutado Destinado ou Uso do Público em Geral – STFC Prestado no Regime Público.
Regulamenta	Lei n° 9.472/1997 - Dispõe sobre a organização dos serviços de telecomunicações, a criação e funcionamento de um órgão regulador e outros aspectos institucionais, nos termos da Emenda Constitucional n° 8, de 1995.
Publicação	Diário Oficial da União, Seção 1, 14-07-2015, págs. p. 51-52
Temas	Temas : Serviços no Setor de Telecomunicações : Serviço Telefônico Fixo Comutado (STFC)

Resolução da ANATEL n° 654, de 13 de julho de 2015 - Aprova o Regulamento das Condições de Aferição do Grau de Satisfação e da Qualidade Percebida Junto aos Usuários de Serviços de Telecomunicações	
Órgão Emissor	ANATEL - Conselho Diretor.
Nota Vigência	Data de publicação no DOU
Anexos	- Regulamento das Condições de Aferição do Grau de Satisfação e da Qualidade Percebida Junto aos Usuários de Serviços de Telecomunicações
Dispositivos	CF, Art. 175, § único, inciso II; LGT, Art. 2°, inciso III; LGT, Art. 3°, inciso I; LGT, Art. 19, inciso XVIII; LGT, Art. 62, Parágrafo Único; LGT, Art. 64, Parágrafo Único; LGT, Art. 93, inciso III; LGT, Art. 120, inciso X; LGT, Art. 127, inciso I; LGT, Art. 127, inciso III; LGT, Art. 127, inciso V.
Altera	Regulamento de Gestão da Qualidade do Serviço de Comunicação Multimídia (RGQ-SCM) - Regulamento de Gestão da Qualidade do Serviço de Comunicação Multimídia (RGQ-SCM).
	Regulamento de Gestão da Qualidade da Prestação do Serviço Móvel Pessoal - RGQ-SMP - Regulamento de Gestão da Qualidade da Prestação do Serviço Móvel Pessoal - RGQ-SMP.
	Anexo - Regulamento de Gestão de Qualidade da Prestação do Serviço Telefônico Fixo Comutado - RGQ-STFC - Regulamento de Gestão de Qualidade da Prestação do Serviço Telefônico Fixo Comutado - RGQ-STFC.

Revoga	Resolução da ANATEL nº 296/2002 - Aprova o Regulamento das Condições de Aferição do Grau de Satisfação dos Usuários dos Serviços de Telecomunicações. - Anexo - Regulamento das Condições de Aferição do Grau de Satisfação dos Usuários dos Serviços de Telecomunicações. Resolução da ANATEL nº 443/2006 - Aprova a Norma do Processo de Aferição do Grau de Satisfação da Sociedade com Relação ao Serviço Telefônico Fixo Comutado (STFC), ao Serviço Móvel Pessoal (SMP) e aos serviços de televisão por assinatura. - Anexo - Norma do Processo de Aferição do Grau de Satisfação da Sociedade com Relação ao Serviço Telefônico Fixo Comutado (STFC), ao Serviço Móvel Pessoal (SMP) e aos serviços de televisão por assinatura.
Correlata	Resolução nº 612/2013 - Aprova o Regimento Interno da ANATEL.
Regulamenta	Lei nº 9.472/1997 - Dispõe sobre a organização dos serviços de telecomunicações, a criação e funcionamento de um órgão regulador e outros aspectos institucionais, nos termos da Emenda Constitucional nº 8, de 1995.
Publicação	Diário Oficial da União, Seção 1, 14-07-2015, págs. p. 52-53
Temas	Temas : Administração do Setor de Telecomunicações : Fiscalização das Telecomunicações Temas : Administração do Setor de Telecomunicações : Outorgas : Concessão (regras aplicáveis) Temas : Classificações de Serviços no Setor de Telecomunicações : Quanto ao Interesse : Serviço de Interesse Coletivo Temas : Políticas de Telecomunicações : Controle Social, Hierárquico e Interorgânico Temas : Políticas de Telecomunicações : Qualidade do Serviço Temas : Serviços no Setor de Telecomunicações : Serviço Móvel Pessoal (SMP) Temas : Serviços no Setor de Telecomunicações : Serviço Telefônico Fixo Comutado (STFC) Temas : Serviços no Setor de Telecomunicações : Serviço de Acesso Condicionado (SeAC) Temas : Serviços no Setor de Telecomunicações : Serviço de Comunicação Multimídia (SCM)

Resolução da ANATEL nº 655, de 5 de Agosto de 2015 - Aprova o Regulamento do Acompanhamento de Compromissos de Aquisição de Produtos e Sistemas Nacionais e estabelece regras específicas para o cumprimento do Compromisso de Aquisição de Produtos de Tecnologia Nacional	
Órgão Emissor	ANATEL - Conselho Diretor.
Nota Vigência	Data de publicação no DOU
Anexos	Anexo - Regulamento do Acompanhamento de Compromissos de Aquisição de Produtos e Sistemas Nacionais
Dispositivos	LGT, Art. 2º, inciso V; LGT, Art. 78, caput; LGT, Art. 127, inciso IX.
Correlata	Lei nº 8.248/1991 - Dispõe sobre a capacitação e competitividade do setor de informática e automação, e dá outras providências. Lei nº 8.387/1991 Lei nº 9.609, de 19 de fevereiro de 1998 Decreto nº 5.906/2006 Resolução da ANATEL nº 516/2008 - Aprova o Plano Geral de Atualização da Regulamentação das Telecomunicações no Brasil (PGR).
Regulamenta	Lei nº 9.472/1997 - Dispõe sobre a organização dos serviços de telecomunicações, a criação e funcionamento de um órgão regulador e outros aspectos institucionais, nos termos da Emenda Constitucional nº 8, de 1995.
Publicação	Diário Oficial da União, Seção 1, 06-08-2015, págs. p. 45-47
Temas	Temas : Aplicações de Telecomunicações : Banda Larga Temas : Infraestrutura e Recursos do Setor de Telecomunicações

	Temas : Políticas de Telecomunicações : Política Industrial

Resolução da ANATEL n° 656, de 17 de Agosto de 2015 - Aprova o Regulamento sobre Gestão de Risco das Redes de Telecomunicações e Uso de Serviços de Telecomunicações em Desastres, Situações de Emergência e Estado de Calamidade Pública	
Órgão Emissor	ANATEL - Conselho Diretor.
Nota Vigência	Data de publicação no DOU
Anexos	Anexo - Regulamento sobre Gestão de Risco das Redes de Telecomunicações e Uso de Serviços de Telecomunicações em Desastres, Situações de Emergência e Estado de Calamidade Pública
Dispositivos	LGT, Art. 109, inciso II; LGT, Art. 158, § 1°, inciso IV.
Regulamenta	Lei n° 9.472/1997 - Dispõe sobre a organização dos serviços de telecomunicações, a criação e funcionamento de um órgão regulador e outros aspectos institucionais, nos termos da Emenda Constitucional n° 8, de 1995.
Publicação	Diário Oficial da União, Seção 1, 19-08-2015, págs. p. 55-56
Temas	Temas : Aplicações de Telecomunicações : Acesso a Serviços de Interesse Público e Uso de Radiofrequência por tais Serviços
	Temas : Serviços no Setor de Telecomunicações : Serviço Móvel Pessoal (SMP)
	Temas : Serviços no Setor de Telecomunicações : Serviço de Acesso Condicionado (SeAC)

Resolução da ANATEL n° 657, de 3 de novembro de 2015 - Altera o Regulamento sobre Condições de Uso de Radiofrequências nas Faixas de 800 MHz, 900 MHz, 1.800 MHz, 1.900 MHz e 2.100 MHz, aprovado pela Resolução n° 454, de 11 de dezembro de 2006	
Órgão Emissor	ANATEL - Conselho Diretor.
Nota Vigência	Data de publicação no DOU
Dispositivos	LGT, Art. 19, inciso VIII; LGT, Art. 159, caput; LGT, Art. 161, caput.
Altera	Anexo à Resolução da ANATEL n° 454, de 11 de dezembro de 2006 - Regulamento sobre Condições de Uso de Radiofreqüências nas Faixas de 800 MHz, 900 MHz, 1.800 MHz, 1.900 MHz e 2.100 MHz.
Regulamenta	Lei n° 9.472/1997 - Dispõe sobre a organização dos serviços de telecomunicações, a criação e funcionamento de um órgão regulador e outros aspectos institucionais, nos termos da Emenda Constitucional n° 8, de 1995.
Publicação	Diário Oficial da União, Seção 1, 04-11-2015, pág. p. 56
Temas	Temas : Infraestrutura e Recursos do Setor de Telecomunicações : Espectro de Radiofrequência : Condições de Uso de Radiofrequência e Canalização (Distribuição de Canais)

Resolução da ANATEL n° 658, de 11 de dezembro de 2015 - Revoga o Plano Geral de Atualização da Regulamentação das Telecomunicações no Brasil (PGR)	
Órgão Emissor	ANATEL - Conselho Diretor.
Nota Vigência	Data de publicação no DOU
Dispositivos	LGT, Art. 19, caput.
Revoga	Anexo à Resolução da ANATEL n° 516, de 30 de outubro de 2008 - Plano Geral de Atualização da Regulamentação das Telecomunicações no Brasil (PGR).
Correlata	Portaria ANATEL n° 174, de 11 de fevereiro de 2015
Regulamenta	Lei n° 9.472/1997 - Dispõe sobre a organização dos serviços de telecomunicações, a criação e funcionamento de um órgão regulador e outros aspectos institucionais, nos termos da Emenda Constitucional n° 8, de 1995.

Publicação	Diário Oficial da União, Seção 1, 15-12-2015, pág. p. 90
Temas	Temas : Atores no Setor de Telecomunicações : ANATEL

Resolução da ANATEL nº 659, de 28 de dezembro de 2015 - Aprova a alteração da Cláusula 3.2 do Contrato de Concessão para a prestação do Serviço Telefônico Fixo Comutado - STFC, nas modalidades de serviço Local, Longa Distância Nacional - LDN e Longa Distância Internacional - LDI, para ampliar prazo para a realização de alterações referentes ao período de 2016 a 2020

Órgão Emissor	ANATEL - Conselho Diretor.
Nota Vigência	Data de publicação no DOU
Dispositivos	LGT, Art. 19, inciso IV; LGT, Art. 19, inciso VI; LGT, Art. 64, Parágrafo Único; LGT, Art. 86, § Único, Inciso III; LGT, Art. 93, caput; LGT, Art. 95, caput.
Altera	Anexo 1 - Modelo de Contrato de Concessão para a Prestação de Serviço Telefônico Fixo Comutado na Modalidade Local - 2011 - Anexo 1 - Modelo de Contrato de Concessão para a Prestação de Serviço Telefônico Fixo Comutado na Modalidade Local - 2011.
	Anexo 2 - Modelo de Contrato de Concessão para a Prestação de Serviço Telefônico Fixo Comutado na Modalidade Longa Distância Nacional (Regiões I, II e III) - 2011 - Modelo de Contrato de Concessão para a Prestação de Serviço Telefônico Fixo Comutado na Modalidade Longa Distância Nacional (Regiões I, II e III) - 2011.
	Anexo 3 - Modelo de Contrato de Concessão para a Prestação de Serviço Telefônico Fixo Comutado na Modalidade Longa Distância Nacional (Regiaõ IV) - 2011 - Modelo de Contrato de Concessão para a Prestação de Serviço Telefônico Fixo Comutado na Modalidade Longa Distância Nacional (Regiaõ IV) - 2011.
	Anexo 4 - Modelo de Contrato de Concessão para a Prestação de Serviço Telefônico Fixo Comutado na Modalidade Longa Distância Internacional – 2011 - Modelo de Contrato de Concessão para a Prestação de Serviço Telefônico Fixo Comutado na Modalidade Longa Distância Internacional – 2011.
Regulamenta	Lei nº 9.472/1997 - Dispõe sobre a organização dos serviços de telecomunicações, a criação e funcionamento de um órgão regulador e outros aspectos institucionais, nos termos da Emenda Constitucional nº 8, de 1995.
Publicação	Diário Oficial da União, Seção 1, 29-12-2015, pág. p. 44
Temas	Temas : Administração do Setor de Telecomunicações : Outorgas : Concessão (regras aplicáveis)
	Temas : Políticas de Telecomunicações : Universalização : Metas de Universalização
	Temas : Serviços no Setor de Telecomunicações : Serviço Telefônico Fixo Comutado (STFC)

Resolução da ANATEL nº 660, de 28 de dezembro de 2015 - Altera o Regulamento do Preço Público Relativo à Administração dos Recursos de Numeração, aprovado pela Resolução nº 451, de 8 de dezembro de 2006

Órgão Emissor	ANATEL - Conselho Diretor.
Nota Vigência	1º de janeiro de 2016
Dispositivos	LGT, Art. 151, caput.
Altera	Anexo à Resolução da ANATEL nº 451, de 8 de dezembro de 2006 - Regulamento do Preço Público Relativo à Administração dos Recursos de Numeração.
Regulamenta	Lei nº 9.472/1997 - Dispõe sobre a organização dos serviços de telecomunicações, a criação e funcionamento de um órgão regulador e outros aspectos institucionais, nos termos da Emenda Constitucional nº 8, de 1995.
Publicação	Diário Oficial da União, Seção 1, 30-12-2015, pág. p. 147
Temas	Temas : Administração do Setor de Telecomunicações : Outorgas : Preço Público e Preço Privado
	Temas : Infra-estrutura e Recursos do Setor de Telecomunicações : Infraestrutura de Telecomunicações : Bem Público (utilização e restrição)

	Temas : Infraestrutura e Recursos do Setor de Telecomunicações : Redes de Telecomunicações : Numeração dos Serviços

Julgados Referenciados

Acórdãos

Supremo Tribunal Federal (STF)

Ação Direta de Inconstitucionalidade n° 2.615 (ADI 2.615 - Santa Catarina)	
Relator	Min. Eros Grau
Órgão Julgador	Plenário do STF
Votação	Maioria
Julgamento	11-03-2015
Dispositivos	CF, Art. 21, inciso XI (em 15/08/1995); CF, Art. 22, inciso IV.
Publicação	Diário da Justiça Eletrônico, 11-03-2015
Descrição do Caso	
Inconstitucionalidade de disciplina estadual sobre as condições de cobrança do valor da assinatura básica por invasão de competência da União. O argumento de que se trata de direito do consumidor não autoriza estado-membro da federação a legislar sobre assinatura básica.	
Temas	Temas : Administração do Setor de Telecomunicações : Outorgas : Autorização (regras aplicáveis)
	Temas : Administração do Setor de Telecomunicações : Outorgas : Concessão (regras aplicáveis)
	Temas : Atores no Setor de Telecomunicações
	Temas : Atores no Setor de Telecomunicações : Poder Judiciário : STF
	Temas : Serviços no Setor de Telecomunicações : Serviço Telefônico Fixo Comutado (STFC)
Catalogador	Márcio Iório Aranha

Habeas Corpus 128567/MG (HC 128567/MG, de 08 de setembro de 2015)	
Relator	Min. Teori Zavascki
Órgão Julgador	Segunda Turma do STF
Votação	Unânime
Julgamento	08-09-2015
Dispositivos	LGT, Art. 183, caput.
Ref. Leg.	Lei n° 9.472, de 16 de julho de 1997
Publicação	Diário da Justiça Eletrônico, 23-09-2015
Descrição do Caso	
Crime de exploração clandestina de atividade de telecomunicação (art. 183 da LGT) não se caracteriza como hipótese de aplicação do princípio da insignificância. Baixa potência do equipamento de telecomunicações utilizado não autoriza atipicidade do crime por aplicação do princípio da insignificância. Trata-se de crime formal, ou seja, que não exige resultado naturalístico, de perigo abstrato, consumando-se com o mero desenvolvimento clandestino da atividade, O eventual dano a terceiro em determinado caso concreto configura causa de aumento de pena e também não autoriza a aplicação do princípio da insignificância, pois o crime não tem como pressuposto a ocorrência do prejuízo econômico: ele visa à proteção de um bem difuso de potencial risco de lesão ao regular funcionamento do sistema de telecomunicações. Desde que caracterizada a habitualidade exigida na tipificação do art. 183 da LGT, que o diferencia da conduta tipificada no art. 70 do CBT, aquele que coloca em funcionamento rádio comunitária	

de forma irregular com equipamentos de potência superior ao permitido e capaz de interferir em outras atividades de telecomunicações não se beneficia do princípio da insignificância, pois ausentes os requisitos da inexpressividade da lesão jurídica e da mínima ofensividade da conduta.

Temas	Temas : Administração do Setor de Telecomunicações : Fiscalização das Telecomunicações
	Temas : Atores no Setor de Telecomunicações : Poder Judiciário : STF
	Temas : Fundamentos : Conceitos Fundamentais
	Temas : Serviços no Setor de Telecomunicações : Radiodifusão : Radiodifusão Comunitária
Catalogador	Márcio Iório Aranha

Embargos de Declaração no Recurso Extraordinário 456534 Embargos de Declaração - (RE 456534/RS)

Relator	Min. Luís Roberto Barroso
Rel. do Acórdão	Min. Aldir Passarinho
Órgão Julgador	Primeira Turma do STF
Votação	Unânime
Julgamento	23-06-2015
Dispositivos	CF, Art. 21, inciso XI (em 15/08/1995); CF, Art. 22, inciso IV.
Publicação	Diário da Justiça Eletrônico, 06-08-2015

Descrição do Caso

Constitucionalidade de disciplina municipal para cobrança de taxa de licença para instalação e de verificação da permanência das condições técnicas iniciais dos equipamentos destinados à energia elétrica e ao fornecimento de serviços de telecomunicações. A cobrança da taxa em razão do exercício do poder de polícia municipal para fiscalização quanto ao atendimento de regras de posturas municipais, desde que prevista em lei, é constitucional. O exercício de poder de polícia *in casu* é presumido.

Temas	Temas : Administração do Setor de Telecomunicações : Outorgas : Autorização (regras aplicáveis)
	Temas : Administração do Setor de Telecomunicações : Outorgas : Concessão (regras aplicáveis)
	Temas : Atores no Setor de Telecomunicações
	Temas : Atores no Setor de Telecomunicações : Poder Judiciário : STF
	Temas : Serviços no Setor de Telecomunicações : Serviço de Acesso Condicionado (SeAC)
Catalogador	Márcio Iório Aranha

Agravo Regimental no Recurso Extraordinário 811620 (RE 811620 AgR/MG)

Relator	Min. Edson Fachin
Órgão Julgador	Plenário do STF
Votação	Unânime
Julgamento	13-10-2015
Dispositivos	CF, Art. 21, inciso XI (em 15/08/1995); CF, Art. 22, inciso IV.
Correlata	Recurso Extraordinário - RG 581.947
Publicação	Diário da Justiça Eletrônico, 28-10-2015

Descrição do Caso

Inconstitucionalidade de disciplina estadual para cobrança de taxa de uso e ocupação de solo e espaço aéreo de instalações de equipamentos necessários à prestação de serviço público de telecomunicações por invasão de competência legislativa da União.

Temas	Temas : Administração do Setor de Telecomunicações : Outorgas : Autorização (regras aplicáveis)
	Temas : Administração do Setor de Telecomunicações : Outorgas : Concessão (regras aplicáveis)
	Temas : Atores no Setor de Telecomunicações
	Temas : Atores no Setor de Telecomunicações : Poder Judiciário : STF
	Temas : Classificações de Serviços no Setor de Telecomunicações : Quanto ao Regime Jurídico de Prestação
	Temas : Serviços no Setor de Telecomunicações : Serviço Telefônico Fixo Comutado (STFC)
Catalogador	Márcio Iório Aranha

Superior Tribunal de Justiça (STJ)

Agravo Regimental no Recurso Especial nº 1384340 (STJ - RESP 1384340 AgRg/DF - Distrito Federal)	
Relator	Min. Paulo de Tarso Sanseverino
Órgão Julgador	Terceira Turma do STJ
Votação	Unânime
Julgamento	05-05-2015
Dispositivos	CF, Art 5º, inciso X.
Publicação	Diário da Justiça Eletrônico, 12-05-2015
Descrição do Caso	

O Marco Civil da Internet (Lei 12.965/2014) não se aplica a fatos pretéritos a sua edição. Comentário ofensivo postado no ORKUT é de responsabilidade do provedor de hospedagem devidamente notificado que não providenciou a identificação do IP do autor da defesa, mesmo que a impossibilidade de identificação do ofensor resulte de caso fortuito ou força maior ocorridos durante o atraso na identificação do IP do autor da ofensa.

Temas	Temas : Aplicações de Telecomunicações : Internet
	Temas : Atores no Setor de Telecomunicações : Poder Judiciário : STJ
	Temas : Atores no Setor de Telecomunicações : Provedor de Aplicações de Intenet
	Temas : Atores no Setor de Telecomunicações : Usuário / Consumidor
	Temas : Fundamentos : Conceitos Fundamentais : Era da Informação
	Temas : Fundamentos : Conceitos Fundamentais : Liberdade de Expressão
Catalogador	Márcio Iório Aranha

Tribunal de Contas da União (TCU)

Acórdão do TCU nº 3311, de 09 de dezembro de 2015	
Relator	Min. Benjamin Zymler
Órgão Julgador	Plenário do TCU
Votação	Unânime
Julgamento	09-12-2015
Dispositivos	LGT, Art. 39, Parágrafo Único; LGT, Art. 86, § Único, Inciso III; LGT, Art. 93, inciso XI; LGT, Art. 101, caput; LGT, Art. 173, caput.
Ref. Leg.	Lei nº 9.472, de 16 de julho de 1997
	Lei nº 12.527, de 18 de novembro de 2011
Descrição do Caso	

Determinações à ANATEL sobre o acompanhamento dos bens reversíveis das concessões de Serviço Telefônico Fixo Comutado, bem como exigência de que a ANATEL disponibilize em seu sítio eletrônico, no prazo de 210 dias da ciência do acórdão, todas as relações de bens reversíveis de 2009 a 2014, contendo todos os dados classificados como sendo de caráter público, em formato de arquivo aberto, não-proprietário, estruturado e legível por máquina.	
Temas	Temas : Administração do Setor de Telecomunicações : Fiscalização das Telecomunicações
	Temas : Administração do Setor de Telecomunicações : Outorgas : Concessão (regras aplicáveis)
	Temas : Atores no Setor de Telecomunicações : Poder Legislativo : Tribunal de Contas da União
	Temas : Serviços no Setor de Telecomunicações : Serviço Telefônico Fixo Comutado (STFC)
Catalogador	Márcio Iório Aranha

Acórdão TCU 2320, de 16 de setembro de 2015	
Relator	Min. Ministro Vital do Rêgo
Órgão Julgador	Plenário do TCU
Votação	Unânime
Julgamento	16-09-2015
Dispositivos	LGT, Art. 49, § 3°.
Correlata	Acórdão do TCU n° 3.634/2013
Ref. Leg.	Lei n° 9.472, de 16 de julho de 1997
Descrição do Caso	
Uso indevido de recursos do Fundo de Fiscalização das Telecomunicações (FISTEL) para abertura de créditos adicionais destinados ao custeio de ações estranhas aos serviços de custeio, manutenção e aperfeiçoamento da fiscalização dos serviços de telecomunicações fere a caracterização de tais recursos como fontes vinculadas. É possível, entretanto, a desvinculação de tais recursos mediante transferência de receita excedente ao Tesouro Nacional. A receita excedente deve constar, segundo determinação do TCU À ANATEL, de quadro demonstrativo do planejamento plurianual das receitas e despesas que acompanhe as propostas orçamentárias da autarquia e do FISTEL. Entendimento majoritário de que a afetação de receitas é característica das contribuições e não das taxas, desde que norma específica dê tratamento de uso livre dos saldos e que sejam preservadas continuamente as finalidades inicialmente estabelecidas pela taxa.	
Temas	Temas : Administração do Setor de Telecomunicações : Tributação no Setor de Telecomunicações
	Temas : Atores no Setor de Telecomunicações
	Temas : Atores no Setor de Telecomunicações : Poder Legislativo : Tribunal de Contas da União
	Temas : Políticas de Telecomunicações : Fundos Setoriais de Telecomunicações : FISTEL
Catalogador	Márcio Iório Aranha

Atos Referenciados

Ato Administrativo

Ato

Ato do Conselho Diretor da ANATEL n° 448, de 22 de janeiro de 2015	
Ementa	Concede anuência prévia à transferência do controle integral da GVT PARTICIPAÇÕES S/A para a TELEFÔNICA BRASIL S/A, mediante condicionamentos de eliminação de sobreposição de outorgas do STFC, de assunção pela adquirente das obrigações de

	manutenção de cobertura geográfica e continuidade de atendimento do STFC, SCM e SeAC, de manutenção das ofertas de planos de serviços e ofertas conjuntas de STFC, SCM e SeAC então vigentes pelo prazo mínimo de 18 meses, de manutenção dos contratos em vigor com os usuários ao tempo da operação pelo prazo mínimo de 18 meses, de expansão da cobertura da rede e dos princípios serviços de telecomunicações envolvidos na operação, dentre outros.
Órgão Emissor	ANATEL - Conselho Diretor.
Nota Vigência	Data de publicação no DOU
Nota Eficácia	Anuência válida por 180 dias, prorrogáveis por mais 180 dias a pedido
Dispositivos	LGT, Art. 7º, § 1º; LGT, Art. 19, inciso XIX; LGT, Art. 71, caput; LGT, Art. 97, Parágrafo Único.
Regulamenta	Lei nº 9.472/1997 - Dispõe sobre a organização dos serviços de telecomunicações, a criação e funcionamento de um órgão regulador e outros aspectos institucionais, nos termos da Emenda Constitucional nº 8, de 1995.
Publicação	Diário Oficial da União, Seção 1, 26-01-2015, pág. 50
Temas	Temas : Atores no Setor de Telecomunicações : Prestadora / Operadora
	Temas : Políticas de Telecomunicações : Concorrência no Setor de Telecomunicações
	Temas : Ramos Jurídicos Afins : Direito da Concorrência
	Temas : Serviços no Setor de Telecomunicações : Serviço Telefônico Fixo Comutado (STFC)
	Temas : Serviços no Setor de Telecomunicações : Serviço de Acesso Condicionado (SeAC)
	Temas : Serviços no Setor de Telecomunicações : Serviço de Comunicação Multimídia (SCM)

Decisão

Acórdão do Conselho Diretor da ANATEL, de 5 de janeiro de 2015 (Ref. nº 6/2015)	
Ementa	Possibilidade de celebração de TAC sobre infração de natureza grave relativa a indícios de prestação não outorgada de STFC, mesmo que a conduta já tenha sido regularizada. A celebração de TAC submete-se ao juízo da autoridade sobre a conveniência e oportunidade do acordo negocial como solução alternativa ao tradicional rito do procedimento sancionador para regularização de condutas infrativas
Órgão Emissor	ANATEL - Conselho Diretor.
Dispositivos	LGT, Art. 19, inciso XXV; LGT, Art. 20, Parágrafo Único; LGT, Art. 64, Parágrafo Único; LGT, Art. 82, caput.
Publicação	Diário Oficial da União, Seção 1, 14-01-2015, pág. p. 46
Temas	Temas : Atores no Setor de Telecomunicações : ANATEL
	Temas : Atores no Setor de Telecomunicações : Prestadora / Operadora
	Temas : Serviços no Setor de Telecomunicações : Serviço Telefônico Fixo Comutado (STFC)

Acórdão do Conselho Diretor da ANATEL, de 24 de fevereiro de 2015 (Ref. nº 53/2015)	
Ementa	A renúncia de outorgas de radiofrequências para cumprimento de exigência editalícia em licitação realizada pela ANATEL opera efeitos de extinção das outorgas renunciadas imediatamente após decorrido o prazo fixado no compromisso aposto aos autos do processo e a despeito da comprovação de início de negociações para transferência das outorgas correspondentes, não cabendo à licitante opor ao ato de extinção o fato de que não teria ultimado a transferência das outorgas ou do controle societário das empresas que detivessem outorgas nas subfaixas e áreas de prestação renunciadas pela licitante para pessoa não pertencente a seu grupo econômico. Alcançado o termo final do prazo compromissado sem a transferência de outorgas ou de controle societário das empresas

	que as detiverem, compete à ANATEL extinguir unilateralmente as outorgas abdicadas como exigência licitatória, independentemente da demora nas negociações privadas, exceto o caso de mora atribuível a ato ou inação da Administração Pública na anuência prévia correspondente.
Órgão Emissor	ANATEL - Conselho Diretor.
Dispositivos	LGT, Art. 19, inciso XXV; LGT, Art. 20, Parágrafo Único; LGT, Art. 135, Parágrafo Único; LGT, Art. 142, Parágrafo Único.
Publicação	Diário Oficial da União, Seção 1, 10-03-2015, pág. 14
Temas	Temas : Administração do Setor de Telecomunicações : Outorgas : Licitação
	Temas : Atores no Setor de Telecomunicações : ANATEL
	Temas : Infraestrutura e Recursos do Setor de Telecomunicações : Espectro de Radiofrequência : Direito de Uso de Radiofrequência
	Temas : Políticas de Telecomunicações : Concorrência no Setor de Telecomunicações

Acórdão do Conselho Diretor da ANATEL, de 31 de julho de 2015 (Ref. nº 305/2015)

Ementa	Tempestividade de recurso administrativo deve ser certificada do momento do seu recebimento no protocolo da Agência, não da postagem do documento.
Órgão Emissor	ANATEL - Conselho Diretor.
Dispositivos	CF, Art.5º, inciso LIV; CF, Art.5º, inciso LV; LGT, Art. 19, inciso XXV; LGT, Art. 20, Parágrafo Único; LGT, Art. 38, caput; LGT, Art. 175, caput.
Publicação	Diário Oficial da União, Seção 1, 02-09-2015, pág. p. 68
Temas	Temas : Administração do Setor de Telecomunicações : Processo Administrativo
	Temas : Atores no Setor de Telecomunicações : ANATEL

Acórdão do Conselho Diretor da ANATEL, de 5 de novembro de 2015 (Ref. nº 480/2015)

Ementa	É ilícito o incentivo à realização de acessos discados à internet em horário de tarifa reduzida sob a promessa de que os usuários de STFC sejam remunerados pelo tempo de conexão ao provedor de acesso à internet, caracterizando a conduta prevista no art. 29 do Regulamento Geral de Interconexão, aprovado pela Resolução nº 410/2015, de uso indevido das rotas de interconexão para cursar tráfego artificialmente gerado além do "estritamente necessário à prestação do serviço" (art. 152 da LGT), bem como é possível a imposição de determinação administrativa de interrupção de tráfego, ou bloqueio de interconexão, para correção da conduta e devolução de valores pagos a mais, independentemente de ampla defesa e contraditório, por se tratar de ato de ofício da ANATEL para coibir conduta ilícita de regulado.
Órgão Emissor	ANATEL - Conselho Diretor.
Dispositivos	LGT, Art. 19, inciso XXV; LGT, Art. 20, Parágrafo Único; LGT, Art. 152, caput.
Publicação	Diário Oficial da União, Seção 1, 23-11-2015, pág. p. 111
Temas	Temas : Atores no Setor de Telecomunicações : ANATEL
	Temas : Infra-estrutura e Recursos do Setor de Telecomunicações : Redes de Telecomunicações : Interconexão

Relatório da Ouvidoria da ANATEL

Relatório da Ouvidoria da ANATEL 2015

Órgão Emissor	ANATEL - Ouvidoria.
Dispositivos	LGT, Art. 45, Parágrafo Único.
Publicação	Diário Oficial da União, Seção 1, 01-10-2015, pág. p. 111
Temas	Temas : Atores no Setor de Telecomunicações : ANATEL

	Temas : Fundamentos : Aspectos Históricos
	Temas : Políticas de Telecomunicações : Controle Social, Hierárquico e Interorgânico

Índice Alfabético e Remissivo

Símbolos

174 MHz a 216 MHZ
VHF Alto
sua utilização para execução de serviço de radiodifusão de sons e imagens em tecnologia digital, **286**
[Portaria MC nº 1.581, de 9 de abril de 2015]

2.500 MHz a 2.690 MHz
Regulamento do Acompanhamento de Compromissos de Aquisição de Produtos e Sistemas Nacionais aprovação do, **295**
[Resolução da ANATEL nº 655, de 5 de Agosto de 2015]

4G
(*ver* **Quarta Geração de Tecnologia de Telefonia Móvel (requisitos da UIT IMT-Advanced))**

700 MHz
Regulamento do Acompanhamento de Compromissos de Aquisição de Produtos e Sistemas Nacionais aprovação do, **295**
[Resolução da ANATEL nº 655, de 5 de Agosto de 2015]

800 MHz, 900 MHz, 1.800 MHz, 1.900 MHz e 2.100 MHz, 296
[Resolução da ANATEL nº 657, de 3 de novembro de 2015]

A

Ação Direta de Inconstitucionalidade
(*ver* Ação Direta de Inconstitucionalidade (Jurisdição))
Ação Direta de Inconstitucionalidade (Jurisdição)
ADI 2615/SC
inconstitucionalidade de disciplina estadual das condições de cobrança do valor da assinatura básica por invasão de competência federativa, **298**

[ADI 2.615 - SC]
Acessibilidade, 273
Acessibilidade, 283
[Lei nº 13.146, de 6 de julho de 2015]
Radiodifusão
exigência de que os serviços de radiodifusão de sons e imagens permitam o uso de recursos de substitulação por meio de legenda oculta, janela com intérprete da Libras, e audiodescrição, **283**
[Lei nº 13.146, de 6 de julho de 2015]
Serviço de Telecomunicações
exigência de que as empresas prestadoras de serviços de telecomunicações devam garantir pleno acesso à pessoa com deficiência, **283**
[Lei nº 13.146, de 6 de julho de 2015]
Serviço Móvel Pessoal
dever do poder público de incentivar a oferta de aparelhos de telefonia fixa e móvel celular com acessibilidade, entre outras tecnologias assistivas, **283**
[Lei nº 13.146, de 6 de julho de 2015]
Serviço Telefônico Fixo Comutado
dever do poder público de incentivar a oferta de aparelhos de telefonia fixa e móvel celular com acessibilidade, entre outras tecnologias assistivas, **283**
[Lei nº 13.146, de 6 de julho de 2015]
Acesso a Informação
Acórdão TCU 3311/2015
exigência do TCU à ANATEL para que disponibilize em seu sítio eletrônico, no prazo de 210 dias da ciência do acórdão, todas as relações de bens reversíveis de 2009 a 2014, contendo todos os dados classificados como sendo de caráter público, em formato de arquivo aberto, não-proprietário, estruturado e legível por máquina, **300**
[Acórdão TCU 3311/2015]

Regulamento sobre Gestão de Risco das Redes de Telecomunicações e Uso de Serviços de Telecomunicações em Desastres, Situações de Emergência e Estado de Calamidade Pública
aprovação do, **296**
[Resolução da ANATEL nº 656, de 17 de Agosto de 2015]
Canal da cidadania
Norma Regulamentar do Canal da Cidadania
alteração da, **289**
[Portaria MC nº 6.413, de 20 de novembro de 2015]
Canal de Cidadania
sua preferência no uso da faixa de VHF Alto (174 MHz a 216 MHz), **286**
[Portaria MC nº 1.581, de 9 de abril de 2015]
Canal de Cultura
(*ver também* **Cultura**)
diretrizes para sua operacionalização, **291**
[Portaria Interministerial nº 4.074, de 26 de Agosto de 2015]
sua preferência no uso da faixa de VHF Alto (174 MHz a 216 MHz), **286**
[Portaria MC nº 1.581, de 9 de abril de 2015]
Canal de Educação
diretrizes para operacionalização do, **291**
[Portaria Interministerial nº 2.098, de 14 de maio de 2015]
sua preferência no uso da faixa de VHF Alto (174 MHz a 216 MHz), **286**
[Portaria MC nº 1.581, de 9 de abril de 2015]
Canal do Poder Executivo
sua preferência no uso da faixa de VHF Alto (174 MHz a 216 MHz), **286**
[Portaria MC nº 1.581, de 9 de abril de 2015]
Catástrofe
Regulamento sobre Gestão de Risco das Redes de Telecomunicações e Uso de Serviços de Telecomunicações em Desastres, Situações de Emergência e Estado de Calamidade Pública
aprovação do, **296**
[Resolução da ANATEL nº 656, de 17 de Agosto de 2015]
CDUST

(*ver* **Comitê de Defesa dos Usuários de Serviços de Telecomunicações**)
Cidades Digitais
Backhaul
possibilidade de emendas parlamentares para financiamento de ações de implantação de infraestrutura de conexão entre órgãos e equipamentos públicos locais e à internet, inclusive por meio de construção de, **289**
[Portaria MC nº 4.699, de 14 de outubro de 2015]
Telecomunicações Brasileiras S.A.
executora de ações de implantação de infraestrutura de conexão entre órgãos e equipamentos públicos locais e à internet, inclusive por meio de construção de backhaul, **289**
[Portaria MC nº 4.699, de 14 de outubro de 2015]
Clandestino
(*ver* **Atividade Clandestina de Telecomunicação**)
Classificações de Serviços no Setor de Telecomunicações, 260
Comentário de Usuário da Internet
sua não inclusão no conceito de matéria objeto de regulamentação do direito de resposta ou retificação do ofendido da Lei 13.188/2015, **285**
[Lei nº 13.188, de 11 de novembro de 2015]
Comitê de Defesa dos Usuários de Serviços de Telecomunicações
regimento interno do, **292**
[Resolução da ANATEL nº 650, de 16 de março de 2015]
Compartilhamento de Infraestrutura, 243
Competência
Assinatura Básica
inconstitucionalidade de disciplina estadual das condições de cobrança do valor da assinatura básica por invasão de competência federativa, **298**
[ADI 2.615 - SC]
Faixa de Domínio
inconstitucionalidade de disciplina estadual de cobrança de taxa de uso

e ocupação de solo e espaço aéreo
sobre instalação de equipamentos
necessários à prestação de serviço
público de telecomunicações, **299**
[RE 811620 AgR/MG]
Taxa Municipal de Licença e
Fiscalização para Localização,
Instalação e Funcionamento
constitucionalidade de disciplina
municipal para cobrança de taxa de
licença para instalação e de
verificação da permanência das
condições técnicas iniciais dos
equipamentos destinados à energia
elétrica e ao fornecimento de
serviços de telecomunicações, **299**
[RE 456534 ED/RS]
Comportamento Fraudulento
Interconexão
conduta ilítica de uso indevido das
rotas de interconexão para cursar
tráfego artificialmente gerado, **303**
[Acórdão do Conselho Diretor da
ANATEL, de 5 de novembro de 2015
(Ref. nº 480/2015)]
**Compromisso de Aquisição de Produtos
e Sistemas com Tecnologia
Desenvolvida no País**
Regulamento do Acompanhamento de
Compromissos de Aquisição de
Produtos e Sistemas Nacionais
aprovação do, **295**
[Resolução da ANATEL nº 655, de 5 de
Agosto de 2015]
Compromisso de Renúncia a Outorgas
extinção de outorga como decorrência
de compromisso de renúncia de
outorga em licitação
independentemente de início de
negociações privadas de transferência
da outorga ou de controle acionário das
empresas que a detenha, **302**
[Acórdão do Conselho Diretor da
ANATEL, de 24 de fevereiro de 2015
(Ref. nº 53/2015)]
Comunicação Social
Direito de Resposta
sua disciplina e do direito de
retificação do ofendido em matéria
divulgada ou transmitida por
veículo de comunicação social,
inclusive a internet, **285**

[Lei nº 13.188, de 11 de novembro de
2015]
Conceitos Fundamentais, 241
Concessão (regras aplicáveis), 252
Concessão
Equilíbrio Econômico-Financeiro
previsão de competência das câmaras
de prevenção e resolução
administrativa de conflitos sobre
questões que envolvam equilíbrio
econômico-financeiro de contratos
celebrados pela administração com
particulares, **283**
[Lei nº 13.140, de 26 de junho de 2015]
prorrogação da data da penúltima revisão
quinquenal (2015) dos contratos de
concessão de STFC pós renovação, **297**
[Resolução da ANATEL nº 659, de 28
de dezembro de 2015]
Resolução de Disputas
previsão de competência das câmaras
de prevenção e resolução
administrativa de conflitos sobre
questões que envolvam equilíbrio
econômico-financeiro de contratos
celebrados pela administração com
particulares, **283**
[Lei nº 13.140, de 26 de junho de 2015]
**Concorrência no Setor de
Telecomunicações, 257**
**Condições de Uso de Radiofrequência e
Canalização (Distribuição de Canais),
247**
Conflito entre Operadoras
(*ver* **Resolução de Disputas**)
Conflito Federativo
Assinatura Básica
argumento de que se trata de direito
consumidor não autoriza estado-
membro da federação a legislar
sobre, **298**
[ADI 2.615 - SC]
Faixa de Domínio
inconstitucionalidade de disciplina
estadual de cobrança de taxa de uso
e ocupação de solo e espaço aéreo
sobre instalação de equipamentos
necessários à prestação de serviço
público de telecomunicações, **299**
[RE 811620 AgR/MG]

Taxa Municipal de Licença e Fiscalização para Localização, Instalação e Funcionamento
constitucionalidade de disciplina municipal para cobrança de taxa de licença para instalação e de verificação da permanência das condições técnicas iniciais dos equipamentos destinados à energia elétrica e ao fornecimento de serviços de telecomunicações, **299**
[RE 456534 ED/RS]

Consumidor, 294
  (*ver também* **Usuário**)
  [Resolução da ANATEL nº 654, de 13 de julho de 2015]

Contraditório
  (*ver também* **Direito a Ampla Defesa e Contraditório**)
  Processo Administrativo
    tempestividade de recurso é computada do momento do protocolo na Agência e não de postagem da peça recursal, **303**
    [Acórdão do Conselho Diretor da ANATEL, de 31 de julho de 2015 (Ref. nº 305/2015)]

Contrato de Concessão
  (*ver também* **Outorga**)
  prorrogação da data da penúltima revisão quinquenal (2015) dos contratos de concessão de STFC pós renovação, **297**
    [Resolução da ANATEL nº 659, de 28 de dezembro de 2015]

Controle Social, Hierárquico e Interorgânico, 260

Convenção de Arbitragem
  autoridade competente para celebração da, **283**
    [Lei nº 13.129, de 26 de maio de 2015]

Convenção de Tampere
  Regulamento sobre Gestão de Risco das Redes de Telecomunicações e Uso de Serviços de Telecomunicações em Desastres, Situações de Emergência e Estado de Calamidade Pública
  aprovação do, **296**
    [Resolução da ANATEL nº 656, de 17 de Agosto de 2015]

Conveniência e Oportunidade
  Termo de Ajuste de Conduta

inexistência de vinculação entre o interesse público na celebração de TAC e a natureza da matéria tratada em processo sancionador, **302**
    [Acórdão do Conselho Diretor da ANATEL, de 5 de janeiro de 2015 (Ref. nº 6/2015)]

Conversão
  Bem Reversível
    determinações à ANATEL sobre o acompanhamento dos bens reversíveis das concessões de Serviço Telefônico Fixo Comutado, **300**
    [Acórdão TCU 3311/2015]

Corpo de Bombeiros
  (*ver* **Bombeiro**)

Corpo de Bombeiros
  (*ver também* **Bombeiro**)
  Regulamento sobre Gestão de Risco das Redes de Telecomunicações e Uso de Serviços de Telecomunicações em Desastres, Situações de Emergência e Estado de Calamidade Pública
  aprovação do, **296**
    [Resolução da ANATEL nº 656, de 17 de Agosto de 2015]

Crime
  Atividade Clandestina de Telecomunicação
    aplicabilidade do princípio da insignificância à atividade clandestina de telecomunicação de baixa potência, **298**
    [HC 128567/MG]
    não configura caso de aplicação do princípio da insignificância, **298**
    [HC 128567/MG]

Crime de Menor Potencial Ofensivo
  (*ver* **Princípio da Insignificância**)

Cultura, 291
  (*ver também* **Canal de Cultura**)
  [Portaria Interministerial nº 4.074, de 26 de Agosto de 2015]

D

Dano Moral
  Direito de Resposta
    retratação ou retificação espontânea não impede o exercício do direito

de resposta nem prejudicam a ação
de reparação por dano moral, **285**
[Lei n° 13.188, de 11 de novembro de
2015]
Defesa
Radar
sua não submissão à disciplina da Lei
13.116, sobre os processo de
licenciamento, instalação e
compartilhamento de infraestrutura
de telecomunicações em área
urbana, **282**
[Lei n° 13.116, de 20 de abril de 2015]
Defesa Civil
Regulamento sobre Gestão de Risco das
Redes de Telecomunicações e Uso de
Serviços de Telecomunicações em
Desastres, Situações de Emergência e
Estado de Calamidade Pública
aprovação do, **296**
[Resolução da ANATEL n° 656, de 17
de Agosto de 2015]
Defesa do consumidor
(*ver* **Consumidor**)
Defesa do Usuário
(*ver* **Usuário**)
Deficiência Auditiva, 283
[Lei n° 13.146, de 6 de julho de 2015]
Deficiência Física, 283
[Lei n° 13.146, de 6 de julho de 2015]
Desastre
Regulamento sobre Gestão de Risco das
Redes de Telecomunicações e Uso de
Serviços de Telecomunicações em
Desastres, Situações de Emergência e
Estado de Calamidade Pública
aprovação do, **296**
[Resolução da ANATEL n° 656, de 17
de Agosto de 2015]
Desligamento da TV Analógica
desligamento antecipado do sinal
analógico, **290**
[Portaria MC n° 6.580, de 2 de dezembro
de 2015]
Digitalização, 286
(*ver também* **TV Digital**)
[Portaria MC n° 1.581, de 9 de abril de 2015]
Direito a Ampla Defesa e Contraditório
(*ver também* **Ampla Defesa**)
(*ver também* **Contraditório**)
Processo Administrativo

tempestividade de recurso é
computada do momento do
protocolo na Agência e não de
postagem da peça recursal, **303**
[Acórdão do Conselho Diretor da
ANATEL, de 31 de julho de 2015 (Ref.
n° 305/2015)]
Direito à Imagem
Direito de Resposta
sua disciplina e do direito de
retificação do ofendido em matéria
divulgada ou transmitida por
veículo de comunicação social,
inclusive a internet, **285**
[Lei n° 13.188, de 11 de novembro de
2015]
Direito à Informação
Deficiente Físico
exigência de que os serviços de
radiodifusão de sons e imagens
permitam o uso de recursos de
substitulação por meio de legenda
oculta, janela com intérprete da
Libras, e audiodescrição, **283**
[Lei n° 13.146, de 6 de julho de 2015]
Direito de Resposta
sua disciplina e do direito de
retificação do ofendido em matéria
divulgada ou transmitida por
veículo de comunicação social,
inclusive a internet, **285**
[Lei n° 13.188, de 11 de novembro de
2015]
Direito à Intimidade
Direito de Resposta
sua disciplina e do direito de
retificação do ofendido em matéria
divulgada ou transmitida por
veículo de comunicação social,
inclusive a internet, **285**
[Lei n° 13.188, de 11 de novembro de
2015]
Direito à intimidade, 285
[Lei n° 13.188, de 11 de novembro de 2015]
**Direito à livre manifestação do
pensamento**
Direito de Resposta
sua disciplina e do direito de
retificação do ofendido em matéria
divulgada ou transmitida por
veículo de comunicação social,
inclusive a internet, **285**

disciplina da extinção do serviço de radiodifusão sonora em ondas médias e sua possível adaptação de instrumentos de outorgas para os de execução do serviço de radiodifusão sonoram em frequência modulada, **290**
[Portaria MC n° 6.467, de 24 de novembro de 2015]

Rádio FM
disciplina da extinção do serviço de radiodifusão sonora em ondas médias e sua possível adaptação de instrumentos de outorgas para os de execução do serviço de radiodifusão sonoram em frequência modulada, **290**
[Portaria MC n° 6.467, de 24 de novembro de 2015]
procedimentos de permissão e concessão para execução de modalidade exclusivamente educativa dos serviços de, **288**
[Portaria MC n° 4.335, de 17 de setembro de 2015]

Fundamentos, 241
Fundo de Fiscalização das Telecomunicações
(*ver também* **Taxa de Fiscalização do Funcionamento**)
possibilidade de uso de receita excedente em fins diversos dos de custeio, manutenção e aperfeiçoamento da fiscalização dos serviços de telecomunicações caso tenham sido desvinculadas mediante transferência de receita excedente ao Tesouro Nacional, **301**
[Acórdão TCU 2320/2015]
Fundos Setoriais de Telecomunicações, 258

G

Geração de Tráfego Artificial
Interconexão
conduta ilítica de uso indevido das rotas de interconexão para cursar tráfego artificialmente gerado, **303**
[Acórdão do Conselho Diretor da ANATEL, de 5 de novembro de 2015 (Ref. n° 480/2015)]

Gestão de Riscos
Regulamento sobre Gestão de Risco das Redes de Telecomunicações e Uso de Serviços de Telecomunicações em Desastres, Situações de Emergência e Estado de Calamidade Pública aprovação do, **296**
[Resolução da ANATEL n° 656, de 17 de Agosto de 2015]

GIRED
(*ver* **Grupo de Implantação do Processo de Redistribuição e Digitalização de Canais de TV e RTV – GIRED**)

GLOBAL VILLAGE TELECOM LTDA, 301
[Ato do Conselho Diretor da ANATEL n° 448, de 22 de janeiro de 2015]
Anuência Prévia
à transferência do controle integral da GVT para a TELEFÔNICA, **301**
[Ato do Conselho Diretor da ANATEL n° 448, de 22 de janeiro de 2015]

Governo Municipal
(*ver* **Município**)

Grupo de Implantação do Processo de Redistribuição e Digitalização de Canais de TV e RTV – GIRED
requerimento de relatório consubstanciado sobre a evolução do processo de transição para a TV Digital pelo Ministério das Comunicações ao, **290**
[Portaria MC n° 6.580, de 2 de dezembro de 2015]

Grupo TELEMAR, 302
[Acórdão do Conselho Diretor da ANATEL, de 5 de janeiro de 2015 (Ref. n° 6/2015)]

Grupo TELESP, 302
[Acórdão do Conselho Diretor da ANATEL, de 5 de janeiro de 2015 (Ref. n° 6/2015)]

GVT
(*ver* **GLOBAL VILLAGE TELECOM LTDA**)

H

Habeas Corpus
HC128567/MG
crime de atividade clandestina de telecomunicações do art. 183 da LGT não configura caso de

aplicação do princípio da
insignificância, **298**
[HC 128567/MG]

I

Incentivo Fiscal
Equipamentos de Telecomunicações
incentivos às indústrias de
equipamentos para a TV Digital,
285
[Lei nº 13.159, de 10 de agosto de 2015]
Infraestrutura
Lei Geral das Antenas
aprovação da, **282**
[Lei nº 13.116, de 20 de abril de 2015]
seu incentivo mediante lei destinada a
sincronizar a disciplina regulatória da
União sobre infraestrutura de
telecomunicações, em especial as
antenas, e o poder municipal de
posturas urbanas, **282**
[Lei nº 13.116, de 20 de abril de 2015]
Infraestrutura de Telecomunicações, 243
**Infraestrutura e Recursos do Setor de
Telecomunicações, 242**
Insignficância, 298
[HC 128567/MG]
Insignificância
(*ver* **Princípio da Insignificância**)
Interconexão, 244
Interconexão
Fraude
conduta ilítica de uso indevido das
rotas de interconexão para cursar
tráfego artificialmente gerado, **303**
[Acórdão do Conselho Diretor da
ANATEL, de 5 de novembro de 2015
(Ref. nº 480/2015)]
Regulamento Geral de Interconexão
conduta ilítica de uso indevido das
rotas de interconexão para cursar
tráfego artificialmente gerado, **303**
[Acórdão do Conselho Diretor da
ANATEL, de 5 de novembro de 2015
(Ref. nº 480/2015)]
Tráfego Artificial
conduta ilítica de uso indevido das
rotas de interconexão para cursar
tráfego artificialmente gerado, **303**

[Acórdão do Conselho Diretor da
ANATEL, de 5 de novembro de 2015
(Ref. nº 480/2015)]
Internauta
Comentário de Usuário da Internet
sua não inclusão no conceito de
matéria objeto de regulamentação
do direito de resposta ou retificação
do ofendido da Lei 13.188/2015,
285
[Lei nº 13.188, de 11 de novembro de
2015]
Internet, 262, 272
INTERNET
Comentário de Usuário da Internet
sua não inclusão no conceito de
matéria objeto de regulamentação
do direito de resposta ou retificação
do ofendido da Lei 13.188/2015,
285
[Lei nº 13.188, de 11 de novembro de
2015]
Direito de Resposta
sua disciplina e do direito de
retificação do ofendido em matéria
divulgada ou transmitida por
veículo de comunicação social,
inclusive a internet, **285**
[Lei nº 13.188, de 11 de novembro de
2015]
ORKUT
inaplicabilidade do Marco Civil da
Internet a fatos pretéritos a sua
edição para o caso de ofensa
veiculada no, **300**
[RESP 1384340 AgRg/DF]
ISDB-TB
(*ver* **Sistema Brasileiro de Televisão
Digital Terrestre**)

L

Legalidade, 283
[Lei nº 13.129, de 26 de maio de 2015]
Lei Geral das Antenas
aprovação da, **282**
[Lei nº 13.116, de 20 de abril de 2015]
Liberdade de Expressão, 242
LIBRAS

[Portaria MC nº 4.335, de 17 de setembro de 2015]
Radiodifusão, 262
Radiodifusão
(*ver também* **Radiodifusão Educativa**)
(*ver também* **Sistema Brasileiro de Televisão Digital Terrestre**)
Concessão
parcelamento de débitos de concessionárias de serviços de radiodifusão decorrentes do inadimplemento do preço público devido em razão da outorga do serviço, **281**
[Lei nº 13.097, de 19 de janeiro de 2015]
Cronograma de Implantação da TV Digital
desligamento antecipado do sinal analógico, **290**
[Portaria MC nº 6.580, de 2 de dezembro de 2015]
Deficiência Auditiva
exigência de que os serviços de radiodifusão de sons e imagens permitam o uso de recursos de substitulação por meio de legenda oculta, janela com intérprete da Libras, e audiodescrição, **283**
[Lei nº 13.146, de 6 de julho de 2015]
Deficiência Visual
exigência de que os serviços de radiodifusão de sons e imagens permitam o uso de recursos de substitulação por meio de legenda oculta, janela com intérprete da Libras, e audiodescrição, **283**
[Lei nº 13.146, de 6 de julho de 2015]
Deficiente Físico
exigência de que os serviços de radiodifusão de sons e imagens permitam o uso de recursos de substitulação por meio de legenda oculta, janela com intérprete da Libras, e audiodescrição, **283**
[Lei nº 13.146, de 6 de julho de 2015]
Multa
limite ao valor da outorga para a fixação de penalidades decorrentes de descumprimento do edital de licitação para concessão e permissão de serviços de radiodifusão, **281**

[Lei nº 13.097, de 19 de janeiro de 2015]
Multa (Sanção Administrativa)
fixação de valor máximo de multa de R$89.053,71 por infração às disposições da legislação e regulamentações aplicáveis à radiodifusão, **288**
[Portaria MC nº 294, de 30 de janeiro de 2015]
Permissão
parcelamento de débitos de permissionárias de serviços de radiodifusão decorrentes do inadimplemento do preço público devido em razão da outorga do serviço, **281**
[Lei nº 13.097, de 19 de janeiro de 2015]
Radiodifusão Comunitária, 264
Radiodifusão Educativa
(*ver também* **Radiodifusão**)
Programa Educativo-Cultural
princípios e objetivos do, **288**
[Portaria MC nº 4.335, de 17 de setembro de 2015]
Rádio FM
procedimentos de permissão e concessão para execução de modalidade exclusivamente educativa dos serviços de, **288**
[Portaria MC nº 4.335, de 17 de setembro de 2015]
Radionavegação Aeronáutica
sua não submissão à disciplina da Lei 13.116, sobre os processo de licenciamento, instalação e compartilhamento de infraestrutura de telecomunicações em área urbana, **282**
[Lei nº 13.116, de 20 de abril de 2015]
Ramos Jurídicos Afins, 272
RE
(*ver* **Recurso Extraordinário**)
Recurso
(*ver também* **Processo Administrativo**)
Processo Administrativo
tempestividade de recurso é computada do momento do protocolo na Agência e não da postagem da peça recursal, **303**
[Acórdão do Conselho Diretor da ANATEL, de 31 de julho de 2015 (Ref. nº 305/2015)]

(*ver* Serviço Limitado Móvel Privativo)
SLP
(*ver* Serviço Limitado Privado)
SMA
(*ver* Serviço Móvel Aeronáutico)
SME
(*ver* Serviço Móvel Especializado)
SMM
(*ver* Serviço Móvel Marítimo)
SMP
(*ver* Serviço Móvel Pessoal)
Solo
   Taxa de Licenciamento para Uso ou Ocupação das Faixas de Domínio das Rodovias (TFDR)
      insconstitucionalidade de disciplina estadual de cobrança de taxa de uso e ocupação de solo e espaço aéreo sobre instalação de equipamentos necessários à prestação de serviço público de telecomunicações, **299**
      [RE 811620 AgR/MG]
   Taxa Municipal de Licença e Fiscalização para Localização, Instalação e Funcionamento
      constitucionalidade de disciplina municipal para cobrança de taxa de licença para instalação e de verificação da permanência das condições técnicas iniciais dos equipamentos destinados à energia elétrica e ao fornecimento de serviços de telecomunicações, **299**
      [RE 456534 ED/RS]
Solução de Conflitos, 283
   [Lei nº 13.129, de 26 de maio de 2015]
SRA
   (*ver* **Serviço de Radiocomunicação Aeronáutica Público-Restrito**)
STF, 278
   (*ver* **Recurso Extraordinário**)
   (*ver* **Supremo Tribunal Federal**)
STFC
   (*ver* **Serviço Telefônico Fixo Comutado**)
STJ, 279
   (*ver* **Recurso Especial**)
   (*ver* **Superior Tribunal de Justiça**)
Superior Tribunal de Justiça
   RESP 1384340 AgRg/DF
      inaplicabilidade do Marco Civil da Internet a fatos pretéritos a sua

      edição para o caso de ofensa veiculada no ORKUT, **300**
      [RESP 1384340 AgRg/DF]
Supremo Tribunal Federal
   ADI 2615/SC
      inconstitucionalidade de disciplina estadual das condições de cobrança do valor da assinatura básica por invasão de competência federativa, **298**
      [ADI 2.615 - SC]
   HC128567/MG
      crime de atividade clandestina de telecomunicações do art. 183 da LGT não configura caso de aplicação do princípio da insignificância, **298**
      [HC 128567/MG]
   RE 456534ED/RS
      constitucionalidade de disciplina municipal para cobrança de taxa de licença para instalação e de verificação da permanência das condições técnicas iniciais dos equipamentos destinados à energia elétrica e ao fornecimento de serviços de telecomunicações, **299**
      [RE 456534 ED/RS]
   RE811620AgR/MG
      inconstitucionalidade de disciplina estadual de cobrança de taxa de uso e ocupação de solo e espaço aéreo sobre instalação de equipamentos necessários à prestação de serviço público de telecomunicações, **299**
      [RE 811620 AgR/MG]

T

TAC
   (*ver* **Termo de Ajuste de Conduta**)
Tarifa Reduzida
   Fraude
      incentivo à realização de acessos discados à internet em horário de tarifa reduzida sob a promessa de que os usuários de STFC sejam remunerados pelo tempo de conexão ao provedor de acesso à internet, **303**

Dados da Publicação

Editor responsável: Prof. Márcio Iorio Aranha (Universidade de Brasília - BRAZIL)
Conselho Editorial: Prof. André Rossi (Utah Valley University - USA), Prof. Clara Luz Alvarez (Universidad Panamericana - MEXICO), Prof. Diego Cardona (Universidad de Rosario - COLOMBIA), Prof. Francisco Sierra Caballero (Universidad de Sevilla - SPAIN), Prof. Fabio Bassan (Università degli Studi Roma Tre - ITALIA), Prof. Judith Mariscal (CIDE - MEXICO), Prof. Hernán Galperin (Universidad de San Andrés - ARGENTINA), Prof. João Alberto de Oliveira Lima (Universidade do Legislativo Brasileiro - BRAZIL), Prof. Liliana Ruiz de Alonso (Universidad San Martín de Porres - PERU), Prof. Lucas Sierra (Universidad de Chile - CHILE), Prof. Luís Fernando Ramos Molinaro (Universidade de Brasília - BRAZIL), Prof. Murilo César Ramos (Universidade de Brasília - BRAZIL), Prof. Raúl Katz (Columbia University - USA), Prof. Roberto Muñoz (Universidad Técnica - CHILE).
Coordenador Executivo: André Moura Gomes.
ISSN: 1984-9729
EISSN: 1984-8161
Periodicidade: (mínima) anual
Linha editorial: http://www.ndsr.org/SEER/index.php?journal=rdet&page=about&op=editorialPolicies#focusAndScope
Avaliação das submissões: método de avaliação cega por pares (duplo cego), por intermédio de submissões eletrônicas administradas no sistema SEER, do IBICT, no link http://www.ndsr.org/SEER/index.php?journal=rdet&page=about&op=submissions#onlineSubmissions, em que os manuscritos são distribuídos aos avaliadores sem identificação de autoria.
Política de arquivamento: sistema LOCKSS, da Universidade de Stanford (*Stanford University Libraries*); projeto de preservação de longo prazo do DOAJ (*Directory of Open Access Journals*); e-Depot, *National Library* (Haia, Países Baixos, www.kb.nl/e-Depot); e Biblioteca do Senado Federal do Brasil.
Indexação em bases de pesquisa: Scopus (Elsevier); EBSCO*host* research databases (EBSCO Publishing Inc.); Gale Group; AE Global Index; OAI (*Open Archives Initiative*) - DOAJ (*Directory of Open Access Journals*); WorldCat; Google Scholar; The European Library; Sistemas SEER e Diadorim, do IBICT.
Indexação em bibliotecas: Rede Virtual de Bibliotecas do Congresso Nacional (RVBI); HELKA (Union Catalogue of Helsinki University Libraries); University of Saskatchewan; Erasmus Universiteit Rotterdam; Koninklijke Bibliotheek (National Library of the Netherlands); Universiteit Twente; Bibliotheek Rijksuniversiteit Groningen.

Normas para Submissão de Manuscritos

Procedimento de submissão: http://www.ndsr.org/SEER/index.php?journal=rdet&page=about&op=submissions#onlineSubmissions
Data de publicação da RDET: anualmente, no mês de maio.
Data limite de submissões: submissões encaminhadas até 15 de janeiro serão consideradas para publicação no volume do ano correspondente, podendo-se estender o prazo a critério do Conselho Editorial.
Idiomas aceitos: português, inglês e espanhol.
Especificações de forma: os manuscritos deverão ser encaminhados por intermédio do sistema eletrônico de submissão constante do link acima (*procedimento de submissão*) em formato *Microsoft Word*, *LibreOffice* ou *iWorks*, em espaço simples, fonte Times New Roman 12 ou equivalente, com mínimo de três mil palavras (em torno de 15 páginas) e máximo de vinte mil palavras (em torno de 50 páginas), dele constando as referências bibliográficas segundo modelo de citação no próprio texto (AUTOR ano) ou em referências completas em notas de rodapé.
Resumo/Abstract: os manuscritos deverão ser precedidos de resumo em língua portuguesa de até 150 palavras e de sua tradução para a língua inglesa (*abstract*).
Palavras-chave/Keywords: o autor deve propor 5 palavras-chave em português e 5 em inglês.
Biografia: a biografia sintética do autor de até 5 linhas deverá ser preenchida no sistema de submissões online da RDET quando do encaminhamento do artigo para avaliação. A biografia encaminhada pelo autor será incorporada ao volume de publicação em caso de aprovação do manuscrito.
Modelos a serem seguidos para submissão:
- de artigos: http://www.getel.org/0MODELOartigoRDET.doc, inclusive resumo e abstract estruturados.
- de resenhas: http://www.getel.org/0MODELOresenhaRDET.docx.